趙瑜——著

少年劫

我的山西文革實錄

自序

我出生在山西晉東南，位於中國華北古老而又富饒的太行山地，平均海拔一〇〇〇多米。具體說，我出生在上黨盆地長治市，一家由共產黨人創辦的醫院，叫太行白求恩和平醫院。直到我三十歲時候，才離開這裡。

一場曠日持久文革戰火，發生在一九六六年和一九六九年之間，殺傷了萬千生命。激戰流淌出鮮血，浸染了太行山上這塊內陸地區，也浸染了我的少年時代，數十年未能褪色。屍體橫陳殘肢飛舞，是伴隨一代人成長的印象，扭曲我們殘破心靈永不康復。

文革時，晉東南地區轄長治、晉城等十七個縣市，人口近三〇〇萬。中心區域史稱上黨郡、潞安府，南部含澤州府，北部含沁州府。說太行太岳，說上黨盆地，說晉東南，差不多是一回事，不要弄錯。一九八五年以後，原先的晉東南地區分成了長治、晉城兩個地級市，南邊五縣歸屬晉城。

我所講述的恐怖故事，善良人難以置信，只是史實真相，不敢遮蔽。

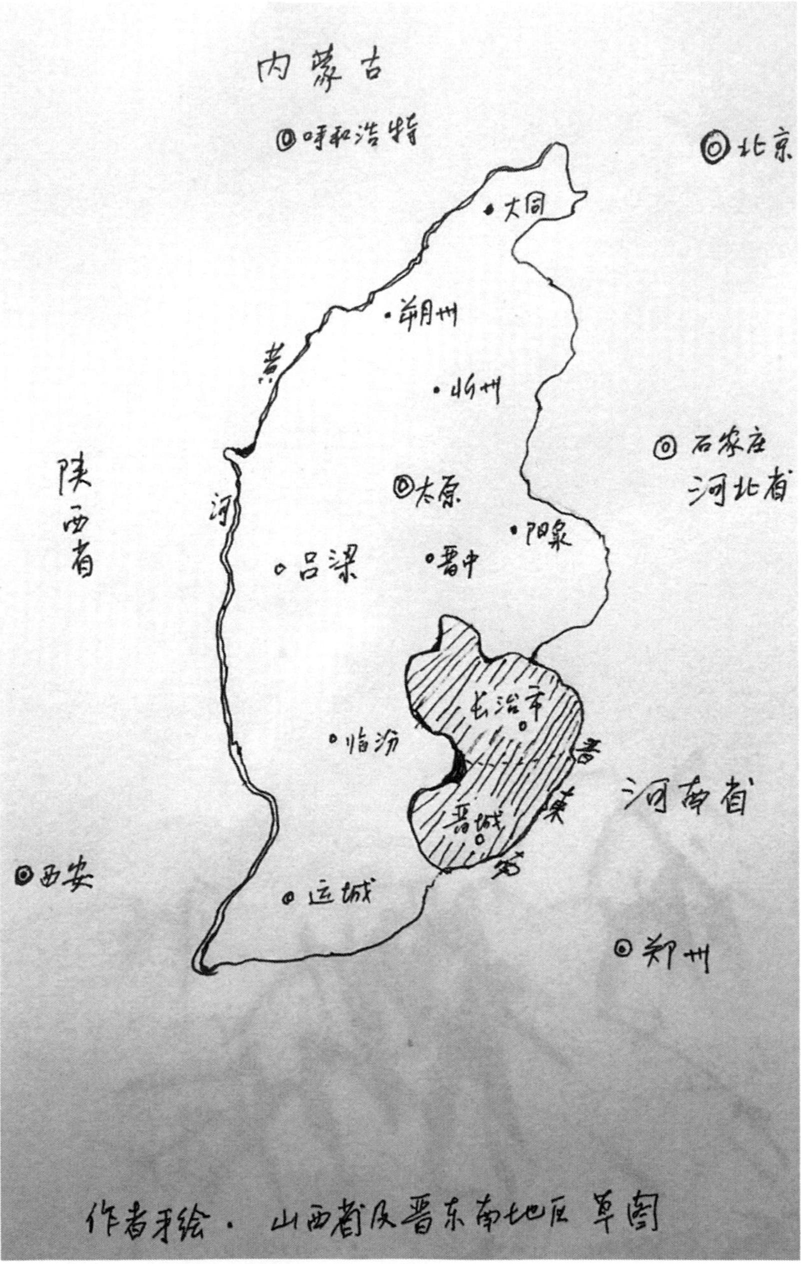

本書作者趙瑜親手繪製的1960年代山西省晉東南地區形勢圖

目次

自序 003
潛入兵營心跳急 011
革命的對象 014
小型造反的流產 019
見到真屍體 023
晉東南老幹部的抵抗 028
大奪權與大分裂 035
紅字號與聯字號 039
奪權三日即衝突 042
「三結合」的權力機構 046
聯字號頭頭出山錄 049
一段閒話與大碗吃麵 056
上千人的肉搏 059
長平之戰的血光 064
張炳臣慘死 075
神槍震鬧市 078

第一槍打響在長治北 082
兵工廠人馬參戰 085
王金紅的見證 088
戰爭傳統，精良武器 092
楊萬盛死裡逃生 096
劉格平上太行 101
強龍撲火急 106
紅字號大振聲威 112
風飄絮兮浪淘沙 117
把棺材抬上卡車 121
全城大逃亡 127
見證一場血戰 133
老母親絕境求生 143
老幹部夜潛糧倉 150
老婆婆的生與死 153
醫專激戰 160
聯字號營救常醫生 165
伏擊抓獲李順達 169
事件後果特別嚴重 179

兵發太行 183
飛機播撒十二道電令 187
先遣部隊受阻 197
趙震元和他的夥計們 202
總部防禦和特工隊 206
「二・四慘案」始末 210
祕密試驗與專家之死 223
民兵集結人槍上萬 229
戰火在燃燒 232
山地公路上的激戰 237
修善村的屠殺 241
戰場上的戀人 246
刺刀下的談判 251
追悼亡靈與徐公達慘案 255
烈火焚樓小麥焦 270
家犬吃人肉 293
恍若隔世的戰後上黨 296
少年人的悲傷事 300
少年人的危險事 304

集中營酷刑撼太行 310
婦女的冤仇深 327
槍決趙震元 338
捕殺侯小根 342
刮颱風橫掃上萬生靈 352
晉城縣自殺者名單 369
反擊右傾翻案風 380
劃線切瓜獄滿為患 389
徐志有的逃亡生涯 396
後記：省思與懺悔 401
附錄一：是誰殺了王尚志 411
立場不同判斷兩異 411
失蹤當晚被揪鬥 416
黑暗的歷史怪圈 419
名探出馬 425
十五年後的結論 428
附錄二：血火四新礦 432
這裡只生產仇恨的烈焰 432
坦克車與地雷陣 439

重炮轟開文革路 448
老兵張永富和小鬼王訓 452
奪命突圍全軍覆沒 458
白森森的人骨架子 464
附錄三：五路進剿看屍橫 467
發射毒氣彈 470
高平中學生的戰地日記 472
高平兩派戰死名單 483

潛入兵營心跳急

一九六六年夏季，我從長治友誼小學升到六年級，文革爆發。天氣熱得邪門，四街戰鼓擂動，日日遊行，紅旗獵獵，傳單飄舞，大顛覆時代轟然到來。地委行署大院包括軍分區和白求恩醫院的中學生子弟，紛紛戴上「紅衛兵」袖章，成立形形色色造反組織，要破舊立新，興無滅資。附近長治醫學院，那時叫晉東南醫專，標語口號身高氣勢更加豪邁，千言萬語一句話，造反有理。我至今記得，在家裡看到《人民日報》大標題：向我們的紅衛兵致敬！刊登口號「英雄的紅衛兵萬歲」，令人驚羨。後人所見文革資料及文物種種，以這一時期最為突出。

八月二十一日，烈日當頭起風雷，市中心英雄廣場上，四萬之眾蜂屯蟻聚，舉行文化大革命誓師大會。黨政工青婦，工農商學兵，各界競相領呼口號，萬眾齊聲干雲霄，觸及靈魂。突然，沸騰的會場猛地冷寂下來，復又引發更大轟動。這是因為：著名全國勞模、石圪節煤礦礦長許傳珩，代表工人階級講話，領呼口號激動過頭，竟將「無產階級萬歲」喊成「資產階級萬歲」，片刻，人們反應過來，會場頓時大亂，堅決要求法辦許傳珩的呼聲一浪高過一浪。可憐一世英名老模範，當場昏厥過去。

我們學校在上黨古城一向新派前衛，之所以校稱友誼，正是蘇聯專家所援建。這時節，小學生沒啥事，顯得可有可無。大院裡的兄長輩，當社會主角，看梟雄遍地，女生紮起短硬辮，忠字舞，語錄歌，每人熱汗津津，手上油墨永遠洗不淨。穿黃軍裝，紮武裝帶，軍帽緊俏，軍鞋緊俏。我們巴結湊熱鬧，他們不待答理。你緊著叫哥套近乎，人家允許你摸一下紅袖章，末了，按長治慣常話語，輕蔑回應倆字：「小屌兒！」給你一個快快成長的迫切。

我父親在地委宣傳部搞文教，母親在地區婦聯會搞宣傳。文革前，父母每天到地委——蘇聯專家幫助建造的一座雄偉的五層大樓上班。這座紅磚砌就的「莫斯科結婚蛋糕式」建築，是太行山上政治文化中心。地委家屬區有天主堂大院，我家住在天主堂西小院，四四方方，緊靠軍分區後大門，與幾家軍官同住，全院官職不高也不低，多為縣團級，大人小孩掌握時間，只須聽取嘹亮軍號即可。這座天主堂及其附屬建築群極其浩大，地委、專署、軍分區各占一部分。古木參天，到處是大鳥的飛動。

我最早參與的社會活動從這裡起步，最早的人生價值也在這裡得到可憐體現。紅衛兵老兄整日張揚街頭，他們發現軍用品根本不夠用。於是我們被他們催逼著，潛入軍分區兵營，裡應外合裡勾外連，為他們偷軍裝，偷軍帽，偷取窗臺上濕乎乎的洗不掉腳汗臭味兒的軍用膠鞋。這鞋被我們揣入懷中，帶出大院，送給正在全社會露臉兒「拔份兒」的大哥們。與我配合默契一位同學，叫二靈，在整個分區子弟中最是規矩好孩子。眼下不知怎麼就變了。二靈住在軍營院內，監偵部隊戰士搞衛生，進步奇快。為能滿足大哥們時常變化的尺碼要求，二靈竟然學會了在踩點兒時，憑據洗衣戰士身高，迅速判斷出所洗衣帽的大小號和鞋號，悟性極好。我們根據戰士們作息時間，抓住行動良機，貓腰鑽洞，一舉擒來，居然從未失手。沮喪的事情發生過一次，就是費了半天勁，一雙濕鞋在我懷中捂熱乎了，當我們交給紅衛兵大哥時，發現那鞋前頭早已磨穿了兩個破洞，偷時慌張，未加注意。這種磨出洞的鞋，紅衛兵大哥們是寧缺不穿的。這次失誤招來兄長們一頓譏笑，顯得我們特不中用。再後來，二靈悄悄跟我說，分區院裡丟衣物多了，已引起懷疑，首長讓各家大人看管好自家孩子。二靈還說，警衛班和保衛處蹲守了好幾回，要抓小偷兒。是啊，兔子還不吃窩邊草呢。

緩了一陣兒，外面大哥們催逼得卻越來越急，偷不來東西天天挨罵。二靈又想出辦法，就是專門趁分區演電影的夜晚下手。我覺得這招兒很好，分區每禮拜都要放映一次露天電影，此時院內會湧來許多周邊頑劣少年，懷疑範圍將大大增寬，對我們對二靈是個掩護。

由於我們保障了後勤供給，某中學紅衛兵組

織，著裝格外齊整，清一色軍衣軍帽軍鞋軍挎，以致於別的組織推測他們特別有背景。是不是軍分區直接培植的人馬？

隨著局勢發展，文革武鬥急劇升級。一位身在某組織的小頭目，指令我們去搞軍分區的槍彈，還說搞不到槍支，搞幾顆手榴彈也行。被逼之下，我們已經踩好點兒看好了門路，還制定了行動方案，終因關係重大，沒那個膽子，且無實惠回報，到底沒敢下黑手。文革後，晉東南軍分區子弟當中，因盜竊工廠貴重金材，被判決槍斃一人，重刑數人，有與我極熟兩位夥伴，被解往晉普山監獄服刑數載。

這幾起盜案在長治地面兒久不被人思解：做案人家庭生活均好，並不貧困，家長地位挺高，這罪過是怎樣造成的？原因在文革。此類毛病時癖，在一代青少年生活中相當普遍，沒有偷過東西的孩子幾不存在。長期高度公有制環境，早已改變了人們對於財富歸屬權的傳統認識。別說青少年，即便是大人，我敢說，當時的幹部們人人往家拿過東西，不過有輕有重而已，只要不是機關現鈔。所有幹部家庭中使用床板家具桌椅板凳，都是公家編號配置，連房子帶人都是公家的，分不清了。現在許多人，一說就是毛澤東時代幹部們多麼清廉，還應做具體分析。清貧不等於清廉。

大凡過來人，在文革時期，或多或少總有些劣跡，丟東西也偷東西，被人整也整過人，罕有水清至純者。這是我們民族一個特定歷史時期整體上的墜落與悲哀。我們需要一顆自願懺悔之心，懺悔我們不同程度地做過對不起道義良知的錯事。當然，那時深受迫害、沒有能力去禍及他人的悲慘家庭可以另當別論。

血戰尚未來臨。

革命的對象

及至十一月下旬，毛澤東在京接見紅衛兵八次，總計一三〇〇萬之眾，熊熊烈火竟成燎原之勢。「形勢大好的標誌，是人民群眾真正發動起來了」。我的紅衛兵老兄們，充當了風暴急先鋒，極具爆發力。

晉東南十七個縣市，革命師生輪番出入北京城。這意味著，他們衝出了大山屏障經年封閉，開眼界長志氣，學本領得真經。從毛主席居住的地方壯了膽子，添了霸氣豪氣殺氣，從而更好地繼承太行山革命傳統，奮身走向武裝鬥爭。有組織直接取名為「殺氣騰騰戰鬥隊」，還有驅虎豹、鬼見愁、六月天兵、縛蒼龍、砸爛狗頭、紅匕首、全無敵、反到底、揭老底、一把火、決死隊……。革命小將天之驕子猛醒到：昔日裡老實純樸誠懇軟弱，簡直就是深山裡的大傻蛋，是土圪墶，是糊塗蟲，最沒出息。

人間道德古老鏈條，此時被哢嚓剁斷。心靈堤壩一旦衝破，人將不人。革命之既來，對象何在？敵人何在？遠在天邊近在眼前。首當其衝被革其命者，正是校園裡、街道上那些軟弱可欺的中老年知識份子。一九四九年以後，為支援老區教育事業，陸續有全國各大城市名牌教師，回應召喚，前來太行山區任教。他們大多數出身複雜，穿戴西派，生活方式顯與土著有別，很像資產階級。另一批人，原先在大都市犯了禁忌，思戀民主政治，對執政黨說過不中聽的話；或者經歷可疑，屬於不能劃歸無產階級陣營又不能殺掉的監管對象；更有所謂右派分子，形形色色，內控外管，也被發配到晉東南地區各市縣接受督管。這些人不同程度地掛靠了「地富反壞右」的號牌，經歷了長期改造蹂躪驚嚇，早已人人自危。每臨運動喊殺聲，惟有心驚膽顫不打自倒，絕難還手更不敢反撲，使行兇者氣壯如牛毫無顧忌。他們成了造反派表現革命堅定性的首選目標，是現成的施暴對象，是頭一批犧牲者。

當年在長治潞安中學教書、後在北京的著名教授盧元鎮先生，得知我正在寫作此書，特地提醒：死難教師們生逢亂世，應該給這批冤魂闢一塊哀鳴寄存處。我深以為善。

僅僅稍加調研，足以令人驚駭。我們可以把校園文革慘劇，看做兩派血戰的先聲。大戰在即，兩派鬥士先拿自家老師祭刀。

潞安中學語文教師李固陽，其父李御良官至國民黨重慶城防司令，李固陽本人在年輕時投奔國民黨大員楊森，一度做過楊森秘書，教書前在中共監獄關押過三年；與李固陽類似者還有一位李希泌老師，國民黨執政時做過中級法官。紅衛兵打揍他們實是家常便飯，一夜之間，曾經打斷過好幾根蓋房的木頭椽子。另一位女教師呂乃珠，教養極好。係安徽大地主之女，獨自一人帶著一個小孩兒，紅衛兵們對她百般欺辱，拖至街頭，給她把頭髮剃成橫豎十字壕溝示眾，胸前掛著高跟皮鞋，多日不許摘取，示其為作風不好的「破鞋」。嚴重時將一桶糞便潑滿全身，不准洗涮；更有校黨委書記王如保，久被欺凌，後從糞坑中打撈出屍體，稱畏罪自殺。校長樊秀歧，差點兒也被逼死。潞安中學還有位教師劉澤之，自五七年當了右派，他被迫自我封喉，長期一言不發。講課機械幹練，講完就走，開會學習，任何場合無語沉默，人稱死鬼。這人算是有遠見，文革駭浪中還是啞巴，鬥者索然，遂棄之得命。若是新當啞巴，肯定不行。

別的學校，情況只會比這慘烈。人民畫報社遣晉右派劉有生老師，在長治被慘打，生命垂危，堅持返京說理，死在北京火車站；長治師範劉重老師，是中國青年報遣晉右派，上海籍，文革初逃離苦海，卻走投無路，跳黃浦江而死；晉東南醫專體育教師文紹偉，國內體育界名流，自灌滾燙的開水自殺不成，人反而被燙壞；長治一中來自北京的語文女教師周立，被當場活活打死；二中才子陳半雄老師，是大學者陳寅恪先生侄兒，即陳師增先生之子，外語極佳，亦被多日摧殘，九死一生；長治戲校書記王聯文、校長段二淼，兩人被整死一對兒。

文化被粉碎，學子多兇悍。

學生們溫良善馴，在一夜之間變成兇手，前述狼孩教育固然是一個方面，而更直接更真切的緣由是什麼？多年以後，當我向當事人反覆追問時，人們終於斷斷續續地說出了真相：每一群造反學生背後，都有學校成年人的縱容和指揮！青少年打人、抄家、凌辱師長，背後都有相互對立派別的成年人，在搗鬼煽動。儘管學子們亦有革命惡作劇欲望。

潞安中學優秀語文教師，後來山西古籍出版社總編輯孫安邦先生，悲傷地對我說：血案責任，不應簡單地記在紅衛兵學生頭上，教師隊伍依從校領導集團的幫派而行動，一派教師指使學生打擊另一派教師，不遺餘力。學生雖然造反，但本質是善良的，打人打到後來，本派同學還奮起保護過教師，如對立派來揪老師，學生們要麼堵住門子不讓進，要麼圍住宿舍不許帶人走，保護了一批人，避免了更多慘劇發生。孫先生說，這些情況他都經歷過。

盧元鎮老師則沉痛地說：絕大多數同學是正直正派的。到後來一說就是首都紅衛兵瘋狂，長治紅衛兵亡命，我不太贊成，這是表象。沒有成年人在後邊策劃鼓動，不可能掀起喋血巨浪。坦白地講，成年人有成年人的目的，對方鼓動過學生，而我們現在承認，我們也鼓動過學生！成年人的作用是主要的。整個運動是陰險的，不要掩蓋文革悲劇的深層原因，不要推卸成年人的責任。

再調研，別的學校也一樣。我們希冀著更多的理性聲音。

山西本土青少年，平素聽話守舊，綿善內向害羞，不要說辱罵追打教師，見到師長連說笑都不敢。而此刻對師長下了毒手，還有一個直接因素，是受到外地學生特別是北京學生的暴力煽動。從北京到太原到長治到大同到臨汾到陽泉到運城，娘子關內，湧來了一批又一批京城紅衛兵，意在「播火」，省城太原特辟海子邊公園為大型接待站，史載數月間接待京城等地播火者達十萬之眾。晉東南地委特闢新竣工的西招待所為接待兵站，亦有萬名外地紅衛兵串連抵達。他們手持喇叭，氣焰萬丈，當了土著學生的榜樣。以長治一中為例，那一天怎樣活活打死了優秀女教師周立？先是一群北京學生，要揪出周立老師搞外調材料，在學生飯場上講演煽動，大罵周立老師不老實，又罵長治學生太老實，如熱疫傳染，校園急速升溫。當事人至今記得清楚，周立老師一出現，北京同學帶頭圍攻，從飯場附近到教師宿舍，僅一小段路程，推打周老師前行，一人動手，十人動手，百人動手，連打帶拖，極短時間，極短距離，就打死了。平日裡，周老師面容姣好，注意保養，半小時前尚在向同學們報以往日微笑，根本想不到今天就是一生的末日，更來不及分析、解釋、求饒、逃命，甚至來不及多說一句話，她口噴鮮血達丈餘，美麗的生命傾刻不存。

北京大中學校紅衛兵，奔赴全國點火煽風，說到底還是大人——中共高層的中老年人發揮了歷史性作用，是他們指揮、操縱北京學生，到全國點燃了暴力征伐之火。百年學子學運，推動社會變革的激情最純潔，因而也最容易被玷污、被塗抹、被利用。

當時，山西紅衛兵效法北京，在城市裡驅逐迫害「黑五類」，有李輔先生回憶省城情景：紅衛兵把「黑五類」押綁遊街，然後趕回農村。太原火車站廣場上，黑壓壓跪著一片老頭老太太，一個個傷疤累累，血跡斑斑，慘不忍睹。押送的紅衛兵手持皮帶，緊握鐵棍，氣勢洶洶，威風凜凜。

太原如此，長治紅衛兵則把《勒令》貼在對象家門口，令你限期返鄉。我的富農奶奶已是古稀之年，直立在家門口，聽從紅衛兵宣讀《勒令》，做天然微笑狀。過一會兒，我把老人家扶回屋內，她懷裡抱著紅衛兵塞給她的大把傳單。其中一張傳單留至今日（與地委房產不相干），是市政房管職工堅決支持紅衛兵革命行動的《緊急通令》，表示對於此項造反「一千個贊成，一萬個支持」，最鮮明一句口號這樣說：「英雄的紅衛兵小將們，您們反吧！」不是你們而是「您們」，您們反吧，四個大字，反映了全社會俯首貼耳於紅衛兵暴行的絕對臣服。落款時間為一九六六年九月七日。

地委領導好幾支文革工作組，進駐一些單位和學校，各級領導處在或打或保狀態，內部分歧很大，加劇了不同群體的對立，初步形成兩種陣營，乃一個地區後來兩大派別的早期雛形。可以說，全國各地群眾分裂成兩大派，是各單位內部矛盾不可調和，又綜合反映到社會上的結果。社會基礎無比堅實廣闊，中共要搞文化大革命，各地方尚有牢固政權在，混亂中尚有潛秩序在，各級幹部一方面力圖把上級黨組織當靠山，一方面力圖依靠身邊群眾，保護自己，打擊反對自己的人，打與保形成對立，矛盾逐步尖銳化。這是一九六六年秋季的形勢。

小型造反的流產

文革前，我們小學語文教師，名叫王良奇，長治當地人。

王老師生得很男性，挺拔剛毅，還有胳腮鬍鬚。

王老師帶我們去「學農」割麥子，是一把好手。有時，他在講臺上用手搖唱機放唱片，我總擔心他㖿吧一聲將搖把兒擰斷。講課文舉例，王老師多與太行山地實際生活相聯繫。我受過他教益，也受過他誤導。如講「喜出望外」一詞，本意是高興的好事超出了期望預料。而他講，喜出望外，是誰家有了喜事，就往大門外頭看。例如咱家生一男孩兒，喜事臨頭，就忍不住往外頭看。王老師教書配合以形體動作，手搭涼棚，面帶笑容，模仿向教室外面張望，印象深刻。造成我的聯想是：喜事來了向外望，生怕全村人不知道。

數十年後，作家們聚會猜酒，舉成語，講原意，答錯罰酒。上座出「喜出望外」一詞，輪我答釋，我以王良奇老師為準繩，照答不誤，並伸手做瞭望狀。下座一位著名女作家怔怔地盯我許久，問：你真是這樣想的？我肯定。她說：你幽默。突然，滿席爆發哄笑，齊呼罰酒。

我當即意識到大錯，於是厚著臉皮也笑。

可見少小概念，影響終身不易改。

文革初秋，我進入六年級，中學生影響小學生，要造老師反。王良奇老師居然隨大流去了北京，參加了毛澤東接見紅衛兵活動。遭到其他老師嫉恨。有人鼓動：你們班為什麼不造王良奇的反？班上一夥男生，膽大些的帶頭舉事，嘰嘰喳喳，摩拳擦掌，單等王良奇歸來，上他家去鬧革命。

上王老師家那天，我腳步躊躇，一夥同學七八個，均比我大一兩歲，還相互鼓舞打氣，商議見面後如何「拼刺刀」。

王老師家住單間平房，阿姨不在家。地方狹

小，大部分同學魚貫進入，我和兩個年齡小些的同學圍在門外，一心想的是：上學期王老師拿豆腐刀打過我手掌心，我期望大同學們罵他。於是我在門口，怨出望內。

印象中，師生相見，竟然冷場沉默。王老師站在室中央，巍峨高大，比來者高出半截身子。忽而傳出王老師熱忱笑語：我在北京日夜想念同學們，我見到了毛主席！同學們，來，嚐嚐從毛主席身邊帶回的燒餅。

一共兩只燒餅，每人接起一小塊，當場瓦解了同學們積蓄多日的革命鬥志。王老師出在門外對我說，趙瑜也來了？客氣什麼，並親手給我掰下一塊餅。我貌似從容嚼餅，暗暗品出一股火車味道兒，比長治本地燒餅乾硬許多，有些沾牙。

領頭的同學嚥口唾沫，禮貌地說：「王老師我們走了。」

王老師鎮定回答：「以後常來。」一口氣深沉不可捉摸。

革命就此流產，悲劇不曾發生。要是有暴烈的紅衛兵老兄率領，今日會怎樣？

學校不再上課，再往後，家裡大人被關進了「牛棚」，或「學習班」，回不來家，我要果腹只有混飯，大夥兒混跡於長治街頭。有位比我大兩歲的馬同學，混入一派據點裡，當小通訊員，稱「紅小鬼」，保障了吃喝，捱上手榴彈籃子，打過仗，人稱一派「兒童團」。

幾十年後，長治街頭，遇見，我心中有愧。他頭髮白了，很普通模樣，顯然沒有過上「喜出望外」的好日子。王老師深情地仰頭端祥我，雙手緊握我的雙手，重複那句話：成了作家了，好好寫吧。我很想告訴他，我們對不起您，幾次話到嘴邊，沒有說出來。有一絲小孩兒僥倖心理，想像他並不知道我們那次去他家，有造他反的動議。既然他不知道，似乎再不用道歉也。

我算不算個成年人？我們很不大氣，心理有陰暗處。

不讓談文革，不讓後人知道，罪惡就不存在了？楊絳先生在《幹校六記》小引中，有一段話說，倘寫文革回憶錄，恐怕一般群眾都得寫「記愧」。——這是很厲害的一個觀點。先生接著說道理：「慚愧常使人健忘，虧心和丟臉的事總是不願記起的事，因此也很容易在記憶的篩眼裡走漏得一乾二淨。」

我們不應以任何理由為當年的行為辯護。我記述這件在晉東南血腥文革中實在不算什麼的「虧心和丟臉的事」，就是為了向今日已經年邁的王良奇老師們致以深切的歉意。當時，同學們本意是去造一次反，流產的直接原因，是因為我們長得只有王老師胸脯高，膽怯怕吃虧，並不是因為覺悟或者反省。假設他很瘦弱呢？中學裡打死許多尊貴而體弱的老師不就是明證嗎？年齡小些的同學最後走上去，朝死屍猛踢幾腳，是常有的。

我們惟有「記愧」。懺悔是文革一代人都有份兒的事。倒是那罪惡之源，即造成罪惡的原因，需要細細辨識，是什麼東西把純真的孩子變成小惡魔的？

根子在於一連多年的妖魔式教化。

讀過一部人與動物關係的長篇小說，名為《大漠狼孩》，講蒙古草原上，可愛的幼小男兒被母狼叼去，哺育成狼孩。這傳說本已久遠，並不新鮮。憾動人心的地方在於書的後半部，狼孩的父親是位老獵人，他費盡千辛萬苦，積畢生經驗，終於在茫茫草原上追尋捕獲了狼孩。然而這孩子只懂得捕兔和吮血，只懂得撕生肉，啃血骨，為生肉血骨而悲歡。他或它，只會匍伏在地四腳並用賓士如風，發音是狼聲，不會人間話語，不懂得人間溫情，夜夜警直了耳朵辨聽遙遠的母狼哀嗥，他無情地撲咬親生父親和母親。他光著身子被關在鐵籠裡，渾身結滿了泥茄厚皮，在籠內向村人呲牙恫嚇不止，全村人為他落淚，其父母悲痛欲絕。

狼孩的悲劇在於狼對他的早期哺育。

一九四九年以來的一代人到兩代人，完整地接受了成套的階級鬥爭說教。對人生對世界的基本價值觀，是在對敵鬥爭中看成敗。巷子裡來了生人，不是幫他指路，而是悄悄跟蹤，認為來者像個美蔣特務潛入。學雷鋒助人為樂，重點只能是無產階級陣營的大爺大娘，絕不是成分高的地富老人——他們是敵人。在全部社會教育體系中，並沒有人告訴我們要做一個好人或者常人，而是必須做一個紅色戰士。看過了上百遍的電影，早期《雞毛信》講海娃打鬼子；中期《花兒朵朵》講小學生捐錢買戰鬥機打美帝；後期《小兵張嘎》講服從組織紀律才能成為好士兵；《小足球隊》講個人不可冒進而要馴化於集體；最後是《閃閃的紅星》，講潘冬子殺死胡漢三。所有教科書裡，充滿了對領袖崇拜，對敵人仇恨。所有歌聲中，處處是鮮血是鋼槍是犧牲是空洞的革命理想，我至今記得一首同情古巴受迫害黑人小孩兒「哈瓦那」的歌。我們少年時代最多的集體活動，是清明節為政黨死難者掃墓，說長大了也要做一名為政黨而犧牲的烈士。敵人，是一個使用最多的人世間概念，而在沒有外來入侵者的時代，敵人又只能是國內某一部分同胞。

見到真屍體

長治十四所中學和一所大學的紅衛兵造反，包括中專、師範的運動同盟軍，少年人並不覺得可怕，只覺得風光好玩。及至我慈眉善目的富農奶奶和市內七百多名同類老人，被勒令驅逐返鄉，緊接著，成年人亮相造反組織，紅衛兵概念迅猛外延，開始批鬥老幹部。我老爸雖然官兒小，卻常常出現在臺上「陪鬥」，這時，才從直覺上感到了不滿，覺得他們分不清好壞人，對帶頭鬧事兒的頭目生出了反感。

批鬥先從宣傳部和文教界開始。地委宣傳部長楊俊峰等人罪名大的嚇人。我老爸名頭不大不小，是個「黑幹將」。

真正感到運動的驚心，應是一九六六年的寒冬。那天上午，我和一群小夥伴們遊蕩到地委大樓門前，見亂哄哄一大圈人在那裡看什麼熱鬧。我從人縫裡擠到前頭去看，赫然發現幾十個成年男子，一律不穿上衣，光著膀子坐在地上受凍。看上去肉乎乎一片。說是強烈要求地委出面，解決某項切身問題。或是「六二壓」，或是「四清」，或是受工作組打擊，或是兩派爭端。天空陰霾無光，過了一會兒飄起雪花來。開始時，這夥兒人還在相互交談，雪一下來，漸漸無人說話。他們的臉色漸漸趨於紫青色，周圍也不再噪雜。他們靜靜地凍著，人們靜靜地看著，雪靜靜地下著。後來四周變成白色，中間一圈肉色人團，牙關緊咬著，也變成了灰青色的石樣雕塑。說是有代表正在樓裡談判……

這是我深感文革恐怖的開端。

猛然間，傳來了地委第一書記王尚志死在南郊深井的冰水中、潞安中學書記王如保死在廁所糞坑中的可怕消息。更使少年人不敢聯想的死法，是長治市市長王一浩從辦公高樓縱身跳下，自殺身亡。

長治地面一下子死了王尚志、王一浩、王如保三位要人，我們由此知道了運動的厲害。怎麼都姓王？好像一個什麼集團似的。

我媽對我說：這幾天，你不要去東招待所那裡玩，千萬別去。我問為什麼，她吞吞吐吐不告訴我。這使我很好奇。小孩兒都這樣，你越不讓他上哪兒，他越是心嚮往之，要去看個究竟。

地委東招待所是一座排房大院。運動之初，著名作家趙樹理暫住此地苦寫檢討，他把招待所叫作「交待所」。趁左右無人，我溜了進去。

天色將晚。我往裡邊走，院子裡幾個人，正交談著往外走。院內安靜下來。看過一排又一排，處處敗落荒疏，啥也沒發現。到了後一排，見有不少紙紮的花圈落地堆在牆邊。

我感到了異常，有些害怕。腳步卻還在向前挪動。鬼拉著我，立在了花圈旁，看上面寫著王尚志的名字。左右看時，見一間房門大開著。站定門口向裡探望，我倒抽一口涼氣，地委書記王尚志的屍體，平展展停放在大房間正中央。離地面半米高，兩條板凳擺開，支著一個單人床板，他臉朝上平躺在床板中央。

我猛吃一驚，已被嚇得魂飛魄散。想拔腿跑時，腿拔不動。我定在門口，大個子屍體躺在裡頭。我意識到這是同學王權他爸，住在天主堂前院排房，平時見了我們小孩兒很和藹。王權平時和他爸也不拘束。王權養一條長毛寬嘴壯碩黑狗，特別吃逗，你撲它，它就善意地撲你。同學高民憲，總是戴著棉手套沒完沒了地逗它，我還曾經跨在它寬闊的脊背上頭……

現在，王權他爸躺在房間裡頭一架幹床板上，死了。我至今不明白他的大面龐為什麼紅彤彤的，像戲院裡高唱上黨梆子的大紅臉那樣紅。

恐懼襲擊了我的全身。我覺得那個片刻極其漫長。如夢如幻中，吵嚷嚷那幾個人又回來了。並無一人理睬我。他們進進出出，搬來幾坨大冰塊，屋裡屋灑藥水。看樣子是要長期擺放展覽屍體。

這是我生來第一次見到死人，是一名中國共產黨的地委書記。

不久我知道了，這些同情老幹部、反感造反派的人們要為王尚志喊冤，人們不相信他會自殺，而認定一準是被壞人害死的。

這個謎團很快成為晉東南分裂成兩大派的鬥爭焦點。我後來寫了一篇《王尚志之死》，詳以專章揭秘。

那天回家後，我沒敢告訴我媽這件事兒。草草吃點東西，上床躺著。就是不敢閉眼睛，一閉眼就看見了王權他爸的大紅臉。一連多日，夜夜如此。弟妹年齡尚小，自打屈從《勒令》送走奶奶後，家裡冷冷清清，三間大平房顯得寂寥空蕩。父親挨批鬥總不在家，更添加了夜晚的恐怖。

我老爸平時很愛逗樂，極少抽煙，這陣子完全變了。偶爾回家來，衣衫不整，悶頭抽煙中，簡略地問一下我媽所在單位的情況。或在火口旁慢慢地燒掉一些紙片材料。那時的幹部家庭，很少過細關心你的學習和生活，他們顧不上。過一陣子，約你很正式地談一次話，簡問簡答，教育你要聽黨的話，不要貪圖享樂怕吃苦，長大了一心幹革命，倒也好對付。當社會生活的重要性和迫切性大於家庭親情時，便只能是這個樣子。單有一樣好處，就是家裡存有不少書籍畫冊時時可看，並且從不限制你找哪類書來看，什麼毒草不毒草的，能讀書愛看報就是好孩子。他們是古老傳統裡成長的幹部，不可能完完全全接受共產主義思想，因而並不排斥傳統文化。他們認為一個年輕人，首先要有知識。所以不管啥書都是可以讀的。

眼下的幹部們，夜夜抽煙，沉思，悵歎，苦苦分析局勢，都想在儘量減少傷及別人情況下，設法自己過關。過不了關時，只好煎熬著，等待著。所有幹部都在思考，任何情況下首先要保存自己不被滅掉。省裡邊，衛恒這班老領導們不服氣，甚至反抗，被整死了，王尚志、王一浩、王如保也被整死了，死亡的消息不斷傳來。

我一發小，叫常二毛，以膽大妄為著稱。我們在少年運動隊練游泳，夜半飢餓難耐時，他膽敢與我相跟上，到大灶攀窗而入，端上一臉盆炒好的肉塊，大嚼一頓。當時體委無冰箱，炒好的肉塊要保存，必多放鹽。飢餓中我和二毛正長身體，練得又苦，動不動為紀念毛主席暢遊長江而跳入漳澤水庫搞表演，半夜準會飢餓。這時見到熟肉，已是餓虎撲食。飽餐之後，攀窗而出，悄然回到鋪位，先是滿足中睡死過去，天快亮時，二人皆因焦乾口渴而猛醒。我倆心照不宣，光著膀子跑到院中，對著自來水籠頭輪番搶喝一氣，解去夢中焦渴，復回寢室栽倒而眠。剛睡著，哨笛號聲亂響，起身跑操。但見隊友們少氣無力，而我和二毛則格外精神。二毛曾獲山西少年自由泳冠軍，創造過全省新紀錄。我的強項是蛙泳，也戰勝過省隊冠軍鄧敏山。說時遲那時快，我奪取了一百米蛙泳這塊金牌，陶正國教練把個少年鄧敏山罵了個狗血噴頭，說他吃飽了白練了。我和二毛偷笑，認為小鄧其實沒有吃飽。

常二毛小時候住在和平醫院，爸媽全是名醫。文革爆發時，醫專、醫院、衛校亂哄哄的，人無寧日。晉東南人家，秋菜冬藏，家家戶戶有一菜窖。房前屋後，向下深挖取土成坑，然後搭上椽木，將原土覆蓋其上，留一小口呈洞狀，內儲白菜蘿蔔土豆大蔥，三兩日攀洞而下，取食鮮菜。這一日，我去二毛家叫他出街玩耍，二毛姥姥攔住，逼他，說不取出菜來不准去。二毛便讓我稍等，要下趟菜窖去。幾分鐘後，但聽菜窖那廂二毛嘶聲淒厲慘叫，萬分驚人。急急跑去看時，見二毛橫躺在菜窖口上，面如土色，語不成句，頭腦身上已是大汗淋漓。這是咋啦？二毛手指窖口，帶著哆嗦：萬不能想到，二毛匆匆奔菜窖取菜，揭開蓋子，從洞口縱身跳下。洞口到洞底將近兩米，洞內黑乎乎一片，氣味發黴。二毛蹲下來慢慢喘息，讓眼睛逐漸適應暗中光線。待他眼睛管用時，看清了。洞裡竟有一男性吊死者，面對面半坐於二毛眼前，那廝瞪著大眼，吐著血舌！——天啊，二毛條件反射厲聲慘叫，兩腿陡發原地彈跳力，「噌」地一下竄上兩米洞口來，兀自橫躺在那裡喘氣。這一嚇，比我乍見王尚志屍體的情節嚴重多了。

情況是這樣：附近衛生學校一位老師，平時舉止儒雅，連日來慘遭紅衛兵苦打。他受挨不過，盲目中恍惚間，遊走到醫院家屬院內，急於尋死，再不留戀人間。晃到了二毛家菜窖，他逕自鑽下去，掏出一條醫用繃帶，拴在窖蓋椽子上，往頸間一套，半坐在窖中就吊死了。待二毛髮現時，人已經死去一日一夜，面對面衝著二毛吐舌齜牙，是不到一尺的近距離。

二毛倒在姥姥懷中，嚇得不停哆嗦，數日難平。姥姥淚水漣漣。

二毛家的菜窖倒了黴，被一夥造反派揭去了土蓋子露出橫木椽子來，陽日泄入窖內，那位半坐屍身兀自吊著，造反派從上頭往下拍照之後，隨意定為反革命畏罪自殺無疑。

當時我磨磨蹭蹭過到跟前觀望，混充膽大。其實什麼也沒看到，返回來跟二毛說，我看見了，也沒啥可怕的，借此安慰老弟寬心放鬆。其實我是想知道一下，看二毛是否往窖內藏了什麼私貨沒有，如軍鞋軍帽香煙銅器之類。銅器可以到廢品站換錢用。二毛說，藏過是藏過，但那次沒貨。他和董老大常擰醫院裡的銅水龍頭賣錢，都是神偷高手。

常二毛後從北京體大畢業，又在北京隊做了十幾年教練，現在轉到國家隊任教，成績亦好。我們時常在京飲酒，二毛一喝多，扯著個地包天嘴型，動不動就向人提起：人能坐著吊死，你信不信？朋友們渾然不知他要說什麼。我不敢接話茬，趕緊扯別的。我知道，他小時候受過刺激，比我遭遇王尚志屍體更刺激得深刻。

晉東南老幹部的抵抗

西北風猛烈地襲擊太行太岳。嚴冬凍壞了萬物。黃河、汾河、沁河、漳河被封凍凝結成毫無生氣的一條條死河。我那幫不久前趾高氣昂的紅衛兵老兄們，也急劇降了溫。誰也沒想到，大夥兒曾經引以為榮的革命父母們，轉眼間被打成了形形色色的「走資派」。紅色家庭變做黑幫家庭，落差太大。

現在奪權，主力軍變成了工人、市民，軍人們更是指揮者。跨入一九六七年，我還長了一歲，這一奪權，幾乎家家老爸都倒了，大孩子小孩子、紅衛兵不紅衛兵的，全都扯平，大夥兒在一塊兒混飯吧。

大多數山西黨政幹部，生存環境艱辛貧困，普遍養成吃苦耐勞習性；追隨共產黨革命後，或抗日游擊或南下作戰及至創建政權，更磨煉了平生韌性。要說人生追求，一重民族使命加組織任務，二重家族光榮加自我實現，三重傳統道義加忠誠固執，四重團幫恩德加結仇必報。平日溫良敦厚禮貌謙恭，戰時兔急咬人不遺餘力，一不做二不休，必欲置之死地而後快；深厚的農耕文明傳統哺育了品德修養，滲透交融了千百年游牧民族野性，山鄉卑瑣與草原雄風常常同見於一人。沒事不惹事，有事不怕事，是為晉人深層性格。表現為：儘管膽小，但鄙視膽小；儘管英勇，但不靠英勇；儘管儒雅，但不失叛逆；儘管規矩，卻敢於破格；不僅崇尚經驗，而且酷愛新學；總體文化較低，偏又崇尚新潮；心中裝有群眾，辦事依靠大官；對瑣事有些過分苛求，遇大難反而十分鎮定；破小財常見斤斤計較，理大事更敢一擲千金。順利時分明體面人，逆境中更像頑劣輩；山珍海味常說不夠檔次，淡飯粗茶仍舊歡度經年；平和年代渙散自私鬧矛盾，非常時期同舟共濟講團結。腳步蹣跚決策中庸深有侷限性，大刀闊斧拍案奮起不乏真豪雄。這便是山西漢子多重多義多姿多彩性格特徵，既矛盾還統一。總之，山西老幹部深不可測。

人們常說，性格即命運，是指人的性格因素決定著前後事物的利弊走向。但是，文革狂瀾席捲中國，這定律竟然失去了意義。山西老幹部群體，個人性格千差萬別，而在文革中備受暴虐迫害，卻是基本一致的。任你是什麼樣的溫順性格，都擋不住屈辱受虐，擋不住倒楣。本來你不是敵對階級，對立派硬把你當作敵人殘酷鬥爭，便是當年的現實。

我一位同學叫冬凱，上邊哥哥姐姐好幾個，全是好脾氣。他爸爸王景生年輕時在壽陽一帶做抗日游擊大隊長，那裡曾是八路軍太行二分區地盤。文革前，擔任長治市委書記，喜歡小孩子，總是樂呵呵的，沒什麼官架子。王家人口眾多，生活樸素。姐弟衣服上也有補丁，兄妹往往傳承舊衣，冬凱小時候還撿過煤核兒，長治叫「拾乏炭」，李玉和在《紅燈記》裡誇讚鐵梅，唱詞叫「拾煤渣」。

運動初期，王景生書記還常說點兒輕鬆怪話兒，沒把紅衛兵當回事兒。學生來造他的反，他笑迷迷伸手摸一摸人家頭頂，情不自禁說：看這娃兒胖的！當時他對班子中人閒聊，說學生娃好對付：「造反總是那兩下子，先念念語錄，一念就是第十三頁，念得我都背下來啦，真正攤開問題，小孩子家沒啥說的嘛！」這話傳出來，人家批他「惡毒誣衊革命小將」。幾個月下來，王叔臉上不見了笑容，脾氣一天壞似一天。王叔率領長治市一班人，對紅衛兵對造反派，採取一系列軟硬兼施辦法進行鬥爭，一招兒不行又使一招兒，一直鬥到一九六七年元月二十五日，讓人家把權奪了拉倒。他頑強抵抗的故事也是長治老幹部共同的故事。

王叔所指《毛主席語錄》第十三頁，是這樣一段話，還挺繞口：「什麼人站在革命人民方面，他就是革命派，什麼人站在帝國主義封建主義官僚資本主義方面，他就是反革命派。什麼人只是口頭上站在革命人民方面而在行動上則另是一樣，他就是一個口頭革命派，如果不但在口頭上而且在行動上也站在革命人民方面，他就是一個完全的革命派」。紅衛兵總給王叔念這條語錄，就是促使他對照對照，看他支持不支持紅衛兵革命。

地委首先支持成立「晉東南紅衛兵第一總

部」，以免失控，把嶄新的地區西招賓館開闢成接待站，屬下長治市更不落後，也在火車站等四個地點大辦接待站。成立專門班子，好吃好喝伺候，王景生則暗中指示說：不搞運動壓倒一切，咱山西省委是革命的，我們堅決聽地委聽省委的。

紅衛兵大串連初起，市委拉攏赴京代表，王叔發了話：可按幹部出差待遇嘛！每人每天路途補助一元錢，住宿補助三元錢。市裡一下子補出去好多錢。轉眼間，全長治的紅衛兵統統跑向北京城，王叔實在補不起了，只好作罷，反而惹得更多紅衛兵生氣罵街。

慈善的王叔又出了個好主意，他對小將們說：你們可以去工廠裡打零工，掙錢革命嘛！我們當年鬧革命哪有補助呢？這位書記挺當真，指示市勞動局安排紅衛兵到工廠去幹臨時工，以方便他們掙錢。他哪裡明白，外面的世界太精彩，革命和暴亂最有吸引力，外頭白吃白喝白乘車，誰有心思去工廠作工？無政府主義是極有魅力的，中國人最早引進的西方學說，就是無政府主義，鼓吹破壞即革命，「砸爛舊世界」一詞早就時髦過，年輕人特別容易接受。那是多麼神奇刺激啊。

王叔在常委會上說：咱們摳摳索索省吃儉用半輩子，對紅衛兵不要那麼摳門兒嘛！一場運動，無非花它幾十萬塊錢，吃它百萬斤糧！他們要長征要串連，裹綁腿的，給他們買，下鄉串聯的，每天補他兩毛錢！

真難為了這幫老幹部，壓制紅衛兵不成，索性公開拉攏。當年，長治是個中等偏小城市，城區人口二十三萬，經濟上也不寬裕。市府出手便是十幾萬元，實在不是小數字。另外，還建立了四個紅衛兵接待站，支持成立一個紅衛兵總部，舉辦大型展覽數次，配給汽車多輛，數不清的桌椅條凳、床板被褥、鍋碗瓢盆、鑼鼓樂器、紅旗條幅、紙墨膠水，打字機油印機、電話機發電機、幻燈機放映機、自行車擴大器、紅綢子筆刷子、服務員炊事員、採購員聯絡員、接線員駕駛員、放映員保管員、會計員警衛員、運糧工運煤工、維修工配電工、茶爐工清潔工、辦公室會議室、接待室休息室、大食堂大禮堂、紀念堂洗澡堂……林林總總，洋洋灑灑，無以計數。你造我的反，我還得支持你造反，讓你吃飽喝足造我的反。

衛恒的省級班子派專人做以上的事，仝雲的地級班子在地區照此辦理，王景生的市級班子在一九六六年夏秋冬也天天忙活這些事。

運動迅猛推進，王叔著急上火不服氣，脫口便發牢騷：依我看，有的同志大字報挨罵，他可不一定是黑幫；如果沒有一張大字報罵你，說明你過去就沒幹工作！他甚至說：如果你們把我打成黑幫，我沒辦法只好當黑幫，但是，如果打不成我黑幫，那麼，誰打我，誰就是黑幫！

天氣越來越寒冷，鬥爭越來越升溫。

市長王一浩，被公開揭發，稱他曾讓前期文革工作組頂住壓力，對紅衛兵組織反擊，查了常委會紀錄，王一浩市長確實說過類似的話。但是王一浩講這個話時候，毛澤東還沒有譴責派工作組的做法，還沒有公開支持和接見紅衛兵，也未見毛澤東《炮打司令部》的大字報。到了這時，造反派卻逼迫王一浩檢查交待。王一浩沒有辦法，總也寫不好檢查書，到十一月七日，又一次開常委會，通知他到會過關。通知者前腳走，他後腳攀上窗戶，跳樓自盡了。運動巨浪瞬間吞沒了這位市長的身影。

王景生沒有想到，造反派竟有這麼厲害。從十一月份以後，他向各口負責人不斷佈置安排：要把黨組織的機密檔案、文件和文革以來省、地領導講話材料做緊急清理工作，要統一封存，統一處理，防止流失外泄給造反派。他對辦公廳負責人劉有才說：在太原，造反派硬闖省委機要室，有好同志在裡面硬頂，堅決保護黨的機密嘛，老劉啊，這真是到了考驗一個人的時刻！劉有才堅決執行王景生指示，連夜施工，給市委檔案室安裝了堅固的鋼板門，上下左右加四把大鎖，後窗用鋼筋加固。把機要室隔出三分之二做暗室，搞了三道門鎖。除必須留存的中央、華北局、省、地、市檔外，其餘部分，選擇性地押送黎城縣造紙廠打紙漿。劉有才晝夜不停，廢寢忘食，並親自監督在鍋爐房燒掉一千公斤有關材料。對於一批市管幹部的人事檔案，劉有才親自押車轉移到西旺村堡壘農戶家裡保存，他還到南垂公社一位「硬骨頭老黨員」家裡商量市委垮掉以後另一批材料的保存辦法……

這裡交待一句，這位劉有才秘書長後來被對立派一支武鬥隊劫持關押，挨打甚重。武鬥隊緊急轉移，把劉有才挾持在隊伍中，半道上，嫌他累贅，派頭頭宣佈對劉有才「執行槍決」，當下開槍殺害了這位市委幹部，拋屍荒野……

王景生的話語變得很少很少了。到一九六六年十二月底至一九六七年元月中旬，王景生一班人想開常委會，連找地點都困難，到處都是殺紅了眼睛的造反派。而他們必須根據省委地委祕密指示，抓緊組建二線、三線負責幹部，建立摧不垮的黨政預備指揮體系。控制各大廠礦繼續生產，保護水、電、廣播、國庫等要害部門，提高各口獨立應對能力。劉有才還有一項特殊任務，就是與市郵電系統負責人緊急磋商，重新安裝啟動一套保密電話，對機要電話員的選用，要絕對可靠。以便與省委地委同類新裝機要電話保持聯繫。

奪權前夕，這批老幹部的祕密開會地點，竟是杳無人跡的殘破小澡堂。以元月十七日為例，王景生和幾個常委被工程公司造反派揪鬥，人家放掉他們時，已是凌晨兩點半。當時，省城劉格平等人已經宣告奪權，但王叔他們還是決定連夜召開常委會。幾位老幹部躲過路燈，摸黑向市府小澡堂迂迴而去，先從暗處翻過一道高牆，繼續摸黑前進，又翻第二道高牆，接著摸索前進，再翻過第三道高牆，溜著牆跟兒穿過市委家屬院，終於到達小澡堂。其中一位領導叫常迺勤，跳牆時重重摔了一跤，爬起來低聲罵兩句，像當年在敵佔區做地下工作那樣，忍住劇痛一拐一拐繼續跟進。

有一次，半夜轉到東街俱樂部舉行會議。又一次，分散前往十幾公里以外的南郊兵工廠開會。更遠一次到達四十公里外的老模範企業石圪節煤礦集中。元月十四日晚，得知省裡已經奪權，王景生有家不能回，轉回市委大樓，險些與造反派撞個滿懷，被迫轉移到煤礦招待所，次日又被招待所造反職工揭發，只好趕緊撤退。某一日，老王叔躲進一個辦公室修改《檢查書》，裡外間鎖死，誰來也不開。不期然憋著尿急，無奈間，這位市委書記只好屢屢把尿撒在痰盂裡，一物多用，那尿罐很快就溢將出來；如此一連多日，王叔到處尋找「游擊旅店」落腳，最多一次是元月十九日晚，這位市委書記當夜一連換了四次窩兒，不得安歇。天快要亮了，遠處口號聲復又響起，高音喇叭嘶叫起來，王景生仰天長歎：同志們喲，這就叫四面楚歌吧！

在如此艱難困苦局勢下，王景生等人還是於元月二十三日前，全部把非常時期二、三線祕密負責人和地下工作班子建立落實完畢。他嚴肅而又痛苦地對常委們佈置：我繼續頂在一線，頂到哪天算哪天，各口要獨立作戰，儘量與我保持聯繫。我一旦被完全衝垮，第二線由郭存華同志負責指揮，要敢於在面上安排工作。第二線被衝垮後，第三線由張剛健同志接替，絕不能放棄鬥爭。這是黨組織在危難中的決定，誰洩密，誰就是叛徒！我再說一遍，誰暴露出去，就是叛黨行為——這時節他的脾氣完全變壞。

在二線工作班子裡，他們安排了八名骨幹各自建立工作小組，工作對象，分別是八個重要農村公社，這是黨組織的老基地，骨幹們被稱為「不是公社書記的書記」，一旦原公社書記被衝垮，骨幹們就要分別頂上去。同時對第三道防線也做了安排部署。

各常委又怎樣使用新安裝的祕密電話系統取得聯繫呢？劉有才將接頭暗號分別通報給大家：當撥通電話後，要講暗號：「這裡有事，請接九〇〇號」，否則可以拒絕通話。通話人在電話上報名必須按編號呼叫，如王景生代號為「八五生」，郭存華為「八六華」，郭貴林為「八七林」，常迺勤為「八八勤」，趙連勝為「八九勝」等等，接第二線人員電話時，暗號為「面上組二八號」。劉有才還為第三線張剛健等人也編了號。王景生根據省地指示，告知第三線張剛健等同志要提前隱蔽，不可暴露，從現在開始不要引起造反派的注意，以使將來易於開展工作。因此，在東街俱樂部祕密會議結束時，張剛健哀傷地與市委領導話別：王書記，今後我暫時脫離組織，不能參加會議了，您要多保重！王景生緊緊地與張剛健握手，語含悲壯：「這是形勢逼的！剛健同志，如果市委垮了，二線也垮了，你要敢於以副市長身分獨立作戰，保持在造反派奪權後，其心臟內部有我們自己的同志，把長治市全面領導起來！」

年輕的張剛健揮淚而去。

把以上所有工作安排完，已是一九六七年元

月中旬。王景生不再東躲西藏，他重又堅守在市委辦公大樓裡。大樓內外造反派喊聲震天響，他要以第一線指揮者的姿態，從容不迫地頂在這裡，他要堅守到最後一刻。元月二十三日，他照常開會，應付造反派對市委提出的「限三日內完成三條勒令」。這時劉有才報告：太行紅衛兵總部宣稱，今晚零點，他們要奪取市委文革辦公室的大權，王景生斬釘截鐵指示三條：第一，先做解釋工作，告訴他們，他們不懂得什麼叫權，文革辦公室是市委辦事機構，根本不是權力部門，讓他們先搞清概念；第二，他們奪權，就必須接受我的領導；第三，他們要公章，就給他，市委明天就宣佈作廢，另刻新章，換個地方照樣辦公！

王景生老叔，平時和藹可親一個善老兒，這時刻變做一頭獅子。

可歎兩天以後，即元月二十五日夜晚，整個晉東南專區連同長治市，被造反派全面奪權。所有老幹部、中年幹部連同三條指揮線徹底垮臺。主要領導被關押，誰也沒能抵擋住這場驚濤駭浪。老幹部的一系列抵抗舉措，很快變成了更大規模批判戰場上的罪狀，全社會造反派聯合市級機關裡起而造反的幹部們，把一顆顆新揭發新挖掘出來的炸雷，向著他們昔日的首長們投去。這時，身著嚴整軍服的晉東南軍分區將領們，手拿紅色語錄本，健步登上了大批鬥主席臺，他們指揮著這一切，時而對敵憤怒不已，時而相互微笑著。

王景生老兒，被深深地壓彎了腰。他看見了軍人手中那紅豔豔的語錄本，這時人家改念第八頁了——「階級鬥爭，一些階級勝利了，一些階級消滅了。這就是歷史，這就是幾千年的文明史。拿這個觀點解釋歷史的就叫做歷史的唯物主義，站在這個觀點反面的就是歷史的唯心主義」。——人們心緒大亂，王景生老叔把這條語錄複習了許多遍，卻始終沒有背熟。

大奪權與大分裂

省城奪權，聲勢浩大。只因除了上海，別的省尚無先例，所以在山西全境之震盪足可想見。大奪權的領導人，一是外省來晉的副省長、三級幹部劉格平，二是省軍區少將首長張日清，源自新四軍序列而不是八路軍。

我們家緊靠晉東南軍分區，院子裡住了好幾戶軍官家庭，人們很快得知：省軍區政委張日清領兵造反了！沒有張日清加盟坐鎮，劉格平鬧奪權還真不好測說。

張日清掌握一省兵權，各地市軍分區盡在調度中。太原駐有獨立師，各地市至少一個獨立團。長治駐軍四五四六部隊，由軍分區司令部直接指揮。奪權在即，張日清多次宣稱：別看衛恒是第一政委，他不要想調我一兵一卒，動我一槍一彈！

奪權前夜，省府風雨飄搖，幹部一日數驚，張日清協同劉格平以及造反派行動，下令撤掉了省府各大院警衛部隊。原先那些部隊在省府時間長了，奪權時會讓人不放心。隨後，換上了新的警衛部隊，造反派進駐大院，紅燈換綠燈了……

然而，不久前慶賀奪權勝利的聲聲禮炮猶在耳畔，新貴們即因瓜分權力迅速分裂。劉格平抓了劉貫一等人，同時針鋒相對，喊出炮轟張日清的口號。進而高呼打倒，雙方招兵買馬分做兩大派，不遺餘力開戰。

老是說禮炮，到底禮炮啥樣？此處閒說幾句。

山西城鄉禮炮與別處不同；它是一根重實鐵棍，三尺長，可握於手中。鐵棍頂部焊接鐵管半尺，我亦見過三根鐵管呈三角狀排列焊在棍首。鐵管靠下側旁，鑽一小孔，可置入炮撚子。管內塞實炸藥，以泥土封口。發炮時，有年輕膽大者，一手持棍舉起，鐵管口朝上，另一手持艾蒿或香煙，伸前接火點撚兒，見燃著後，炮手急急閉目，扭臉另側，但聽頓時爆響，是為禮炮。節慶當中，往往由三五成群或更多炮手組隊燃放，此起彼伏。隨隊而行。抓握不緊時，後座力常使禮炮跌落在地，復又拾起，後有背火藥布袋年長漢子，結伴伺候，隨填隨放。遇村口鬧市或公所大戶處，炮手們愈加亢奮，炮聲更為密集。一場慶賀下來，眾炮手面部已被硝煙薰得焦黑，斜瞪眼白齜出牙口來，紮堆兒蹲在牆根等酒等飯。人人歪著脖梗子，半晌都在掏耳朵，總以為耳內塞了茅草。一排烏黑炮棍子杵在那裡，少小尤不許碰，看守得緊，好像多麼神聖物器。文革中游慶事務繁多，大群閒漢要靠它抽煙換飯吃肉，還真能混飽。有時或能輪到成瓶好酒帶回去慢飲。——這土禮炮存在幾分危險性，傳聞有炸裂炮管傷人或後座力砸腳的。而各處炮手好漢則不屑於提及這倒楣的一面。

晉東南地區的奪權與省城太原相比，有相同處又有不同。在軍分區支持造反這點上，與省軍區張日清全然一致。而在省府資深老幹部如劉格平等一幫人聯合造反奪權這點上，卻沒有相同處。整個地委行署諸多地級官員中，幾乎沒有像太原劉格平、劉貫一、袁振、陳守中、劉志蘭、丁磊那樣明顯動作的老幹部，即使有，力度也不大。

整個晉東南地區各市縣，奪權者的成分構成相對簡單：軍人加造反派。

我少年時印象，文革前的掌權執政者當中，基本上沒有軍隊什麼事兒。軍分區同學他們老爸，總是離不開訓練男女民兵、土法隱蔽炸坦克、步槍打飛機要有提前量等等人民戰爭這一套。你到軍人家玩，牆上貼出彩圖盡是軍事教學類，用紙裱糊東西常用暗綠色靶紙，白色環線一圈一圈的。而黨政幹部家裡則不同，牆上常見名人字畫，最不濟也貼個世界地圖，櫃子裡書多，有時還能見到胡琴、笛子類，掛在壁上。在地委書記仝雲家，其子建海同學用食指舔上唾沫，往郭沫若贈送的書法掛軸上抹一抹，然後讓我看指上帶了黑墨，說：真的吧！

劉格平等人在省裡奪權，是一九六七年元月十二日晚間，震動全省全國。一周以後即元月二十一日，晉東南方面也行動起來，醫專「東方紅」等紅衛兵「第一總部」幾個組織，也在一夜之間行動起來，出動一千餘人，宣稱奪取了晉東南地區黨政財文大權。其過程沒有發生驚險喋血故事，爭爭吵吵平庸無序令人生疑。與「東方紅」對立的「醫專文革」等組織，立即攻擊這是受了當權派的操縱，是假奪權真保皇。

公雞叫得早了，確實出問題。這次奪權存在四大缺陷：一是沒有得到以趙景春為首的「北京小將」的參預和支持；二是沒有得到軍隊即軍分區首長的指揮和支援；三是沒有得到劉格平、張日清等省級造反派的承認和支持；四是沒有得到本地區社會各派力量的擁護和支持。

更無奈的是，此次奪權時，毛澤東關於軍隊「支左」的命令尚未下達，偏偏在兩天後即元月二十三日，全軍上下迎來了全面「支左」的《決定》。在高音喇叭的廣播聲裡，解放軍的又一個春天到來了。軍分區再不用去搞什麼民兵土法打坦克之類的訓練，而要和革命左派一道，隆重地登上歷史舞臺，大舉佔領上層建築。

不可抗拒的奪權新組合傾刻誕生。一個由軍人撐腰、以北京、太原學生領袖為先驅、工人及社會各界造反派組織為主力、且有地市委機關幹部被「結合」的奪權陣線，在省裡劉格平、張日清等人的支持下，迅速形成。直接主持者當然是晉東南軍分區，司令員武天明，副司令員李英奎。隨後被結合進來的革命領導幹部。便是原晉東南專署副專員程首創。

元月二十五日夜間，我驚異於中國從古到今從上到下，從最高當局，到偏遠山村，所有歷史變故總是發生在夜色中。正是這天夜間，新的奪權陣線集結至地委大樓，成立全區造反總指揮部，實施奪權並宣佈成功。主力軍乃軍分區直轄企業八一水泥廠工人，職工成分全部是復轉軍人。

同晚，「長治市革命造反總指揮部」，一舉奪取了王景生一班人在長治市的黨、政、財、文大權。

可歎「前奪權」組織，自元月二十一日剛剛在舞臺上熟悉地形，到二十五日就被生拉硬扯擠到台下，同時被對方拿腳猛踹，絕不能讓你重返舞臺。

半年多以來那數不清的爭端，現在一下子公然轉化為權力歸屬大鬥爭，從此分裂為兩大派對壘格局。當夜，原地市主要領導悉數被關押起來，「走資派」不再是運動軸心。文革運動由此發生了深刻而又重大的轉折。

紅字號與聯字號

第一次奪權雖被宣佈作廢，卻摧生了太行山上一個不屈不撓的同盟派系。這個派系被斥責為「老保」，其稱謂來自於群眾的觀察與概括，叫做晉東南「紅字號」。這是因為運動早期成立的醫專「東方紅」和「紅衛兵第一總部」等組織大都帶有一個「紅」字，不知為什麼，這一派同盟組織裡帶「紅」字者確實多。

與紅字號相對立，第二次聯合奪權者的聯盟軍，被群眾稱為「聯字號」，顯然與聯合起來成立地市兩大「造反總指揮部」共同戰鬥有關。人們一說聯字號，便知道是軍分區所支持的「一．二五」奪權這一派，跟紅字號勢不兩立。

晉東南紅字號、聯字號兩大派群眾組織——這稱謂越來越成為一對兒專用的正規名號，後來中共中央發文件出告示平息雙方武鬥戰火，也公開延用這一對兒稱謂，最終成為一對兒歷史名詞。

我們路過每一個單位，只要晃一眼門口柱子上的大標語，立即明白這單位的主力屬哪派：上聯打倒程首創，下聯支持武天明，那麼，空氣中的橫披必是聯字號。反之，必是紅字號。如果這內容來回變幻，應說明兩派在單位裡實力差不多，你貼上我蓋，我蓋上你刷。

兩大派之間，以權力爭奪為最高目標，不惜浴血死戰，恐不為今人切膚理解。今人覺得權力固然很好，卻不一定要付出生命代價。為什麼文革中，人們單單為一個「權」字，殺得你死我活？——不能脫離歷史條件來解釋文革鬥爭：在以土地為主體的所有制改造完成以後，私有經濟載體蕩然不存，以革命的名義，人們生存在單一而又高度集中的公有制格局中，政治極權產生在經濟僵死基礎上，強大的專制力量統治著每一個臣民的具體生活。專制極權決定每個集團成員的生死存亡。一個國家一個地區一個單位，掌權者決定著每一個人的生死悲歡，掌權者可以讓對立面吃不上喝不上，讓你全家受饑寒並在政治上永世不得翻身。

在嚴酷的戶口管理體系中，任何人都不能擅動，你逃走了也活不下去。連躲都躲不起呢。

正因為政治上和經濟上高度專制的原因，人民沒有選擇自由的權利，甚至你選擇死去，都是「自絕於人民自絕於黨」因而永遠累及家人。於是，文革兩派間根本沒有迴旋餘地，必在最最忠於毛主席名義下，為奪取局部政權而戰，誓死不能後退，要麼是革命左派絕處逢生吃香喝辣，要麼淪為反動派忍受追捕迫害剿殺。兩派都遵循和臣服於這樣一條最高指示：「無產階級文化大革命，是中國共產黨及其領導下的廣大革命人民群眾和國民黨反動派長期鬥爭的繼續，是無產階級和資產階級長期鬥爭的繼續。」

弄清了歷史條件體制背景，然後去體會「革命的根本問題是政權問題，有了政權就有了一切，沒有政權就沒有一切」的論斷，才能解讀全國性的血腥派戰。

山西奪權最早，卻是全國最後一個平息兩派武鬥的省。在可怕的一九六七年初，一搞奪權，億萬民眾各個聚居的地方，便突然間出現了權力大真空。高層統治鏈條雖然沒有斷開，卻也無法拴牢各地，那鏈條在真空裡晃蕩著，飄忽不定，誰都想將其牢牢抓在自己手中。權力真空往裡頭吸人，權力鏈條非常誘人。尤其對於一大批陰謀家、野心家而言，這不正是千載難逢的歷史大機遇嗎？

晉東南一‧二五奪權告成，繼而，全區各縣市、各行業、各單位發生了全面奪權之戰，根本沒有什麼統一的「戰略部署」。

毛澤東一心要把中國建造成屹立於世界東方的紅色堡壘。把億萬人民改造成隻會說愚忠話語的衛兵，或者是乾脆沒有思想的螺絲釘。要打倒一批舊人，讓「六億神州盡舜堯」，而這雄奇理想，到達省地市縣鄉村戶，落實在一個集團一個村落一個家族一個人群時，卻不再詩歌般絢麗。土地上天然存在著利益之爭權力之戰，偉人打開了民眾鬧革命的大門，打碎了往日規矩，也同時打開了人性之惡的古鎖——以革命的名義。是的，運動砸爛了人身枷鎖，同時放出了吃人妖魔……

聯字號的口號是：誓死捍衛一．二五紅色政權！

紅字號連續三天緊急召開反奪權會議，針鋒相對喊出口號：還我上黨還我權！一．二五奪權是個大雜燴！絕不允許打倒皇帝做皇帝！

為防止紅字號反撲，為震懾全區城鄉，晉東南軍分區效仿省軍區張日清做法，調集駐軍四五四六部隊等武裝力量，驅動五十八輛大卡車，荷槍實彈舉行大規模武裝示威遊行，口號聲聲響徹雲霄。

從人數上講，參加地市奪權的聯字號組織，大大小小四十來家，而更多的組織，被排斥在此次奪權之外，紅字號人馬因而難以計數。全區每個成年人都面臨著一個尖銳的大問題：誰是革命左派？誰能奪取最後勝利？我該怎麼辦？

誰要是選錯了派別，當時叫「站隊站錯了」，那麼你和你們全家，政治上受不了，生活上受不了，連親戚朋友都受不了，活生生一個人就要完蛋操。普天之下無不如此。有人常常問：為什麼文革中只有兩派，卻少有《三國演義》那樣真正意義上的第三派？答案正在於此。第三派你活不下去，既使你有第三種觀點也只能先去爭當左派。上黨古城也好，全國各地也罷，都曾經出現過釀成第三派的苗頭，形勢一發展，還是投屬於某一派了，沒有人敢於公開宣稱自己是「第三種力量」。這是多少年階級鬥爭教化的結果。共產國際中的第三派就不受歡迎。

奪權三日即衝突

太行山上從來不乏陪命好漢，流血衝突就在眼前了。

由聯字號組織的機動車宣傳大隊，高音喇叭隨車呼嘯著，晝夜不停行駛在晉東南城鄉道路上。這種宣傳車配有小型發電機，總是與「突突突」聲音混合在一起。宣傳車後面，往往有文藝演出隊相伴，至少有專門撒傳單的車輛伴行，同時配有武裝保衛車輛，上面站滿了精力充沛的年輕打手。總之，文革運動十多年，這類宣傳車成為一道亂世風景線。

元月二十九日上午，即地市奪權後的第四天，軍民合一的聯字號宣傳車出了長治城，五十多輛汽車組成車隊，一路向北進發，廣播員高呼口號，內容高亢而空洞。北郊一帶是去往省城太原重要通道，駐有太行中學、潞安中學、海字○一一五部隊、長治飛機場和空字○二一五部隊、鄭州鐵路局長治北機務段和火車站、長治鋼鐵廠、長治發電廠、太行鋸條廠、八一水泥廠、漳澤水庫等顯要單位，還有故縣、馬場、黃碾、張莊等龐大村鎮，是工人、農民、學生、士兵密集聚居區域。對這一帶當然要展開重點宣傳攻勢。車隊由我美麗的女同學崔小霞她爸——晉東南軍分區副政委崔修德親自壓陣，聲勢浩大。

車隊行至長北火車站附近，突然，四野間發一陣喊聲，橫刺裡殺出一彪人馬，鬧哄哄當頭攔住去路。細看時，有潞安中學紅字號頭領、政治教師高太生首當其衝，率眾斥責「一・二五奪權」，強烈要求解決本校一系列問題，阻撓宣傳車隊前行。軍分區首長崔修德下車勸解，高太生等人旗橫當路，厲聲爭吵，勸解無效。圍觀群眾越聚越多，宣傳車隊被團團圍困，再次引發「上黨向何處去」的大辯論。所有在場人員出於高漲的本派激情，人人爭相發表觀點，批駁對方，無數張嘴在嚅動在吶喊在演說在咒罵，沸沸揚揚，吵鬧不止。這一時期，各種形式的兩派立場大辯論，遍及山西城鄉。正是武鬥之前奏。今天，吵到倦累時，高太生的人馬索性聚坐在宣傳車隊前頭，馬路當中，紅哇哇一片。交通為之阻塞，南北不能通行。

從前晌到後晌，僵持不下，聯字號宣傳車隊北上受挫。

大分裂帶來大騷亂，只差出現刀槍棍棒的搏擊了，雙方群眾尚且赤手空拳。大辯論之初的主流還在於說理，看誰時政學養水準高，看誰辯論機巧辯術高。兩派領袖的誕生，往往是巧舌如簧或者是政治詭辯的產物，全國各地派性組織當中，多有「鐵嘴」活躍其間。

一向溫和的崔修德首長此刻焦慮萬分。

運動由文鬥發展到武鬥，由觀點衝突發展到武裝衝突，是不可避免的必然趨勢，流血戰鬥，不以人的意志為轉移。

高太生紅字號人馬這麼一鬧，坐地圍攻不放行，你就沒辦法解決。眼見日薄西山，天色向晚，宣傳隊進退兩難，諸軍民饑渴難耐。而潞中紅字號倒可以就近飲水補食。

高太生公開站在了與軍人對抗最前線，頗有幾分陪命好漢勁頭兒。他這廂一鬧一逼，就鬧出了聯字號一支勁旅，逼出了對立面幾名頭目。

公路上雙方對峙。路西是張莊村，屬高太生們所盤踞的潞安中學所在地，路東是長治北火車站，屬河南鄭州鐵路局新鄉分局長治北機務段地盤。這裡正是全國大名鼎鼎造反組織「河南二・七公社」伸向山西的直屬尾巴。運動中既參與河南的事，又參預山西晉東南的事，其主體均為鐵路工人，全名謂「河南二七公社長北五四兵團」。聯字號奪權時，「五四兵團」是一支響噹噹的加盟者，聲名顯赫。為首一位徐志有，腦子活絡，語言生動鮮活，性格外向，用當時流行說法，叫「革命造反精神強」。年輕的徐志有，敢於在新鄉與長治之間，在鐵路與地方之間冒風險擔重任，一時成為風雲人物。「一・二五奪權」中，他挺身而出，擔任晉東南總部之下的長治市造反奪權總指揮。

傳報公路上有紅字號攔車鬧事，徐志有等人起初並不在意。潞安中學高架著兩捆高音喇叭，分屬紅聯兩派，雙方天天對陣叫罵，公路以東鐵路工人早已習慣於此。今日又鬧，他能做甚？此時的工人對校園小將們還留有幾分客氣。畢竟是學校師生們最先造反革命的。

不曾想，潞中紅字號居然鬧到軍分區首長頭上來了，攔截了軍分區的宣傳車，從上午到傍黑沒完沒了。這分明是向新生紅色政權示威挑戰，分區首長雖在忍耐，我們聯字號鐵路工人，豈能坐視不管。事件發生在咱家地盤「五四兵團」地面，更需要拔刀相助。

徐志有個頭不高，身材結實。文革前在鐵路小站上，幹一項比扳道岔還要低一些的小工種，後來徐本人向我兩次說明那工種的特點，用手比劃半天，我還是沒記住。他的名字與中共戰將徐世友極其相似，無端由添了幾分威風，老徐的面相，也比扳道岔的高貴許多，明亮大腦門，濃眉明目，白臉膛方方正正，很像《紅燈記》中李玉和胞弟。他還真是一位文藝積極分子，真演過李玉和。

文革亂世裡，必有豪雄出。徐志有從那個小工種起家，一路造反鬥爭，鮮活生動的東北話語說得爽快，時間不長便輕鬆地脫卻了油乎乎鐵路工作服，搖身一變，把一套四個兜的幹部軍裝穿起來，腳踏黑亮皮鞋，健步登上政治舞臺。他指揮若定，看上去滿是那麼回事兒，很像個官，跟扳道岔聯繫不上。

今天，待天色黑下來，徐志有號動「五四兵團」幾十個弟兄，攜帶傢伙兒繩索，撲向公路。高太生兀自還在那裡演說。徐志有冷笑道：屎蚖螂過馬路，混充軍吉普呢！師生們當然不是工人對手，鐵路工人們飛動拳腳，傾刻打翻幾個頭目，不容分說，繩子捆了高太生，三下五去二，解決了一整天的危局，解救了深陷困境的崔修德首長。給宣傳車隊戰友們送來了香甜可口的茶飯。頓時，發電機又歡快地叫起來，女播音員那亮亢激昂的廣播回蕩在鐵路兩旁。

「五四兵團」把高太生押入一節火車車廂裡，將他打得半死不活。徐志有等人倒背著手，以首長姿態在高太生面前轉了一圈：你就是潞安中學高太生？把臉上的血擦一擦嘛！

新生政權當即把高老師推入監牢，給他專了政了。

這次事件並不很激烈，也沒死人，之所以要記在這裡，是因為事件象徵著兩派群眾之間「文鬥」的結束和「武鬥」的開始。

這一事件讓兩派首腦同時認識到：光說嘴不行，還要敢打。

長北「五四兵團」徐志有，從此成為軍分區座上客，長北車站「五四兵團」這一大片兒，演變成聯字號重要軍事大本營之一。鐵路樞紐為聯字號所掌控。正是在這裡，不久後「打響了太行山上第一槍」，兩派結束了冷兵器作戰的短暫時期。紅字號始終沒有沾上鐵路一點光。後來又因為幾番炸鐵路，紅字號頭兒被判重刑，吃了大虧……

「三結合」的權力機構

一切為了政權的生死存亡而戰。在二〇〇四年的採訪中，我得到一套聯字號主辦的《太行紅衛兵》報，中途一度因戰事而斷檔，該報全部採用鉛印，這在當時很不簡單。原因在於聯字號掌控了地區印刷廠。我按時間查閱奪權後的該報總第五期，可見編者竭盡全力為新政權鼓呼。整張報紙除了奪權掌權保權愛權，沒有一句廢話。辦報的主要負責人，有太行中學「反到底」聯字號頭頭王天池先生。而今，王先生平靜地對我說：相贈你這套報紙合訂本，意在讓你更直接地感受當時運動的極左文化氛圍，為什麼任何人也逃脫不了文化大革命？這很值得研究。紅字號、聯字號都瘋了？那是時代悲劇造成的。我們堅持把這張報紙辦下來，在當時要流血拚命，好不容易呢。我告訴他北大圖書館居然存有此報，他感慨萬千。

王天池是太行山上聯字號紅衛兵的代表。熟悉他的人都說他善於思考，為人厚道，紅字號當中竟少有人罵他。我也確實從他身上看不出任何兇殺氣。如今已近七十歲的人了，默默無聞，混雜在普普通通人流中。王先生愛吃晉東南小米稠飯，配上炒山藥蛋絲，愛喝長治的肉丸子湯，要多放蒜醋和芫荽。

我把整套《太行紅衛兵》反覆翻檢。報名由毛澤東草書拼合而成。我慢慢看到，一代太行山青年那澎湃熱血灑在舊脆紙頁上，文革紅衛兵悲傷的淚水灑在含混墨蹟中，他們全部的青春與理想，盡被埋葬在這貌似崇高的字裡行間了……

一九六七年二月十六日，即聯字號奪權二十餘天後，以劉格平、張日清主持的中共山西省核心小組，正式承認晉東南一・二五奪權。晉東南軍分區向各縣市武裝部發出了《號召書》，令全區民兵要用鮮血和生命保衛新生紅色政權。

三月十八日，山西省革命委員會宣告成立。如法炮製，晉東南地區和長治市也於四月間成立了革命委員會。這些新生權力機構雖有程首創等一批黨政幹部被結合參政，但實權肯定落在了軍人們手中，同時，全晉東南及各地市縣的聯字號將領王法書、王天池、王創全、徐志有、王保貴、王學科、邵有國、張登魁、董乾太等人，紛紛登上政壇，擔任重要職務。

紅字號頭頭們很難進入地市新生政權。

組建「三結合」領導班子，打頭的還需要「革命領導幹部」，其次是「革命軍人」和「革命群眾」的代表。

程首創成為晉東南地區最早被「解放」、第一個「站出來」的地師級領導幹部。程於一九六七年四月間，出任中共晉東南地區核心小組組長，地區革命委員會主任。

各市縣情況大同小異照此辦理，一批文革前相對邊緣的幹部倉促出山。

所有這些市縣政權裡都毫不例外地站著一群荷槍實彈的軍人，即軍分區以及市縣武裝部的中下級軍官。說白了，你必須堅定地站在軍分區和聯字號一邊。省軍區張日清對全省軍分區的指揮員們進行了數次大培訓，公開分化瓦解劉格平勢力，力圖抓住實權不放鬆。

晉東南十七個縣市，統統分裂成兩大派，又迅速和地區上層聯字號、紅字號掛鉤串連，形成了各有近百萬人的兩大陣營。

新任山西一把手劉格平，與二把手張日清完全分裂了。到一九六七年四月中旬，省核心小組矛盾澈底公開化，很快波及到全省。

劉格平率領陳永貴、袁振、丁磊為一方。

張日清率領劉貫一、陳守中、劉志蘭為一方。

江青集團和林彪集團正在分裂中。中央文革肯定要支持新生政權，所以支持劉格平，因而在北京開會讓張日清做檢查，但由於林彪愛護這位軍隊的功臣便無法打倒，致使雙方加劇了衝突。

剛剛誕生的革命委員會主任，肯定不能打倒。

解放軍「支左」一面紅旗，當然也不能打倒。

軍隊作用甚大，劉格平情知張日清鬧對立，便轉而拉攏依靠其他駐晉各兵種部隊。這又是山西一大嚴重問題：駐紮山西的海字部隊、空字部隊和後字部隊響應軍委號召，同樣擁有「支左」任務，他們無一例外地支持劉格平和革命委員會。

山西省軍區和各地軍分區，省屬陸軍部隊，背靠北京軍區，全力支持張日清。

這是山西文革兩派越打越兇的癥結所在。支持兩大派的武裝力量，都是中國人民解放軍，具體到晉東南，海字〇一一五部隊和空字〇二五部隊，支持了程首創，與軍分區與武天明，勢不兩立。

矛盾層層上舉，紅字號掛鉤省城張日清一派，聯字號掛鉤省城劉格平一派，全區鬥爭焦點很快集中在武天明和程首創身上。

程武二人很快就分裂了，不分裂就不叫文化大革命。

程首創深為全區兩派尖銳對立所困擾。上面反覆強調兩派大聯合，實際上根本行不通。這位身材削瘦大個子，此刻更是往細長裡走。他的高闊腦門使臉龐愈見拉長，鼻樑也愈見凸高，焦黑刀條臉上，愁雲密佈。每日裡，他聽到最多一句話，就是你屁股坐在哪一邊？而一個老幹部希望安定、力阻分裂的天然立場，對於造反奪權一派並不情願贊同，他簡單地認為，調整政權成分十分必要。適當增加紅字號人選，是實現兩派大聯合的前提。不如此，還叫大聯合嗎？

程首創對這場運動的恐怖程度顯然估計不足。

程首創身不由己，很快成為紅字號急切尋找中的代理人。這個代理人，他當也得當，不當也得當。

程首創成為紅字號的總頭目。

武天明成為聯字號的總頭目。

波濤洶湧，濁浪排空。

聯字號頭頭出山錄

前頭講過徐忐有、王天池等聯字號首領簡況。現在說說聯字號響噹噹的司令王法書是怎樣崛起的。

梟雄輩出天地造，說來本色亦平常。王法書當時不到三十歲，當過兵，是個普通工人，卻非常有個性，有一股子豪俠勁兒。

遺憾的是，鐵打的營盤流水的兵，王法書在部隊沒趕上立功受獎提幹，還是頂著一顆光頭，退役還鄉，放下槍桿子拿起了鋤把子。黎城是全國民兵模範縣，公社大隊叫他參加訓練打靶，他拂袖而去，老子沒有吃飽！

採訪中他對我憶起這一段，說，從部隊回到老家，隊長叫去地勞動，咱手裡拖過鋤來，覺得人活一輩子，真叫沒意思。

文革前，青年們前途單一無奈，慢不說你當了一回兵，就算你上過了高中，大小成了個知識份子了，也要向董加耕、邢燕子學習，號召你回鄉勞動呢。後來某類人士時常宣講毛澤東時代普遍就業好，實在是簡單化了，你千萬別忘記，你所指的普遍就業，頂多是天生具有城市戶口的少數城裡人，廣大農村青年能就業嗎？

王法書還算幸運。晉東南軍分區直屬八一水泥廠，廠長老杜是現役軍人。這個廠專門安置復轉老兵，挑挑揀揀，王法書總算再次跳出黃土老窩。

來到地處長治北郊的八一水泥廠，王法書舉目一看，灰呼呼的是大片水泥粉塵，黃呼呼的是工人們身穿舊軍裝，摘了領章帽徽。黃呼呼老兵們聚一塊兒，千人左右，就算一個團吧。

王法書先是高興了幾天，好賴不當農民了。然後，日復一日，加班加點，漸漸生出了人生煩惱。廠領導的工作方法是命令式的，工人們的生活方式更是軍營式的。最糟糕的是，給王法書分配的工種奇差。王法書在文革大辯論中留下了一句話：老子怕球甚？咱不過就是一個司機，什麼司機？水泥廠推平車上料的，小平車司機！這話生動有趣。他每說此話時，都要揚起單眼皮細小眼睛朝上看，手同時往上指，形容日日推車上高坡：平車司機！給兩派群眾留下深刻印象。

看來，他比長北火車站「五四兵團」頭頭徐志有——在鐵路上協助搬道岔的工種，還不如。整個一揮汗如雨的大苦力。

文革運動中一大批骨幹人物，正是極端不滿於自身人生現狀，潛隱地不滿於那個封閉社會，便抓住文革機會，奮勇出山折騰。

王法書在描述他如何出山時，很具體生動：他媽逼，每天推平車上石料，實在苦悶哩。我常常推完料，一個人坐在高塔頂上，上頭風大，解開衣裳敞開懷，吹一陣風，讓胸脯涼一涼。登高望遠，心裡好受點兒，嗨！——他這一嗨，把我也驚的提了精神：有情況！我在高塔頂上看得遠，最近一個時期，前頭公路上，總是出現一隊隊的人，背著背包，打著小紅旗兒，從一廂走過來，又朝一廂走過去。開始咱沒有在意，後來多啦，天天有！我非常奇怪，這些人是幹球甚的？天底下出了甚事啦？咋這麼多人不上學也不上班？咱平時悶在廠裡，只管推料當司機，咱也天天報了到，不讀書不看報，不聽廣播不愛嘮，一下班悶頭睡大覺，對外頭的事情乾脆不知道！這一回，小旗兒天天過，喊什麼口號聽不清，我突然覺得咱還年輕，絕不能糊裡糊塗這樣下去一輩子。我到廠部去找報紙，挨了杜廠長一頓批，說我，你看球什麼報！我還是堅持要看，還注意聽廣播，唉呀，這才發現，天下早就大亂啦，那公路上，是學生們打著紅小旗兒，背上背包串連哩，長征哩，去北京哩，鬧文化大革命哩。

王法書講他這段大發現，至今如孩童般亢奮不已，這個發現，對於悶罐中人來說，多麼了不起呀！

現役軍人杜廠長，不喜歡他關心外頭的事，他便跟廠長吵，說毛主席號召年輕人要關心國家大事，要把文化大革命進行到底，你憑球甚不讓老子幹革命？杜廠長說，軍隊工廠沒有接到介入運動的指示，所以你們要好好動彈勞動。王法書說你不讓革命，就是為了保自己，你就是一個現成的走資派！廠長說，省軍區、軍分區讓我搞生產，沒有讓我支持你造反，我是不是走資派，你說了不算。

王法書把帆布手套一摔：這個球毛司機我是不當了！杜廠長你看著，我現在就上省軍區去，去問一問讓不讓老子鬧革命，你記上曠工吧。這個王法書，可真不簡單。回宿舍三下五去二換下工裝，也沒錢打車票，大跨步走出了廠門，甩開兩條腿，以急行軍速度，一路步行上了太原。這一個單程就是二五〇公里，他走了兩天兩夜，闖入了省軍區，見到了司令員張日清！

張日清正在日夜籌畫奪權大事。

對軍隊工廠來客王法書，張日清不但沒有批評，反而支持鼓勵，再次告訴他，你們要關心國家大事，要把文化大革命進行到底，形勢很快就會發生巨大變化。

王法書回廠後，轉眼間變得氣度不凡。他和本廠戰友一起，積極配合軍分區行動，奮勇參加了晉東南奪權鬥爭。

王法書，一個不滿於自身命運，不滿於社會現狀的中國軍隊退伍兵，長長地出了一口順心氣，他覺得自己馬上就要找到感覺了。革命，真他媽的痛快！

咱還會去亂石堆中，日日用木制膠輪小平車，往高高的水泥塔上，一趟又一趟地推石料嗎？尊敬的杜廠長，你在廠裡好好看報紙，好好歇著吧。

王法書造反出山的經歷，有著相當廣闊的代表性。許多文革戰士都是這樣奮勇出山的，而且還遭到過當權派的無情打擊，然後再鬧翻身。

但是，王法書本次出山，卻沒有撈到多少便宜，只是少推了三人月平車。

這當口，紅字號和軍分區鬧翻了天，軍分區首長深感左右手形不成拳頭，組織不力，雖有一支四五四六獨立團部隊隨時待命，卻不能直接派兵參戰，每臨緊急局勢反而無兵可調，這就又想起了八一水泥廠王法書和他的弟兄們來。

文革後，王法書特別不滿於定他為「三種人」，常常大發牢騷，確有其道理，他第二次出山真是被軍分區拉出來的。

一九六七年七月下旬，武漢事件導致了軍隊的被動，陳再道被公開點名批鬥。各地與軍人對抗的派系，紛紛把鬥爭說成反擊「二月逆流」的發展和繼續，中央文革大員王力、關鋒、戚本禹，繼續高喊「揪軍內一小撮」的口號。這種傾向和潮流，與晉東南紅字號的立場觀點不謀而合。更配套的是北京七月會議，中央嚴厲批評了山西省軍區張日清鬧分裂，明確支持了劉格平，由是引發了全省一派組織對張日清的「萬炮齊轟」。具體到晉東南，又引發了以淮海兵工廠為主力的紅字號聯合大行動，從七月十八日夜始，連續四晝夜圍困軍分區駐地，強烈要求分區司令員武天明，公開答覆包括王尚志死因在內的種種問題，公開支持「三結合」幹部程首創。這一行動，促進了紅字號各個組織之間迅速形成聯合陣線，強化了紅字號的鬥爭信念，大批群眾倒向紅字號。

在圍困軍分區的熱浪中，武天明、李英奎、李順達和程首創等核心小組成員，緊急召開常委會，火藥味瀰漫著會場，軍人們萬般氣惱，程首創無可避免地受到攻擊指責：為什麼紅字號單單支持你？你的屁股坐在哪一邊？我們把你「解放」出來，結合到班子裡，你為什麼不聽話？我們可以結合你，同樣可以再次打倒你！

軍分區在圍困中。「醫專文革」等聯字號學生組織多次聲援軍分區，不但沒有效果，反而引爆了數千紅字號人馬攻打長治醫專大樓，發生聯字號常說的「血洗醫專文革」事件，七月二十一日，近百名聯字號戰士倒在血泊中。事件震動太行太岳。紅字號士氣高漲，隊伍日漸擴充，各縣市紅字號組織紛紛圍困襲擾武裝部。駐晉東南的海軍〇一一五及空軍〇二五部隊，都不是張日清的兵，這時也公開亮明了觀點，堅決支持程首創為首的革命委員會，也就是堅決支持紅字號了。軍分區和縣市武裝部，聯字號明顯處於下風，新生政權告急！一個突出緊要的大問題擺在了武天明、李英奎等人面前：聯字號缺乏能征善戰、左衝右突、敢打硬仗的拳頭組織，以致於軍分區首長不得不直接面對紅字號群眾的圍困攻擊。

當前最緊迫任務，就是立即把聯字號鐵杆組織重新建立起來，形成抗衡力量，以群眾抗群眾，指哪打哪，不折不扣，堅決還擊紅字號的進攻，實現軍民團結「文攻武衛」。

軍分區屢被危困，便是王法書等人再度出山的天時。

王法書後來對我回憶說：軍分區到了最困難時候，首長們急了，搞鬥爭沒有左膀右臂哪能行。別人他一時靠不上，八一水泥廠是分區直屬廠，全是復員老兵，身分恰巧還是工人。王法書說，七月份以後，首長們至少來請過我們三次，說是不好了，紅字號鬧得快頂不住了，把李順達從西溝請出來勸退紅字號，也根本無濟於事，人家連老李一塊打。眼下只能動員我們拉出去，扯起大旗來跟狗日們幹！

王法書所講屬實。軍分區政治部主任田懷保，也是我的美女同學田石萍她爸，接連三次，親自到北郊外八一水泥廠，去動員王法書、郝瑞雲、班萬紅等一幫老兵，出山作戰。終於，聯字號王法書這群黃斑猛虎，大吼一聲，驚天動地，重新殺上了社會。

在軍分區直接操縱下，聯字號對外最鐵杆、對內最團結的新生大組織「太行工人紅色造反總司令部」，簡稱「紅總司」宣告成立。王法書擔任了司令員。許多被紅字號打出來的各個聯字號小組織，當即投身於王法書麾下。

聯字號新成立的紅總司號稱幾十萬人，而真正的核心主力，便是水泥廠王法書、郝瑞雲、班萬紅這批老兵。他們曆煉過嚴格的軍事訓練，具有遠遠高於一般群眾組織的戰術素養和紀律觀念，有不少人直接參加過越南戰爭或中印邊境作戰。歲數大些的，還曾經參加過更多的戰爭。

不久，王法書率領精兵強將，正式進駐位於軍分區東側的長治醫專校園，以教學大樓為中心，支鍋造飯，築壘工事，擦槍抬炮，佈雷架線，挖掘地道，設立廣播，健全部室，完善司令部。從東面護衛著軍分區大院，抵禦著來自南面紅字號大本營淮海兵工廠的進攻。——太行山上的又一次亮劍。

聯字號在長治英雄台廣場召開誓師大會，王法書登臺講話，當眾提刀割指自殘，歃血明志。他高舉鮮血淋漓的拳頭，也顧不上擦一擦，發表呼籲書，《「文攻武衛」是當前對敵鬥爭的戰略和策略》，他悍然提出，「組織起來，武裝起來，敵人磨刀，我們也磨刀，拿起武器，英勇戰鬥！」軍分區打造了這只鐵拳頭。

文革後定了王法書的「三種人」，他不服。他強調：「咱是在首長的明確指示下，才第二番站出來扛大旗的。三種人是個甚？是他媽逼一個模範？還是他媽逼一個職稱？甚是個三種人？咱不知道，咱就知道軍分區三請王法書嘛！」

二次出山後，他們真正變成了保衛「紅色政權」的指揮員和戰鬥員。講個小戰例：

軍分區南北兩大院，中間東西走向的街道，叫做二賢巷，東頭是太行白求恩和平醫院，與王法書新據點醫專校園相連，西頭通往長治市南大街。忽一日，紅字號人馬又一次前來圍攻軍分區，和分區首腦吵得不可開交。這一回，可不是七月份那次了，分區通知王法書等人，用武力驅散來者。王法書得令，帶了幾個人，端出一挺歪把子機槍，提了兩箱子彈，迅速在和平醫院大門口建立陣地，親自爬在醫院門口小坡上，由東向西，衝著二賢巷街道內紅字號人群開槍掃射。兩箱子彈打光時，紅字號圍攻人馬也跑了個精光。——這件事，是我的老友、和平醫院子弟張中慶親眼所見。他和他哥哥張安慶當時正在醫院門口玩耍，卻不知道害怕，憨乎乎地端著小臉盆，在那挺機槍旁邊撿子彈殼。就這件事，我向王法書提起來，他略做回憶，笑道：「有啊，有這麼一回，你怎麼還知道這件事？那一次我帶了一個膽大的助手，名字叫八毛，紅字號圍攻分區好幾次，趕走一撥又來一撥，實在沒辦法了，只好用機槍震懾他們。我打機槍，八毛給我送子彈帶。我沒有朝著地面人群打，就打他們頭頂上的樹，打他們兩側的街牆。一口氣掃射了兩箱子彈，紅字號全他媽跑了，丟下一片鞋，刷大標語的漿糊桶也不要了，哈，那次咱可沒有打死人。反正從那以後，再沒有發生大規模圍攻軍分區事件。」

王法書還出色地完成過一次光榮任務。那是在北京「七月會議」之後，省軍區張日清一派挨了批評，劉格平這一派鬥志昂揚，三次在太原舉行炮轟張日清大會。可憐這位少將軍人，三次被人粗魯地扯掉了領章帽徽。最後那一次，軍分區派遣王法書等人到太原去向省軍區彙報運動，正趕上張日清在湖濱會堂挨鬥。王法書火了，他急中生智，一邊高呼打倒張日清口號，一邊帶人衝上臺去，揪住張日清就往台下拖。主持大會的人以為是自家人，還沒反應過來，王法書等人已經把張將軍拖出了重圍，塞入吉普車中，一溜煙拉回了省軍區。把張日清解救了下來。可惜的是，王法書向張提起，自己就是原先從長治單兵急行軍二五〇公里，徒步前來找他要求造反的復員軍人，張日清卻無論如何想不起來，前後沒有對上號。

聯字號王法書、王創全、徐志有、常玉發、郝瑞雲、熊發順、邵有國、晉城王保貴、董乾太、高平王學科等人，是聯字號當中有名的大頭目，多為工人，王天池則為學生。

另有地委幹部張近智和一些縣級幹部，緊密地團結在軍分區周圍，共同組成了聯字號的核心力量。幹部堆裡太複雜，變數也大，投機政客滿樓亂竄，這裡不細分了。

彼紅字號頭頭的誕生又大不相同。開始時，總體上屬於單位內部保守派一族，出門造反者，為數不多。後來他們聯合行動，走上社會，支持維護程首創，保衛自身權益，與軍分區、聯字號對攻，才漸次冒出頭來。儘管他們本領很大，能力高強，卻算不上主動性很強的標準造反派。容待後面慢慢為他們亮相。

一段閒話與大碗吃麵

說起來很神異，長治市四條主要大街，近百年來，民眾間信奉的「立場觀點」頗有差別。大的方面講，以市中心十字街為軸心，南北兩條大街多為中共地市黨政機關，信仰馬列主義毛澤東思想；而西街則是數萬回族民眾聚居區，有生動壯觀的四大清真寺座落其間，回民於明清以來即在潞安府生存繁衍，是堅定信奉伊斯蘭教的龐大群落，始終與國際國內教會組織有健康正常的密切聯繫；東街卻又大大不同，有好幾代信奉天主教的在教信徒，向為山西南部天主教中心區域。長治的天主教大教堂，轄區達十九縣，教民眾多，是華北乃至全國最堂皇最浩大的教堂工程之一，在國內外教會典籍中屢被提到，曾經與世界上有名的大教堂同上國際畫冊。長期由荷蘭主教坐堂傳教。二戰初期，保持中立，大辦醫院，拯救庇護過萬千上黨難民。因荷蘭不是宣戰國家，日軍戰馬遇教堂而卻步。清末庚子年，長治地區發生百姓與教民流血衝突，教民曾一戰捐軀達三千餘眾。那時，長治大教堂被焚毀，復歷四年重建，越發輝煌巍峨。一九四八年，中共晉東南地委、專署、軍分區入駐此地辦公食宿，帶上家屬人槍近萬，住起來尚且綽綽有餘。

三種截然不同的文化形態，分佈於古城四條大街上。

文革邪火一燒，長治地區伊斯蘭教和天主教的尊教秩序被粗暴殘踏，教民大受其苦。其中天主教徒們，本在文革前就遭到重創，被殺被關被管，眼下迫害更甚於昨。伊斯蘭教文革前尚未被說成天主教那樣「披著帝國主義的外衣從事反革命顛覆活動」，行教禮拜仍可維持。到文革，突來「極左」加造反，把幾大清真寺肆意改做他用，搞過小工廠，住過部隊，據傳還掛出過豬肉，公開的信教活動全部停止。清真寺裡掛起了毛澤東像，有人在禮拜大殿公然撒尿。把二十餘位大阿訇集中起來舉辦毛澤東思想學習班，逼迫阿訇們背誦毛澤東的《老三篇》，人人要唱語錄歌。南邊晉城縣裡，造反派竟然把個清真寺給砸了。

我寫這一段的意思是說，原先多種文化形態的並存，體現了中華民族的博大與包容，是共榮是和諧是人類智慧的生命力，長治，擁有自身信仰的民眾這麼多，本應是多麼有意思，多麼有魅力，多麼有文化，多麼美麗，多麼豐富多姿的一座古城。現在，經過一九六六年紅色暴力的洗禮，到了一九六七春夏之交，萬萬千千的聲音說到底就吵著一個調調：我是革命左派，無限忠於毛主席，我們要和你們鬥爭到底！

那陣子，我一度很疑惑，保皇派不就是保毛主席嗎？除了毛主席，誰可以稱皇呢？不久才知道保皇派是指保劉少奇、鄧小平這條線上的「走資派」，是不忠於毛主席的那一派。劉鄧陶衛王王全張王等等「走資派」，反而成「皇」了。此類顛倒，對小學生而言，不易一下子弄明白。

運動搞到這個火候，什麼黨團員、工農兵，什麼天主教、伊斯蘭，甚至地富反壞右，全部不重要，就看你支持或參加紅字號還是聯字號。直到如今我採訪中，隨處都可以聽人相問：那時候你是紅字號還是聯字號？我說我還小，那時上友誼小學還沒畢業呢。人家恍然，輕輕地長長地「噢」了一聲，諒解了我打算著書的做法，這才談關於採訪的事兒。倘若你當年是青年人或成年人或老年人，你要不在一「號」，那真叫怪。

原先成天挨批鬥的老幹部們，現在可以在獄裡獄外稍稍喘口氣了。絕大多數「革命者」在瘋狂爭吵，顧不上去打「死老虎」。城鄉基層單位舉行批鬥會，開始敷衍混飯。秀才們幹將們不再認真準備批判稿，更懶得親自上陣批鬥。高臺上陸續出現一些基層「大老粗」胡亂舉辦批鬥會的身影。——

啥叫「大老粗」？還要解釋一下。這一稱謂往往是基層做實際工作的幹部常用的謙稱。譬如有玩笑說，某公社主任對社員講話：「我講不好，我是個大老粗嘛！有多粗呢？」他雙手舉過臉前，手指做圈狀示眾，形容鐵鍬把兒，「就有這麼粗！你們不相信，去問問婦女主任委員，她最知道我有多粗。你們不要笑嘛，她最瞭解我！」這位主任的比喻說法，讓文化低劣枯燥無比的聽眾浮想聯翩。

某一日，平順縣裡批鬥「走資派」，一位大老粗登臺發言，憤怒聲討而語無倫次，揭發基層「走資派」曾經承諾某事未辦，說話不算數。發言結尾處，照例振臂高呼口號。由於不擅長使用套話，遂自編口號領呼：某某某不是人！台下群眾勉強跟呼，他繼續領呼：他長了個嘴就不是嘴！群眾已經很難配合。不料這只是一個逗號，他最後高呼：是你奶逼小逼子！——群眾實在跟不上趟，這口號沒法跟喊下去。全場笑成一片。那位大老粗自己非常嚴肅，昂首下臺，並不知眾笑何事。

說來說去，鄉土古國，人們所思所愛所恨所樂，總離不開下半身生育的傢伙，賦予生殖器官以多種意識形態色彩。另一件頂頂重要事項，必是吃飯果腹，以食為天，餘皆為次。就在這一時期，批鬥會鬆懈無序，鬥爭矛頭早已轉移到派戰重心上來。鄉鎮村莊輪番巡迴批鬥，很快演變為骨幹趁機吃喝。某日，襄垣縣某鄉鎮大會結束，天已將黑，公社大院裡照例大鍋支起，挑出了明晃晃的燈泡，吹風機嗚嗚歡快作響，骨幹們要吃拉麵。一向不敢亂說亂動的李姓「走資派」，連日饑寒，吃食粗糙，在屋內向隅耐饑而蹲。待麵條將熟時，他一返常態，忽然躍起，操起山西特有大大碗，徑直向大鍋走去。身後造反骨幹疾呼：老傢伙你想做甚？這位老李轉身正色道：吃麵！所答令人吃驚。骨幹斥之：你還想吃麵！老李早就想好了說詞：咋，這些天，不是跟上鬥爭我來，你們能吃上面？言之有理，骨幹竟無言以對。老李以竹筷敲碗，接著說：你不讓我吃面，明天我病倒了，保你也吃不成！——骨幹頓作寬宏狀：我又沒有拽住你，誰說不讓你吃來？轉眼間，熱氣騰騰的當院裡蹲下一片人，院牆上一盞電燈泡把只只大碗——上黨八義瓷窯系列產品，照射出明光來，「走資派」老李和造反派們一道，共同發出一片「呼嚕呼嚕」的吃面聲，此起彼伏，誰也顧不上說話。

這情景要擱過去，比如一九六七年春節以前，則不可能，那時鬥人鬥得狠，老幹部自己就不敢去端碗。現在造反派心思全變，批鬥會不過是走走過場，為本派壯一壯聲威而已。人心早已轉移到兩派爭奪權力上頭了。

上千人的肉搏

大流血不可避免地到來了。

紅字號、聯字號的武裝衝突，有一個從赤手空拳人體肉搏，到冷兵器廝殺，再到用現代化武器裝備大規模作戰的遞進過程。

一九六七年夏初以來，整個晉東南十七個縣市，兩大派的肉體衝突愈演愈烈。我這裡在講述冷兵器廝殺之前，有必要先講一段赤手空拳的肉搏戰鬥。七月二十一日發生在長治醫專的「七・二一血洗醫專文革」事件，是比較突出的，震動了整個晉東南。那是一場聯字號師生堅守教學大樓，紅字號將士瘋狂攻打的血案，講一講也將是驚心動魄的。戰後，我和我的小弟兄們曾到現場參觀。樓上樓下，四處濺滿了血漿與墨汁。傷患們揮舞著斑駁血衣，在嘶啞地控訴中。不過，要講述肉搏之戰，我還是選擇了同期發生在沁源縣的另一場廝殺，可能更會讓讀者看清肉搏衝突的殘酷性。

事件的主要當事人，係沁源縣紅字號頭頭，名叫李沁澤。其對立派聯字號奪權以後，雙方衝突急速升級。這時，知悉聯字號內部辦有一份《今日動態》，專整紅字號的「黑材料」。因此李沁澤的人馬也動議要對聯字號採取「革命」行動。

幾十年後，文革倖存者李沁澤對那一事件做了回顧，並把自己的回憶錄送給了我。他說：「那時候，我們不是喊著革命不怕死，怕死不革命嗎？事到臨頭，我如果不能挺身而出勇往直前，同學們肯定會罵我怕死鬼，罵我逃兵，我在組織中的威信就會一落千丈。我就是冒著生命危險也不願落個怕死鬼的臭名。於是，當時我斬釘截鐵地說：要搶黑材料，我一定去，越是危險的地方，我越要在場。」——這是當年一位派頭頭真切的思想活動。

七月二十日深夜，北京那邊還在開會解決山西問題。太岳山中李沁澤，組織了一〇〇名精強力壯的戰士，經過戰前動員，向著縣武裝部統治的專政委員會衝去。問題在於，李沁澤等人今晚行動，對方已經知悉並做了充分的應戰準備。當他們衝到縣專政委員會時，對方大樓空空如也！李沁澤恍悟上當，急令：「快撤！」但是已經晚了，對方一下子冒出了更多人馬，團團包圍了紅字號來襲者。

李沁澤在夜幕中奮力組織突圍，他回憶說：

> ……黑壓壓的人群擋住了我們的歸路，他們衝上來就打。這時我猛然看到一名中年男子正揪著我兵團女生的頭髮往電線杆子上砸，我大喊一聲：不許打人！這一喊，這個中年男子認出了我，急呼：李沁澤在這裡！抓住他！頓時，一大夥人全都向我衝過來，拳頭像雨點般打在我身上。眼鏡被打得不知去向。一個四〇〇多度的近視眼，沒了眼鏡，又在漆黑的夜晚，我已同盲人一般。一條粗大漢子猛地攔腰抱住我，一屁股坐在地下，高叫：「看你小王八蛋往哪裡跑！」我被緊緊地抱住。情急之下，護駕我的一個同學猛地踢了那漢子幾腳，我猛力掙脫，但他不鬆手，一下子把我的外衣扒了下來，前頭幾位同學打開一條通道，兩個護駕同學架著我往外衝。大概跑了幾十米，又一大批阻止我們的人群衝了上來，這時已是彼眾我寡，他們把我重重包圍起來，一次次地高喊著衝進保護圈來抓我。同學們奮力保護著我，且戰且退。對方則不顧一切要把我往專政委員會的樓裡拖。我被兩邊的人馬拖來拽去，上身的衣服以及球衣、背心全部被撕成一條條的。後來我已被撕得赤裸裸一絲不掛。我身上被雙方拖拽的如同撕裂，鑽心地痛疼。不等向外衝出二十來米，第三股更大的人群向我們撲來。這一次，我們是寸步不能動彈了。一〇〇多名學生無論如何對付不了上千成年人的攻擊——對方是調動了幾個廠礦的人來圍攻我們的。我們身陷重圍，孤軍作戰，這時尚有三十多位身強力壯的同學把我團團圍在中心，一方要保，一方要抓，繼續展開著撕心裂肺的搏鬥。他們齊聚一夥人，

從某一個方向突然發力，衝開一個缺口進來抓我，同學們奮力阻擋，把我拉回。突然，另一個方向又被突破，同學們又奮力堵救，同學們就像堵塞一次次決堤的洪水一樣。我早已被拖倒在地上，赤著身子在地上被來回拖拽，磨過來，擦過去，全身已是傷痕累累，血跡斑斑。最後，他們像推牆似地大喊：一、二、三！衝啊！精疲力竭的同學們像被狂風刮倒的禾苗，齊刷刷地倒在了地上。他們毫無顧忌地踩著我們的驅體衝進了中心。同學們一聲聲慘叫撕破了夜空。我們的防線被澈底衝垮。同學們倒在我身上，他們的衣服被汗水浸透，一個個像剛從水裡提出來，濕漉漉地緊貼著我的身體。我被對方的四條大漢拖著，像拖豬般擦著地，一直拖回到專政委員會門前，對著一個窗戶，他們齊喊：一、二、三！就如同扔麻袋一般，把我從視窗扔進了房子裡，我只覺得眼前一黑，就什麼也不知道了。

我醒來的時候，已是次日早晨，寒風從窗戶吹進來，吹到我全身破裂的傷口上，刺骨的疼痛。一群人進來，對我臭罵，挖苦、譏諷不絕於耳。一個聯字號首腦，看著我說：「怎麼連衣服都沒穿啊？去給找件衣服來嘛！」原來，給我穿衣服是為了逮捕我，要給我上繩子。兩個員警當時用繩索將我五花大綁起來，那位首腦宣佈了逮捕我的命令。他們連推帶扭，把我送到了縣看守所的大院裡，扔在院內的石階旁。

這時，從所長室走出一個五〇多歲的人和一個年輕人，把我按在地下，開始擺弄繩頭——原來是要給我加刑上大綁啊！這兩人一左一右用腳蹬住我的雙肩，一人握緊一個繩頭，用盡全力，向上一勒！我「呀」地尖叫了一聲，汗水立刻順著臉頰嘩嘩地淌下來，心跳加速，呼吸急促，神志恍惚，我意識到死神一步步向我走來……最後，武警中隊的指導員一點一點地為我鬆解繩索——解快了人會猝死。他一次只鬆幾公分，順著我的胳膊不停地拍打，怕一下鬆繩後血液會衝入心臟。他鬆鬆拍拍，拍拍鬆鬆，整整解了一個鐘頭。他把勒入肉中的繩子從我的手腕上取下來，繩子上還掛著成塊的肉，我的手腕上已經見到了白森森的骨頭……

李沁澤的回憶具體而又鮮活。這便是一場沒有動用兵器的派戰，典型的肉搏戰。

頭頭李沁澤，被關進了牢房。該縣紅字號的幹將們也不含糊，他們為了解救李沁澤，急匆匆直奔太原，按照情報指引，把正在省軍區開會的沁源縣武裝部政委燕相珍給抓了起來，扣做人質，強烈要求聯字號放出李沁澤，雙方交換俘虜。

縣裡的聯字號人馬群情激憤，圍著看守所要衝進去打死李沁澤。縣武裝部為了解救自己的政委，暫時顧不上本派群眾的強烈意願，深夜裡，祕密押出李沁澤，開汽車衝出重圍，送李沁澤到太原去，終於把已近半死的燕政委換了回來。

不久，燕相珍在傷痛中死去。

從此，該縣武鬥升級。李沁澤和他的紅字號戰友們，走上了真槍實彈武裝鬥爭的道路。

武鬥——早期的紅衛兵打人殺人，造反派殘酷鬥爭「走資派」，自然不能算做文鬥，那分明是動了武的鬥法，無疑也叫武鬥。不過，在百姓和學者的界定裡，說文革武鬥，所言所指，卻是兩軍對壘派仗：先是肉搏後是長矛大刀，最後階段是真槍實彈坦克大炮。約定俗成，武鬥，指的是兩派之間發生了正面戰鬥。

到了一九六七年八月中旬前後，晉東南兩派武鬥的形態從赤手肉搏戰進入冷兵器廝殺階段。這一時期，死亡雖然不多，受傷卻不計其數，查全區有過記載的戰鬥，少說也有數百起。

人們一說太行老區，往往認作荒蠻鄉野，窮山惡水，單一耕作，缺吃少穿，這是很大的誤會。只能說，這只是盆地邊緣山鄉深處的一個側面。或者可以視為晉東南的一小半。一九七〇年代，河北、河南等省份農業人口與城市人口的比例是十四比一，而山西則是九比一，差別甚大。晉東南鐵路、公路發達，工礦企業人口比例更高，輕重並舉。比全中國任何一個地區都不會遜色。僅國統煤炭礦務局就有潞安、晉城兩大開採區。大型的煤炭、鐵路、電力、鋼鐵企業——算上家屬動不動就是好幾萬人；中共最具資歷的大型兵工廠：淮海廠、紅星廠和清華廠，二大廠駐在長治市南郊，職工家屬加一塊也有十萬人。另有長治鍛壓機床廠、液壓廠、全國有名的長治軸承廠、防爆電機廠、汽車大修廠、多座機械廠、中型發電廠，多散佈於長治北郊；輕工方面，長治擁有縫紉機廠、自行車廠、儀錶廠、衡器廠、製藥廠、化工廠、棉織廠、絲織廠、碼鋼廠、水泥廠、針織廠、陶瓷廠、燈泡廠、磚瓦廠、印刷廠、食品廠、工程配件廠、中型化肥廠、省地市建築公司、省地市運輸公司，真是應有盡有。後來的國家特高壓電網，首開起點就在長治市。晉城、高平、陽城方面，工礦企業同樣星羅棋佈。晉城在文革前就是「五小工業」的典範，全國有名。

那時候的晉東南，也是戰備「第三線」重點地域。文革前遷來不少戰備工廠。多從北京、天津來。如太行鋸條廠，聽這名字不起眼，卻是我國鋸條產業的龍頭老大，他們和另一家天津遷來的「永明」廠攜手，在山西保持了數年的足球冠軍。晉東南還遷來了製造特種票證的長治五四三廠，製造特種通訊設備的武鄉某工廠，製造人民幣的高平一四五廠，製造精良印刷設備的晉城太印機，製造高級糧食機械的長治糧機廠，專門蓋樓建廠的建築分公司，沁水縣深山裡的×××廠等等廠家，總之，從外地遷入晉東南的職工家屬，加起來足有好幾萬人。不少單位在文革中成了兩派鬥爭生力軍，跟老區人民「團結戰鬥在一起」了。前頭記敘了那次赤身嚴冬抗議靜坐，就多少有些天津地面上青皮作派。

在這場史無前例的大革命中，全區工人階級聯合各縣農民兄弟，合力推演了太行山上一場大規模的文革武鬥戰爭，雙方參戰達幾十萬人。武鬥戰爭的級別取決於工礦企業的物質基礎，眼下叫做「硬體」。原有戰爭年代延續下來的雄厚民兵武裝，加上現代化的兵工產業和機械製造業，是晉東南文革武鬥的根基與保障，化工炸藥更是用之不竭。因此，晉東南兩派以冷兵器交鋒的階段並不長，主要在一九六七年七月、八月，雙方迅即轉入真槍實彈的戰鬥。雙方的武器裝備，特別是大型火炮，比中國軍隊在抗日戰爭中和國共內戰時期所使用的武器裝備，不知要好出多少倍來。

長平之戰的血光

高平縣——長平之戰的古戰場，秦趙大戰，秦將白起坑殺趙部四〇萬人。全縣橫置在長治與晉城、陽城、沁水、陵川等數縣之間的中心區域，扼守南北鐵路、公路要道。

高平兩派發生一連串流血衝突，直至聯字號一統縣城主陣地，把紅字號打出了縣城。

紅字號組織被趕到農村來，迅即把總部營盤紮牢在縣城以東陳區鄉，索性紮根農村辦公。反正抗日戰爭時期的區域政權都是這個樣子。而今，紅字號實行「農村包圍城市，最後奪取城市」的戰略部署，依託陳區、寺莊等十幾個大小公社，發動群眾，清掃聯字號力量，圍困縣城，展開抗戰。農村中的聯字號骨幹無法生存，披著一身血衣跑到城裡去了，城裡的紅字號骨幹也跑到農村來了。到一九六七年八月份，雙方以冷兵器為主的中小型戰鬥不斷發生。

城鄉鐵匠們晝夜不停，在烘爐火光的映照下，打造了大批長矛、大刀，給自家弟兄使用。還誕生了一種新式兵器——管刺。這種管刺說來簡單，就是將英制六分鋼管或四分鋼管，截取相應長度，把前端切割成斜坡開口，然後精心打磨，自成銳器，握其管而紮人，或直接敲擊人頭相當順手。有人交流經驗說，管刺比紅纓槍和大刀還好使，有時候捅人入腹鮮血竟自管尾噴射而出，不至於像紅纓槍那樣，常被血脈吸住，好進難拔。

高平城裡兩個聯字號大頭目，一位叫王學科，任「聯總」司令，一位叫張登魁，屬學生領袖。現在成了縣武裝部屬下兩員非軍人將士。你千萬不要以為兩派頭目必定面目猙獰，心肝俱壞，決非如此。因為有文革後在晉東南師專共同學習的經歷，使我與身材高大的張登魁在幹修班成為同學。張是一個特別熱衷於讀書，熱衷於鑽研馬列哲學和政治經濟學的好學生，且身體健康，性格開朗。只有天知道，文革武鬥中，他咋就衝鋒在前，一身血汗呢？文革後許多年，他背著「准三種人」的重負，長期得不到工作，到中年心顏不開，久病而逝。

張登魁和他的戰友王學科，充滿了革命神聖感。

一九六七年八月下旬，高平紅字號把城內同觀點的幹部接到陳區等鄉鎮，成立了革委會下屬四部一室一組，發展組織，行使政權，征糧籌款，像抗戰時期的縣政府那樣，遙控全縣，招兵買馬，聲勢日隆，和寺莊等地成犄角之勢，夾擊縣城，同時封鎖南北公路幹線，擺開了長期圍困城縣城的陣勢，一俟時機成熟，還要全面攻城。他們支持程首創，對抗軍分區，一連打死了好幾名對立派骨幹。是可忍，孰不可忍！

而鄉村政權絕不能放棄。聯字號只有堅決組織數次大規模圍剿，才能徹底打敗紅字號集團。

二十六日晨，高平城裡南大寺廣場上，馬嘶人喊，聯字號四十四輛討伐大卡車紮堆兒排列，汽笛長鳴，氣勢相當唬人。數千名聯字號戰鬥成員，頭戴柳條帽，手持長矛大刀鋼管木棍，義憤填膺，全體登車待命。

武鬥將士齊聲誦念毛澤東語錄。兩派征戰，語錄使用率最高者，乃「革命不是請客吃飯」及「槍桿子裡面出政權」這兩條，還有兩條，使用率稍次之，卻也響徹雲宵，是專為鼓舞士氣而用的。第一條：「下定決心，不怕犧牲，排除萬難，去爭取勝利！」——往往使用於出征之際或中途危機時刻；第二條：「成千成萬的先烈，為著人民的利益，在我們的前頭英勇地犧牲了，讓我們高舉起他們的旗幟，踏著他們的血跡前進吧！」——此語錄用於征討之後的追悼會上，成為慣例。

現在，聯字號戰士們整裝待發，正在高聲誦念「下定決心」。

近日退守孤城的大批聯字號農村頭目，被紅字號佔領了家鄉村寨，一說要打回農村去，去報復，去懲罰，那誦念嗓音便格外洪亮。聯字號決心端掉紅字號陳區據點，這一仗是非打不可的。

上午近十時，聯字號口號震天，同仇敵愾，全體出發。

正在此刻，一位小姑娘，領著爹媽，高呼嘶

叫，攔車哭勸，要把車上的一名戰士拉下車來。

這位女娃兒，就是我日後的妻子袁氏。他哥哥袁進步，當時十六歲，是高平河西中學聯字號學生。這一天，十歲的袁氏端著臉盆到南大寺池塘洗衣裳。這水泊名堂古老了，有十分文雅的名字，叫做「硯池」。聯字號在附近集結，聲勢浩大。正待出發時，袁氏發現她哥哥袁進步也手持鋼棍列隊其中。袁氏立即丟下衣盆，飛奔回家報告。她朦朧地認定，這將是一場你死我活的大仗，俺哥凶多吉少。

她家子女很少，一個哥哥一個她，這在當時當地尚不多見。其父也就是我後來的岳父袁耀先，是縣裡一個中層「走資派」，文革之初被鬥了個不亦樂乎，差點兒自殺。眼下造反派興奮點轉移，顧不上再鬥「走資派」，老袁夫婦剛剛喘勻一口氣。此刻見女兒急報，全家登時亂套。袁耀先在其回憶錄《經歷文革》一節中寫道：

> 我女兒急急忙忙跑回來，上氣不接下氣：爸！快去看看吧，我哥他坐上汽車，要去陳區打仗哩！我老倆聞聽此言大吃一驚，惟恐我兒少年盲動，吃虧受害，便急忙趕去勸他。他娘身體病弱，跟在我後頭跑。到了南大寺，見汽車已經發動，進步早已站在汽車馬槽上，頭戴柳條帽，手拿鋼筋棍，車上好多人，都是同樣打扮。我一時著急，說不出更多道理，只管對他說：孩兒，快快下來，你還小，可不敢去！這時我女兒攙扶著她娘趕到車前，又是一通哭勸。我老倆一生辛勞，只此一兒一女，生怕出了事，經受不住打擊。可是，文革運動讓人變成了鐵石心腸，我們在車下苦口相勸，卻絲毫不起作用，進步根本聽不進去。年輕人好逞強，車上的人還替他幫腔，說我們這麼多人，不怕！這時過來幾個頭頭。呵斥我們讓開，高音喇叭一陣呼叫，蓋過了我們的聲音，那麼多汽車吼叫著，揚起了漫天塵土。我們眼睜睜乾瞪眼，看著汽車把我兒拉走了。我女兒和老伴光哭，卻沒有一點兒辦法……

袁進步此去，命運如何？暫先放下不表。

陳區公社紅字號那廂，早已秣馬厲兵，做好了迎戰準備。這時刻的守方，同樣有幾條毛澤東語錄頻頻高呼使用。一條是：「人不犯我，我不犯人，人若犯人，我必犯人。」另一條是：「真正的銅牆鐵壁是什麼？是群眾，是千百萬真心實意擁護革命的群眾。這是真正的銅牆鐵壁，什麼力量也打不破的，完全打不破的。反革命打不破我們，我們卻要打破反革命！」

城裡聯字號出動了四十四輛汽車，兵馬上千。紅字號探子飛報，軍情準確無誤。紅字號舉行緊急會議研究迎敵對策。首腦何志立、孫勝魁、郭三肉、牛維新、王元興等人很快做出決定：在戰略上我們要藐視敵人，在戰術上我們要重視敵人。第一，我方迅速調動陳區、北詩、擁萬、雲泉附近四公社民兵和群眾戰鬥骨幹，盡力達到五〇〇〇餘眾，形成以多打少，務必敢打必勝；第二，陳區總部實行空城計，避敵鋒芒，待敵回返途中，切斷敵退路，關閉口袋，伏擊其主力制勝；第三，由雲泉公社武裝部長郭三肉率領本公社民兵，待聯字號車隊返城時，攜炸藥炸毀咽喉橋樑：勾要橋，使敵車輛不能通行撤退，然後速與牛維新會合，紮牢袋口，堵截聚殲聯字號；由王元興率戰鬥主力，伏守於道路中段兩側山崗、房坡之上，待敵車隊返城進入伏擊圈，前頭郭三肉炸橋成功後，全力出擊，封堵口袋底部，攻打車隊，與迎頭堵截的牛維新、郭三肉共同合圍來犯之敵。

高平紅字號武裝沒有像全國各地武鬥中常見的那樣，一方堅守總部，抗擊另一派的反覆進攻，而是變被動為主動，採取了避敵鋒芒，誘敵深入，斷敵退路，以多打少，佈設口袋，伏擊聚殲的戰術。太行山上，八路軍的游擊戰思想，至少影響了兩代人。

他們中間，不僅有戰爭經驗豐富的公社武裝部長郭三肉，而且有相當多的中下級頭頭，都經歷過抗日戰爭或解放戰爭，戰士們則經歷過多年軍事訓練。晉東南各縣民兵組織以每縣一團為建制。黎城縣民兵和晉城浪井民兵便是北京軍區樹立的兩杆硬旗。文革前，各縣不服，常常展開各種挑戰競賽。我的青少年時代，聞說各單位實彈打靶，形同家常便飯。即如我妻袁氏，一般女工，也曾代表工廠民兵，參加晉城民兵實彈射擊比賽，取得較好名次。

聯字號攻擊車隊企圖麻痹對手，先是聲東擊西，浩浩蕩蕩在趙莊、河西、米山公路沿線轉了一圈，時近中午，才突然轉向，奔襲陳區紅字號老窩，結果弄巧成拙，給紅字號從容佈陣，調兵遣將，留下了可怕的時間。

四十四輛卡車公然推進，一路暢通無阻，這一來，聯字號更易產生輕敵思想。而紅字號五千名戰鬥人員悄然進入各自陣地，人人嚴陣以待。他們放過了聯字號車隊，看其颳風般地向陳區撲去：讓狗日的盡情地去砸吧！

紅字號青壯遍攜刀矛，伏於公路兩側高地或青紗帳裡，摩拳擦掌，等待聯字號返城聚殲，以逸待勞。

聯字號車隊悍然開入陳區鎮。卻不見村民群眾，亦不見對手來襲。紅字號指揮部駐紮在陳區糧庫大院，院外無崗哨，工事裡無人蹤，糧庫大門緊閉。聯字號車隊到此，卻未接敵，先自泄了頭道銳氣。車上攜帶著大量石灰袋、石頭，此時也未能發揮作用。指揮員們判斷，很可能紅字號龜縮在總部據點裡頑抗，像全國常見的武鬥那樣。

指揮員遂下令，想辦法破壞鐵鎖，撞擊大門。一撞，兩撞，三撞，轟然巨響，糧庫大門終被撞開。一片衝鋒喊殺聲又起，聯字號戰士手持兵器衝入大院。

大院裡空無一人。聯字號將士逕自松泄了第二道銳氣。一通亂砸。他們認為，必是紅字號群匪膽怯無剛，見來者聲勢浩大，不敢接戰，逃遁遠去了。

砸爛其總部，也是大勝。聯字號的收穫是找到數千斤山西糧票外加公章多枚，不算白來。

指揮員下令收兵，車隊調頭，全體人員登車，踏上返城歸途。此時的聯字號指戰員，又饑又渴，車輛往回一開，人人歸心似箭，人困馬乏，由不得鬆懈了第三道作戰銳氣。車隊原路返城，卻不知歸途兇險，處處殺機。

公路兩側是山嶺梯田，車隊行進位置較低。聯字號進入了死亡埋伏圈。

突然，前頭勾要橋上，三聲爆炸巨響，郭三肉部長指揮破橋成功。他們從附近煤礦準備了幾十公斤炸藥，在橋面上佈置三個爆破點，安插電雷管十個，拖出了電線，伏於橋側，在聯字號返城車隊臨近時，有效地引爆了炸藥。登時，硝煙瀰漫處，橋面上被炸出三個大洞。

這三聲巨響，便是紅字號全線出擊的信號。

從山嶺上，從梯田中，從青紗帳，從房坡頭，漫山遍野，紅字號居高臨下，五千精勇發出了震天動地喊殺怒吼。衝鋒號聲一遍遍回蕩在山野間。他們的矛鋒早已一磨再磨。紅兵俯衝而至。聯字號車隊拉開距離足有幾裡地長，被攔腰切斷數截，紅字號果然形成局部以多打少。前頭有無數壯漢堵截，兩側有森林般的刀槍起落閃動，尾部有追兵鼓噪砍殺。聯字號官兵多在車上，事發迫促，他們並無準備，缺乏有效指揮，驚魂大動。唯一希望，就是駕車向城關方向硬衝，不敢戀戰，快快逃離戰場。

聯字號車隊且戰且走，面對斷橋，抓緊冒險通過。狗日的，橋面上三個大洞，呈品字形狀，方向盤在手，左躲右躲，司機非冷靜慢過不可。僥倖中，通過了第一輛車，司機顧不得擦汗，立即加油逃竄。第二輛，第三輛，總算通過了第七輛——這是一批命大的主兒。七輛卡車面對夕陽，一路煙塵，逃出了死亡地帶。

第八輛，身後喊殺聲越來越近，那司機兀自慌了手腳，「咣當」一聲，汽車輪子掉入了橋洞中，死死卡在那裡，進退不得，澈底堵塞了整個車隊的逃命路。

後續車隊和聯字號將士，全部被紅字號分割包圍。不用數，加上橋頭那一輛，整整三十七輛卡車，全部動彈不得，車上的聯字號人員，一部分人倉促應戰，但寡不敵眾，更多人的在驚慌中跳下車廂，朝田野奔逃，丟盔棄甲，雙方相加，近萬民眾間的一場廝殺，踏起滾滾黃塵。

在一片冷兵器叮叮噹當的砍刺中，殺聲潮湧，紅字號人多勢眾，往往以三戰一，甚至以五戰一，由是越戰越勇，鮮血如注，噴射在一片黃塵中。雙方戰鬥人員渾身是血，見血更瘋狂，刀卷刃，矛斷杆。這是一副多麼荒蠻多麼兇殘的原始殺戮圖畫。遠古的長平之戰亦不過如此。這廝殺是無比盲目的。決死雙方並不相識，他為什麼一定要殺死他呢？他恨的是誰呢？我常常想，這無比鋒利的刀刃矛尖上，凝聚著人們多年來積郁的鄉仇與恨怨，有幾十年間的仇，有近些年的恨，人心裂變了，只有殺人才解恨。殺吧，老子今日殺人不負責啊！參戰者後來說：你張開大嘴喊殺，人血竟直接噴射在你口中，又鹹又腥。

請看兩例拼殺實戰：聯字號成榮慶、牛圪爐二人未及跳車逃命，衝過來紅字號衛元眼等眾人，攀上車廂，雙方挺矛互刺，短兵相接，成榮慶退至車廂內角，前衝猛刺衛元眼未中，幾乎與此同時，衛元眼大吼一聲，挺槍當胸刺中成榮慶，紅字號多人同時刺中牛圪爐，致牛倒下。而衛元眼那一槍，卻用力極猛，槍頭刺入成榮慶體內後，成身體扭曲掙扎，衛挺槍縱深，血光四濺中，二力相克，「嚓吧」一聲，其扭力竟將衛元眼手中長矛杆子折斷！成身體吃入矛頭全部，栽倒在血泊中。那矛頭突然折斷時，把衛元眼閃的腳下一晃，車廂底板全是濃血濕滑，險些把衛元眼閃至車下。看這雙方的狠勁有多麼大。成榮慶倒地，掙扎中，矛頭在體內越紮越深，當即死去。而紅字號衛元眼等人，瞪了瞪神兒，竟無法把那矛頭從成的體內拔出，乾脆捨棄不要，遂高呼叫罵而去。

另一例，聯字號郝壁明，跳車逃跑，未遠，被紅字號在田野中堵截，郝拼死衝突，難以跳出重圍，雙方惡戰，昏天黑地。紅字號王更孩等人挺槍亂刺，郝力盡，身中數槍，血染黃沙而死。莫名其妙處在於，王更孩殺得頭腦迷亂，竟然忘記自己刺翻了郝壁明，撤退途中，忽然覺得，肩頭的長矛為何十分輕飄？察看時，卻只有槍桿兒，上無矛頭。問及同伴：我的矛頭哪裡去了？同伴皆迷惑不解。又一人猜測：莫非在聯字號那廝身體裡？王更孩真還捨不得這只矛頭，當即返身折回戰場，來到郝壁明屍體旁尋找，仍不見明亮矛頭在地。來回翻了幾次屍體，才發現那鋼刃矛頭戳入了死者左肩骨縫中，因血肉模糊，不易發現。王更孩以雙手抓定矛根，扭來扭去，終於用力拔出。他急忙追趕隊伍，復將鋒利矛頭重新按在矛棍上，還要回去加固。

今人回首，殊難以置信。兩個戰例，一對矛頭，雙雙插入了人體深處。冷兵器酷戰以致於此。

（材料取自晉東南地區法院案卷）

紅字號伏擊發動大規模殺戮，使上千名來襲者魂飛魄散。兵敗如山倒，逃生本能驅動無數條腿，向四野奔命。聯字號倖存者李永發先生回憶：我們一邊抵擋一邊撤退，退到陳區村南河槽裡又遭堵截，幾百成千的人混戰在一起，一個隊員頭部被長矛戳了好幾下，只見肉皮耷拉下來，頭骨都露了出來，滿身是血，我們背上他就跑，我在後面抬著他的腿。跑不多遠，又被打散，我只好順著野地猛跑，跑到一個高堮前，我爬不上去，上邊有戰友伸下槍尖來，才把我拽到了岸堮上。我堅持跑到米山，保了一條命。當天不敢在家中睡覺，果然，人家追到米山，圍住我家抓人……

聯字號頭頭楊繼光先生回憶：我們先是救出一個傷患，他頭上被砸了個血窟窿。跑到浩莊，紅字號從房頂用磚瓦沿街襲擊，把房脊都推了下來。人很快跑亂了，慌不擇路，人們從高粱地趟開一條道，往米山、縣城方向猛跑，半路和張國良跑到了一起。忽然碰上了郭振邦的老婆小秋，小秋急問：看見振邦沒有？我說沒見啊！小秋一聽，嚇得一屁股就坐在了河灘上。國良趕緊哄她說：我看見振邦過去啦！小秋又慌亂爬起來，跟上我們一起跑。我們順著雲泉河，繞過上馮莊，野地竄野地，不歇氣跑到米山河上，太陽已經落山。遇到李保國乘著汽車，駕著機關槍去陳區救陣。這時候了，還救什麼？回到城裡，我們抓緊到郵局去，給中央文革、中央軍委、山西省核心小組，發了一黑夜電報。

聯字號頭頭李金鐘先生的回憶更加具體：打亂以來，我正扒在車幫上，一塊大石頭突然砸到了頭頂，我只覺得滿天霞光，當場失去了知覺。戰友們慌忙把我從路邊拖到了玉米地裡，我根本不知道，戰友們以為我已經死了，便各自逃命而去……人由昏迷到蘇醒，最初有感覺的器官是舌頭，不知過了多久，我的舌頭感到嘴裡有些土，隨即感到左臂、右腿極度疼痛，頭部很疼，昏昏沉沉……等到再次醒來時，發現自己身在玉米地裡，周邊無人，十分恐懼。我強撐著爬起來，辨別方向，心想一定要逃回去。我決定順著東倉河往回摸，又發現到處都有紅字號的崗哨，半天找不到東倉河。逃命的過程真是草木皆兵。天昏黑下來，我在田埂上連滾帶爬，突然，遠遠看見前面有崗哨，就趴下不敢動，等待他轉身撤走。不料，那崗哨一動不動，好半天，我慢慢靠上去，仔細觀察，才發現是墳地裡的半截石柱！松了一口氣，又堅持前行，遇到一個很陡的大坡，只能硬著頭皮滾下去，總算半夜逃到了米山得救。武裝部派人打著手電筒，到處在莊稼地裡喊人，把傷患喊出來，抬上車到醫院救治。後來得知，我們給中央和省裡發電報告急，都說我等多人遇難，被紅字號打死了。

聯字號這邊逃命，躲命，救命，悲痛萬分。紅字號那邊拷打俘虜，搜捕傷患，又在陳區公社門口空場上，甩出燈泡，支起一三口大鐵鍋，點火支鍋造飯，慰勞幾千名從戰場上勝利歸來的戰士們。

這一仗，紅字號大獲全勝，繳獲卡車三七輛，俘虜聯字號三〇〇多人，殺死七人，重創數百，終身致殘者近四〇人，餘落荒而逃。雙方負傷者幾近千人。戰後次日，聯字號傷殘人員在城裡捕獲了一名紅字號骨幹，名叫杜何富，憤然認為他與這場血戰有關，當即揪至高平主街，對杜何富開始了兇殘的報復。眾目睽睽之下，不一陣兒，杜何富被活活打死在當街。後來，聯字號掌權執政，為復仇此役，又把紅字號首領何志立等人以「殘殺革命群眾罪」判處死刑，把首領孫勝魁等人以「現行反革命罪」判處死刑，這樣一來，兩派前前後後犧牲十幾號人。同時，紅字號多名參戰人員被判重刑，有的死在獄中。

我的妻兒，當年十六歲的袁進步下落如何呢？

自聯字號武裝車隊出發後，袁丈一家惶惶然不能安坐。老倆口不斷讓女兒外出探信。袁耀先在回憶錄中寫道：「傍晚時分，我女兒上氣不接下氣跑回家來，（前後兩次報信，文中用了同一形容詞：上氣不接下氣），說去陳區的人跑回來啦，個個渾身是血，可怕極了，偏偏沒見到俺哥。我老倆再也坐不住了，急忙出門，去往城東大路口尋找我兒。只見逃回來的人個個血糊淋漓，有的拄著棍子，有的相互攙扶，有的抬人急跑，都到觀音巷城關醫院去治療搶救。一路上未見我兒，急的我要發瘋，他娘早已哭成了淚人兒，已無法行走，我只好和女兒攙扶她尋人。我們三人茫然地在通往陳區的大路口上打問等待，一直等到天黑，還是不見我兒。正焦急萬分時，還是女兒眼好，只聽她喊道：俺哥回來啦！我們聽了，連忙睜大雙眼，顫抖著迎上前去。只見進步遠遠地一個人往回走，灰頭土臉，目光呆滯，見了我們竟毫無表情，他肯定是讓嚇壞了。上下仔細一看，他鞋都跑丟了，赤著兩隻腳，竟然還拄著那根鋼筋棍！我妻止住哭聲，上下左右、前前後後打量他一遍，怕他受傷……回家後，我兒在床上整整昏躺了三天，不言不語，迷迷糊糊，差一點兒把他嚇成神經病。」

去年，我在晉東南採訪文革事，向妻兄重提此事，那天他是怎樣逃脫危險的？連鞋都跑丟了嘛！他說反正是棄車而逃，不願再談此類話題。顯然是受了大驚嚇，能刺激人一輩子。他告訴我：當時聯字號守城，覺得處處被動，上級提出的鬥爭策略是「必須以攻為守，主動進攻，不能孤守城內被動挨打」，所以，進攻紅字號陳區總部，是遲早的事。沒有想到，人家準備得那麼好，作戰那麼拚命，以致我方大敗。

我報以長歎。

血戰長平的當日下午，首先奔逃返城的聯字號將士，在無比悲憤之下，威逼打開了縣武裝部的彈藥庫，抓起步槍機槍，毫不猶豫，急速返回了陳區戰場。然而，夕陽西下，紅字號早已收兵回營……

從那以後，旬日之間，兩派就放棄了刀矛棍棒，拿起了鋼槍，動起了大炮，長平之戰，又升級了。

高平「八・二六事件」震動了晉東南和省城太原，兩級新生的革命委員會匆匆派出調查組，前往血腥戰場，查驗累累屍身。直到十多天之後，才由聯字號頭頭張登魁帶人帶車，到野地裡收屍。可歎秋陽似火外加狼狗拖拽，腐屍早已慘不忍睹。據張正一、李秀峰等人回憶：七八具屍體爛在秋田裡，距離屍身一二百米，強烈的腐臭就逼得人無法前進。登魁領著多名戰士，戴上四層口罩才能近前，我們提著成卷的白布和整箱白酒。但見成千上萬只蒼蠅轟鳴不息，猶如飛機盤旋，手指長的大蛆將頭部幾乎蛀空，殘屍根本無法搬移，來者只好將白布就地鋪開，用鐵鍬將屍體撥動到白布上，推挪其捲動。而血水淋漓不盡，必須卷裹多層，始抬到車上；但是，有一具屍體，全身被野狗啃光，只剩下了一副骨頭架子，外加一隻紅色袖章，一串鑰匙，再無他物，來者俱不知死者是誰。根據袖章上「一二・二五烽火」字樣判斷，應是城西小學教師李秀峰或者段孝臣，此二人這些天都不在校。於是，取上這串鑰匙，先到李秀峰宿舍門上試鎖，結果打不開，一問方知李秀峰到太原參加談判去了，死者應是他人。轉而到段孝臣門上試鎖，一試即開，遂判斷死者是段孝臣，家在晉城縣晉廟鋪鄉下。在送屍回鄉之際，聯字號頭頭覺得，這般慘烈屍身無法向段家交代，又怕進一步增添家人痛苦，便買來上百斤工業石蠟，置屍入棺後，用融化的石蠟灌注封棺。送屍還鄉的頭頭帶了撫恤金九〇〇元錢，又對段家說天太熱，棺已封好無需再動，這才匆匆下葬。

順便提一下那三十七輛卡車。這批車輛被紅字號繳獲後，實際也養不起，燃油更加稀缺，感覺並無太大用途。停放在戰場上一個多月，被遠近公社大隊連拆帶卸，損毀嚴重。車主則是公家單位或運輸公司，遂通過關係與紅字號人員交涉後，陸續拖走拉倒。

張炳臣慘死

在長治，誰是第一個被武鬥殺死的人？從現有史料排排隊，第一個在格鬥中犧牲的人，是糧機廠的職工，名叫張炳臣。當時，紅字號組織中派生了一些街頭組織，不可輕視。如以搬運工侯小根為首的「馬路兵團」，便是一例。誰也說不清他們為什麼歸順了紅字號而沒有成為聯字號人馬。所謂「馬路兵團」，是民眾習慣叫法，只因這支隊伍的主要活動區域在街頭馬路，就得了這麼一個俗號，其組織實名，竟鮮為人知，叫做「六月天兵戰鬥隊」，取毛澤東詩句「六月天兵征腐惡」之意，亦可能該組織成立在一九六七年的六月裡。不要小看了侯小根這彪人馬，他們熟悉古城地形地貌，鬥爭性、頑劣性、靈活性都很強，是古老城市裡一個特殊階層。無業或半無業的城市貧民，屬於流氓無產者的骨幹部分。聯字號把「馬路兵團」攻擊為青痞、地頭蛇、坐地虎、行幫混子，不一而足。在京城裡叫做「頑主」，引發衝突最多。正如頭頭侯小根所說：老子的辦公室在哪裡？——他跳到十字街頭交通警察指揮臺上，一跺腳：瞧見了吧？就在這裡，這就是老子的辦公室！聯字號遊行隊伍，最討厭這撥人，遊行正酣時，動不動就有半頭磚飄進了隊伍中。時代賦予他們濃烈的政治色彩，文革衝突既來，「馬路兵團」少不得也要登臺戰鬥一番。

誠然，侯小根人馬中，絕大多數並非所謂壞人，只是油滑頑劣一些而已。而街頭巷尾於混戰中真正幹了壞事的人，為了保護自己或嫁禍他人，虛亮名號，也往往宣稱自己是「馬路兵團」幹將。這些人不喜歡太平日子，聯字號遊行隊伍時時上街，爺們便有了事兒幹，除了扔磚頭，還要潑污水，打情罵俏，篡改口號，煞是歡實。「革命是民眾的盛大節日」，諒非虛語。戲弄對手的憤怒和無奈，也算一種快樂。偶一日不見聯字號上街，他們倒覺出了寂寞無聊。不扔半頭磚的日子，是最沒意思的日子。於是，呼嘯結伴，去砸聯字號宣傳專欄，發一通喊，直至把專欄推倒，今日才算暢快。紅字號的專欄亦有人砸，標語亦有人撕，屬何人所為，不得而知，反正聯字號的專欄被砸倒，人們便說成是侯小根「馬路兵團」幹的。

從遊行、辯論到拳腳相向，形勢發展迅猛。將人打傷或把人打死，並無明顯鴻溝界線。一九六七年八月八日這天，聯字號兩大主力紅總司和總司，在長治市最大廣場——英雄街上的英雄台，又一次舉行萬人大會，歡呼中央文件「十六條」發表一周年，喧嚷自身是正宗的文革左派，會後，再一次舉行聲勢浩大的遊行示威。像往常一樣，紅字號街頭人員當即前前後後騷擾破壞，撕大旗，折旗杆，最多還是橫飛無定的半頭磚。這陣子，聯字號為確保遊行安全，也拉起了慓悍人馬壓陣，保衛遊行，維持秩序，震懾對手，抓打扭送，針鋒相對。紅總司糧機廠五分團戰士張炳臣，津門豪傑，身強力壯，就是其中一員「糾察」。

光天化日大後晌，雙方尚有顧忌，當眾往死裡滅人，不占公理。可歎今天的大會和遊行進度太慢，一大圈轉下來，天色已晚，又數次停下來與紅字號爭辯吵鬧，就更晚了。到遊行結束時，張炳臣等人在隊伍末尾殿後，聯字號邊行邊撤，已近半夜時分。

大隊人馬前頭走去，紅字號隨隊尾追襲擾。張炳臣護陣，落在後邊，從英雄街向北，且戰且退。燈火稀迷，人影綽約，觀眾不多，刀客不少。最終，張炳臣與大隊分離斷開，他猶在拼鬥。一頓棍棒呼嘯磚石如雨，人也就沒了。人很脆弱，打死一個人，有時比打死一隻動物容易得多。幾十年後，有太原員警街頭打死北京員警一案，群毆出手，霹靂如電，受害者僅一分鐘斃命。

張炳臣慘死，激起了聯字號將士極大憤慨，隨即在英雄台召開了殺氣騰騰的追悼誓師大會。紅總司司令王法書，八一水泥廠這條壯年漢子，在大會講臺上親自舉刀，當眾削殘自己的手指，血染衣衫，歃血誓盟，要為死難烈士報仇。這一道傷殘刀疤，至今留在王司令手指上。二〇〇四年，我在長治採訪，王法書先生掰開彎曲的指頭，讓我看清了這歷史的刀痕，二人發出一陣浩歎。他永不服氣頭上那頂「三種人」的帽子，關鍵點在於：究竟是我們自己造反，還是響應領袖號召的革命行動？

張炳臣犧牲於上黨街頭，比高平大戰早了半個多月。

神槍震鬧市

崇山峻嶺圍繞著上黨盆地，海拔不高也不低，平均千米左右。冬季不甚寒冷，夏季不甚炎熱。長治、晉城與山西各城市相比，水資源尤其豐富，日照充分，土壤肥沃，有利於農作物生長。歷朝歷代多有冀、魯、豫災民向山而來，落腳求生。漳河兩岸沁河四野，成為中國古代文明蓬勃發育的地區之一。一九六七年，秋莊稼同樣長勢良好，玉米、穀子散發出特有的香氣，彌散於太行山腹地的廣闊田園。如果不是連年不斷的政治運動，如果不是慘烈無常的文化大革命，在物華天寶的晉東南，勤勞百姓們將會描繪出一副夢幻般的福樂圖畫。

眼下卻是一片血火。十七個縣市，每個村莊，每個單位，都成了勢不兩立的派戰陣地。

沒有細節便沒有記憶，民間記憶細節豐富而傳奇。文革「太行山上第一槍」，打響在長治市中心十字街頭。種種版本也有好幾個，且隨描繪者的口吻情緒而變化。當然大致情節還是相同的。故事中雖有恐懼，卻也透著底層民眾對於暴力傾向特有的欣賞。

八月底的那個下午，火紅的太陽把上黨古城曬出了猙獰。萬千群眾嘯聚街頭，兩派大辯論早已變成了毫無條理的大爭吵。在同派戰友保護下，刷標語的高手們技術動作熟練敏捷，兩人前頭刷出整張空白大紙上牆，另一人左手提著墨桶，右手揮動板刷，當即在空白紙上寫出大字來。轉眼間一條標語齊活兒。滿街裡飄出了漿糊、膠水和墨汁加上臭汗的混合氣味兒。對立派剛要上去撕，立即有人站在標語旁護著，大罵不休。磚頭瓦片襲來，頭顱上濺出血沫，噴飛在新標語上添了鮮紅斑點。炎陽之下不一陣兒，那紅色血跡就變紫了。

忽然，市區南北英雄大街上，人們騷動起來，沸騰的爭吵聲突然降低了分貝。兩派群眾同時聽到了一陣陣龐大機動車隊的隆鳴聲，主街道在顫抖。這聲音這震撼來自北邊，明顯與往日不同。高音喇叭傳來疾呼，亦與往日不同。人不犯我，我不犯人，人若犯我，我必犯人！火藥味濃烈地瀰漫貫通於長街兩側。人們站定在那裡，齊刷刷翹首北望，一時間沒了言語。近了，越來越近了，一輛接一輛的大卡車自北向南，慢行而來。卡車兩側一改平時的紅紅綠綠，白花花帖著大標語，這很罕見。沒有鑼鼓喧鬧，只有單純的廣播聲在街區迴盪。當龐大車隊更近時候，人們終於看清，車廂上站滿了全副武裝的聯字號戰士，一律高挺胸臉朝外端著真槍，刺刀明晃晃刺人眼目。駕駛室頂部，機槍手彎著腰，手指扣在扳機上，怒視前方。更罕見的是，駕駛室兩側各有一名槍手，逆風站立於腳踏板上，把手中的德國造盒子槍舉在半空，保護著駕駛員，表情冷酷漠然。

往日的長矛大刀完全不見了。亂糟糟的口號聲忽然沒有了。

人們因為第一次看到群眾組織端著真槍實彈而無比震驚。

有人認了出來，車上為首頭頭中，長治北鐵路機務段「五四兵團」的人居多。前頭說過，那是一支鐵杆聯字號組織，半年前打擊了潞中高太升一夥，武力為軍分區宣傳車隊解圍。

廣播車聲聲淒厲，正在播出「八・二四事件真相」，嚴厲警告紅字號方面，倘若膽敢再行攻擊，必將自帶棺材，死亡重演。

如果說，往日兩派遊行包括長矛大刀的示威，還多少有些鬧劇成分的話，那麼，今日把大批真槍實彈公然亮相於光天化日之下，就惟有震懾與肅殺。對於普通民眾來說，這是一種具體真實的恐懼：怎麼，果然要動真槍嗎？真正的鋼槍，是戰爭升級的突出標緻，是殺人流血的典型武器。

街道兩旁，聯字號群眾激動亢奮起來，紅字號群眾則無比震驚困惑：怎麼突然冒出了這麼多真槍真武器？這隊伍為什麼如此整齊？誰允許他們公開持槍遊行的？鬥爭將要升級發展到哪一步？唔，他們是不是虛張聲勢並不敢真正射擊？咱們是否挑釁一下他們的膽量？紅字號「馬路兵團」弟兄們哪裡去了？要不要甩出磚頭試試？

聯字號武裝車隊由北向南的緩慢行進，使滿街的紅字號群眾有了喘息、思量的可能。一開始他們出於驟然間的恐懼而閃開了大道，不由自主地避讓，當車隊開進到市區最中心的十字路口時，紅字號群眾好像緩過勁兒來，好像同時想到了什麼。人群騷動著，有人看到「馬路兵團」侯小根出現在十字街頭東南一角，他兩臂交叉於胸前，正在對手下說些什麼。有人開始對車隊叫罵，道路上的人群逐漸擁至路中，車隊首車到達十字街頭時，人馬明顯越聚越多，車隊隨時可能受阻停駛，果然，有磚瓦飛向車隊。

突然，從第一輛打頭的車上，那聯字號首領甩起手中盒子槍，發出了真正的槍擊！當第一槍爆響時候，滿街人群登時一驚，緊接著「啪啪」兩槍，居然擊中了十字街頭交通警察指揮崗上空，那盞懸吊多年的照明大燈！那燈以及燈蓋兒，隨著槍響，嘩啦一下子，整體掉了下來，「嗵」地一聲發出落地巨響，炸落在市中心，當即粉碎。天呀，這子彈擊中了什麼？是電線？是吊燈線？是燈蓋子？是專門瞄準了打的嗎？到底打中了什麼地方？竟然產生了如此令人驚駭的特殊功效？

這是千真萬確開了槍。紅字號群眾不用懷疑了，人們驚魂大動。隨著真切的槍聲，隨著吊燈炸落市中心的爆響，紅字號群眾轟然四散開來，聯字號武裝車隊更不打話，持續穩定地繼續向前駛去。

這故事一直流傳到了幾十年後的今天：聯字號打響了第一槍，十字街頭打斷了電燈電線。

那麼，槍手神奇，又是何人所擊？

真實的槍手的確存在，存在於長北「五四兵團」三四位頭頭中間。這當中名氣最響亮者，便是精神抖擻的徐志有。只因為老徐當時名氣大，關於這一槍的傳說便逐步集中到了徐志有名下。到今天，是他也是他，不是他也是他了。

半年前，徐志有等人背靠河南「二七公社」，率長北「五四兵團」參加了軍分區組織的「一・二五奪權」，當初，老徐出任晉東南地區聯合造反副總指揮，兼長治市造反奪權總指揮。寬大的辦公室安在了市府大樓，他生平第一次乘坐了「華沙」小轎車，感覺甚好。未料，不幾天光景，河南公安公社即「二七公社」的對立派，颳風般殺到長治一撥人，五花大綁把老徐給抓回河南去了。他的總指揮位置，也由長鋼王創全所頂替。幾個月過去，中央文革也可以叫做文革中央，在河南支持了二七公社派，徐志有很快熬到了翻身之日，當年夏末，他第二番殺回了晉東南。

幾十年過去，長治民間的說法已經不好更改：徐志有打響了太行山上第一槍……

採訪中，老徐對我直喊冤枉。我的老友吳增義兄見狀，就笑著調侃他：「反正也不再追究你的歷史責任，你怕球甚？又不判你刑。你老徐當年敢開槍，還怕別人說？這一條可不能放過你，必須由老趙把你寫到書裡，讓千秋萬代記住你，徐志有，鬧革命，打響了太行山上第一槍！」說完老吳大笑。

老徐急得叫嚷：「不行，這個事情很嚴肅，老趙你不能聽老吳的！」

老徐喊冤，實有道理。事實上，十字街頭這一槍，並不是真正的第一槍。幾天前，長北八‧二四事件那場戰鬥，已經開槍打死了紅字號的人，聯字號武裝大遊行，只是那場戰鬥的繼續。

第一槍打響在長治北

這一仗，是晉東南文革從冷兵器作戰向真槍實彈的轉折。

八月十八日，凌晨的露水打濕了聯字號武鬥隊員的衣衫。長治市北郊區通往河北邯鄲的公路兩側，一隊隊黑影踏青摸進。打頭的，是五四三工廠聯字號骨幹成員。五四三廠也是一座「三線」戰備保密廠，職工悉數從天津遷來長治北郊，承擔著印製國家重要票證的特殊任務。廠址處於長治北郊東山腳下。其路口連接長邯公路，可以通往省內潞城、平順、黎城，更可以由此出東陽關，蜿蜒而下太行山，到達河北涉縣、武安、直抵邯鄲、石家莊，離北京就不遠了。因而五四三廠的地理位置很重要，是個咽喉。文革期間的名貴郵票《全國山河一片紅》，就與這家工廠有關，據說主車間鑽在山肚子裡。山嶺外坡是廠部和職工生活區。誰在這個廠掌了權，誰便可以在路口控守長邯公路。這家工廠早就實行了軍事管制。

文革一年多，兩派在廠裡打得不可開交。紅字號依據北京七月會議勢頭，占了上風。軍管會的軍代表多是晉東南軍分區和長治市武裝部派駐，絕不承認紅字號占廠掌權的現實。

必須趁廠內紅字號立足未穩，予以沉重打擊。

當聯字號尖兵摸黑靠近工廠時，後面還有數百人乘坐六輛卡車跟進。共計五〇〇餘人。

暗夜裡，在一片喊殺聲中，廠內紅字號猝不及防，被動挨打，紅字號廠內總部被砸得粉碎，生產指揮部被搗毀，四輛汽車被劫走，包括十七套高音喇叭在內的宣傳器材盡被搶光，紅字號多人被打傷，幸未死人。

整個戰鬥從凌晨二時開始，到四時半結束。聯字號突然襲擊五四三廠，獲得完勝，於黎明前全部撤出戰鬥。

聯字號本已大獲全勝，可是在黎明前撤出戰鬥時，廠內歡呼雀躍的聯字號骨幹和多數成員，卻強烈要求「隨軍」離廠而去，誰也不敢留在廠內與紅字號對峙。結果，說走就走，有的人從被窩裡跳出來，啥東西也不帶，嘩啦啦一片，近百號人不由分說跳上了車廂，與外來參戰的聯字號戰友們擠在一起，揮手告別工廠。

此類情況竟是常見的。聯字號砸爛了五四三，紅字號必將喋血報復，誰敢留下？各大單位和企業展開激戰，雙方都有一批又一批，一撥又一撥人馬，從各自的單位跑了出來，納入兩派大據點，被重新按照團、營、連、排、班建制編隊，配發武器彈藥，確定指揮員，實行軍事化管理，專業化地投入戰鬥，逐步匯聚而成持久作戰的主力軍。只有集體食宿了，統一行動了，加強訓練了，嚴肅紀律了，建立健全指揮系統了，有主戰有後勤了，服從命令聽指揮了，加強思想政治工作了，才有戰鬥力，才能打大仗。

為了各個據點的吃喝，太行山上不斷發生非法提糧、武裝搶糧或伏擊截糧事件，山西省糧食局後來有一份觸目驚心的文革耗糧報告，正是由於雙方為派戰武裝保障後勤供給而引發。

五四三廠這一仗直接引發了一周以後即八月二十四日，在長治北火車站地區的另一場大仗。從而真正打響了「太行山上第一槍」。

這一回，由紅字號方面發動了遠端進攻。他們要嚴懲兇手，奪回聯字號搶至長北機務段的多部汽車及大量器材，帶有明顯的報復傾向。

晉東南文革中的紅字號首領，除了地區革委會主任程首創、攔軍車的潞中高太生、特殊人物侯小根，我暫時還沒有關於紅字號頭頭的描述。這裡有原因，有獨特道理：

簡單地說，紅字號頭目首領，大都不是自我爆破衝向社會的主動造反者，也不是因造反奪權而爆得大名的頭腦。他們有些保守，有些按部就班。他們最終殺向社會一呼百應，則是各單位鬧出派性以後的事情。這一派首領的性格軌跡、行動動因、行為方式、組織形式、戰鬥風格、待人接物，代表著文革前夜主流社會傾向。

這批紅字號首領，同樣具有樸素愚忠的鬥爭性。

自從七・二二圍困軍分區之後，地處長治南郊區的大型兵工廠——淮海機械廠反感奪權的一派群眾，就和整個晉東南的紅字號戰友攪在了一起，為首的老工人頭頭，郝振祥、陳洪章、趙震元、王七孩等人終於走出廠門，衝向了社會。

長治運輸公司老技工郭有山、劉周娃，走向了社會。

地區建築公司技術員楊萬盛，走向了社會。

長治市革委會中級幹部文琪、傅安榮，走向了社會。

高平縣革委會喬高升、孫勝魁、何自立，走向了社會。

醫專大學生頭頭郭天聰、王俊傑，走向了社會。

平順縣陳正堂、郭忠林、王元寶，走向了社會。

陵川縣幹部張振山、李天龍、柴小牛，走向了社會。

長治市西街「回民支隊」首領馬俊青，走向了社會。

地委幹部張天才、申金有、王寶琪，走向了社會。

晉城礦務局四新礦方榮三、王慶芳，走向了社會……

至為重要的是，駐守長治的海字〇一一五部隊師級首長徐先進政委等人，做為對抗軍分區，遵命劉格平、支持紅字號的一支軍隊力量，走向了社會。

與海字〇一一五部隊同在「支左」一線並肩戰鬥，堅決支持紅字號的另一支軍隊力量，是駐守太原、兼顧晉東南的空字〇二五部隊，這時也旗幟鮮明地走向了社會。至此，海字〇一一五、空字〇二五兩支海、空軍事力量，像秤砣一樣，壓住了太行山上的秤桿子，制衡了晉東南軍分區以及當地陸軍部隊的秤盤子，形成了兩派誓死決戰的對立格局。

總之，各縣市各單位各大廠礦的某一派首領，為了反對另一派造反奪權，為了各自的局部權利，匯聚而成紅字號大軍，與軍分區領導下的聯字號大軍展開了勢均力敵的武裝鬥爭。過去的一切分歧與紛爭，一切不滿與怨恨，一切單位內部的恩恩怨怨，現在統統轉化為整體的浴血戰鬥，讓往昔的一切分歧與爭鬥，訴諸今日的槍炮吧！

兵工廠人馬參戰

全區派戰，長治和晉城以及高平，是三大漩渦，這裡只能先講長治紅字號的主力，淮海兵工廠是重心，該廠紅字號首領中，八路軍老兵工郝振祥、趙震元是重心，陳洪章也非常重要，但他不善軍事衝殺，沒有打過仗。

總指揮郝振祥，副總指揮趙震元，都是河北人，抗日戰爭時期兩人還是十幾歲的孩子，在太行山東側參加了八路。因為年齡太小，留在作戰部隊不合適，便充做後勤兵工戰士，是地道的紅小鬼出身。太行兵工由小到大由弱到強，一九四九年後穩固在上黨盆地，分化成三家大型工廠，即淮海廠、紅星廠、清華廠，脫胎於抗日戰爭中的「劉伯承兵工廠」，是中共兵工正宗體系。

郝振祥和趙震元一幫中年漢子性格豪邁，有遊俠氣概，善於團結群眾，又特別尊重領導。在他們的背後，支持他們和他們支持的人，無疑是幾位老廠長、老書記，這些人都曾是師首長一級的幹部。這些老軍工一朝被少數造反派奪了權，靠邊站，全廠多數人不服。

淮海廠成為長治紅字號大本營。程首創被紅字號接到淮海廠，醫專紅字號百十號人，在校無法生存，也轉駐淮海廠。內蒙古和雁北地區赴晉東南「為王尚志同志報仇」的來客，也駐紮在淮海廠。各縣紅字號武裝，紛紛來到淮海廠求援，以期獲得更多的武器彈藥。

以淮海廠紅字號為主的戰團，出擊報復長北聯字號，還有一個隱秘的原因，也須向讀者交待：

「七月會議」後，在北京受到劉格平等人支持的程首創，現在要回到晉東南來。劉格平為了扶助和保護程首創，決定由六九軍派出一個班兵力，由一名副師長帶隊，武裝護送程首創回返長治。——

這是省府要員對晉東南局勢的一種態度。

聯字號骨幹力量沒有妥協退縮，反而採取了迅雷不及掩耳的主動出擊對策。程首創帶六九軍指戰員回到長治當晚，聯字號骨幹冒著賭博般的風險，一舉將程首創擒獲扣押下來。

聯字號直接把程抓走，先是扣押到醫專總部，隨後，為防止紅字號來襲，又把程轉移至長治北列車機務段，交給了長北「五四兵團」徐志有那幫弟兄。

程首創扣在長北，紅字號聲聲告急，劉格平等人嚴厲責成軍分區放人。程首創遂被轉交給駐長治海軍部隊保護起來。海軍由此和軍分區公開對立起來。

這是紅字號集結重兵進攻長北的又一大原因。

八月二十日和二十三日，紅字號將領先後在淮海廠和地區建築公司等地，經過了短暫的作戰研究，倉促制定了攻打長北的戰鬥方案。隨即調動長治運輸公司汽車三〇餘輛，滿載以冷兵器為主的紅字號戰士近千人，在八月二十四日夜，從市區向長北火車站出擊。出發前，戰鬥人員簡單制定了「黃河、長江」等口令，戰前準備很不充分，作戰部署亦不周密。

一個至關重要的問題，是洩密。一位紅字號頭頭在採訪中對我說：「組織內部的社會成分越來越雜。敵中有我，我中有敵，交戰初期，兩派保密程度相當差。這一派要行動，另一派總是事先知道。你攻打進去，要麼人去樓空，要麼對方準備充分，抵抗堅決有序。造成更大的傷亡。文革派戰，畢竟不同於正義與非正義的民族戰爭。叛徒，告密者比比皆是。」

紅字號攻打長北「五四兵團」這一仗，就吃了以上諸多因素的大虧。引爆了太行山上第一槍。

長北聯字號頭領徐志有，幾十年以後告訴我：地處山西晉城、高平、長治的多個火車站和長北機務段，是河南鄭州鐵路局一派大後方。在戰略上，河南「二七公社」的首腦們擔憂，萬一「公安公社」反撲得勢，我們往哪裡退守？在河南大平原上亂竄嗎？所以太行山上長治北，大後方根據地絕不能丟。當時，得知紅字號要大規模進攻我們，來勢洶洶，而鐵路機務段無法放棄，我們逃跑是不行的，只有硬抗硬打。那時候，周恩來總理反覆強調，鐵路、銀行、外交不能亂套，明確指示，要武裝保衛鐵路，鄭州鐵路局我們這一派就趁機發了槍，名義上保衛鐵路，實際上要保衛我們「二七公社」的各個根據地。

徐志有講清了必須保衛長北的必要性。

悉知紅字號要來攻打的情報，長北聯字號火速向河南「二七公社」總部請求武力增援。

徐志有回憶：當時我向河南總部急報情況，立即得到總部支援。當下派出一個連兵力，全副武裝，登上了列車。是什麼列車呢？是一個火車頭拉著幾節車皮的專列，這種車皮可以把高馬槽放下一半，折疊成低馬槽，使整個車廂的高度降至人的腹部。弟兄們站上去正合適，槍口對外，那叫威風！從河南焦作到長治，一百六十公里，列車颳風一樣往前衝。軍情如火啊，這條線上我們掌權，完全控制了指揮室，戰鬥專車向著長治開，沿途月山、晉城、高平大小車站，都接到了指令，全部讓道快行，一路暢通無阻。用不了小半天，我帶著這批人馬趕到了長治北。下車吃肉喝酒，把碗一摺，準備戰鬥。真槍真彈嘛，咱看看到底誰厲害。

紅字號一千多人馬，實在不知曉長北聯字號準備的如此充分。

八月二十四日晚，紅字號人馬在長運大禮堂集中，白毛巾發給戰士們做標誌，每人臉上又貼了一塊白膠布。然後一片哨聲，武裝車隊浩浩蕩蕩開赴長北。

三四十里地，車隊說到就到，趁著夜色，紅字號隊伍首先攻打公路以西潞安中學聯字號營地，校園大亂。來襲者把潞中砸得地覆天翻。聯字號師生在慘叫聲中四散奔逃於張莊內外。

王金紅的見證

是的，潞安中學與一個特殊村莊——長治市張莊村依傍在一起。這便是美國作家韓丁參加中共土改並撰寫了長篇紀實《翻身》的地方。文革大亂，張莊百姓日日飽聽潞中校園兩派高音喇叭的喧囂，對師生們的派戰耳熟能詳。哪個老師是哪一派的，村民們一清二楚。潞中紅字號高太生在村旁公路上攔截軍分區宣傳車隊，張莊村民都是目睹親見的。馬路東面的長北機務段新人老人，包括聯字號頭頭徐志有他們，張莊人自然熟悉，幹部群眾傾向於聯字號觀點的人多一些。

張莊支書王金紅，那時很年輕，是村上有名的能人，幹啥像啥。也持聯字號觀點。村上人大鬧派戰，好像金紅的支書職務還丟過一段時間。

幾日前，城裡聯字號抓了程首創，轉來長北，鐵路工人的首腦們曾經到張莊來，和村幹部們商議，萬一紅字號來襲，程首創有可能被搶回去，看看能不能把程放到張莊藏起來。王金紅雖然膽識過人，思量再三，還是婉言拒絕了。金紅後來對我說：程首創不是咱抓的，咱管住咱村的莊稼地，管不了村外任何人，咱吃不了這個大買賣！當時咱不怕引火焚身，咱是怕引火燒村啊！

金紅等村幹部的擔心確有道理。這次紅字號重兵來戰，一為五四三廠復仇，二為程首創張目，要踏平聯字號的北郊老窩。

是夜，聯字號潞中「主義兵」的高音喇叭先是向長北同派將士聲聲告急，王金紅和村民們聽得真切，後來嘎然而止，沒了動靜。這是讓人砸斷了聲源，紅字號人馬衝到裡頭去了。

不一陣，但聽滿村到處是疾奔逃命的腳步聲，夾雜著哭嚎聲。顯然是聯字號師生被打出了校門。

金紅家住張莊村東南口，只怕城門失火，殃及池魚。金紅後來跟我說，那時候最後悔的一件事，就是咱家沒把院牆修起來，門窗戶頭，沒遮沒攔！那晚，黑呼呼正擔心處，果然有人敲響了金紅家的門。

來者氣喘噓噓，隔著窗子，壓低了聲音，連哭帶喚：大娘、大叔，收留一下我們吧！怎麼嚶嚶泣泣，竟是小女子那細嫩聲？金紅叔，我們是任志強老師的學生啊，我們讓紅字號打出來了，再不開門我們就要被打死了！

金紅全家側耳細聽，聽出來真是兩個潞中女娃的聲聲呼救。她們還提到了平時相熟的任志強老師。

在激烈的思想鬥爭中，中國農民原本善良的一面占了上風。程首創咱不敢收，學生娃咱還要救。王金紅一躍從炕頭撲下地來，也不開燈，急急打開房門，一把拉進了兩個女學生，命她們再不要哭喊，坐在小板凳上，一動不要動。但聽房前屋後，馬嘶人喊，咚咚咚的腳步聲跑個不停，與眾人的心跳攪作一團。

猛然間，傳來車站那邊的緊急集合聲。有火車頭汽笛長鳴怒吼。王金紅他們明白，鐵路工人的悍將們要出動了。不一陣，槍聲響了起來，真正的槍聲響了起來。

外面稀稀拉拉下起了早秋的細雨。恐怖一陣陣襲擾著金紅全家，黑暗中，兩個女紅衛兵緊緊地抱在一起。

這是怎樣的一個年代啊！這就是紅衛兵們要追尋的「崢嶸歲月」和戰鬥青春嗎？眼下，幸虧追兵不曾看見金紅家躲進了人，否則，破門而入，非死即傷。

那一夜的局勢反差太大，變化太快。前半夜，潞中聯字號師生促不及防，被動挨打，紅字號來勢洶猛。後半夜完全相反，角色互換，悲劇重演。

紅字號人馬砸爛了潞中聯字號駐地，乘勝突擊，造勢而進，向公路以東長治北火車站攻擊，種種輕敵姿態一一展現。這批使用冷兵器多日，尚不知子彈兇殺力的人們，一步步走向了死亡和傷殘的境地。

突然，長北火車站汽笛長鳴，一個個堡壘中槍聲大作，從許多角度，噴射出無情而又呼嘯的槍彈火舌，連珠炮式的，爆炸在紅字號將士胸前。有人倒下了，有人中彈後發出慘烈哀嚎。

紅字號進攻的人們登時呆住，在爆竹般震裂的槍擊聲浪裡，眼見戰友中彈撲地，卻無人懂得戰地救護，他們根本沒有想到，這裡打響了真正的步槍。

極短暫的空檔，猛地一聲「撤退啊」，紅字號人們如夢中驚醒。槍彈是冷兵器殺傷力最有效的延伸。紅字號將士根本就沒有看清敵人持槍射擊的模樣，就驟然間明白了自身的危險，恐怖襲遍人群。哇地一陣亂呼亂叫，紅字號進攻者四散潰敗開來，向著原野奔逃而去。

聯字號第二輪槍擊開始，鐵路工人們持槍衝出營壘，短促追擊來犯之敵。

大慌亂，大潰逃，大失態。這真是太意外了，聯字號狗日的開槍啦！

驟然間，槍彈停射，雨也停了，遠處一燈如豆，四野萬籟無聲。

秋雨後的莊稼地，耕土虛鬆濕滑，紅字號人馬一味向著遠方四散奔逃。泥土陷落了無數的鞋子，與倒伏的莊稼混雜一處。長矛或者大刀，盡屬無用的累贅，胡亂丟棄在田埂地頭罷了。

汽車不要了。留下來的屍體也不要了。

整個戰鬥，紅字號先是趾高氣昂，後是潰不成軍。

我們地委專署這幫小孩兒們，先前尊拜紅衛兵大哥的那股子勁頭，現在全部玩兒完。潰敗之兵，不值得崇拜。這次紅字號陣亡者中，就有一名長治師範的紅衛兵。他革命一場，突然間沒了性命。

王金紅全家和躲避在此的兩位聯字號女兵，在暗夜裡急速地判斷著：先是聯字號師生逃跑的腳步朝左手方向，怎麼突然間奔逃的腳步又朝了右手方向？分明是戰況發生了急劇變化。

屋內屋外，漸漸地顯出了灰濛濛的天光。四野裡居然有了雀聲，人間終於安靜下來。完了？沒事兒了？

天大亮了。王金紅倚在門內，豎起耳朵，仔細地聽了老半天，確認平安無事，他輕輕地打開了房門。

呼地一下，像有一隻惡狗撲向他來，王金紅倒抽一口冷氣，驚的倒退回屋裡。金紅看見了什麼？

一具赤腳屍體，倒臥在場院上。那年輕而又灰青的臉龐，貼著一塊白膠布，右手抓入泥土中，顯見死前痛苦萬般。身邊不遠處，莫名其妙地甩出一隻雙鈴馬蹄錶。

犧牲者的血跡和著泥土，濕乎乎地發了紫色。

到處是紅字號丟棄的刀槍棍棒。

金紅說：「印象最深的，除了那具屍體，就是各式各樣的鞋子。頭晚下了小雨，地濕哩，紅字號跑得急，把數不清的各式各樣的鞋，丟在田邊地頭了。戰後那兩天，村上人撿鞋，有的還能配上對兒哩。東邊公路上，一溜不能動彈的汽車，被鐵路工人砸得變了樣，風擋玻璃全碎。村裡人選取有用的隨車修理工具，悄悄帶回家。

「頭幾天，大隊說要估產，那年莊稼長得不賴。我領上人去地裡看，逃跑的人撲踩了大片大片的莊稼，倒在地裡，把人心疼死。打死了年輕人，實在可惜，可是踩壞了莊稼，又太氣人。」

我說：「動了真槍，逃命哩。」

金紅說：「是，動了真槍，逃命哩。」

長北之戰，紅字號被槍擊致死兩名隊員。一位是長治師範學生，名字叫侯瑞琴，另一位是紅星工人。名字叫楊有山。都是非常年輕的犧牲者。

市區中心十字街頭，打碎崗樓吊燈的那一槍，正是長北車站槍聲的延續。是的，一九六七年八月二十四日夜裡，長北聯字號「五四兵團」反擊紅字號重兵來襲，真正打響了「太行山上第一槍」。然後，河南「二七公社」將士和長治聯字號武裝，揚威市區，聯合舉行了聲勢浩大的示威遊行，終在十字街頭開槍擊落了崗樓大吊燈。到底是不是徐志有開的這一槍，實在不重要了。一甩手，槍響燈落，也應是湊巧擊中，決非高手展示的神功。

「八・二四」長北開槍事件，比起後來的炮火鏖戰，實在微不足道，但是這槍聲在當時給人們心靈上的震撼，卻非常巨大，也給日後幾十年憶舊，留下了持久話題。

毛澤東「槍桿子裡面出政權」的名言，再次震響在漳沁兩岸。紅字號聯字號，雙方迅速武裝起來了。

戰爭傳統，精良武器

武鬥急劇升級。具有悠久戰爭傳統的太行山人，紛紛放下長矛大刀，迅即拿起鋼槍手雷，火爆爆加入了兩派拼殺陣列。全區十七個縣市兩大派，擴軍備戰，佔據地盤，積極搗毀和襲擊對方據點。雙方越來越注重從肉體上摧殘對手，越來越注重「血債要用血來還」的復仇行動。

截止一九六七年十月中旬，軍分區統計出紅字號單方面搶劫長治、晉城兩地輕重武器數位，餘縣未計，今後更多。我這裡把兩市縣合起，僅此一派短期軍火數字，已很駭人：

小炮和六〇迫擊炮一〇二門、火箭發射筒二十五枝、山炮二門、高射機槍七挺、重機槍十五挺、輕機槍七〇挺、步槍二一一八支、半自動步槍七〇〇支、衝鋒槍八十四支、小口徑步槍六十八支、手槍三三七支、刺刀一四七〇〇把、機步槍子彈三一九〇〇發、小口徑步槍子彈七五四九三發，手榴彈無計；另外：淮海廠紅字號調用一二〇大型火炮十五門，打開戰備武器庫，取用重機槍二〇挺，步槍五〇〇支。

紅字號同期揭露對方：長治市武裝部給聯字號「明搶暗送」子彈十三萬發；軍分區於八月底給紅總司、長鋼、潞礦等聯字號輸送步槍三一〇枝，衝鋒槍五〇枝，子彈八〇〇〇發；長鋼組裝手榴彈一〇〇〇〇枚。長治市公安局五十四枝手槍被搶。

「明搶暗送」武器彈藥，是文革派戰一大特色，真搶與假搶，兩種形式都存在。全區入冬以後再看，這點武器彈藥不過是個零頭而已。

九月，大型兵工企業紅星廠聯字號，把一台履帶式重型牽引車改製成為一輛裝甲坦克戰車。與此針鋒相對，淮海廠、晉城四新礦紅字號，分別把三台推土機加厚鋼板，改造成為坦克戰車，並投入戰鬥。

太行山上諸多機械工廠，全部停止了正常生產，抓緊趕製現代化武器，形形色色。品相最高的，要數淮海廠紅字號研製的新式衝鋒槍。而研製重型火炮，要數晉城鋼鐵廠和長治糧機廠聯字號製造的大口徑鋼炮，射程較遠，發射以後，炮彈在半空裡翻滾前進，發出怪異呼嘯聲。

紅字號炮好，僅淮海兵工廠就有一二〇重炮十五門，中小型火炮二〇〇多門。紅字號最缺的是大批子彈，最不缺的是四〇火箭筒和數不盡的軍用手榴彈，還有反坦克雷改制的炸藥包。

聯字號槍好，軍分區及縣鄉武裝部存有大批戰備用槍。最不缺的是多種型號的子彈。聯字號也有紅星廠的大炮，但數量較少，調度不過來。而眾多輕型迫擊炮，隨處可見，炮彈充足。

晉東南武鬥戰場上最厲害的裝備，是紅星廠的喀秋莎火箭炮，威力巨大且多次使用。

晉東南地區文革武鬥的武器裝備，不僅比抗日戰場上的國共兩軍強得多，就是與一九五〇年以後解放軍野戰部隊相比，也要強得多。

試以長治市區紅字號西招指揮部為例。

據正式記載，紅字號駐守西招待所的兵力是四個小連，每連編入五〇餘人，兩支機動小分隊，即淮海小分隊和侯小根小分隊，合計戰鬥人員二六〇餘人。駐地配備一二〇大型火炮一門，六零迫擊炮一門，重機槍十挺，四個連配發四〇火箭筒四支，兩個小分隊各配備一支，共有六支火箭筒；槍榴彈十支。每連配備輕機槍三挺，兩個小分隊各有輕機槍兩挺，每人至少配發一支步槍，小分隊成員配發衝鋒槍或半自動步槍，連排以上幹部近二〇人，每人至少一支手槍；就是說，一個西招據點，雲集了重炮小炮各一門、火箭筒六支、重機槍十挺、輕機槍十六挺。步槍手槍三〇〇餘支，子彈無計，同時，整箱的手榴彈存放了兩間客房，常備五〇個反坦克炸藥箱，近百個地雷，炮彈用卡車拉。

四個連加兩個小分隊，在軍隊正規建制中相當於兩個加強連，哪裡有如此高強的輕重火力配備呢？

再看一個據點。太行鋸條廠地處北郊，處在聯字號重圍之中。紅字號工事堅固，修造了兩座炮樓。據統計，不算長短槍，這裡擁有自製炮三〇門，輕機槍八挺，擲彈筒二支，手榴彈一八〇〇枚，另有點火手榴彈六〇〇枚，地雷二八〇個，反坦克炸藥箱八〇個。聯字號進攻該據點費了很大的勁。為保住太鋸，淮海廠紅字號努力為其補充武器彈藥，多次被聯字號武裝攔截。

聯字號裝備也不含糊。以市區據點醫專校園為例，守軍二〇〇餘人，步槍、衝鋒槍不算，頭頭配二〇響駁殼槍或軍用手槍，擁有兩門迫擊炮，重機槍兩挺，輕機槍一〇挺，四〇火箭筒三支。另有大批地雷，數千發手榴彈。

僅此三個據點，總人數不過幾個連，總計一二〇大炮一門，六〇迫擊炮及自製炮三十三門，重機槍十二挺，輕機槍三十四挺，四〇火箭筒九支，優質手榴彈上萬發，炮彈子彈無計。

據收繳的武器登記所載，僅長治市區，紅字號擁有重型火炮十五門，中小型迫擊炮二〇〇門。全部參加了戰鬥。

聯字號紅星兵工廠製造的「卡秋莎」火箭炮。一一〇口徑的叫國防四號彈，一三〇口徑的叫國防五號彈。這種蘇式火炮不僅威力巨大，而且具有不需要笨重炮身即可發射的先進性，可以把它成排架在汽車上發射，如我們從戰爭電影中所看到的火箭排炮那樣，也可以把它卸開，單炮搬運，直接放在地面，利用坡度，隨時隨地接電發射。汽車運送便利。據我的有限考察，此炮為中國文革武鬥戰場上，級別最高的重型裝備。聯字號在多次戰鬥中使用了它。

武鬥中一大特色，是紅字號長期得到了軍用飛機的配合。駐晉空字部隊在長治、太原、臨汾等地均有機場。空字〇二五和〇二七部隊，和海字〇一一五部隊一樣，是紅字號最堅定的支持者，很願意隨時提供空中支援，實際例子很多。

在重炮使用中，長治地區還有一個特殊性。由於多家大型兵工廠的存在，各廠備存著的長治地區重炮射擊諸元圖表和詳細地形圖，屬於高度軍事機密。一旦戰爭來臨，工廠重炮要為保衛太行山國防所使用，同時保衛兵工廠自身安全。這些保家衛國的軍事重炮射擊圖表，沒有正式命令絕對不能動用。可歎在文革大戰中，這些圖表、各項重炮發射資料，從保險櫃中取了出來，加以複製使用，在長治範圍，說打到哪裡，距離多少，清清楚楚，歷歷在目。據說從長治南部淮海廠重炮陣地，轟擊長治北部聯字號長北火車站，距離二〇多公里，足以準確命中。淮海廠紅字號組織，開始時就叫「重炮兵團」。

在當年看，雙方的通訊器材配備亦不落後。聯字號使用軍分區、縣市武裝部的軍用電話系統和野戰電話通訊；紅字號則大量使用地縣郵電系統的戰備步話機，無線電通訊設備，西招指揮部自設總機。海軍也給紅字號補充過軍用通訊設備。晉城兩派還使用了礦井專用電話。均準確有效，無需二二〇伏常規交流電動力。

如此看來，晉東南文革武鬥戰場，除了沒用使用武裝艦艇和導彈，其餘各種先進武器統統上陣，應有盡有。

楊萬盛死裡逃生

說紅字號打炮打得精準，我便請楊萬盛先生試舉一例。他稍微想了想說：這樣的例子很多啦，因為開炮的炮手是兵工廠試炮技工，天天上班就是打炮，所以打得非常準。大夥兒至今都記得一位炮工的名字叫連生，印象很深。在沒有圖表參照情況下，他曾經教會我站在高樓上，順著電線杆子數，兩杆之間相距五〇米，通過目測電線杆子的數位可以計算出距離多少米來。經驗很重要。有一回，大概是一九六八年二月吧，我們從西招待所炮擊西部一公里以外的地委黨校，聯字號頭頭常玉發和王創全他們，帶「總司」指揮部，駐守在那裡，多次向我們各據點打一種迫擊炮。我們要把「總司」趕出長治，攻打他們必是一場惡戰，所以先用一二〇重炮轟擊，驅趕他們撤走。平時校炮，在高樓上用望遠鏡觀察落點，大致沒有問題，夜間靠落炮點的火光，也可以校對發射指標。這次炮擊，是依靠附近我方駐一中小分隊，近距離偵察落點，用報話機打回電話來校炮。目標是黨校裡頭一個中心院落。我們的淮海廠技工僅憑目測院內的高音喇叭杆子，就可以試發第一炮了。那杆子不仔細瞧，根本看不見。結果第一炮打在了黨校西側，稍遠了一點兒。校正後，第二炮打在了黨校圍牆邊的烈士陵園，憑估計和經驗，校炮後第三炮就打中黨校門口了，經小分隊電話報告，第四炮即準確地打在了中心喇叭杆子院內。不久得知，當場炸死了院中正在送飯的炊事員，「總司」大司令常玉發剛好從室內出來，這一炮同時炸傷了他的胳膊，胸部面部也被炸傷。此後，記好資料了，只要想打就能打中，那是「總司」司令部的中心院子呢！結果，炮擊後沒兩天，「總司」全體撤出了地委黨校，撤回長鋼那邊去了。當然，也可能他們本來就要撤出長治，準備最後反攻。

我說，這個例子已經很說明問題了。我還聽說，被炸死的那個炊事員姓申，好像是個回民。還有材料說，為報復糧機廠聯字號打炮，紅字號從長運使用一二〇重炮還擊。由王七孩分隊的人在城牆上用望遠鏡協助校炮，結果，不出四炮，就命中了糧機五四兵團的樓頂。然後是戰友們的一片誇讚聲。

楊萬盛說，炮戰中我們也遇到過極度危險哩。楊萬盛當即給我講了一次他親歷的可怕事件：

> 這一次，是聯字號炮擊楊萬盛老根據地：地區建築公司。他說：聯字號大炮不多，但打一種中小型迫擊炮，卻非常機動靈活，而且驚人地準確。我們專建院內，也有一個廣播高杆子，經常廣播戒嚴令或者駁斥聯字號，因為離軍分區比較近，所以顯示了不小的宣傳力度。開始時他們經常讓神射手用步槍、機槍打這組喇叭，從遠處隱蔽打，有時就把喇叭打壞了。把那些高音喇叭打得像個大漏勺，上頭全是窟窿眼兒。後來我們想出了一個辦法，就是給集束成一捆的喇叭裝上滑輪升降的鋼絲繩，咱建築工人幹這個在行，要廣播，把喇叭升上去，不廣播，把喇叭降下來，讓你打不著，照樣發揮廣播作用。這算是文革戰地一個創舉。聯字號氣得沒辦法了，就改用迫擊炮轟擊廣播杆子。這一天，我從西招鑽地道回來，正好進了廣播室。室外聯字號的炮彈一直炸落，還沒有炸倒喇叭杆子，但是能直接打在院內，真是相當準確了。突然，一發炮彈「嗵」的一聲，破窗而入，竟然打到廣播室裡頭來了！我們大吃一驚。眼看著，這發炮彈落在了廣播員屁股下頭的椅子腿上，側面擦著彈體，在室內接連蹦蹦跳跳，咣當咣當，最後停在了我楊萬盛褲襠下，不動了，居然沒有炸響！楊萬盛說，室內兩三個人，臉全都嚇白了。此彈若響，我就沒有今天了，三人全部粉身碎骨無疑。
>
> 驚魂稍定，楊萬盛拉上這發炮彈，上了西招，讓總指揮趙震元他們解釋解釋，為何未炸。老兵工趙震元對「小楊」說：這是常

有的事，迫擊炮彈屬於撞擊式引爆，它的引信裝在彈頭，如果沒有直接撞到彈頭，便不一定引爆。另外，有些炮彈存放多年，品質也受了影響。這件事只能說，你小楊福大命大，躲過了一次奪命劫難。

楊萬盛對我說，如果那發炮彈爆炸於廣播室，肯定要比「總司」頭頭常玉發挨炮彈慘多了。

很快，專建廣播站轉移到了地道中。大規模武鬥結束後，聯字號曾組織群眾參觀專建紅字號地道，我們一夥少年人下去玩耍多次。地道土質很好，一直挖到了軍分區附近，也可以通往紅字號西招指揮部，四通八達，設備建全，建立有作戰部、廣播室、食品庫、醫護室、彈藥庫等多處洞穴，掛著不少小白牌子。還有吊橋和陷阱，有明道，有暗道，有的地方用磚砌成了永久型拱室。我對老楊說，那地道我下去過，工程浩大，是不是太費功夫了？工程可觀呢！老楊笑道：挖地道對於建築工人來說，並不算什麼，土質好，幾天就可以挖出個模樣來。

趙震元所說炮彈品質問題確實存在。當時，聯字號用的是戰備舊炮彈，已存放經年，故有時不響。紅字號方面，雖然日夜製造炮彈並數量充足，但據記載，他們還是大量使用了庫存多年的戰備舊產品，用舊存新，較少使用新產品，所以，也有百分之幾的炮彈打不響。聯字號醫專據點中，落炮數千發，就有一批沒有炸響。據王法書、王天池等聯字號守軍多人回憶，醫專大樓前操場上，落下來的未炸炮彈很多，當時栽在那裡，無人靠前，遠遠看去一片彈尾，像秋後的玉米茬子地。他們說，很奇怪，有時候，打來一夜炮彈，個個都炸響了，沒有一發不響，有時候，這一夜落下的炮彈中，就有好多發甚至十幾發沒炸響，也說不清是怎麼回事。這些裸露尾巴沒有炸響的炮彈，在開闊地上數量一多，還影響了紅字號自己進攻呢！主要通道他們不敢過，因為我們通告已經全面佈雷了，炸死不負責。

文革戰場，故事多多。

以上所說，均為正規武器。而長治和晉城武鬥中，因機械製造能力很強，歷經戰爭者眾多，能工巧匠結隊參戰，所以，也突擊製造了大批形形色色的槍炮炸彈，品質參差不齊。如紅字號清華兵工廠本是不造槍的，自一九六七年秋後，開始趕製衝鋒槍，以供本派武裝急需。他們什麼都能過關，偏有一道工序解決不了，就是沒有專用槍管鋼，代用品鋼質欠佳，淬火品質無法過關，因而不能提高此槍連續發射水準。造出來的衝鋒槍，配以新造子彈，看上去極漂亮，連續打幾梭子也沒有問題。毛病在於持續打多了，槍管即出問題，準確度下降。槍管滾燙，子彈會越打越近。這件事說明沒有正宗的槍管鋼，便不能製造優質的衝鋒槍。

還有一個難題，紅字號始終沒有完全解決，那就是批量生產各種型號的子彈。舊子彈殼重裝，雖不成問題，大批生產新子彈則不行。你造得了炮擊金門列島的大炮彈，卻造不出成批的小子彈，戰後統計，紅字號造子彈不過五〇〇〇〇發，而手榴彈竟達一三〇〇〇〇枚。我在一份材料上看到，高平縣紅字號急需各種子彈，其裝備有上千支步槍和近四〇挺機關槍。曾專派頭頭王培民，到長治淮海廠請求支援子彈，長治多個廠家均無法資助他們大批子彈，最後弄了少量子彈加三〇〇發手榴彈和幾十個高級炸藥箱回去了。就用這種炸藥箱，高平紅字號兩度毀炸了聯字號控制的南北鐵路，長治方面紅字號也將鐵道炸了一次。而子彈缺乏，只好從聯字號和解放軍那裡搶奪。

聯字號不是大炮少嗎？糧機廠的將士們便開始造炮。製造出一種奇特大炮來，也打得夠遠。這種炮彈把粗圓鋼柱旋空了做殼，配以紅星兵工廠的引信打出去，炮彈不是直向前竄，也不是發出劃破長空的呼嘯哨聲，而是在空中一邊翻滾著，一邊前進，到它翻不動時，直不窿通就掉了下來。在空中發出怪聲，像是「呼呼」，又似「蹂兒蹂兒」的——我這裡找不到合適的字，只好以蹂字加兒音，來代替其怪聲。某些史料上竟形容是「咕咕」的。第一次試炮，向東部鄰居——省建紅字號魯迅兵團天津人發射，極為有效，一炮就把省建大樓打穿了一個洞，迸入室內，當場炸死紅字號一人。糧機聯字號工程技術人員歡欣鼓舞，繼而使用此炮，向南部紅字號重要據點長治汽車運輸公司連連發射，再次致敵以重創。當時，長運一位老紅軍，身經百戰，對本派小字輩戰友時常傳授戰爭知識。戰火中，他往往鎮定自如，指揮從容。今日糧機方向打來怪炮，且發出怪聲，眾皆驚恐，老紅軍大喝：慌什麼，一個炮彈把你們嚇成這個樣子！我還不知道打炮是咋回事？——可歎他話音未落，此炮彈便從空中垂直掉了下來，當場把老紅軍炸死在長運據點中。此怪彈飛行軌道，完全超出了老紅軍豐富的戰爭經驗。

就是糧機廠製造的這種古怪炮彈，在轟擊長運時，有三發炮彈從家屬院房頂斜坡上，滾落在房下煤堆中，沒有爆炸。紅字號便在數月後送給開進長治的野戰軍指揮官觀看，藉以聲討聯字號，做為聯字號武鬥開炮的證據，請野戰軍首長評理。三發殘彈置放於解放軍團部門口馬路邊上，不慎引爆，當場造成極大慘案，四十二人被炸死，四十二人被炸殘。三發土炮彈竟然具有如此巨大的殺傷力。

劉格平上太行

提到劉格平，我至今心有餘悸。這是因為小時候在晉東南地委大院裡，未見任何一位幹部級別比他高。我同學中爸媽級別最高者，不過行政八級九級十級，已是一方巨頭，資格都夠老的。一到文革，大人們議論省城出了個劉格平，總是壓低聲音，說他是津南、魯北地區中共組織的創建者，一生三次被捕坐牢。直至建國時，作為少數民族裡面共產黨人的「首席代表」，出席政治協商會議，毛澤東直呼其為「首席代表先生」。他是行政三級幹部，月薪四〇〇多元，僅次於毛主席、劉少奇和周總理了。議論中充滿敬畏之意。

山西存放過不少大幹部，如軍委總參謀長黃克誠大將，閒任副省長，文革前曾來晉東南高平縣下鄉好幾個月。

我少年時代的好友吳增義兄，他爸是文革前地委交際處的領導，說白了就是賓館主任。脾性和善，正當此職。他先後接待過許多京晉大員，如薄一波來過，胡喬木來過，廖魯言來過，田家英來過，陶魯茄來過，衛恒本是晉東南陵川縣人，更不疏遠，省長王謙年輕時在這裡擔任地委書記，都沒有給老區幹部們留下恐懼印象。惟對劉格平，感覺異樣。

劉格平老家在河北省盂村縣，確是全國頂級回族高幹。

劉格平不僅資格深、級別高，還帶頭造了省委的反。他將代表著文革「新生力量」打垮太行太岳老幹部，晉東南正是「走資派」們的老窩，由不得幹部們不恐懼。並且，劉格平的革命經歷也是本省幹部所不熟悉的。對於陌生的東西，易生敬畏。他參加革命相當早，在「黨成立的第二年就參加了青年團」（王力語），一九二六年即轉為中共黨員。二三十年代劉格平在渤海灣一帶鬧革命，打響了北方共產黨人對敵鬥爭第一槍，建立蘇維埃北方政權。一九三四年再次組織了津南慶雲縣暴動，負傷被捕。前前後後在張學良監獄中，在國民黨陸軍監獄中，在北平軍人反省院，住了半輩子大牢，始終不降，要把牢底坐穿。——他革命時紅軍還沒有長征呢。一九四四年劉格平住滿刑期昂首出獄，毛澤東在延安親自接見，黨內揚名，出任中共渤海區書記。建國後在國家民族事務委員會和寧夏回族自治區擔任主要領導職務。據說連周恩來都讓他三分。惟劉少奇、鄧小平不在乎他，且整治過劉格平的「地方民族主義」，然後將劉貶放到山西，當個副省長，屬於受壓一族。

很重要的一條：劉格平是山西副省級以下官員中唯一的中共中央委員，這就相當特別。他生得一張四四方方大臉龐，還真像一位大人物。有傳單上說：劉格平很早就同劉少奇、鄧小平的反動路線展開了激烈鬥爭。早就發現了山西是劉鄧搞陰謀的戰略根據地，文革號角催人奮進，劉格平緊密配合中央文革，立了頭功。

劉格平、張日清在山西造反奪權，已有十個月了。二虎爭晉，勢必兇險，全省兩派大分裂。左手一指太行山，右手一指是呂梁，看表裡山河：南部河東大地，北部塞外長城，西部晉陝峽谷，東部太行高聳，縱橫千百里，竟無一地不激戰，更無一處不流血。

劉格平身居省城，整日眉頭緊鎖。太原廝殺尚且收拾不定，長治那邊又報全面血戰，此次開赴上黨，他能夠擺平兩派仇敵嗎？

一九六七年十月二十日。太原至長治，全程二五〇公里。劉格平率車隊出了省府，向南，穿越晉中陳永貴大片領地，一路蜿蜒疾進，鑽入崇山峻嶺，漸漸逼近了太行山腹地

遙望東南峻嶺間，一片孤城萬仞山。

劉格平一行駛入晉東南地界。剛過武鄉到沁縣，迎接他們的，便是一場兩派對攻戰鬥——沁縣紅字號與聯字號正在激烈混戰中。車隊被迫停下。劉格平在惱怒中決定，當晚住沁縣，叫地區來人，就地解決問題。

長治那廂，兩派將士尚不知曉劉格平一行停在了沁縣。整條英雄街熱鬧非凡，紅字號組織了大

批歡迎群眾，高舉彩旗標語，乘「七月會議」之東風，夾道等待。太原方面的通知非常明確，早晨，劉格平政委確實出發了。

從中午等到下午，長治民眾怎麼也等不來這位身兼北京軍區政委的大人物。

市區北部有兩個天津、北京遷來的企業單位，一是省建分公司，紅字號佔據絕對優勢；一是前章提到的糧食機械廠，聯字號坐莊。雙方同處在一條東西走向大路上，近來戰火不斷。就在歡迎等待劉格平這天下午，兩家再次發生衝突。當日，省建天津人一時不慎，把一輛吉普車讓糧機北京人給劫走了，待省建紅字號緊急追剿時，糧機聯字號已連人帶車縮回了廠部據點。省建天津人緊急磋商，看如何營救戰友，搶回車輛。省建紅字號高參，是平時生活比較優厚的工程師老李，只因家庭成分高，便只做高參，不公開出頭。

這老李那位半大兒子，名叫李曉翔，生得高大排場，是他爸的最愛。也是我少年夥伴之一。這天午後，曉翔擠上省建的車，特別是擠上了那輛吉普車，淘淘氣氣到英雄街歡迎劉格平去了。誰也不知他高興個什麼勁兒。突然報知糧機聯字號劫了車抓了人，這邊李曉翔卻沒回家來。當即把他那位平時持重的紅字號高參老爸，急出了無限火爆，老李立馬行動起來，積極地參與了營救愛子行動。

省建紅字號武鬥小分隊全副武裝，集合待命。據曉翔回憶，武裝小分隊均不參加生產勞動，而是站崗放哨，襲擊對手，進城聯絡，軍事訓練，很令人羨慕。要集合時，那信號相當藝術：在廠部高音喇叭上放一曲優美的女聲小合唱《新疆處處賽江南》，也就是祕密約定的集結號。充分顯示出海港都市優良階層的某種浪漫。到如今曉翔兄時常情不自禁地哼唱這首拐彎特多的歌曲，且發音精準。

那天傍晚，這首歌在省建上空唱了一遍又一遍，工程師老李急得大頭冒汗。

省建小分隊手榴彈奇多。這是因為紅字號從淮海兵工廠提取了數千套手榴彈零部件，搬在各個紅字號據點組裝，其中北郊組裝重點，正是省建。工人們像往家裡偷根角鐵那樣，時常取幾顆手榴彈擱家放著。一位有趣工人，要顯擺，居然把兩顆手榴彈打成郵包，像寄山西土特產那樣，從長治寄給了天津市內無產階級革命派的親友們。結果，在較有秩序的天津某社區，引起一陣恐慌，讓人告發到至公安局：誰誰家郵包寄來了炸彈！天津公安局很快把那位寄郵包的長治工人暴露出來，最終挨了頭頭們一頓臭罵，給予調整工種的懲罰。

當時，頭頭們緊急磋商對策，做好了隨時出擊糧機廠的準備。

忽有探子火急來報：從省建高層瞭望哨嚴密監視發現，西邊糧機廠聯字號蠢蠢欲動，開動了咱那輛吉普車，還有幾輛載兵車，像是要出廠轉移。

判斷準確，糧機廠聯字號要武裝押送這台吉普車和被俘人員，轉移到長治北鐵路機務段聯字號大本營去。而必經路口，正是省建封鎖地段。

老李和同事們急急揮手下令：馬上出發，攔截狗日的，要快！

小分隊員們立刻衝了出去，跑步向廠外丁字路口前進。老李惦記兒子，守在廠部聽信兒。

兵貴神速。省建紅字號小分隊衝到指定位置，剛剛把路障設置了一半，糧機武裝押送的車隊就進入了埋伏圈。這一下，省建組裝的手榴彈傾刻發揮了作用，戰鬥隊員們扔著特別過癮。

一聽到手榴彈的爆炸聲響成了串，老李等人以拳擊案，激動地嚷起來：打著了，肯定打著了！

糧機聯字號突遭埋伏襲擊，且情況不明。在激烈的手榴彈爆炸聲中，不敢戀戰，只好棄車向西回撤。省建紅字號乾淨俐落結束戰鬥，一看被俘戰友再看吉普車，還好，沒受嘛損失。而且，意外地截獲了糧機廠四輛卡車外加一輛三輪摩托，大獲全勝。

省建紅字號歡天喜地，得勝返廠。可是，總工老李焦急察看間，卻沒見到寶貝兒子李曉翔。老李由不得兩腿顫抖，慌裡慌張往家跑，看看兒子是否在家安好。

事實上，十五歲的李曉翔和我們這夥半大孩子，湊熱鬧去迎接劉格平，無事找樂在市裡遊蕩了一下午。看看天色已晚，劉格平也沒接著，曉翔正往家漫步而歸呢。

總工老李急急回家時，愛子曉翔未歸。

他爸飯也不吃，直楞楞地坐在那裡發呆。心急火燎間，突然站起，抓過一只清晚期青花大瓷缸子，猛地摔在地上，當即粉碎。後來他家僅留了一只茶缸蓋子，曉翔還問過我，這只蓋子也算古董，不知值多少錢。

清晚期大茶缸子摔得脆響處，李曉翔哼著那曲《新疆處處賽江南》，搖搖晃晃進得家來。說時遲那時快，曉翔根本沒防住，他爹以迅雷不及掩耳之勢，衝上去「啪啪」搧了曉翔兩個大耳光子，其掌聲清脆無比，絕不次於前頭青花茶缸的爆裂。

這麼著，李曉翔就把劉格平當年上長治這件事，記恨了一輩子。

公平地說，紅字號、聯字號雙方諸位頭目，皆非一般常人，在本單位本行業裡，確屬有能力有擔當有威信者，他們多是急公好義，吃苦在前那類人。否則，也當不上大頭目，群眾也不會服氣。是那場暴烈的大革命，把他們捲入了戰場上。

再看劉格平。二十日，劉等滯留沁縣，當即制止流血事件，收繳武器。是晚召集沁縣兩派頭頭開會，指令第二天舉行兩派聯合大會——紅字號、聯字號頭頭們覺出了可笑，如此深仇大恨，天一亮開個會就算解決了？

開就開，開了再說。二十一日，沁縣兩派頭頭遵旨照辦，雙方藏起屠刀，把聯合大會開的有聲有色，一幅立地成佛模樣。

大會開完，劉格平坐鎮改組沁縣領導班子，添加紅字號成員進入縣常委，使兩派力量在權力機構中基本對等。前後兩天時間，完事兒。劉格平信心倍增，高高興興離開沁縣，重新南進。二十二日中午到達硝煙瀰漫的長治古城。

大員出動，真能立竿見影嗎？

強龍撲火急

由於劉格平的到來，兩派的武裝鬥爭暫告休戰。太行山上血火戰車來了個緊急制動。雙方解下槍帶，藏起了手榴彈，缸子裡泡滿劣質濃茶，要集中精力搞一場政治鬥爭。

劉格平停車四顧，古城裡沒了槍炮聲，天高雲淡。兩派紛紛舉辦歡迎會，熱烈歡迎劉格平的大標語鮮豔奪目。具有光榮革命傳統的老區人民覺悟多麼高啊。十月十七日，中共中央、國務院、中央軍委、中央文革小組共同發出了《關於按照系統實行革命大聯合的通知》，你看看，這才三四天，老區人民就打算歸口鬧革命了。

形勢大好，不是小好。

太行山人很給劉格平面子。

奪權以後，不斷傳來北京高層對於劉格平的評價。毛澤東轉告六十九軍堅決支持劉格平同志那條最高指示，通過康生傳達後，在山西一度發揮了巨大作用，壓得張日清一派喘不過氣來。

周恩來也在中央解決山西問題的四月會議上誇讚：「還是劉格平同志水準高。」周還對廣州等地造反派講：「已經成立了革命委員會的地方，革命領導幹部是很能領導的，像山西的劉格平同志，山東的王效禹同志，但是居然有人把鬥爭矛頭指向他們，這是絕對不許可的。」

再如康生一九六七年七月講：「劉格平有兩點好處，第一抵制了劉少奇叛黨變節，第二在華東是不滿饒漱石的。有人把劉格平的好處說成缺點了，不能像你們這樣胡說八道！」於是有人分析，康生借奪權造反，壘自己的山頭。從「一月風暴」中奪權的四省市領軍人物看，有三人出身渤海地委，都是康生勢力。

王力在在山西奪權時刻對赴京代表講：「劉格平馬列主義水準是比較高的。抗日戰爭後，他一到渤海區就發現了這個區的問題，面對這些問題他頑強地鬥爭著。劉格平同志擁護毛主席，深入群眾，階級觀點明確。他反映衛恒、王謙、王大任的問題是真實的。我們認為，劉格平同志長期受壓制，能把山西問題看到這種地步，很不簡單。」

關鋒講：「格平同志旗幟鮮明，好得很。格平同志哪裡艱苦到哪裡去，到晉中去和同志們生活在一起，戰鬥在一起，勝利在一起，死在一起，要有這個氣魄，他執行了毛主席的革命路線。」

楊成武講：「誰要反對劉格平，實際上就是反對中央文革，反毛主席，反黨中央。劉格平是中央支持的，是北京軍區為首的。」

吳法憲講：「張日清有錯誤，我們空軍站在劉格平方面，堅決支持以劉格平為首的山西核心小組和革命委員會的正確領導。劉格平同志經過了長期考驗，再次證明他是毛主席司令部的人。劉格平同志是北京軍區政委，要服從他的領導，堅決支持劉格平同志！」

所有這些對劉格平的支持與評價，推舉他成為三晉大地新強龍。

然而，這強龍並非太行太岳黃河漳河哺育壯大的，先自沒了根基。老區人民經見的大官太多，聯字號軍民，有足夠的堅韌。太行山人鬥強龍，戰猶酣。

紅字號軍民支持劉格平，除過中央大員的唬人話語外，卻也找不出扎扎實實的淵源根系來。這位風雲人物在太行大地顯得飄忽虛枉。根底很不深壯。

劉格平從沁縣輕取「勝利」驅進長治。當天上午到達，在沒有深思熟慮情況下，午間，他把飯碗一放，立即召集兩派代表舉行大會，大禮堂裡講大話，亮出了觀點，直不隆通打光了底牌。這在深具政治鬥爭經驗的老區幹部看來，此類「下車伊始，嗚哩哇啦」的輕率作法，是缺乏政治智慧的魯莽表現。

當天下午，地委大禮堂座無虛席。兩大派頭頭悉數到場。主席臺上，劉格平居中而坐，穿新軍裝，佩領章帽徽，寬大的臉龐，相貌堂堂。相形之下，程首創刀條窄臉，戴一頂鴨舌帽，灰衣幹部服，憂慮神情一望可知，顯見一幅弱者低落氣象。武天明司令員則避至太原等地，從始至終沒有出場，而由平時很少露面的軍分區政委劉鳳高代表軍分區登臺。還有山西省軍區王祥雲參謀長，空字〇二五部隊蕭耀武副校長，海字〇一一五部隊許先進政委出席大會，駐山西陸海空三軍首長基本上有了代表性。而六九軍謝振華軍長和蕭選進副軍長，則轉赴晉城、晉南而去，未在長治停留表態。大會標語很中性，「向毛主席的好學生劉格平同志學習致敬！」

會場外聚集著眾多打探消息的兩派戰士。新的山西王嘛，其傾向，其態度，關係到多少人的政治生命。

劉格平原本不善於講話，此次來晉東南，大會小會卻講了十多次。每次講演時間地點有變化，內容單調枯燥沒有區別。我在這裡做個綜合彙編，把講話的重點報告給讀者，不必細分場合了。劉格平說：

「為什麼毛主席英明分析形勢大好，不是小好，比以往任何時候都好呢？照咱們山西看來，七月八月九月正在武鬥嘛，你們這個地方還在打嘛，這個武鬥，看起來有點亂，但是，亂了敵人，把敵人搞亂了，地富反壞右出籠了，群眾的眼睛更亮了，很好嘛！毛主席還指出，再過幾個月，形勢會變得更好。

「我們這次來，是專門解決晉東南問題的，我們一進到晉東南地區，就在沁縣解決武鬥，」他簡短概括了快速解決沁縣問題的成績，接著說，「我們在沁縣住了兩天，男女老少都高興。我們相信，晉東南問題一解決，整個山西的形勢會變得更好。但是，我們一路上看到好多工廠的煙筒不冒煙了，秩序也不好，你們剛才還在抓人嘛！上午抓了外省的什麼人，把太機四野的人也抓了，你們兩派做的都不好，跟全國大好形勢不相適應，必須改變。

「毛主席最近指示，要搞大聯合。馬克思在一百二十年前，就講全世界無產者聯合起來。在工人階級內部，沒有根本的利害衝突嘛！周總理在九月十六日講了，不搞大聯合，就是反對毛澤東思想，反對毛主席的革命路線，反對和扭轉鬥爭大方向，反對毛主席的偉大戰略部署，四反嘛！我們省裡已經很慢了，北京大聯合是一夜搞起來的，上海大概是一天一夜搞起來的，山東也比較快，而你們這裡還在武鬥。你們搞得不好就發展成敵我矛盾了，性質會變的！

「武鬥從客觀上幫了敵人。要把組織裡邊挑動武鬥的壞傢伙揪出來。我們在沁縣、故縣看到，連房上的瓦都拆了，玻璃砸爛了，桌椅家具都砸了，這是鬧革命嗎？這是敗家子！打人、殺人、打死人，把工人階級打了，把幹部打了，把革命同學打了，這是什麼性質？劉少奇才搞鎮壓群眾，鎮壓幹部，鎮壓學生嘛。」

劉格平情不自禁，自家先帶出了派性：「我們省裡的張日清，也執行了資產階級反動路線，鎮壓小將嘛！……你的大方向就錯了。我知道，晉東南有槍，有手榴彈，有的是炸藥，你們必須趕快交，起碼要先封起來。中央有九・五命令，毛主席批的，連毛主席的命令都不執行啦？有人說了，用武器是為了自衛，我們說，你先交出來，如果再有人武鬥，我們就堅決制裁他！我來時候，竟然有人朝我們打槍，有壞人嘛，山西老的走資派，從抗戰時候就反毛主席，文革才把他們揭出來，還有新的，鑽進我們紅色政權的劉貫一、陳守中、劉志蘭，他們原先就是壞傢伙，其中兩個都有歷史問題，已經查得差不多了。這些人一貫反黨反毛主席，你們這兒也有，朝我們開槍嘛！你們沒有很好地批判，天天跟自己的階級兄弟幹仗。」

劉格平接下來講復課鬧革命，講抓革命促生產，不准調動農民進城，更不允許給參加武鬥者記工分。不准階級敵人亂說亂動；講搞好幹部「三結合」，講擁軍愛民，說沒有解放軍，蔣介石早就打回來了。最後講到關鍵的「支左」問題。兩派聽眾馬上振作精神，仔細聽辨，看劉格平怎麼說：

「林副主席說得好，搞文化大革命，一靠毛主席的英明領導，二靠強大的人民解放軍。任何人對解放軍不能揪，不能鬥，不能打倒，不能衝」，他加重語氣，「最近以來，有人對這裡的海軍部隊搞圍攻，這是非常錯誤的！」他先替海軍撐腰然後才談軍分區，「當然啦，前段時間，也有人衝了軍分區，不能衝嘛，不能砸軍分區的宣傳車嘛！他們如果執行了張日清錯誤路線，可以檢查檢討嘛！毛主席批准的《七月會議紀要》講得很清楚，說張日清同志犯了方向路線錯誤，但要指出廣大的幹部戰士是沒有責任的，而我們的海軍、空軍根本不存在這樣的問題。」話說到這裡，紅字號頭頭感到呼吸特別通暢。

劉格平終於談到了最要命的《七條意見》。臺上台下全都直起腰杆傾聽，要聽出個好歹來。兩派交戰半年八月，還不曾遇到過一位裁判員，這是第一次讓上峰大員做評判呢，兩派將領能不關注嗎？

劉格平倒也坦誠直率，基本上沒拐什麼彎子。他說：

「省核心小組關於解決晉東南問題的七條意見，你們這裡有贊成的，有反對的，說到底就是支持不支持程首創同志。你們這裡有個怪事，自己奪了權，成立了革命委員會，又自己把革委會封了！你們自己選出了程首創，又要把他打倒。鬧的幹部不能上班，核心小組癱瘓，兩派對立，武鬥嚴重，長治、高平、沁水、晉城都有農民進城，雙方開槍開炮打死很多人，河南二七公社帶著武器來長治北參加武鬥，淮海兵工廠自己裝備了武器，工廠全部停產，這怎麼行！我們支持程首創，因為程首創是奪權後大家選出來，報請我們省裡批准的。說他有問題，我們現在沒有查到嘛。有些材料報上來不是事實，不是聯字號說的那個情況。如果他有問題，程首創當然不能在這裡坐莊，我們也不會在這裡陪他開會。材料我們都看了，現在想看看還有什麼原子彈？有人說，打倒程首創，氣死劉格平，不要緊嘛，我氣量大，氣不死！有人說要砸爛程首創的腦袋，好啊，我說可以，如果你要了程首創同志的腦袋，就能解決晉東南問題，那你就殺了他，我們明天就走！」

劉格平激動起來：「我們有的同志不懂，打倒程首創，你這個核心小組就得改組，你又要肯定一•二五奪權是正確的，你又要打倒程首創，他是新政權的代表，實際上是打倒你們自己嘛！在你們這裡，隨便就把革命委員會查封了，隨便就接管了，一個群眾組織敢封革命委員會，這不是原則問題嗎？你們查封革委會，和晉東南三百萬人民商量過沒有？誰給你這麼大的權力！說人家紅字號是保守派，天下好像就數你革命，還說代表三百萬老區人民，我看只能代表你自己！」

劉格平倍加嚴厲地批評了晉東南軍分區，毫不客氣：

「對於我們省核心小組的七條，就敢不服從，這是組織紀律不允許的。軍分區不僅反對七條，還影響我們的戰士，你們究竟給部隊貫徹什麼？你們對省核心小組是什麼態度？程首創同志上北京找我，我們派了六九軍一個師副政委，帶了一個班，護送程首創同志回來，結果，在你們軍分區呆了一個小時，就把程首創同志揪走了！誰揪的？聯字號！這成什麼樣子了？後來我們打電話，硬叫軍分區把程首創要回來，這才要了回來。程首創是核心小組組長，革委會主任，你們分區為什麼不保護呢？省裡定出七條，晉東南軍分區的同志也參加了定七條，回來為什麼不執行！」

劉格平最後強調：「要堅決貫徹七條，要支持程首創同志主持工作。革委會常委成員要平衡，擴大紅字號和海軍的同志參加進來。實現兩派大聯合……」

不難想像，劉格平所持傾向，只會導致聯字號更加強烈地反抗。他的到來客觀上起到了支一派壓一派的作用。重重壓力面前，反而激發了聯字號戰士更頑強更悲壯的鬥志。

劉格平輕視了這片雄奇的土地，他正在樹立更強更多的敵人。

聯字號軍民面對巨大的壓力，稍做忍耐，很快，太行山上爆發出了驚心動魄的口號：「誓死揪出山西反軍派的黑後臺！」

紅字號大振聲威

劉格平太行之旅，在紅字號們看來，無疑是一個盛大的節日。紅字號組織開動所有宣傳機器，大力宣傳劉格平講話，像文革頭一年那樣，紅紅綠綠的傳單又一次飛舞在長治城鄉的半空裡。

許許多多幹部群眾，在紅字號與聯字號半年多的激烈戰鬥中，曾經不敢輕易發表聲明。生怕「站隊站錯了」，一切都完了。有文革民謠說：寫不完的檢討，站不完的隊，批不完的錯誤，受不完的罪，說不盡的冤屈，流不完的淚」，確是如此。鬥爭你死我活，在造就了幫派死黨的同時，也造就了無數痛苦無助的人群。

《七條》公佈，省府亮相，使這部分人終於公開表明了自己的態度：按照毛主席支持劉格平的最新最高批示，擁戴劉格平，支持程首創——這就使他們站到紅字號一派的立場上去了。

有的人表態快些，有的人表態慢些，但總體上看，表態者越來越多。整個長治城區，紅字號群體逐漸占了上風。多數人口站到了紅字號一邊。特別是西大街，乃回民聚居區，劉格平也是回民，人們更感親切，更要支持。全地區相當一批幹部群眾，竟以為文革大亂已近兩年，現在要掃尾了，要有結局了，這是毛主席的戰略部署，所以紛紛表態支持本省劉格平政權和程首創地區政權。這種人並不一定有多少投機取巧的因素。善良的人們不會想到，文化大革命哪有什麼偉大戰略部署？哪有這麼簡單的結局？

這一切，不過是一次起伏罷了，更大的災難就要到來。

劉格平太行之行，推動著程首創橫下一條心，腰杆子前所未有硬朗了許多。他在地市縣幹部大會上講：「這次劉格平同志來，又批評我旗幟不夠鮮明，這是完全正確的。過去，我在工作當中鬥爭性差，有些怕字當頭，這很不好。最近，許多革命組織和革命群眾也對我提出了批評意見，我表示歡迎。我要堅決和同志們一道戰鬥，分秒必爭，聞風而動，毫不含糊地、堅定不移地站在劉格平同志一邊，以實際行動支持劉格平同志！」

隨著多數幹部群眾聲明表態，一批投機取巧者，一批搖擺不定者，一批在聯字號裡頭感覺待遇不公者，也紛紛「反戈一擊」，表態擁護劉格平，支持程首創，給聯字號內部帶來接連不斷的震盪。特別是聯字號最大同盟組織「總司」司令王創全，時有搖擺動向，其組織高層當中，竟然有四位常委級的頭頭公開發表了反戈一擊的《嚴正聲明》，倒向紅字號，並同時伴隨著對軍分區武天明司令員、李英奎副司令員的檢舉揭發，大殺回馬槍，稱聯字號攻打太鋸時，軍分區支持了戰鬥，李英奎帶隊在襄垣虒亭等地攔截過紅字號援軍，說他們在王尚志案件上玩弄了陰謀，揭露軍分區給聯字號裝備了武器彈藥等等，一樁樁一件件，真真假假，使聯字號陣營相當被動，深受重創。

我和我的夥伴們，背著髒兮兮的軍用小挎包，裡面塞滿了文革傳單。文革頭兩年那轟轟烈烈但流血較少的日子。真是熱鬧啊，老友吳增義家的後牆，也就是地區大禮堂對面，一溜大牆，又一次貼滿了大標語大字報，層層疊疊足有半尺厚，劉格平來後，多是表態聲明支持紅字號的。老吳難忘這段歷史，說他家背後，「是太行山上鬧革命的黃金地段」，我補充道：「乾脆說你們家的前前後後，是太行山上政治文化中心。」老吳：「那當然，也是軍事中心嘛！」我補充：「也是經濟中心嘛。」他補充也是體育中心嘛，我補充也是文藝中心嘛。他補充也是輿論中心嘛，我補充也是司法中心嘛。他補充也是拍婆子中心嘛，我補充拍婆子就是挎荏子嘛，他補充挎荏子就是雲雨之歡嘛，我補充雲雨之歡就是作風問題嘛，他補充作風問題就是違犯三大紀律八項注意第七條嘛，我補充這就是流氓問題嘛，他補充流氓問題也是政治問題嘛，我再補充政治問題就是路線問題嘛，二人最後齊聲朗讀毛主席語錄：政治路線確定之後，幹部就是決定的因素！

眾人哄笑。從那時過來的城市青年，語言習慣總體上追求所謂主流加通俗，苦中尋樂成為時尚。

胡謅亂侃到最後，往往與男女交歡兩性話題交叉滲透，又往往摻入毛澤東語言的成分，造成一種語無倫次荒誕不經的效果。政治話語與日常生活用語之間，濃得化不開。似乎只有這樣說話，才能與那個荒誕歲月相溶匹配。那時我還不懂，其實這正是一代人對於嚴酷政治話語的消解、戲弄以及否定。胡言亂語的調侃雖然談不上什麼理性與批判，卻也藐視輕蔑了時代的權威和專制。

從那時起，我父親一代人便認為這群孩子沒救了，一點兒正經沒有。

我父親是河北人，他所任職的原察哈爾軍區包括那個省分在一九五四年前後被重新劃分，改變歸轄，於是我爸媽從張家口轉至山西工作，與當地曠日持久的太行、太岳、晉綏幹部體系沒有淵源瓜葛，並無幫派恩怨。平日裡明哲保身，與人為善，既談不上政治受壓，也輪不著你運動投機。我父親來到長治的最大收穫，就是和我媽生了我們三個孩子。文革之初，各地宣傳文化系統最先受到衝擊，老爸早就靠邊站了。對於參加派性鬥爭，先自沒了資格。他被長期填充在牛棚和各類學習班裡充頂革命對象的人數，不能回家。他們這批人即使想入派想聲明，人家派頭頭們也不稀罕你。但是，這批被稱作晉東南地委、行署「中層領導幹部」的人，是一種幹部隊伍的群體象徵，劉格平、程首創要鞏固晉東南政權秩序，這批人多少有些用處。劉格平在歷次講話中，有一個題目就是「幹部問題」。因而我老爸所在「牛棚」的管理上，人家做出了適度調整，意在讓這批幹部到社會上鬆動鬆動，呼吸一些形勢大好的空氣，以便及時表態支持劉格平和程首創。於是，正當我和吳增義、高民憲、趙小五、田糊糊、郭憲平、李小旦、張書堂、老胖豬、劉小四等一夥小兄弟在「政治文化中心」亂搶傳單無事生非時候，我父親卻從那個叫做水車溝的地方，回到了早已破敗的家中。——我奶奶被驅逐回冀省之前，這個六口之家當然是窗明几淨十分溫馨的。房前屋後，時常飄散出煎魚煮肉的香氣，那時的晉東南人竟不吃魚蝦和雞鴨，使外地人大討便宜。

我父親回來時，家門口牆上那張驅逐我奶奶立即返鄉的《勒令》，明顯褪色殘破，字句已經念不齊全，卻還在牆上貼著，沒人敢撕。

我父親疲倦地坐在桌前發楞。正好我回來了。

我以為他會嚴肅地批評我什麼，那陣子我時常莫名其妙地以為自己又犯了什麼錯誤。其實父親很溫和地笑了笑，並無批我之意，好像還說我長高了，囑咐我「要隨著節氣的冷暖而增減衣服」，或者說了「多在體委運動隊待著，相對穩妥」之類的話。那個夏季我們曾被體委組織起來，「在游泳中學會游泳」。

我父親習慣性地翻動我的挎包，他和我從來沒有意識到，長期翻動或檢查少年人的書包，是成年人強權侵犯的一種有害行為。我們彼此間早已習慣了這種做法。老爸是爹，他翻就翻唄。

爹從我的書包裡翻出了他必須嚴肅面對的東西——大批時令傳單。他似乎很重視的樣子，伏在案頭把傳單一一展平，居然認真研讀了大半夜。我想，許多夥伴們的幹部爹，那時期都會在夜半昏燈下，穿著破爛的衣服，伸出因監督勞動而生滿老繭的雙手，戴上斷腿眼鏡。仔細研讀這類材料。那是有關命運的字紙。文革迭浪衝衙府，上頭究竟要怎樣對待這批幹部？此事再緊要不過了。

早晨，我發現我的傳單們已經被父親裝訂成了兩個整齊的冊子，一個是聯字號的，一個是紅字號的，並且加了牛皮紙封皮。

我第一次意識到我書包裡的東西，居然會對家人有用處，而且是對久不還家處於政治劣勢中的父親有用處。那種欣慰和那一點點快樂，令我至今難忘。這些個花花綠綠的傳單，真的很重要嗎？

不久，我們在吳增義家後牆上，發現了繼首批四十四人，第二批八十五人之後，又出現一大批地直機關中層幹部的《聯合聲明》，表態支持劉格平和程首創，支持「紅七條」。在統一抄寫的諸多姓名當中，我看到了我老爸的名字。還有山西作家協會老作家、當時晉東南文聯主席韓文洲先生的名字，有如今在國務院工作的老同學張玉河他爸的名字。老同學劉小四他爸，好友趙偉他爸，同院王建國他爸，如今的縣委書記張紅星他爸，老友申雞旦他爸，孔生長他爸……，數不過來了，總之，相當一部分同學鄰里的「地直機關中層幹部」父親們，都簽名表態了。紅字號公佈的統計數字高達三三七人。吳增義回憶說，他老爸也簽了名表了態，他爸吳啟昌先生，文革前擔任地區交際處主任，所接待最高級別的客人是薄一波；三年困難時期，接待過將軍李達，還有華北局第一書記李雪峰，曾親自跑基層去買回來兩顆雞蛋，讓李雪峰吃了。這事兒在文革中被揭發出來，遭受批判。很自然，這些人文革前均有既得利益在身，一般不會支持聯字號造反奪權。

地區如此，長治市也一樣。有四十八名市直機關中層幹部，貼出了觀點鮮明的《鄭重聲明》，在各市縣造成大的影響。

這裡寄存一句，凡是因支援劉格平、程首創而簽字聲明過的地直中層幹部，一年後大都倒了黴，他們屬於「走資派還在走」系列；再補充一句，同樣是這批幹部，在十年文革結束後，只要不是反覆變更立場者，大都揚眉吐氣平了反，重新掌了權。當初的造反派便大罵他們是「右傾翻案」，是「資產階級復辟」了。

人生無常，文革最甚。

風飄絮兮浪淘沙

我和我的少年夥伴們，仍然在長治城鄉流浪四方，東逛一天，西歇一晌，饑一頓，飽一頓。弟兄們中間，其父親母親，官職大些的進了監獄，官職小些的回了牛棚。造反派們忙於派戰，既顧不上管他們或批鬥他們，也不放他們回家。我們就是殘破家庭的小主人。

街頭巷尾，四處可見由青少年組成的團團夥夥，哼唱著詞句殘缺的中外情歌，勞而無功地調戲少女，傳看違禁書籍，晝夜閒散無事。有時打群架，有時又合流。大家共同過著一種城市貧苦小流氓生活，苦樂參半，並不覺其荒誕。

某日，某人搞到一顆手榴彈，大夥兒便到南郊護城河畔去投彈炸魚。炸完了，撈漂浮的魚吃，然後，覺出了無聊。

某日，某人又搞到一支土造左輪手槍，大夥兒便到城牆上盲目射擊。子彈射中牛身，牛卻淡然無事，繼續埋頭吃草。這是什麼破槍？一口氣子彈打光了，又覺無聊。

大夥兒覺得有意思的事，還是談論和嚮往好看的女娃，可惜那時女生膽小封閉，很少加盟我們團夥。我們始終是一群性別單一的禿頭小子，紮堆廝混，在荒蕪的日子裡，漸漸生出了漫漫的壓抑。

我時常把我爸早已廢棄的一隻笛子從牆上取下來，試著吹出筆直的聲響，細看笛管上，刻著的兩句古詩，「無花無酒過清明，興味蕭然似野僧」，我們為賦新詞強說愁，裝出一種老練的惆悵。

去年夏秋鬧紅衛兵，今年的紅衛兵，很少以獨立面目行世。

大批當初趕過時髦的紅衛兵們，今日又不那麼堅定者，就留在校園裡混日子或者跑到街頭來，充當我們這幫小兄弟的騷動頭目，今天讓我們去偷香煙，明天逼我們調戲良家女孩兒。他們正值青春爆漲期，喜歡叼著香煙往街頭一坐，給過路的女孩兒打分，臉蛋長的好看的叫「盤亮」（或盤靚），身材出眾的叫「條沖」，屁股大些的叫「好後包」，胸部發育好的叫「大媽」，極盡戲謔渲泄之能事。打分標準不一，結果分數往往不同，就故意放聲吵一頓。大哥們單獨出動去勾引女性時，叫做「拍婆子」或叫「挎茬子」，雖成功者甚少，往往讓人家罵幾句「流氓」，還覺得挺得意。他們的欲望給慫壞了，他們的性情又給放縱壞了。而我們則比這幫兄長們小個五六七八歲，懵懵懂懂的，不知其妙處何在。幾十年後的作家王朔，包括電影《陽光燦爛的日子》和連續劇《血色浪漫》，都描寫了這段異常的生活，我的老友們看著挺親切，卻又感到作品還是含蓄，比起當年來仍不夠狂。

大革命扭曲了全社會的風氣……

我們整日搶傳單或者幫著撒傳單，極盲目。我對傳單感興趣的原因竟然是偏愛語文。精神貧乏，讀物稀少，閱讀傳單、小報，可以意外地發現和享受某種閱讀快感。許多句式很奇特，是語文課本上根本沒有的。如「風飄絮兮浪淘沙」，這個句子我至今仍莫名其妙。再如「黃河尚有澄清時，風暴沒有寧靜日」，也莫名其妙，似乎應反過來說才對：黃河難有澄清時，風暴卻有寧靜日。這些迷迷惑惑的語句非常吸引人。我至今記得傳單上諷刺對立派的一個句式，「其歌聲也動聽，其步履也矯健，其嗓門也高吭，其精神也抖擻，問他臉皮有多厚，恰似萬里長城無盡頭」，真是有趣極了。文革語言的異變一直影響了整個中國話語。——這使我無意間保留了不少傳單小報，並使我至今可以品味和分析即將到來的大規模武鬥的基本態勢。兩派傳播最多的武鬥有理的報導，是江青在接見河南省造反派時講了那段話，概括起來就是四個字「文攻武衛」，敵人拿起刀了，你不拿刀要吃虧。所有關於文革的種種史料，均提到了江青鼓動武鬥這碼子事，說她是罪魁禍首。儘管過於簡單化，卻很符合我們的記憶。那時節，中央文革小組的隻言片語，下面都將充分利用。

我手上一張傳單，登載了哈爾濱軍事工程學院危工俊、羅傳德和北航附中魚吉勝、北京四七中高林波合寫的一篇署名文章，題為《文鬥與武鬥》，文章正面批駁「要文鬥，不要武鬥」的觀點，儘管這句話曾是偉大領袖毛主席的「最高指示」，他們卻也敢批。文章說：我們認為，「用文鬥，準備武鬥」才是正確的，而且是當前一切革命同志千萬不可忘記的必須有的思想。無產階級正是用槍桿子，靠武鬥才打下了今天的社會主義江山。今天同樣需要武鬥，靠槍桿子來保衛紅色政權。毛主席說，槍桿子裡面出政權，是放之四海而皆準的真理。毛主席還說「要武嘛！」所以，無論是過去還是將來，主不主張「要武鬥」是一個立場問題。在階級敵人反撲時，只能依靠武鬥和暴力鎮壓。文章最後說，打天下靠武裝，保天下靠鋼槍。沒有無產階級的武鬥，就不可能有無產階級的文鬥。

另一篇文章，促使你更加熱愛語文學習：「這是一場肉搏戰，一場白刃戰，印要爭，權要奪，我們要和一切剝削階級殘餘勢力殺個上下高低，拼個你死我活……雨花臺，革命志士血成河；歌樂山，先烈屍骨白如雪；鐵索橋，工農紅軍留血跡；大雪山，紅旗飄飄戰馬喧。八年多抗日烽火，幾十年浴血奮戰，為有犧牲多壯志，敢教日月換新天，中華兒女多奇志，不愛紅裝愛武裝，吃飽了飯幹什麼？就是幹革命！」

毛澤東一九六六年十二月下旬給姚文元改稿子時，曾經寫過這樣一段話，客觀上揭示了文革中人與人之間嚴重對立直至武鬥的不可避免性，他寫道：「文化大革命是觸及人們靈魂的大革命。它觸動到人們根本的政治立場，觸動到人們世界觀的最深處，觸動到每個人走過的道路和將要走的道路，觸動到整個中國革命的歷史。這是人類從未經歷過的最偉大的革命變革，它將鍛鍊出整整一代堅強的共產主義者。」

把人觸動到這個份兒上，那麼，文化大革命徑直走向武化大革命，也就再必然不過。一切積極參預文革派戰的人們，大夥兒誰也沒有想到：當我們一隻腳踏向無比熱烈的革命鬥爭生活時，另一隻腳，卻已經踏入了陰冷幽暗的地獄之門。

許多年後，在我的採訪中，時常可以聽到當年健兒「非常後怕」或者「僥倖留了一條命」的感歎，文革武鬥的倖存者們在回憶往事時，最常說的一句話就是：「那一次，我差點兒就死球了！」事到如今，沒有什麼人為當時那場貌似莊嚴神聖的戰鬥而驕傲而自豪。

許多革命戰友犧牲了。犧牲者的屍骨，早已化做泥塵。

那時候的山西包括晉東南，尚沒有全面推行火化埋葬辦法，因而在我青少年時代記憶中，送葬出殯情景時時常見；而文革期間，生命屢遭毀滅，加上派性，送葬時往往伴隨兩個極端：或冷清慘澹淒涼萬分，或轟轟烈烈，遊行示威，派戰隊伍中總是打著驚人標語，墨汁、鮮血飛濺其上，又常見嚴霜烈日之下，有完全裸露著的屍體被生者肩抬車拉，大鳴不平。彼時傳單飛舞，哀嚎貫城，紙錢遍地，使送葬氣氛愈顯悲烈，情狀至為恐怖；而更多亡靈，並沒有某派群眾公開支持。他們屈死以後，常在暗夜裡被人草草埋葬，誰也不再問津。

白天觀看兩派衝突戰鬥，夜間，躺在自家或別人家床上，在沉悶中辨聽遠遠近近的槍炮聲。有時稀疏，有時激烈。開頭一段時間，還有興趣，次日打聽是哪裡發生了戰鬥，是誰家打了誰家，好去戰地遊逛遊逛，揀些少年人感興趣的國難小財，如銅彈殼，如炮彈尾，如沒有炸響的手榴彈，如一盤舊唱片，一卷電影膠片，一枝鋼筆，甚至還揀到過一冊失了封皮的愛情歌曲集，一部外國小說叫《城堡》，當然，不是後來卡夫卡所著的《城堡》，反正裡頭也有關於情愛的描寫，用筆專門勾畫出來，以便去跟大些的兄長換點兒吃喝。到後來，戰事日益頻繁，常常看見街頭抬屍遊行，心中時而麻木，時而顫慄不已，那無聊之中更加入了恐懼的血色。

一九六七年夏季以來，整個晉東南十七個縣市，兩大派的肉體衝突愈演愈烈。七月二十一日發生在長治醫專的「七‧二一血洗醫專文革」事件，是比較突出的，震動了整個晉東南。我和我的小弟兄們曾到現場參觀。樓上樓下，四處濺滿了血漿與墨汁。傷患們揮舞著斑駁血衣，在嘶啞地控訴中。

長治城裡城外，雙方武裝除了時常進行的攻堅戰、夜襲戰、伏擊戰、包括類似於麻雀戰的騷擾戰鬥外，另一種突出的鬥爭方式，就是無情地抓捕對方首腦和骨幹人員，從肉體上殘害乃至消滅對手，打擊對方有生力量，製造恐怖氣氛。

把棺材抬上卡車

突然，地區幹部們的學習班停辦了。我罕見的父親惶惶然回到了家中。他回來後第一件事，便是替人收屍。在地委機關和家屬大院之間奔走喪事。怪異處還有，他脫卻那件很破很破的幹部服，從箱中翻出了一件早年在察哈爾軍區時的淺黃色軍官上衣，默默地穿了起來，並且把銅質領鉤繫好，借此表明他曾經有過的軍隊身分。幹部們自有其政壇風雲穿著時尚，如今改穿西裝了。我當時並不明白父親的真切含意，那是軍人政治在成年人身上的演變。穿上這身舊軍裝，不過是自我意識裡的保護色，好像在說，咱與掌了權的聯字號的審美觀念並不隔膜呀。

現在收屍。我父親穿著帶有人字布紋的淺黃色軍裝，忙裡忙外。我居然發現他的嘴角還掛著一絲殘酷冷笑。——這是一樁在他來說萬分僥倖的事件。

死者名叫董振義，是父親在地委學習班的患難學員，也是地委宣傳部的中層幹部。文革前省委和地委處級幹部，都比較牛氣，他們並不希望並不羨慕在各縣市擔當縣委書記或縣長，而是情願留在城市的機關裡。那時與今日相反，拼死力氣的人，運氣不好的人，才下到縣市去擔當縣委書記或縣長。只因下去的幹部，第一全家戶口要下去；第二要相應減少全家的口糧以及細糧的比例；第三要完成幹部參加農村勞動的工作日，這意味著一年四季都要幹活，彷彿你早年革命一場，換來的不是全家安定，而是繼續在第一線苦勞。這與今天的情景完全不同：老地委和行署的處長們總是異口同聲地安慰那種黑瘦型縣委書記：回來了？可是辛苦啦！快到澡堂洗洗去吧。

死者董振義身矮微胖，也是地委機關一位中層幹部。

董振義叔叔死前，總是老老實實住「牛棚」。

我曾經去過水車溝學習班，是我媽囑咐我把些衣物給我爸送去。步行半小時，在長治市東郊某處，一個巨大房間，中門分左右兩扇打開，但見正面一溜浩瀚通鋪，可睡三十人以上。我父親和董振義等叔叔伯伯們整齊地盤腿端坐鋪上，正在學習毛澤東關於蔣軍弟兄向何處去或者「兩報一刊」社論或者是馬恩《費爾巴哈與德國古典哲學的終結》之類。我同學李小旦他爸被重用了一下，竟然獨自站立通鋪下，以嚴肅的姿態正色監督領學。我悄然而入時候，我爸從鋪上欲起未起，眼中透著短暫的欣喜與更多的無奈。我一眼便看到了他的位置，說了「給你衣服」之類簡短幾個字，小旦他爸和我爸以及董振義等面容熟悉的「走資派」統統靜默無語。我似乎聽到我爸對小旦他爸巴結的話：「這孩子跟小旦可好哩！」我在全體靜默中轉身退了出來。

他們穿衣極破爛，面色蒼黃極憔悴，使我深感擔心：我爸是不是快不行了？

我獨自步行返回地委時，街頭盡是揪鬥更大幹部的場面，轉而使我感到了自家的「幸運」。

就是這位身材矮胖的董振義叔叔，現在被人活活打死了。

我父親後來不止一次回顧這件可怕的事，他說：

當時，地革委還是癱瘓狀態，程首創住了海軍了，想回大樓辦公，還要海軍和紅字號武裝保衛。軍分區根本不吃劉格平那一套。劉格平批評程首創要克服軟弱，召開大會，還是英雄台，萬人吶！人家讓我們地委中層幹部出一個代表，到英雄台公開講話表態，表示劉格平正確對待了幹部，要支持程首創和紅字號當權。開始讓那個誰誰去，人家說病得厲害，快死了去不了，又說讓我去，我堅持不去，好傢伙，拖著我上車去英雄台表態啊，幹這個哪敢去？我說我腰壞了，實在講不了，真不敢去講啊！我估計了，誰公開講話舉旗，對立派就會要誰的命，因為矛盾尖銳並沒有解決嘛。人家拉啊拖啊，非拖著我去英雄台表態不可，我堅持不去，把我衣服上的扣子都拖光了，還說我有點兒代表性！最後，也不知道怎麼，選中了董振義，老董被人家連勸帶架，就去了英雄台。他這廂一走，我們待在水車溝都害了怕，怕他好去難回呢。結果，當天老董在英雄台講話了，代表地直中層幹部，支持程首創主持地革委執政。晚飯時候等老董，左等不回來，右等也不回來，我們大夥兒在通鋪上躺著，黑著燈，也不敢大聲交流，等到後半夜，老董還是沒回來，我心想，肯定出事了。

父親回憶此事，至今帶有文革中長治城鄉那種恐怖神情。那一天，董振義叔叔到英雄台去，在臺上講了一段話，紅字號萬眾報以熱烈掌聲。講完下臺，無人護送，董叔叔也就消失不見了。

幾天後，人們在長治市東門外野地裡，發現了一個死屍麻袋——董振義被對立派活活打死後，拋屍荒野：地委專署的中層幹部們，你們還要支持程首創嗎？你們還敢充當紅字號嗎？

當時，我老爸稍有不慎，這死屍麻袋裡，裝的就是他。

劉格平一走，戰火重燃，我父親一干「牛鬼蛇神」，返回家來，為董振義等人收屍送葬。

打發停當董振義叔叔之後，我父親一班人，又開始為龐志忠伯伯送葬。

龐志忠伯伯也是地委宣傳部一位處級幹部。文革之初，他和地委宣傳部長楊俊峰一起，批鬥連連，身心俱殘，一朝大病不起，日夜心神不寧。早不該晚不該，龐伯伯偏偏嚥氣在兩派戰火重燃的關鍵時刻。

送葬龐志忠伯伯，情況更為繁複。

造反派只顧打派仗，肯定不管；程首創有名無實，也顧不上管；屍體直板板躺在家中。

龐志忠伯伯和我家住在同一所四合院，我家居東頭，他家住西邊。西邊傳來哭聲，東邊日夜相聞。

我父親一班老地委幹部，那一班歷經多次批鬥業已半死不活的中小型當權派，那一班不敢挺身攬水且自家難保的同僚們，默默地走到了一起。他們試探性地向對方說：老龐的事，這可咋辦啊？唉，老龐沒有參加紅字號也沒有參加聯字號嘛！

他們那點人性良知，通常叫做人的良心，尚且殘存著。

火葬，當年的長治沒有條件。

龐志忠老伯的歸宿，只能是他那故鄉：晉城縣北部大陽鎮。而一路上，必要途經長治縣、長子縣、高平縣、晉城縣等多處兩派武裝關卡，人心惶惶，往返二百多公里，能走得成嗎？

記憶中，這班地委幹部商議了半宿。

我父親和另外四位幹部，身單體弱，奮力把棺材抬上一台破舊卡車，冒險駛出長治，向南而去。

這一路上，他們看到的情景是：關卡林立，武裝封鎖；逃難百姓，扶老攜幼；冷槍陣陣，路有斃屍。

兩派作戰日甚一日，長治城裡市民們，凡有逃奔鄉間可能性者，無不棄舍而逃，暫避刀槍。到鄉下去，到老家去，到外地去，投親靠友去。火車汽車均已危險，倍遭襲擊，所以，駕平車的，推自行車的，步行的，歎我芸芸眾生，淒涼滿路。

這輛破舊卡車，也是地委車隊師傅們，動了感情受了感染，下定了決心，才冒險開出來的。

出長治界不遠，向南，剛到長治縣南呈地面，關卡鳴槍截車，上來一批武裝分子，棺材蓋子當場被撬開，檢查訊問不停，不管哪路神仙，反正要問：什麼人？什麼派？什麼觀點？時聞常常有客過路，問觀點，過客先是瞎猜，猜對方是哪派的，便答成咱是哪派的，猜對了，僥倖開路，猜錯了，肯定倒楣，非打即罵，搜身掠貨。此刻，我父親等人應對說，「我們過去是地委幹部，現在是走資派，送病號屍體，我們不敢有觀點」。

武裝戰士厲聲喝問：「放你媽的狗屁，沒有觀點？幹革命沒有觀點你還活屌甚哩！」

我老爸回憶，最穩妥的回答是繼續：哪一派都不稀罕我們，我們都不在革命組織，所以不敢有觀點。

走資派不算革命人，哪派都不要，所以也說得過去。

為什麼要開棺驗屍？是因為兩派頻頻得報，對方多用棺材車或糞肥車或油罐車或煤炭車或垃圾車或軍用車，千方百計，往來運送槍支彈藥，所以要開棺驗看。

這一關總算過去。

車過長子縣，進入高平界，尤是風險地段。眾幹部們再不願意停車查驗，待天黑時如果到不了大陽鎮，那就更加危險難測了。這五名地委幹部，正值中年，他們年輕時候，也很不含糊，誰都經歷過戰爭歲月，所以，當高平關卡示警，公路兩側響起槍聲，子彈嗖嗖從身邊掠過時，他們反而很鎮定，指揮司機萬萬不可停留，衝過去，堅決衝過去！

卡車和棺材一起顛簸，活人與逝者共同前進，眾幹部匍匐在車廂裡。司機加大油門，冒險衝過了高平關卡。槍彈落在身後。眾幹部議論說，有幾槍還是鬼子「三八大蓋」，另有幾槍，聲音不熟，說不清是七九步槍還是什麼槍。

卡車抵達晉城大陽。這是一座古鎮，以優質生鐵和全國馳名的鋼針著稱，鎮內有寶塔名勝。我爸等人卸下棺材，告別鄉親，並不敢久留，只讓司機夾帶了些窩頭乾糧，耐著饑渴，急急掉頭返回。長治家裡頭，老婆孩子，安危難卜，多少事情等著他們吶。

越怕出麻煩，麻煩偏要來。當卡車返程到晉城巴公鎮附近時，一個岔路口，眾幹部再次被武裝攔截下來。大木頭樁橫在路中央，他們實在跑不脫了。

一陣厲聲質問，一陣含糊回答。

棺材卻已經不在車上，武裝人員不相信他們的任何解釋。幹部們反倒懷念起老龐伯的棺材來，那畢竟算個實證呢。

眾幹部被喝令下車，照例拴連成串，小綠豆繩子捆了。卡車被人家開上，一路押解到晉城縣城大據點內。那烏黑槍口始終對準了他們花白頭顱。什麼觀點什麼號，誰也不敢亂編，編對了還好，編不對頭，必倒大黴。幹部們以沉穩持重態度，拯救自己於一時。

當晚，在崗哨林立大院深處，土牢地上一把草，我父親他們倒地而臥。腹中饑渴，幸生命尚存。老爸枕著一塊半頭磚躺下，低聲玩笑：夥計們，我先打倒啦！

後半夜徹寒，他們又悄悄聚攏開小會，低聲分析商議，看看能不能判斷出這支武裝人馬之歸屬。

天快亮時，終於得出結論：從各種跡象分辨，這夥人應屬於聯字號晉城「地二八」人馬。這分辨這結論是無比重要的！分辨錯了，滿盤全輸，輕則長期關押回不了長治，重則丟掉性命。至於挨打，更是無可躲避。

晉城縣在奪權後，原老幹部賈茂亭、常三毛、李德全，是聯字號一派推舉的新領導。李德全從老地委下來晉城時間不長，我父親這幾位「俘虜」與他是熟識的。於是，他們做出分析決斷，冒險給李德全寫下條子，說明身處困境需要營救，並在清晨喊「報告」，要求哨兵轉信李處。——這判斷要是錯了，一切全完了。

哨兵喝斥他們：「幹什麼！」他們並不敢貿然行事，而是用言語再探虛實，觀察人家是何反應，根據反應，證實判斷，這才敢把字條遞上。結果是：提到李德全名字時，那看守反應溫和，並未罵街，俘虜們硬朗起來：「去，叫老李來一趟！」哨兵一怔，接了條子，不敢怠慢，轉送出去了。

半日後，有人前來二度審問他們，態度和緩。來人向我父親他們解釋道：李德全主任說委屈你們了，這幾天有長治情報告知，老賊程首創近日派遣幾名地委親信幹部，來晉城串連活動，其中一個叫申金有，一個叫張天才，與諸位當中的兩位姓名相似，所以誤會了，實在對不起，趕緊開車趕路吧，高平紅字號路卡很厲害，可要小心云云。

驗明正身，開鎖放人。

同行者中，確有一位名叫申雙魚的叔叔，而不是申金有。同系地委幹部，同姓申，便出了麻煩。文革前，這位申雙魚叔叔和我父親同在地委宣傳部，加上韓文洲老伯，他們是招呼作家趙樹理最多的人。這時，悉數拋卻了紙筆，苦浸於戰地了。

我父親等人倉皇而歸。總算有驚無險，四肢完好。雖說蹲了一夜土監獄，反正他們長期蹲「牛棚」，對此類事，也能消受得了。申雙魚叔叔到了晚年，還寫了《鐵筆聖手趙樹理》一書。

全城大逃亡

我們這夥少年人失學一年多，現在甭提學校復課，連老師們也逃光了；銀行裡兩派公開鬥法，金融系統就運轉不起來，晉東南全區所有的工廠都不冒煙；地處長治東街的自來水廠被聯字號炸了以後，全城斷水，人渴極，只好推開多年塵封石井蓋兒，求助於清末民初乃至更古老的水井；長治電廠革委會主任讓紅字號給打死了，那裡不僅不能發電，還變成了一座武鬥據點，人們不得不重新啟用了古舊的油燈盞，馬燈或蠟燭成為高級照明物，要省著用。政府報紙早已停止印刷，聯字號報紙《太行紅衛兵》和紅字號報紙《萬山紅遍》也都斷了文件；廣播電臺被聯字號武裝佔據，家裡收音機既無電又無波，連噪音都發不出來；郵電局則被紅字號統領，郵路斷絕，各種國防戰備報話通訊器材成為紅字號指揮部系列用品；晉東南交通運輸樞紐——長治汽車運輸公司，先是被聯字號佔領，後被紅字號反攻奪回，通往山外的長途客運和貨運全盤停頓；火車雖是聯字號專利，但鐵路卻多次被紅字號炸斷，造成客車掉道脫軌；老地委那座蘇式五層大樓，當然沒有幹部辦公，海軍和紅字號以保衛革命委員會名義佔領大樓後，同時佔領對面地區賓館和西北面招待所，把這一區域變成了紅字號一座戰區指揮所，並且與附近地區建築公司連成一片，挖通了作戰地道。

全城時時戒嚴，實行宵禁。

我看到街上出現亂槍射斃的無名屍體，與一輛破舊自行車一起，橫躺在馬路正中間。無人來收，數日後又和馬路凍成了一體冰丘。白雪覆蓋了他，化開了再覆蓋。實際地點：長治南街東華門大馬路正中央。

上黨古城，成為地地道道的「一片孤城萬仞山」了。

一座不再呼吸的龐大死城，到晚間黑洞洞，陰森森。槍炮聲此起彼伏。

糧食成為極大問題，生存突現險惡危機。

白天太陽升起時候，滯留未決的市民們抓緊出門來，東紮一堆西聚一夥，一邊打探種種消息，一邊遍尋蠟燭煤油，屯集糧草。有啥算啥吧。善良無助的人們，特別是那些既膽小又堅韌的婦女們，要通過快速分析種種資訊，來決策自家人近日動作走向，是留還是逃？

這場大革命，鬧了不足兩年時光，就把一個工業化的發展中城市，大踏步地拉回了遠古時代。人們淘井取水，鑽木取火，以牛馬或步履為交通，以口耳或雞毛為傳訊，以家舍為社會單元，以物易物來交換，生命安全成為第一需求。大革命首先革毀了民族文明進程。

善良無助的母親們，最不願意聽到的消息是：昨晚某街某戶，從屋頂竄進來一發炮彈，全家六口人正在睡覺，全都炸死，一個不留。

千家萬戶把玻璃窗戶用紙條糊成米字型，防止炮彈震碎玻璃傷及老小。接下來夜夜槍炮不斷，紙條糊玻璃已無意義，人們便四出尋找磚頭，把窗戶嚴嚴實實壘起來，苟活在黑乎乎的家中，此情此景隨處可見。晚上睡覺時，人們從床板上頭轉移到床板下頭，萬一房子炸塌了，也許床板還能抵擋磚石。

我家亦如是。我父親從水車溝學習班活著回來，拆了煤池，用磚頭壘窗戶。他還特地在壘死的窗戶上留了兩塊活磚，以便於在室內踩著凳子，隨時把活磚抽出來，伸直脖子瞭望院內動態。每次觀察完畢，他都會慎重地把活磚堵好，然後坐在牆下，背朝槍炮世界，輕聲和我媽媽分析一番局勢。最後叮囑我：從明天起，你小子無論如何不敢再出去玩了，他們只會越打越厲害，很可能白天都會打！

我父親何以做出如此悲觀的分析？——緊張局勢已經非常明白，只是我等少年人不知危險罷了。紅字號、聯字號的矛盾結成了解不開的死疙瘩，進入一九六八年春，雙方只能求助戰爭解決問題，軍事衝突日益升級是必然的。

這時的兩派組織，抓緊備戰，深挖洞，廣積糧，高築牆，緊握槍。……白天一大早，兩派高音喇叭就開始歇斯底里的攻擊對罵，噪音不絕。一到下午四時，雙方又開始聲嘶力竭地、一遍遍地吼叫「戒嚴令」。市面上，這裡商店被搶，那裡房屋倒塌，垃圾遍地。各主要街道路口，或者佈滿了拉上弦的炸彈、手榴彈、地雷，或者乾脆堵上幾輛翻倒的破舊卡車、拖拉機。進入夜晚，漆黑一團，許多百姓都睡在床鋪底下，憋悶潮濕，黑燈瞎火。但聽槍炮聲，不聞人歡笑，惶恐不安，久久不能入夢。到第二天，不斷有人員傷亡的消息傳開。一首當時的民謠說，「有街門的關街門，沒街門的插圪針，有妻兒的顧妻兒，沒妻兒的顧個人」！人們恐慌不安，過著吃了上頓愁下頓、今日生不知明日死的悲慘日子。

我們這所四方院子，有軍分區三四家中級軍官共同居住。這時，院內所住分區政治部郭華民家和任副參謀長家，都已經搬入分區大院裡躲避，軍分區最重要的一名老駕駛員何師傅，也把全家送回了襄垣縣，何師傅單身一人，日日夜夜奔馳在聯字號抗敵第一線；院內還有防空辦韓主任，有高平縣主要領導，有晉東南報社主編、有行署水利局局長等等，都是晉東南本地幹部，他們全家都遷回了故鄉村落——偏僻的太行山區某縣某鄉。人們壘窗戶、釘門子，把生命鮮活的母雞鎖在屋內，把糧食撒亂在地上，以便讓雞們慢慢啄食。

全院裡只剩了我們一家人。交通斷絕，晉冀遙遙，回不去了。咱家成分高，我父親擔心回到河北省衡水專區安平縣張舍村以後，日子也好不到哪裡去。因此我爸我媽並沒有表現出急於逃奔的動作。

他們難啊，怕啊！他們舉棋不定，一不留神已過一九六八年元旦，現在想走也走不成了。

又是一場大雪。早晨我出來看時，竟無人打掃各家門前路徑。大院裡毫無生命訊息。我懷抱一本從殘敗的圖書館撿來的《水滸傳》，站在院中，好像佇立在蒼茫雪原上，都市院落裡，果然白茫茫大地真乾淨啊。

晉東南前輩作家申雙魚先生，也就是和我父親一道送葬龐志忠伯伯的幹部，他在文革回憶錄中寫道：

> 進入一九六八年元月，「長治形勢更嚴峻了。武鬥更加激烈，天天聽到槍炮聲。

東街一個賣豆腐的被炸死街頭，文工團一位朋友在街上突然被炸傷了腿，都沒人管。市內停水停電，銀行關了門，糧站關了門。我們再也領不到工資和口糧了。在這裡怎麼生活？地委機關的人紛紛到農村去逃難。

「我們也決定回老家逃難。先捎口信把妹夫叫來，讓他用一輛平車把緊要東西拉走，把小孩子帶走。我們在家裡壘門窗、藏東西。我帶長子學勤用平車到體育場拉磚塊，當我們拉著磚塊走到西招待所時，突然西招東牆外「轟隆」一聲巨響，把我們驚呆了，孩子被嚇得趴在地上。等我們醒來時，看到西招待所騰起了一團煙霧，圍牆被聯字號炸塌了。僥倖沒有傷到我們過路人，他們大白天就打了起來。

「急急忙忙回家後，我們用磚塊把窗戶壘死，把衣物藏到炕洞下。如同抗戰時期堅壁清野一樣，儘量把東西藏起來，防備我們逃難走後，別人搜搶東西。

「昨晚，炮彈又在頭頂上飛了一夜，到處是劇烈的槍彈聲，不知哪裡發生了戰鬥。劉格平從長治走後，晉東南的問題並沒有解決，兩派矛盾更加尖銳，各種消息讓人驚心動魄。長治還要大打下去，我們不能坐以待斃了。下午，我同愛人急惶惶騎著自行車，奔逃回了潞城縣最東邊、與平順縣大山搭界的偏僻山莊——潞城縣黃池鄉南村大隊。」

此為地委幹部逃難一例，非常普通的一例。

我的同學何明、何星他家，逃難十分艱辛。他老爸何元堂，文革前是地委一位部長，奪權後與一批「老走資派」被關押在長治看守所內，還得了闌尾炎。武鬥形勢緊張起來，看守所也顧不上這批「犯人」了，沒吃沒喝沒電沒水更沒有醫療條件，監獄只有負擔風險。此刻，誰家逃難來要人，就給你家開監放人，免得死在裡頭麻煩。這一天，何家使了一輛手推平車，到看守所把當家人接出來，一家老小直接啟程上路。他們要步行走回遙遠的沁水縣鄉村老家去——那裡也是作家趙樹理的故鄉，可惜趙樹理沒能躲過災難，最終慘死在省城太原……。何家頭一天出了長治南關，只走到長治縣上秦村，胡亂吃了乾糧，在農家寄宿一晚，次日繼續推車趕路。何星對我回憶說：「我爸躺在平車上，一直處於半昏迷狀態，咱家又是走資派，一路上最害怕的，就是晚上沒人敢收留咱。天黑時好不容易叫開一戶農家，都要跟人家說一堆央求好話。」何星老媽平時脾氣急躁剛強，這時候也只好哀聲下氣。全家人一路奔逃，整整走了五天。一所鄉村醫院救了他爸一條命。

我的老同學韓征天一家，也是推著平車，歷時三日，把重病中的老父親——作家韓文洲先生，一路推回陵川縣的。

原山西省高級法院院長李玉臻先生，也偏在此時碾轉回鄉探親。他當時還是北京政法大學的學生。好不容易到達長治後，兩派鏖戰正酣，他無法搭車前往武鄉縣老家。長治又萬萬不可停留，於是，他邁動兩條腿，向北，向二百多裡以外的故鄉走去。大道不安全，便向小路行，山重水複，關卡林立，他擔驚受怕地走了兩天半，到家後睡了三天。一路上兩派哨卡，已經很給北京學生面子了。他後來告訴我：走啊走啊，心事茫茫。餓了啃乾糧，渴了喝山泉，心中總有一個怎麼也想不通的問題，這文化大革命，到底要幹什麼？父老鄉親們喜歡這場運動嗎？

一個廣為人知的逃難故事是：一家老小五口人，逃出長治東關後，一路向壺關縣步行而去。走出長治十幾裡地，淮海廠的遠程大炮正在攻擊那裡的聯字號東郊據點。這家人慌亂中蹲在路溝裡，抱作一團。不幸的是，偏有一發炮彈打到了這家人中間，爆炸後，血肉橫飛，全家當場死盡，無一倖免。為什麼說文革死難者無法統計？這便是一例。沒有正式立案者，統計不成。

前頭說過，長治有不少從北京、天津遷來的工廠，這些廠子，職工家屬合一塊，足有好幾萬人。他們當中，除少數戰鬥骨幹武裝據守工廠參加晉東南派戰外，其餘全部逃出長治。老的老小的小，這幾萬人的大逃亡更加艱難。我的那位老友李曉翔，操著天津口音講述說：「我們全公司的人往哪裡跑？只能往天津跑啊。當時長治斷了通往天津的任何班車和火車。你媽媽的，大夥嘛辦法都沒有，劉格平來一遭，嘛問題沒解決，我還挨了咱爸倆大嘴巴子！糧機廠打炮彈吶，打進我們省建辦公樓了，當場炸死一個。幾千號職工家屬，怎麼跑呢，要麼你全家抓緊擠火車到河南去，從新鄉想辦法轉天津，你們家擠不上火車吧，好，那你就得往東，設法下太行山，先到河北邯鄲，再搭車走。嘛？怎麼下太行山？千奇百怪，嘛招兒都使了，結伴步行的，蹬自行車的，搭順車的，反正人急了，全家得保命不是？只要能走了就行。說廠裡派卡車送，害怕半道兒讓另一派劫了，那損失就大了。真要派車送，肯定拉的是頭頭們家屬，再不送真走不了啦。我們家就是這麼走的，我爸不是公司紅字號黑高參嘛！咱小屁孩兒一個，一說上天津還挺高興。沒想到，這一家子一家子的，回了天津可不好活，那個年代親戚家也難啊，怎麼住？怎麼吃？哪來那麼多全國糧票？開始親戚還熱情，後來都發愁了。家家戶戶遇到難題。到最後沒辦法了，大人們又紛紛帶上全家，離開天津，鬧哄哄去了太原。為嘛上太原？咱省建上級總部在太原，我們分公司的人回不了長治，你們總部管不管？這麼著，好傢伙，我們這批難民在太原占了一所中學，那時學校不開學嘛，成百上千的難民就困在中學裡，點了火起了灶啦！住了多長時間？唉呀，總有小一年兒吧，聽說長治不打仗了，這才拖家帶口回來。要說這檔子事兒，真你媽媽慘點兒！」

見證一場血戰

在全城封閉之前，我父親從晉城送葬回來，最著急恐慌的大事便是買糧。戰局日緊，長興街糧店突然貼出告示，大意是：本店最後一天售糧，明日起關門避難。我父親報著冒險一試的心理，在這天前晌，騎自行車帶著我妹趙珍，去糧店搶購糧食。當時我並不知道這條重要消息，仍在外頭紮堆兒遊蕩，過著原始共產主義生活。因而我爸沒有找見我。父女二人急急奔赴糧店。結果，糧店人相告，品種不全，只剩下白麵了。我父親央告說，白麵好啊，我們能否把後邊幾個月的白麵比例全買了？人家說，再往後你們全家光吃粗糧？不過日子啦？我父親苦笑道，這仗眼看要大打，又不通車，我們河北人回不去了，一旦斷糧全家餓死，還是過不成日子嘛。就這只標準口袋，儘量給裝滿吧！——或是遇上了一個好人，或是一切亂套，或是人家急於收攤兒，反正糧店師傅取過我家糧食供應本，一路紅筆對勾，把後幾個月的白麵都賣給了我爹。差不多五十斤吧。老爸千恩萬謝領上我妹，推上那袋子白麵疾走。今後數月，全家人全靠它了。

說時遲那時快，父女二人剛出糧店上了演武巷，幾分鐘不過，在返回天主堂必經之路上，槍炮爆烈，紅字號與聯字號的一場戰鬥打響了。我爸身後，糧店那廂，劈哩啪啦一片關門上板子聲。我家成為這條街上即整個地委行署人家，在最後一天、買到供應糧的最後一戶。儘管品種單一。

就是從這天起，這一大片晉東南黨政軍駐區，再也沒了閒人，全面成為戰場。困住了少數人家，死活逃不出去了。

這時候，我爸按照軍事動作要領，匍匐在馬路上，以那袋白麵為掩體，正在緊張地觀測前方戰況。一個勁兒衝著我妹喊「臥倒」，自行車摔在一旁。

順著馬路，雙方用機槍毫無顧忌地噴泄著子彈。從地委大樓橫過馬路的三名海軍，被擊斃一人，擊傷二人。紅字號又殺出第二支突擊隊，從西招待所衝出來，一個扇面散開，沿馬路兩側向東攻擊前進。

槍聲大作。這條大約五〇〇米的直筒子馬路上，隨處可見臥倒在地的過路人。子彈在距離地面一米高處，嗖嗖地往來掃過。兩廂圍牆被打得磚石迸裂，劈啪作響。果然如我爸日前所說：你再不敢出去玩了，他們白天都會打起來。——這才是個大前晌，光天化日之下，他們根本不管街頭有多少生命，果真開打了。

這條街西頭丁字路口與長治南大街相連，由西向東排列單位如下：越過糧店，是紅字號重要堡壘地區建築公司，兩廂築有街壘工事，磚砌碉堡達三層樓高，四處槍眼。介紹這一點對後邊很重要。我父親推糧向東，剛剛過了此處，戰鬥打響，正到達了行署家屬院門口，俗稱局長家屬院，相對是地區電影公司。父女倆就臥倒在大院門口馬路旁。再往東幾十步，是地區禮堂廣場。左手即紅字號指揮部西招待所，又呈十字路口，向南頂住頭就是聯字號軸心軍分區。過十字路口繼續向東，右手地委五層大樓，左手地委老賓館，東部頂端是我的母校友誼小學，地委東家屬院，向右可通往天主堂大院、軍分區大院後門和我家住院等處。這一區域往日由荷蘭主教經營，風景甚佳如西洋油畫，有巨樹參天，群鳥飛動，有教堂鐘樓高聳。

激戰腹心正是此地。

文革中的事情真是千奇百怪。我父親平時批我不管家，到處竄，乃至最後一天買糧找不到幫手，只好叫上我妹前往。買糧出來雙方戰鬥打響，行人大亂，父女倆緊急臥倒在地。馬路上被機槍打起成片瀝青來。待我父親再次抬頭觀測時，忽然發現他身邊不僅有我妹，而且竟然還有我！槍彈如雨，我在此時此刻忽然近距離臥倒在他們身旁，真是神奇怪異之至。

情況是這樣：當時我們一夥人正在禮堂附近玩耍，由劉四平、張玉河等老兄向我教唱俄羅斯情歌《紅莓花兒開》。我說那還用教，聽都聽會啦。教人唱，不過是為了自己美。我們議論近日誰家誰家逃難走了，咱人馬越來越少了，想打群架也打不成了，邊議論，邊觀看西招紅字號武裝人員乘車進進出出。教我唱歌的大哥們多是太行中學老紅衛兵，愛穿黃軍裝，現因父母問題失去了對文革的興趣，正消極對待運動。有一二九師老八路之子劉四平，出生在東北四平市；沁水縣委首腦之子孔生長；教育局長之子張玉河以及行署幹部之子「老秦」，加上我一個小學生。突然，西招待所殺出兩個排的紅字號戰士，端著槍向東射擊進攻，情況突變，我們五人大驚並立即向行署局長家屬院奔逃，剛跑到院門口，槍聲熾烈，我猛然間看見我爸領著我妹到達此處，隨著我爸對我妹大喊「臥倒」，我正好應聲臥倒在了他倆身旁，就這麼巧。

至為恐怖的是：劉四平、張玉河、孔生長、老秦等四位老兄，發現我與老爸會合，便不再管我，疾奔越過我們三人，徑直跑進了局長家屬院，停留在第一排喘息。他們認為院內無戰事，相對安全，沒料到，紅字號正從地區建築公司那高高的碉堡上，策應前方戰鬥，忽而把這四位老兄的跑動盡收眼底，可能是黃軍衣惹的禍吧，當他們站成一堆，喘息議論當口，炮樓上的機槍衝鋒槍對準他們掃射，很可能把這幾位小夥子當成聯字號突襲小組了。

可憐我這幾位兄長——其實仍是孩子吧，並不知道碉堡上射來的子彈，眨眼間紛紛倒在了血泊中。四個人同時被擊中三人，可見那子彈密集程度之高，發射之準，我若在其內，必被射殺無疑！

劉四平老兄面朝炮樓，子彈從小肚子一側打進，從屁股上穿出，孔生長老兄側站，被打斷了胳膊，老秦則被擊中小臂。歎意志消沉的老紅衛兵遭遇莫名掃射，那無辜鮮血，當場流淌了一大片，浸染了「田野小河邊上紅莓花兒開」。我那一刻正臥倒在家屬院門外馬路上，臉朝東，不知為何身後一片槍聲？緊接著就是院內兄長們中彈後的淒厲慘叫聲。我大吃一驚，正想回頭相看時，我爹一把將我的頭按在面布袋上：「不許動！聽我口令，準備衝出去，這裡馬上就要挨炸彈。」

幾位老紅衛兵倒在血泊中，血流不止，再流一會兒，至少劉四平就會死亡。萬分危急，幾位負傷老兄哭喊無助。大多數人家已經逃走，院內少有人氣。正在這時，又是一名無畏母親出現了——這位中年婦女本來在家中躲槍彈，忽然，透過磚壘窗隙，聽到了院內孩子們中彈後的嘶喊，一顆母親的心抖動著，大膽出門觀看。她看到血泊中垂死的青少年傷患，母親不再恐懼，她迎著滿天飛舞的槍林彈雨，毅然向專建紅字號據點奔去。她是無畏的，她又是智慧的，她知道炮樓之下，有紅字號的戰地救護隊，她邊跑邊喊：不要開槍！你們打中孩子啦！都是紅字號孩子啊！其實，劉四平老兄他們曾經是太行中學「反到底」成員，還算聯字號哩。

終於，專建紅字號救護人員出動，迂迴到達四平兄他們身旁，緊急救護止血，匆匆把青少年傷患抬走，上了一輛作戰卡車，向城南紅字號大本營淮海廠疾馳而去。他們被送進了淮海醫院，受到了紅字號傷兵的救治待遇，萬幸保住了年輕生命。

這位母親，我後來一直沒有查找到。

為什麼說運送傷患的車是一輛作戰卡車呢？

這是四平兄告訴我的。他說，他被抬上卡車後，忽兒清醒了，見車上有許多手榴彈，前後架著機槍，車廂裡側，焊了一圈鋼板，近乎裝甲車，子彈打不透。戰鬥隊員持槍蹲在車廂裡，一任卡車向前衝，連續向外投擲手榴彈。到達淮海廠醫院，四平兄看到，那裡紅字號傷患可就多了，走廊裡盡是血跡，正在被救護的人員，缺胳膊少腿，足有上百號吧！

幾位老兄算是命大。這一邊，我和老爸以及我妹趙珍以及那袋白麵的命運怎麼樣呢？

在臥倒中，父親說準備衝出去，他急促地說，咱們一定要向前衝，衝進地委大樓裡頭，衝到一樓大堂就安全了，這裡馬上要挨炮彈。他趴在馬路上，又囑咐我們兄妹，一會兒向前衝時，千萬溜邊兒跑，沿著馬路右邊那排小松樹跑，誰也不要等誰，千萬不敢停下來。

我抬頭，越過白麵布袋向前瞭望，看見地委大樓正面馬路當中，躺著那位被擊斃的海軍戰士，因是灰軍裝，容易辨識。不一陣，從老賓館衝出一夥海軍戰士，把那位犧牲者拖回賓館院內。後來，從老友吳增義那裡得知，他老媽主持了無意義的搶救，這位戰士未被救活。

東面頂了頭，是聯字號據守的友誼小學街壘。

那裡的機槍火力控制了整個街巷。我的母校：一所與蘇聯人攜手共建的太行太岳幹部子弟小學，此刻充滿了共產國際一向推崇的暴力戰爭氣氛。

突然間，槍炮聲停下來，我耳朵裡一股勁地吱吱鳴響，雙方短暫停止了對射。臥倒在馬路上的人們看到，紅字號武裝小隊穿著黑色大衣，架著傷患往西招待所跑，人們判斷這必是一個珍貴空檔。便不約而同從地上跳起來，四散奔逃。我父親喝令一聲：「快！」我們便迅速扶起自行車，艱難地把那袋白麵搬到車子後架上——這是絕不能放棄的。父親彎腰奮力推車向前，我們沿馬路右側疾跑，向東衝往地委大樓。而大部分群眾則向各個方向逃竄。

忽然，身後傳來我家近鄰老婆婆的疾呼，聲調極熟，她是一位半大腳的太行鄉村老婦，我們回頭看時，老婆婆正一顛一顛地橫穿馬路，追向我們，她大聲呼喚著我和我妹的小名，直呼「等等我，等等我呀」，這時我們剛好衝至大樓前，當我稍做猶豫時，我想等等她，更強烈的槍炮聲再一次爆響在長街四周，我只好奮力幫父親把自行車包括那袋白麵推上好幾層臺階，倉皇衝進了大樓一層大廳。密集的槍炮聲隔在了樓外。我們三人大喘著氣，把車子支在大廳一角，用身體扶著那袋子白麵。父親喘著氣問我們：「沒，沒受傷吧？」我和我妹說沒受傷，但是那位老婆婆卻不見跟進樓來，她是不是被槍彈打死在樓外了？

父親叮囑說：「就在這裡站著，絕對不能亂跑。」這顯然是說我的，事到如今，我還能往哪裡跑？

樓內徹寒。父親抬腕看一下表，輕聲自語道：「他們應該吃午飯吧。」那意思是，這一仗總該收場了。

父親話音淹沒在炮彈爆炸聲裡。最近幾發炮彈，震揚了樓內許多灰土。

「嗵」地一聲，樓門突被撞開，衝進來七八個持槍漢子。很快，樓門內外，站上了多名崗哨。從他們身穿黑色棉大衣看，這是幾位紅字號作戰指揮官。為首一位中年首領，短髮大臉鬍子亂，身材精壯面色黑，提一支大號手槍，一進樓就用緊急口氣在部署什麼。他的形象給我一生留下深遠印記。當時，在場的人稱他「老趙」，我猛一下想起，這人到地區體育運動大院來過，體委小五他爸趙玉田老伯和秦海庚老師都與他相熟，他們把幾輛運動摩托車拆開又裝，裝好又拆，多次發動試車，不厭其煩。現在他成為紅字號組織中名氣最大的一個指揮官，他正是淮海廠的趙震元，早年的小八路。後來屬汽摩運動積極參與者一族，修車高手。文革前體委開展軍事體育項目，如射擊、跳傘、滑翔機、摩托車等，晉東南在全國是成績特好的地區之一。我爸還在《人民日報》發表過文章《太行山體育在前進》，反響亦好。國家体委在長治西郊屯留縣建有跳傘滑翔基地，文革中改為國家体委「五七」幹校農場。趙震元在淮海廠裡是個模範技工，後在廠部汽車隊工作，經常給體委單獨加工一些汽摩異形零件。常見他來體委，開著一輛嶄新美式軍吉普，風風火火的，一來就和趙老伯秦老師蹲在庫房那邊，沒完沒了地鼓搗那幾輛摩托車。咱是小屁孩兒，插不上手。

我們剛從血腥巷戰中衝進大樓裡，想不到鑽進了臨時戰地指揮所。我們緊靠在老爸身邊，在樓廳偏角處，一動不動，觀看大廳中央趙震元他們調兵遣將。有人朝我們這邊審視：一個衣衫破爛面容蒼黑幹部，領著一男一女倆小孩，護著輛舊自行車，顯然不重要，便顧不上驅趕我們。

樓門開開閉閉，剛出去一夥人，顯然是去增援前頭，傳達指令，又急急進來一個四零火箭筒三人小組。他們聽趙震元簡單交待幾句，就取過幾發四零火箭彈來，用手掌把炮彈尾部鋼片小翅膀順時針一擰，插入了發射筒前端。趙震元一手叉在腰間，另一隻手拍拍年輕戰士的肩膀，此小組便轉身出擊了。一個提著裝好了炮彈的發射筒，兩個提著四發備用彈。

不知為什麼，此小組出擊前，他們在樓裡，先把那五發火箭彈打響了五聲清脆巨響，並伴有青煙，是打響此彈的底火引信之後，才能正式發射嗎？我至今不得而知。當時樓裡那震耳巨響把我們嚇壞，我妹趙珍長時間咧著嘴，好像隨時要哇哇大哭模樣，不過她還行，抱著我爸的腿始終沒有哭出來。嘴巴就一直那麼咧著，渾身顫抖不止。

火箭筒小組剛剛奔突出去，樓門「嗵」地一聲又被撞開，四五個人抬著一名血淋淋的傷患衝入樓中來。他們大口喘著氣，把昏迷中的傷患放在樓廳中央水磨石地板上，向趙震元指指劃劃地彙報情況，趙震元繃著臉聽，一言不發。這時衝上去幾位救護人員，蹲在傷患跟前，先是解開傷患身上黑大衣，武裝皮帶，攤在身體兩側，然後拿剪刀當胸剪他的上衣。傷患很年輕的樣子，卻是面如土色。那上衣好幾層，盡被血漿浸透。我發現老爸同樣面如土色，我們靜默地目睹這一切。那上衣被剪成兩大沾片後，被分別揭開至傷患身體兩側，露出了人體冒著熱氣的胸膛。趙震元等人圍攏過去。我這邊暫時看不全面。

「嗵」地一聲，樓門開處，又急急闖入一人，從他邊走邊掏聽診器的動作看，這是來了一位戰地醫生。別人閃開，讓他蹲過去查傷，他翻了翻傷患的眼皮，是查看瞳孔吧，然後站起身來，很清楚地說了三個字「沒人了」，也許大家對他的診斷並不意外，因而當時無語靜默，這三個字聽起來非常真切。

就在人們放棄搶救，站起身散開時，我清楚地看到了死者的傷口。由於傷口四周剛被紗布擦過，因而那傷口十分明確。死者胸部中了四槍，兩個胸大肌上各中一槍，下面中兩槍，四個槍眼呈血紅色圓點，在他胸膛上排列成一個口字形，四個傷口伴隨著熱氣，向外鼓吐血泡，形如四朵紅莓花兒開。犧牲者熾熱的血液即將流盡。

趙震元他們復又研究戰事，部署新的戰術行動，臉上添了悲壯神情，腳下踩著血。

有人把屍體從樓廳中央拖向一旁停放。哪一旁？我們這一旁。抬屍體者並不在意這裡站著我們三個活人。他們把死者拖拉至我們面前兩米處，把那血漿浸透的大衣覆蓋在死者身上。我聞到新鮮血液熱騰騰氣息，有些腥甜味道。這時，樓廳地板成了血染世界，人們踩著血跡四處走動。

那位手持聽診器的戰地醫生，高高的身板，腰際別著手槍，兀自走到死者跟前，默默站立片刻，他似乎在說：好兄弟，我救不了你了。

這位醫生的形象給我印象極深。可以肯定，他不是我所常見的太行白求恩和平醫院的人。他年歲不小了，禿頂，瘦長臉上佈滿皺紋，神態滄桑。他披件大衣，仍顯得細瘦峻拔，腰板直挺挺的站在我們對面。他微微低頭看過了死者，轉身而去。當時我胡思亂想，莫名其妙地覺得他特像國共兩黨戰場上留過洋的少將醫官。至今我不明白為啥會有這樣的荒唐聯想。

外頭槍炮聲仍在繼續。隔著屍體，樓門開處，兩位炊事班戰士肩上倒背著步槍，推一輛三輪板車進來。車上放著一個大平籮，上面用棉毯蓋著，裝滿了白麵大肉包子。毯子一揭，熱氣蒸騰。這包子顯然來自西招待所。

趙震元揮揮手，十幾個頭頭和警衛從容走過去抓取包子吃。我注意到他們的手是腥紅色的，上邊沾滿了方才這位死者包括其他傷患的血。腥紅色手掌掐著大白包子吃，格外刺眼。他們就這樣毫無顧忌吞吃，我咽了兩口唾沫，也許沒咽。

屍體兀自躺在大堂，沒有生息。

我們三人定定地站著，一動也不敢動。我感到了趙珍渾身仍在抖動，可能是嚇的，可能因為寒冷，但主要是被嚇的。我聽到父親輕微的歎氣聲。我在想：這仗打了一上午，到現在剛打了一半啊？要不指揮員們怎麼在這裡開飯呢？

簡短飯畢，一部分指揮者急急出樓去了。他們要率隊向天主堂大院和友誼小學方向，發起新一輪猛烈進攻。

槍炮聲再次爆響起來。

陸續有新傷患進樓來救護包紮。重傷者就地躺臥，輕傷者復又衝出去。

一位進出次數較多的人，提一把衝鋒槍，非常精幹，應不到三十歲吧。聽見趙震元幾次叫他「小楊」。是紅字號專建組織的頭頭，名叫楊萬盛。他本是專建一名中專畢業的技術員，據說很有組織才能，群眾基礎較好。他所率領的「專建紅衛兵」，是紅字號裡頭一個非常頑強的骨幹組織。經過多次戰鬥，楊萬盛得到眾人信賴，在「紅大」總指揮部裡擔任副總指揮。

半下午時候，這位「小楊」指揮手下人，從我們面前，把那具屍體抬出樓外而去。

抬走這位犧牲者，似乎告訴饑寒交迫中的我們，戰鬥接近了尾聲。又過一陣子，樓外漸漸稀疏了槍聲。

雙方整整對攻了一個白天。

在父親帶領下，我和我妹邁動早已麻木的雙腳，緊緊護衛著那袋子白麵，出了地委大樓，沿著馬路邊殘雪牆跟，推動車子，一步一步向家裡走去。那時刻，寒風陣陣，暮色正濃。

從地委大樓去往天主堂大院，一路上，隨處是炮彈坑、碎石塊，這裡一灘血，那裡一灘血。隨處可見散落的子彈殼和一個個機槍子彈箱子，我們兩三次小心翼翼地繞過了沒有炸響的手榴彈——缺失了後蓋，白色絲質拉弦露在尾部。一些大樹枝被彈片削落在街頭。天主堂大院那扇鐵條大門被炸歪，好幾根鐵條竟被炮彈削斷。路過友誼小學操場，我特別想看看母校那邊受損情況，然而那裡被打得七零八落，甚也瞧不清楚。

與軍分區後門遙遙相對的是地委醫護門診所，老友吳增義他媽媽，曾是該所主治醫生。由於家住賓館院內，因而搶救過那位海軍戰士。激戰中，這間門診所被紅字號當做了機槍陣地和四零火箭彈發射工事，以攻擊天主堂大院，扼制軍分區後門，到戰鬥快結束時，反被聯字號的迫擊炮彈或同樣的四零火箭彈摧毀。我們路過這裡看到，門診所三間平房，被炸成一片廢墟。

我脫離那片戰地，最後看到的是：我的老友高明憲，橫刺裡不知從哪兒鑽了出來，貓著個腰，順著牆跟兒往天主堂大院摸索前行，他要回家。我驚異了一下，想知道他在哪裡躲過了這一天血戰，他拐進了大院兒，很遺憾這老兄沒有看到我。過不了多久，他就要在飢餓中，隨他老爸去地委小灶「行動」了。

我們三人一邊謹慎地往家走，一邊抓緊觀察戰場慘狀。就在人們即將被暗夜吞沒時刻，我們三人終於回到家中，與我的媽媽和我的弟弟會合了。我媽早已焦慮萬分，此刻正準備冒險出去尋找父女倆，然後再找我。想不到，我們三人居然一起安全回來了。

當天晚上，我們聽到附近一聲極大巨響。早晨溜出門看時，發現是軍分區用重磅炸藥，炸毀了居民們天天出門必經的一座古門樓。武鬥前我們小孩兒回家，時常在古門樓下避風避雨，或在門樓裡集合聚會。現在看時，這門樓七梁八柱悉數倒塌，古磚古瓦碩大無朋，堆集成一座高達十幾米的廢墟，徹底堵塞了紅字號進攻軍分區後門通道，也徹底堵塞了我的出行。我們家，被真正困在了文革戰火的死胡同裡。這一炸，徹底斬斷了外部世界對一個少年人的全部誘惑。

我們三人冒著生命危險弄回來的那袋子白麵，開始一點一點地，發揮出它不可替代的巨大作用。

當天晚上乃至第二天、第三天，我家的近鄰老婆婆，一直沒有歸來。我們確信，她肯定被那陣掃射打死了。

她在最緊要的關頭，她臨死的時候，還高聲呼喚過我的名字，這是好呢還是不好？就是不吉利吧——我當時這樣想。

老母親絕境求生

逃奔的人都逃了，上黨古城十室九空。遙遠鄉村似乎還保留著一點親情，躲在那裡喘息，總比子彈橫飛射中驅體強一些，總比炸彈炸死強一些。而滯留長治的可憐家庭，可就困難重重了。糧食稀缺，是第一大難題。

地委所屬天主教堂家屬大院裡，到處是炸彈摧毀房屋後的破磚碎瓦。斷壁殘垣，臨時工事，被凍結的動物屍體，人的血跡。原先這裡有上百戶幹部家庭，現在只剩下八九戶倒楣蛋了。此地與軍分區後院緊密相鄰。

特別悲苦的是老幹部馬槐成家。馬伯伯在文革前夕隻身調往晉南，去援建一個巨大的「三線」工廠，很少回來。這家人由一位老母親，領著四個上學的兒子，艱難生活。想不到的是，四個兒子分兩派，而且都很堅定。單數馬老大馬老三，戰鬥在紅字號最重要據點——西招待所裡頭，雙數馬老二馬老四，戰鬥在聯字號最重要據點——醫專校內裡頭，兩據點之間日夜炮擊不停，相互襲擊不斷。四兄弟兩大派，憑一身肝膽，過著血腥而又壯麗的戰爭生活。這就把老母親給急壞了，什麼紅字號聯字號，在老母親眼裡，都是親骨肉這一個號！萬分危險之中，老母親冒著槍林彈雨，一次次往返於兩派據點之間，硝煙瀰漫蒙淚眼，她要把兒子們一個一個往家裡拖。母親們總是覺得，不論外部世界多麼兇險，只要像老母雞保護雞娃們那樣，把兒子們攏回到自己的羽翅下，才會安全，才能放心。結果呢？老母親只拖回來一個小四，其餘三個，不迎來勝利曙光，誓不還家。

這位小四也是我們同學，後來在北京工作，官至局級。前些年老母親去世，他寫了一篇悼文，送給我看。內中憶及母親在最危險時刻，冒著炮火，去據點勸導兒子們還家。我讀到這裡，熱淚頓下。

我們做兒女的，年輕時總是固執地去做自己想幹的事，忽略了母親那偉大的焦慮。真是慚愧啊。大革命魔力滲透到家庭內部，直接對親情造成摧殘。多少夫妻，悍然反目，多少兄弟姐妹，同胞對仇。此類例子在全國，在山西，舉不勝舉……

母親們在危險中，承當了文革災難最大苦痛。

滯留在天主堂大院的幾戶人家，加上周邊零散的地委幹部家庭，很快集中到一個小內院兒抱團居住。此小院之外的大院，成為聯字號保衛醫專總部的前沿地帶，也成了紅字號進攻的衝突地帶。聯字號戰士們把外側排房，包括死去的地委第一書記王尚志家和老作家韓文洲家，也包括撤到內院的老幹部馬槐成家，全部變成了防禦工事，用四〇火箭筒打穿排房內部各家牆壁，便於戰鬥穿行，把朝外的牆壁鑿開射擊槍眼和觀察洞，戰士們固守其間，日夜對射。紅字號的炮彈動不動就打到了大院中。炸彈爆裂，母親們的心隨著房屋破碎而滴血不止。

天主堂大院裡，原有多處堅固地下室，係當年荷蘭傳教士督修，這些天來成為家庭主婦們拖兒帶女的重要避難所。晚間，在雙方炮擊時，這些地下室成為防空洞。常用的一大間被母親們打掃出來，安放了煤油燈，鋪了被褥，各家佔用一塊地方。

忽一日，地下室的煤油燈被孩子們撥倒下來，迅速引燃了許多被褥，母親們發出撕心裂肺的疾呼，火勢越燒越旺，母親們率領子女奮勇突圍。地面上炮彈呼嘯，地下室烈火熊熊，真難啊！大人孩子全被薰成了黑面人，露著白眼球白牙齒。最糟糕的是，同學吳梅她家，吳梅的妹妹，一位小美女被陷在火海中，這女孩兒被公認為大院裡最美麗的第一女娃。烈火中，近旁一支解放軍連隊剛剛入駐，母親們的嘶喊驚動了部隊官兵，有戰士奮力衝入地下室火陣，把這位小女孩搶出來，保住了美女一條性命。問清楚是聯字號幹部家屬，便把燒傷女娃急送軍分區院內，給予緊急救護，使她關鍵性的臉部得到及時治療。後來這女娃在臨汾工作，多年後我見到她，首先注意觀察她的臉部，還行，平滑肌膚上淡去了文革烈火的痕跡。我對她玩笑道：「吳美女，幸虧你們家當時是聯字號啊！」

吳美女就說：「那是真可怕，把我媽急出了一場大病哩。」

母親們焦慮在戰火中。除了親人不要被炸死，不要被燒傷，兒子在據點裡不要中彈，丈夫不要被抓走之外，最焦慮者，還是糧食危機，且日甚一日。

幹部家庭按照計劃經濟時代的月供標準吃糧，平日裡本來就不夠吃。那時每個家庭孩子多，正處在生長期，所謂「半大小子，吃死老子」，即指能吃而言。逃走的家戶去往農村，吃糧尚可湊合，滯留大院的家庭則發了愁。大戰開始後，全市糧店關門停業。各家千方百計節省糧食，要打持久戰，半饑半飽度日。

晉城市中級人民法院院長杜培德先生他們家，當時也是四個男孩。糧食問題日近燃眉，偏偏他媽媽又懷孕數月，要生老五了。

怎麼辦？杜培德先生對我回憶：「咱家從東邊院子躲住到天主堂內院，家家鬧糧荒。原先那個院子離醫專更近，七排房，跑得一戶不剩，我家那排房直接挨了炸彈，一個大洞炸開九排瓦那麼寬。院子很快被打爛。我老媽是叫天天不靈，叫地地不應，眼看就要斷糧，還要生老五。一點兒辦法沒有了，老媽只好冒險決定：先讓我大哥逃離此地，減少一張嘴！留下是餓死，逃回武鄉老家或許還能活下去。這炮火連天的，二百里山路，大哥一人獨走，肯定危險萬分。但在當時沒有任何辦法，我們都小，走不了遠路，大哥能走，好像也能認住路，二百多裡地，要看他的命硬不硬。——說是大哥，其實不過是個青少年吧！我媽含著眼淚，挺著大肚子，給大哥弄了幾個乾糧，趁戰鬥停歇之夜，把他送出了大院。大哥在冰天雪地之中究竟怎麼回去的，全家都不知道，好長時間沒有任何消息，我媽急死，也沒有辦法。直到武鬥停止後，才知道他一個人趕路，整整走了一個禮拜。回到武鄉後，老家人根本認不出來，整個人都變成了鬼樣。

「老大冒險走了，還是嘴多糧少，又想辦法讓老二走。老二小些，趙兄和你是同一個年級吧，哪能走遠路，只好千叮嚀萬囑咐，讓他帶上我爸一封信，逃到長治東郊外。走十幾裡地有個桃園村，我父親在這個村下過鄉，便委託一戶老農暫時收容我二哥。人家憑著對老幹部的深厚感情，真把我家老二收留了好長時間，可算減輕了我家一些負擔。」

杜培德家老大步行逃回了武鄉縣，老二逃出了長治城，老媽快要生產了。然而不管你怎樣減負節糧，糧食還是正式宣告斷絕。這一回，真是丁點兒辦法沒有了，眼看著杜老三、杜老四餓的嗷嗷叫。院裡有的小孩兒甚至啃吃煤炭。幾位母親心如刀絞，傷心無助，聚在一起淚紛紛。這時節也不管誰家是紅字號是聯字號了，娃兒們吃不上東西，說那些有甚用。

杜培德先生回憶：斷糧之後，大院裡有五位母親聚在一堆兒，鄭重商議起來。開始，是想相互挪借一碗米半碗面，周濟周濟，一碰頭，各家都困難，連一把米也借不出來了，這時候，也不知道誰出的主意，說逃難遠去的家戶中，可能存有少量糧食，尚能救急。事到如今，只能到殘屋中去尋找希望。

飢餓之人，不容多議。五位母親立即行動起來，進入斷壁殘垣中逃難者家裡搜索。這一行動，打破了他們多年恪守的傳統守則。

到處是彈痕，到處是紫血，到處是戰鬥通道。母親們瞪著佈滿血絲的雙眼，把一家家破爛廚房翻了個遍，仔細搜索糧食箱子米麵缸——哪有一粒糧食？哪有黃澄澄小米？她們把那箱子把那缸奮力翻過來，口朝下，抖一抖，磕一磕，試圖抖出些粉粉末末麵麵渣渣來。

這不濟事。五位母親絕望中看一看大院外面，似乎外部世界有什麼指望。這時，有聯字號武裝隊員到工事中來，便喝斥她們：看什麼看！還敢出去？外面全是地雷，炸死不負責，讓紅字號打死不負責啊！

就在母親們最絕望時，她們發現了一座閉鎖的房屋。這房子位置較偏，尚未受到損失，一把大鎖完好地把守在門上。窗戶被磚石壘著，門前堆擁著敗葉殘雪，杳無聲息。

這是誰家呢？這閉鎖的房門裡有希望嗎？

這正是前頭所寫同學何明、何星他家。小哥倆隨母親把重病父親從看守所接出來，用架子車推上，逃回了沁水縣遠村。

五位母親怔怔地站在何家門前，惶然失措。別看她們敢於在斷壁殘垣中搜尋糧食，面對一把門上鐵鎖，卻如火中取栗，當下止步不前。傳統道德許多約束，告訴她們這鎖子不能動。當她們在太行山裡做小姑娘時候，老人就告訴她們：別人家虛掛著門鉤子，說明主人不在家，無論如何不能進。村中自家不也一樣嗎？出門隨手虛掩籬笆，絕不會丟失東西。

曾在斷壁殘垣中翻騰他人麵櫃米缸，母親們內心已經很不好受。

現在，面對何家一把鐵鎖，她們無力戰勝自己：何家同樣子女一群，萬一人家回來，主婦拿什麼給孩子吃？她們又進而議論，何家主婦脾氣可不好，遇到壞事敢罵任何人！

杜培德先生告訴我：母親等五人，那天晚夕在何家門前徘徊許久，到天黑時依然沒敢行動，餓著肚子，各回各家吧。

又是一個槍炮呼嘯的夜晚。

任何道德力量也大不過飢餓力量。

次日上午，慘澹太陽又升起來。五位母親再次齊聚。她們經過一夜思想交鋒，不約而同想出了一個辦法，又不約而同地紛紛表示完全同意。

甚辦法？民間老辦法：文憑字據，簽名畫押，互相監督，共同實施。在戰火中取糧，保子女過關。

如果建立文革博物館，這五位母親在艱難困境中的尋糧字據，是有資格列入的：戰火紛飛裡，為了全家生存，飢餓的母親們立字為憑，要砸開鏽鎖，共同擔起責任，今日取糧，戰後償還，無福可共用，遇難要同當。

她們在字據上亂紛紛按下手印，然後把這張紙鄭重收藏起來，等待著日後有一天，交給何家主婦。

母親們履行了這番「手續」，心定了，一切可以開始了。她們提著斧頭，堅定地向何家走去。

手起斧落，鏽鎖頓開！推門處，灰塵騰空撲面。

五位母親急匆匆走進廚房，撲楞楞打開糧櫃，她們為之一振，她們終於真真切切看到了生的希望——何家確有部分存糧，儘管蟲吃鼠咬，糧質有變，但在母親們看來，卻比黃金珍貴萬千倍。

五位母親一碗一碗地平分這些糧食。然後把每家分得的糧食細心過了稱，記在了賬上，將來要與那字據一起交給何家人。

杜培德先生回憶說：「我至今清楚地記得，我老媽分到的糧食是二十斤雜糧麵！就是這點兒糧食，救了我們全家。晉東南人過日子，找到一碗米，就能湊合很長時間。」看那熱氣騰騰的鍋裡，撒鹽少許，有土豆塊、有老玉米，有蘿蔔條，有南瓜絲，有雜糧面，有菜梆子，有糠麩皮，有柿子渣，有乾豆角，重點還須一把小米。和子飯，也可以寫成聯合的合字，湊合的合字。合子飯，合到一起養人家。是啊，這種山西晉東南獨有的稀粥，當年養活過國共兩黨抗日千軍，今天又讓太行百姓熬過了文革苦難。而且，杜家母親靠著這種和子飯，還在戰火中生下了她的第五個孩子。

一九六八年槐花又開時候，槍炮聲停了下來。何家人終於從沁水縣鄉下回到了久別的地委大院。到家一看，已是百物全無，一片狼藉；砸鎖借糧的五位母親離去後，房門洞開。何家也成了天主堂大院聯字號對外工事之一。早有各種各樣的亂人，澈底洗劫了何家。

何星對我回憶：「我們回來那天，一看，咱家牆上開著好幾個槍眼，成了碉堡了。衣服被褥丟了個精光，稍稍值點錢的東西都不存在了。家中當地一個彈坑，牆上佈滿彈痕。印象最深的是兩口樟木箱子裡裝滿了渣土，被當作掩體用。到黑來冷，我和我哥何明沒有蓋的，就去地委院裡四處找了兩條棉門簾子，就是公家那種冬季簾子，靠這兩條破簾子睡了好些天。我媽脾氣不好，看到家裡被禍害成這樣，傷心啊，急得她哭了好幾回。」

就是在這種情景下，那五位砸鎖借糧的母親，相跟上，戰戰兢兢站到了何家女主人面前。何星媽不知何故，看見五位老姐妹來找她，一個個蒼黑削瘦，幾無人形，又是這般垂頭喪氣表情，甚感奇怪。她認為家家都遭了難，先是大罵聯字號武天明，繼而大罵紅字號程首創：什麼東西？不管你姓武姓程，把俺們家毀成這樣，叫俺們沒法過日子，就沒有一個好東西，沒有一個正確路線！

五位母親越發惶惶無措。終於，一位年歲最大的老母親站了出來，請何星他媽息怒，聽老姐慢慢跟你說。

何星媽靜下來，聽老姐一五一十，老淚縱橫，把立字據砸鐵鎖借糧救娃那種受難情況，實實在在講了一回，講著講著，老姐取出了那字據，那賬條，何星他媽頓時和五位老姐妹哭作一團。

哭一陣子，何星媽又笑，她說：「咱那點兒

糧，能救了老姐妹和娃們大饑荒，實在是好事啊，比壞蛋搜去強，比老鼠啃吃了強，咱家積了德，俺做了好事啊！」

六位母親就笑，笑完又哭，她們激動不已。

最後，杜家那新生的戰地嬰兒，在母親們的懷抱裡沉沉睡去。

老幹部夜潛糧倉

戰火圍困中的太行婦女，與饑荒抗爭，搞糧方法形形色色，令人唏噓。那麼，尚有極少數未能逃離出去的老幹部，又是如何度過危難的？

地委天主堂大院裡，還滯留了我的老友高明憲一家。高家就他一個男孩兒，姐妹倒是好幾個，人口不少。他老爸，文革前從北京城裡中共華北局調長治地委，行政級別較高，母親亦有資歷，是當時晉東南地區唯一女縣長。高家兒女特別循規蹈距，繪畫繡花，做文章，文質彬彬，溫良恭儉讓。由於悉數在北京上了中小學，普通話清響純正，因而更顯出言行規範，舉止有禮。我上他家去玩，他爸他媽無一次不在肅穆中讀書看報。屬於正統中共高幹家庭類型。明憲臨出門，總要低聲請示：「媽媽，我和趙瑜出去玩一會兒，行嗎？」在他媽略作思索並表示允許後，他才跟我走。這就與多數幹部人家很不一樣。例如吳增義家、劉小四家、田糊糊家、郭憲平家、趙小五家、張書堂家、李小旦家，大夥兒總是抬腿就走來去自由。

文革既開，高家先遭批鬥之罪；戰火復起，高家轉受饑寒之難。

老高伯伯是晉中遼縣即左權縣人，屬太行老幹部，多年離家革命。倘逃難回鄉，身負「走資派」責累，自有諸多不便。全家只能以不變應萬變，在大院裡原地不動，苦等時局轉化。

開始時，老高伯伯一任頭上炮彈橫飛，尚能正襟危坐，手不釋卷，從容研讀馬列。雖無報紙可看，認真讀書也好。他時而舉頭凝望窗上磚石，辨聽過往炸彈落點，沉著判斷戰事進程。

慢慢地，老高伯伯屁股坐不住了，他嚴肅地往復踱步，且步頻日快。原因很簡單，家中糧食殆盡，已由危險轉向火急，全家由一日三餐改一日兩餐，又改一日一餐，再改，只能兩日一餐甚至三日一餐了。到後來，老高伯伯在縣長阿姨的勸阻下，停止了踱步，說那樣更加消耗能量。他改成枯坐長思了。

任何階層任何身分的人，在全家飢餓面前，都必須想辦法：高家並不缺錢，缺的是弄糧食的途徑。現在有錢無糧，哪有什麼好辦法？

老高伯伯歷經戰爭歲月，吃過運動之苦，他枯坐長思正是在想辦法！哪裡有糧食？哪裡有不違法不亂紀就能獲取的糧食？哪裡有不丟性命就可以獲取的糧食？搞到糧食以後，到運動後期怎麼定性？歷次經濟整肅和四清運動陰影，哪個老幹部不清楚？有的人因為查出了幾塊錢，一輩子難以翻身，老幹部怎能不謹慎？

高家與前述五位母親的顧慮顯然不同。母親們顧慮民間約束，老高家顧慮黨紀國法，幹部們最看重運動後期甄別，政治生命。

高家夫婦身分雖與五位家庭婦女不同，其級別亦高，但面對戰火饑荒，面對一天天削瘦下去的孩子，高家的危機焦慮，和五位母親則是完全一樣，毫無區別的。

人在飢餓中。老高伯伯躺在防範炮彈的床板下頭，一夜輾轉反側。其實，他心中早已鎖定了糧食目標，只是不到萬不得已，不敢輕易行動罷了。

這目標高老伯是比較熟悉的，一般幹部則不熟悉。由於不熟悉，因而想不到。

這目標，就是老地委供高級幹部就餐待客的地方：高幹小灶糧庫。眼下那裡早已鍋塌火冷，地處兩派交戰中間地帶，是核心危險區，也是漩渦中心無人區。從天主堂大院向西，走一段夾縫小路，翻兩道牆，過若干小門，七轉八拐，便可以穿行抵達。老高伯伯在一次次踱步中，胸有成路，早把一條最佳路線踩好了點。

夜空裡，炮火呼嘯不息。老高伯伯一躍而起。他輕聲叫醒了我的老友明憲，仔細向兒子交待行動方案包括種種細節，然後，父子倆換上了黑色衣服，把糧食布袋揣進懷裡，取好了火柴，晉東南老鄉叫「取燈」，帶上了撬鎖工具，紮緊了鞋帶，說不定他們還用鍋底黑灰抹了臉面。二人在五更天峭寒中，靜悄悄潛入蒼茫暗夜……

明憲後來向我回憶：「我老爸的判斷包括行

動方案，一點都沒有差錯。小灶庫房裡，雖然沒有整袋糧食，卻還有各種小雜糧和米麵殘存。我們不管什麼品種，能收入布袋的，亂七八糟收了幾十斤呢。就靠著這袋雜糧，我們全家又堅持了倆月，度過了戰亂災荒。」我感慨萬千，說你老爸真行，像軍事特工似的，明憲就咯咯地笑。

老婆婆的生與死

我家所居住的報社院，被澈底封閉在戰火死胡同中。那袋子沾滿血腥的白麵加上原先餘糧，還有一些去冬的菜蔬，保障了我們五口之家不被餓死。水呢？水怎麼辦？萬幸啊萬幸，就在我家房屋南側五米處，居然有一口老井。我和父親移開了井口老條石，用早就備好的一根長繩和鐵皮桶，從井中吊水吃。我那時要半桶半桶地打水，才能把水桶拔上來。井臺上冰砣遍地。

全家幾乎不點燈，點燈有害無利。

更巧的是，我家三間大平房，腳下竟然有一間十分堅固的老地下室。我想不通當初荷蘭教士們在修造這片建築群落時，為什麼到處安設地下室？許是讓上黨義和團給殺怕了。現在我們不用出門，從家裡一角就可以鑽下臺階，進入方方整整一間防空洞內。任你地面上炮彈飛來飛去。

真是天無絕人之路。有糧，有水，有地下防空，再堅持倆三人月也是可行的。不就是一天只喝一頓菜糧糊糊嘛。

四四方方一座院子，我家在東部，西部平房那邊，已經讓聯字號武裝鑿通了。南可進退軍分區，北可出擊地委大樓背後。夜半，時有武裝小隊在「咚咚」的奔跑聲中往復穿行。每逢此刻我父親都要站在板凳上，抽出窗上活動瞭望磚頭，向外仔細觀察。某夜晚他正觀察時，突然間當院落下一發炮彈——隨著爆炸巨響，老爸當即從板凳上後仰，跌倒在地板上。說不清是由於氣浪衝擊還是他要做後仰式臥倒動作。

父親倒地瞬間，急促指揮我媽及我們：快，地下室！

於是，我們如鼴鼠小隊，跟在母鼴鼠背後，哧溜哧溜魚貫鑽入地下室，我父親往往最後壓陣進入。

自從我的富農奶奶被驅逐回鄉，我媽陪送奶奶從冀中歸來，她們地委婦聯會幹部就總是集中住學習班。偶爾回家時，我媽臉上再也不見慈愛笑意，甚至很少說話。現在她牽頭拾階而下「防空洞」，我總是在半途臺階上，及時擦亮火柴，把她手中一支蠟燭點燃。她手中這個燭臺，是她的中共同事們從遙遠的莫斯科帶回來的禮物：一座銅質雕塑，十月革命領導人弗拉基米爾伊里奇•列寧同志，穿半截大衣，一手持火炬，一手舉至半空，招呼無產階級暴力戰士們前進。那手中火炬，正是一段可供點燃的蠟燭。

列寧同志和他的中國婦女聯合會太行山同志，共同高舉著蠟燭，照亮了這間具有異教風格的地下室。我們散坐小板凳上，在沉默中等待天明。四周是上黨地區典型的農產品：一堆山藥蛋加上一部分蘿蔔白菜。

母親長時間沉默著，偶爾才說一半句話。她們長期從事的工作——為提高新中國婦女地位而奮鬥，現在看來可以暫告終結了。她的領導人，曾經的華北婦女運動領袖們，如今無一不在被打倒與受侮辱之列。而出自昔陽縣偏僻山寨的鐵姑娘，一些暴烈的階級鬥爭新女性，和一些把毛澤東著作倒背如流的女標兵們，必將呼之欲出，取而代之。

地面上炮聲隆隆。

我家後窗，正是軍分區後大門。門內有一座仍是荷蘭傳教士們主持修造的三層青磚樓。每天夜裡，這樓上的梅可馨重機槍，會在軍人們手中，向著紅字號地委大樓方向射擊，打出一種沉悶且不甚連貫的「咚咚咚，咚咚咚」的聲音，夾雜在遠遠近近槍炮聲合奏裡，極為古怪。這一切，與我們常見的戰爭電影情景，很少相同之處。陣地戰？突擊戰？運動戰？游擊戰？巷戰？守城戰？夜襲戰？混戰？似乎都不像。

我們沉默著，等待著天亮。

在又一次天亮時候，我們全家著實吃了一驚：隔壁近鄰那位半大腳老婆婆，披一身戰火硝煙，不知從哪裡歸來了。

她的歸來，使整個荒寂大院的人數增加到七口。——我們家五口，西南角上，留守著一位早年當過農村私塾教師的晉城老頭兒，現在加上老婆婆，全院共計七口活人。而原先這院中，大人小孩總有近百生靈。

在慘澹冬日陽光下，我幫助私塾老頭兒和新歸來老婆兒各打半桶井水。我聽到老婆兒向老頭兒發出邀請：上咱家吃一口吧！老頭兒自信有些文化，堅守著「男女授受不親」古遠信條，擺手拒絕了老婆兒的美意，回家獨啃乾餅而去。孤獨寂寞啊！我注意到，這老頭無書可看，整天坐在雪地裡彈坑前，翻一冊《成語辭典》，以濃重鄉音時時詠念：殺雞嚇猴，調虎離山，集腋成裘……

這位孤寡老婦，平日裡被我們小孩兒直稱為「老婆子」，是一位地委王姓幹部的母親，可能因為房子緊，她沒有與兒子同住在一起。她的房舍向前凸出了一間小廚房，她總是長久地隱蔽在廚房邊，獨自探頭觀察院內動態，從我家視窗可以看到她的後背。每當這時，我就會招呼弟妹們：快來瞧，老婆子又往外偵察呢！

從她隱蔽側身探頭觀望的姿勢看，老婆子也具備一定程度的戰爭知識，或者農村階級鬥爭經驗。

這位老婦來自平順縣山區，性格異常堅韌頑強。她的形象，一點兒也不像傳統中國女人，而像非洲部落裡的男性酋長。黝黑寬闊的面龐上縱橫佈滿皺紋，鼻子闊大，長嘴巴在鼻下一字橫排。奇異處在於，她的夏日生活完全是赤背光膀，呈半裸大仙狀態。太陽將她的上半身曬成棕色，兩隻曾經碩大的乳房垂吊於胸前，搖搖晃晃，挎上籃子出門進院，若無旁人，這就更像非洲人。傍晚時分，她兀自蹲在院中自來水管下，腰際掛個大褲衩，擰開水管子，嘩嘩地洗澡。她的赤裸存在，與這座幹部眾多和城市少年雲集的院子，很不協調。於是她時常受到人們白眼側目。我亦很不懂事地參與過夥伴們的齊聲起鬨：

「老婆子，騎騾子，騾子蹬，蹬住老婆子腳後跟！」

她為什麼習慣於赤身半裸生活？這在上黨地區婦女群落中極為罕見。太行山下河北河南村婦們有這個習慣嗎？也許吧。我母親專職從事婦女工作，曾經婉轉地勸告她，請她穿上一件背心或者小褂（乳罩自然談不上），這老婆子卻毫不在意，依然赤身露背，面無表情，行走自如。

她從來沒有病過。精神上和心理上也未見任何病症。平日裡她凡人不理，獨自往來。和我家的鄰里關係也頗正常。相形之下，我的冀中奶奶黑襖白領，銀髮素髻，一絲不亂，比她文明許多，不是一個檔次。有時她們面對面站在院裡說話，神情卻很和睦。對院裡進進出出的紅衛兵後生們，老婆婆保持一種冷漠態度，不理不睬。她認為這些人與鬥爭她兒子王幹部的紅衛兵，大體上是一回事。

那年冬初，上黨古城戰雲密佈。這位老婦也顛著她那半大腳，忙忙碌碌地儲備菜糧。她今天帶回一隻南瓜，明天帶回半籃豆角，後天弄回幾隻土豆，從容儲存在自己家中。我時常好奇地溜進她家觀看，發現她的家舍早已變成了一間農產品倉庫，帶皮玉米拴在一起碼在牆角，豆角用線繩串成長鏈，在空中交叉晾掛著，如棚。南瓜被創成絲條曬著，土豆更多，真是琳琅滿目，生動鮮活，足夠她吃到次年春後。整個家中瀰漫著農村田野香甜氣息，又和城市貧民家中常有的腐朽氣息淆做一團。不知為什麼，我那時特別願意在她的奇異小屋裡站一站，看一看。這裡傳映了許多書本上讀不到的鄉土知識和城市中十分罕見的怪異景象。比如，她把煤核兒與柴禾一起燒用，烤出了香噴噴的柿子渣粗糧餅；比如鐵鍋里加沙子，炒出了焦黃的小麵蛋蛋和豆子，很酥脆，還帶些土質……

「幹甚哩？」她總是這樣問我。

「瞧一瞧。」我總是這樣回答。

「有甚好瞧，瞧到眼裡拔不出來。」老婆子自顧忙她的事。二人便不再過話。我站一陣子，也就走開去。

那天戰鬥中，她曾經高聲呼喚過我。一連數日她沒有歸來，我們以為她被槍彈擊中，一定被打死了。不期然她卻靜悄悄摸了回來。我們想不通她從哪裡進入這座封閉大院的，大門早已從裡頭頂死。莫非她是從軍分區大院武裝隊員的隱蔽通道鑽回來的？真真不可思議。

我又一次站到了她的房中，我想知道她那天是怎樣脫險的。「又瞧哩，」她說，「不瞧書瞧我哩？」老少二人正打算聊一聊近況，讓我大吃一驚的是，在她那只常備不懈的籃子裡，這回不是躺著蘿蔔土豆，而是躺著一顆長治淮海兵工廠產品：白色木柄黑頭軍用手榴彈！此彈除了木柄尚未塗漆，其餘都很標準：重六〇〇克，合一斤二兩，擰開彈尾螺旋鐵蓋，有一層防潮紙，要用力捅破，才能摳出一根白色線繩，可能是絲質的，很結實。線繩頭上紮一個銀色金屬圓環，像鑰匙環，須套在小拇指上。甩出實彈時，手腕回扣，小拇指要用力回勾。拉火線需要八公斤的力量才能猛然拉出，線的另一頭有三釐米長的黑色摩擦段，從而引爆。力量不足八公斤時，這小繩可以空吊起實彈而無危險。實戰中，手榴彈在瞬間投出，持續三秒至三點八秒爆炸，這正是彈體飛行的時空。當然，一手拉弦，一手投彈，也是可以的。

投擲手榴彈是一名步兵最基本的看家本領。

現在，一顆手榴彈躺在老婆子籃中，彈尾被她用骯髒的棉布裹了，一根毛線繩捆住了布頭。說明這顆手榴彈缺失了後部的螺旋鐵蓋。我曾在剛剛結束戰鬥的馬路上見過這種殘彈，應是投擲它的人慌亂中擰開蓋子，未能有效拉動白絲線便投了出去，因而未炸。老婆子顯然是從戰場上拾撿回來的，這萬分危險的寶貝。

她具備這類常識嗎？她年輕時使用過軍火武器嗎？

她注意到了我的驚駭，便警告說：「又瞧哩？沒見過？你可不敢動它！咱院兒也要防壞人。」

老婆子的形象在我心目中頓時高大起來。她居然敢於使用真正的軍火武器。至少她想到了憑藉手榴彈嚇唬壞人。

「你會炸不會炸？」我這樣問她。

「有甚會不會。」她很隨便地說。

當天，我忍不住把這一重大發現，告訴了我的父親。

我父親當時一怔，然後想了半天，最後還是獨自動身到老婆子那廂去了。他堅決阻止我跟他一起過去。於是我們全家躲在門口，觀察這件事情的動態：老爸要幹什麼？

好半天，我父親從老婆子家一撩門簾子出來了。他懷裡揣著那顆炸彈，用手捂著，路過家門口未停，逕自朝佈滿冰雪的井臺那邊走去。

很快，我父親從井臺歸來，靜悄悄地，一言不發。

我們什麼也沒有問。但是我們已經明白了結

果：我父親做通了老婆子的工作，並且取上這顆手榴彈，走到井邊，把它當成一個石塊，「撲通」一聲投入深井中，讓它永遠鏽沉在井底吧。

我父親拍打拍打雙手，像是宣告這件事情的結束。

然而老婆子的文革命運並沒有結束。

大戰打到後來，紅字號戰敗，聯字號執掌了晉東南大權。絕大部分地委幹部被下放農村。這些昔日的老權貴們必須給文革新權貴們讓出大樓來，讓出家屬院來，讓出地盤來。這種下放是全家動遷式，是遙遙無期的。我家也不例外，被第一批下放到晉城縣巴公鎮而去。

我要說的是，那位我一直惦記著的老婆婆，仍然頑強地居住在她的小屋裡，生活沒有任何變化，又到了夏天光膀子季節。糟糕處在於，我們家走了，她的近鄰變了。變成誰家了？——說出來難以置信，那位在戰火中鍛鍊成長並且為聯字號屢立戰功的聯字號頭號司令王法書先生，攜全家搬入了我家騰空後的三間大平房。從此王法書真的不再當工人了。

王法書是勝利者的大司令，自搬入此院，往往來來，造反戰友們前來拜會者甚多。出於可想而知的緣故，他們與近鄰老婆婆碰出了矛盾，發生了口角，進而造成衝突。據知情者後來告知，這位頑強的山區老婦在衝突中抱住了某頭頭的腿，前來晉見王司令的造反派弟兄們動了脾氣，他們自從在戰火中奪取勝利以來，意氣風發，許久沒有動過拳腳了。老婆子居然敢抱我們頭頭的大腿，這不是活得不耐煩了嗎？於是，造反派們一頓臭罵猛踢，用嶄新的大頭皮鞋，把這位戰火中倖存下來的老人給活活踢死了！據說她身體尚強，在醫院裡堅持著不想死，最後卻沒有救過來，她到底還是犧牲在了慘烈的文革劫難中。那一年，她應該是將近七十歲的樣子。即便是年輕人，也架不住這般猛踢啊。聽到這個消息，我們全家人非常哀傷，我們沉默，我們無語。

我長期不知道她的尊姓大名。普通山區百姓，誰會記得她們的姓名？老婆子就這樣赤條條死去。

她的兒子王幹部，屢挨批鬥，自身艱難，沒能保護住他的母親。老婆婆慘死後，曾經引發了地委老住戶們普遍同情和強烈不滿。而各家各戶，早已破敗無望，自顧不暇，誰也管不得此事了。

還需補充一句，老婆婆的兒子王幹部，其傾向屬於紅字號觀點，老婆婆算是紅字號家媽。這與她死在聯字號腳下，是有直接關係的。但是，紅字號弟兄們，同樣猛踢過聯字號年邁的父母親。仇恨多多啊。

晉東南文革難民死傷那麼多，誰又知為何犧牲？我總是在想，假如，頑強的老婆婆留著那顆優質手榴彈，事情又會怎樣？她敢不敢扔出去？如不敢扔，她幹嘛把它撿回來？

這一年，到這個時候，我就滿了十三周歲了。

醫專激戰

由王法書率領的聯字號鐵杆隊伍二〇〇餘人，意志堅強堅守醫專據點。紅字號進攻最嚴重關頭，軍分區派來一個連的便衣戰士，與王法書並肩作戰。整個醫專校園內，眾志成城。數月來，他們加強了防禦工事，操場和重要通道埋設了地雷，挖掘了通往軍分區等處的地道，火力配置合理，防守相當嚴密。每一個頭頭都陷得很深，沒有退路。時有戰友在血泊裡栽倒，其中一位頭頭鄭玉豪，又讓紅字號給抓去了，生死不明。曾有少數動搖者不辭而別，反而剩下了一批骨幹，隊伍純潔了，意志統一了，戰鬥力未降反升。王天池，這位老紅衛兵對我講，當時他使用一支德國造二十響駁殼槍，在戰火中經受鍾鍊，特別敬佩一老一少兩個人，一是老八路田茂海，在部隊時是個副團級，不管打到什麼地步，老田總是鎮定自如，從容不迫，他經驗豐富，關心下屬，對穩定軍心作用很大，特別是對於學生出身的戰士們，教益很深。另一位讓人佩服的同輩人，是潞安中學老紅衛兵周軍，一個革命軍人的後代。他真有一股子誓為共產主義英勇獻身的拚命精神，非常真誠，非常勇敢。周軍帶領一個小隊，警戒在南部與淮海廠對峙的危險地帶，常常直接面對敵方，抱著一挺機槍，堅持值勤。周軍還被專建紅字號抓走過，面對嚴刑拷打，他寧死不屈。後來終於被軍分區營救出來。周軍是一位讓職業軍人都佩服的學生硬漢，軍分區來據點裡慰問時，號召大家團結起來，學習周軍精神。戰後，分區首長送他當了兵……

我在二〇〇四年採訪了周軍。這位當年太行山上有名的老紅衛兵，經過戰火洗禮，留了一條命，現在已是言必談經濟了。說起當年困守醫專的歲月，他依然那麼激動，依然一臉純誠。他談及許多往事，說駐守醫專的戰鬥隊員們，一連好幾個月，基本上不洗臉，手全是黑的。身上的蝨子一抓一大把。全市沒有自來水，打井水不方便。

王法書對我回憶說，不洗臉算個甚？能吃飽就不錯。有一回打了勝仗，咱說讓管後勤的趙小季給弟兄們炸些油條吃吧，趙小季是市勞動局幹部，負責後勤搞伙食，這天傍黑支起油鍋來，準備慰勞大夥一頓。校園裡還在落炮彈，也顧不上管他狗日的。老趙和麵，支鍋熱油，眼看就要吃上油條了，人都饞的不行，突然，一發炮彈落在房頂上，「咣」地一聲，把房梁炸塌了，幾塊大磚頭砸在油鍋裡，當下就把個大油鍋給砸漏啦！吃油條，吃他媽的逼吧……

這真是一個隨時可能丟掉性命的年代。

文化大革命，自造反奪權始，必以全面血戰終。國內外不少研究家指出，真正的文革時期，應界定在前三年，便是這個道理。不久前，看到韓少功先生著文剖析文革，闡述何以用非暴力方式達到了結束。文章甚佳，但立論的前提，是把文革終結期，放在了十年說上。此說雖無可厚非，卻大有思量餘地。這裡要說的一層意思是，長達半個多世紀的暴力革命理論和階級鬥爭學說，推演乃至文革顛峰，想不血戰而終很難很難。晉東南聯字號、紅字號上百萬軍民大對立，全國兩派將士大對立，死亡流血，仇敵相見，不打到最後關頭，誓不甘休，實在不好說文革是以非暴力形式結束的。

元月十五日，紅字號從南面、東面、北面，調動強大兵力，再次向聯字號紅總司醫專據點發起攻擊。

這一天，紅字號趙震元、郝振祥、王七孩、楊萬勝、侯小根等將領全體上陣，協同作戰，從凌晨六時起向醫專猛烈炮擊，停炮後展開地面進攻。醫專據點距離軍分區很近，即人們說的「一箭之遙」，聯字號據此保衛軍分區。

聯字號據守司令王法書、作戰部長班萬紅，率精兵強將，頑強抵抗。凌晨紅字號炮擊打響，聯字號各分隊指戰員井井有條鑽入地道或主樓一樓內躲炮，待炮聲稍緩，即殺至戰鬥位置。抗擊來犯之敵。

紅字號戰鬥人員按計劃從東、南、北三個方向，同時向醫專發動進攻，力圖驅逐守軍從西部撤往軍分區去。

醫專南部屏障和平醫院，平時由醫院聯字號組織護衛，抵抗紅字號淮海廠方向來敵，延緩紅字號進襲司令部步伐。今日血戰未能守住。紅字號大批武裝隊員首先佔領醫院，繼續向北攻擊，一直突進到醫專南牆，停止了腳步。原因是遇到了醫專大操場開闊地，知是雷區，不可冒進。於是，紅字號隊伍在南牆處建立機槍及小炮陣地，頻頻向教學主樓射擊。策應北部戰鬥。

醫專北部屏障是地區印刷廠，王法書持衝鋒槍，利用工事、廠房等地形地物，親率部下頑強抵抗，與紅字號打得驚天動地，聯字號戰死二人。打到半截，王法書背下一名傷患。他後來跟我說：「傷患的血順著我脖子往下灌。」王法書旋即從西部奔向軍分區，他渾身是血，直接跑到了分區武天明司令員家中，請求分區火速出兵增援，或者下令允許守軍撤出醫專。這時候，聯字號另一名巨頭——長北五四兵團徐志有，正在分區裡頭。老徐對我回憶：「他媽的，紅字號在醫專那邊打到下午了，王法書冒著炮火跑回分區來，大喘氣說，醫專快頂不住了，請示分區首長可否從西面正門突圍，首長嚴令指示說醫專絕不能丟，法書可以休息一下，即命我帶領一支軍人隊伍，穿便衣，迅速殺赴醫專增援堅守，並由我接替法書指揮。王法書立即派出他的一名警衛員，跟隨保護我，還特地給我寫了一個命令，上寫醫專諸戰友必須聽從老徐全權指揮。老趙啊，我要說法書老兄那天算半個逃兵，他肯定沒話講！當時老子二話沒說，揣上一紙命令，端起衝鋒槍，帶著周軍等弟兄向醫專跑步前進。到醫專大門口工事那裡，見一個戰友仰面躺在地上，已經犧牲了。我們頂著炮火衝回醫專主樓。我立即給大家鼓勁兒，要茂海、天池、老班等人堅決頂住。正說著，紅字號的改裝坦克從西面正門撞了進來，咣當咣當把鐵大門給衝垮了，主樓陣地幾挺機槍立即向坦克掃射，子彈打在坦克鋼板上，叮叮噹當，火星四濺，但不起什麼作用，我立即命令，發射四零火箭筒，那玩意兒本來就是打坦克的！不巧火箭筒炮手正在北側戰鬥，等到火箭筒戰士跑步前來時，那坦克，不知為啥卻退了回去，估計是紅字號的步兵沒有跟進。到現在我弄不清，紅字號為什麼沒有從西面猛攻。就這樣，醫院、醫專、印刷廠三個地點，這天挨了一千多發炮彈，犧牲了四個人，我們在主樓守到天黑，紅字號三個方面的隊伍總算撤退了。」

我告訴老徐說，我看過材料，紅字號那天總攻醫專，人家的作戰部署，是有意放開西面大門的，南面專醫院、北面印刷廠、東面舊城牆先後都讓紅字號攻佔了，目的在於逼迫據點聯字號數百人從西面撤到軍分區去，就算拔掉了這個大司令部。紅字號跟主樓守軍直接交戰，卻沒有打下來。

老徐說：那我明白了，王法書得不到撤出的命令，他只好自己突圍到軍分區去報告。

我說，你們聯字號的指揮系統比較強，沒有命令就堅守不撤，真夠頑強的，那天晚上，軍分區政治部郭首長，親自到醫專第一線去慰問了。他代表軍分區召集你們頭頭見了面，表揚你們浴血奮戰的精神，提出向最頑強的周軍同志學習等口號，鼓勵你們要堅守，向你們當場贈送了毛主席像章和語錄本。當晚還向醫專增派了一批摘掉領章帽徽的部隊戰士，好像有一個連兵力吧。

老徐就笑，說這麼內部的事兒，你老趙是怎麼知道的？確實是這樣嘛，因為市區的聯字號據點快讓紅字號打光了，只剩下了兩大組織司令部，再打丟了就只有軍分區獨家支撐了。醫專一旦丟掉，就把軍分區直接暴露在前沿了。許多聯字號人馬，都住進軍分區肯定不好，都撤到長北那邊去，長治市就空啦。還不到撤的時候嘛！

我告訴老徐，那天戰後，紅字號趙震元等人連夜開會做了戰場總結，指出郝振祥的南面進攻不夠協調，開炮遲了；駐長運的王七孩炮組也打得不夠準，研究怎樣重新組織攻打。如果不是次日發生了一・一六事件，醫專據點肯定會被持續攻打，雙方傷亡將更加慘重。

老徐感歎道，有部隊戰士共同堅守，他們要打垮醫專也難。不過，紅字號趙震元和文琪他們，確實很能打仗。從頭年十二月份到次年二月份中下旬，雙方交戰不分晝夜，我們聯字號失利多些。雙方都殺紅眼了，那日子很苦啊。到二月中旬以後，依靠野戰大軍的到來，這才把戰局扭轉過來，我們終於配合部隊大反攻了。

那日激戰還有故事。

紅字號攻打醫專時，南側地區和平醫院裡頭，聯字號醫生照例為本派守軍實施戰地救護。我的老友張中慶他爸，常二毛他爸，都參加了護院隊。不論你原先屬於哪個科，這陣兒都搞外科救護好了。一部分醫生們從抗戰開始即與軍隊關係密切，兩地距離又近，所以紅字號醫務人員被打出醫院，聯字號醫生端起槍來組織了護院隊，配合守衛醫專，搶救傷患，不遺餘力。聯字號護院隊醫師，實行武裝值班。這一仗，這班醫師險遭覆滅。情況是這樣的：元月十五日上午，紅字號攻進醫院，護院隊的醫生們急忙鑽了食堂菜窖。紅字號將士暫時沒顧上收拾這些人。到天黑後，醫專未陷，紅字號隊伍受命從醫院向南部淮海廠撤退，還順手牽羊搶了不少財物。隊伍中忽有人問，那幫聯字號醫生都有槍呢，他們跑到哪裡去了？說這話時，一哨人馬正好到了大菜窖跟前，便聽有人說，會不會藏在這下頭？十幾位醫生們在菜窖裡聽得真切，黑咕隆咚，誰也不敢吭氣，躲沒法兒躲，跑沒法兒跑，大夥兒驚出了一身冷汗。但聽上頭紅字號頭頭說，炸狗日的，管他有人沒人，點個炸藥包扔下去！說時遲那時快，咕咚一聲，即有一個方箱式炸藥包扔了下來。導火線「嗞嗞」地冒著火星。天啊，今日完了。滅頂之災啊。——最不可思議的是，這個炸藥包落在醫生們腳邊，偏偏熄火了，沒有爆炸！上頭的紅字號感到奇怪：咋不響？不行再點一箱。在此萬分緊急關頭，遠處有紅字號頭頭呼叫這撥人，「快些跟上！到急診室那邊去搜一搜。」這撥人答應著，沒有繼續實施爆破，小跑步離去了。

菜窖裡頭，十幾位醫生躲過了劫難。其中，就有中慶他爸，也不知前世修了什麼大德，在必死無疑時刻，撿回了一條命。那種炸藥包威力之大，是可以炸塌半座樓的。

聯字號營救常醫生

急診室那邊，我的發小常二毛他爸，可就倒了大楣。

這位常二毛，就是前頭章節裡那位：他家菜窖裡吊死了衛校老師，二毛不知情，下菜窖時與那屍首打了個正照面，差點兒沒把二毛嚇死。武鬥開始後，二毛他爸媽——兩位堅定的聯字號，鬥志昂揚參加了護院隊，積極為聯字號將士救死扶傷。這天紅字號攻過來，本是內科大夫的常醫生正在急診室那邊忙亂，未及躲到菜窯中去。天黑後，醫專總部槍炮聲漸稀，常醫生放鬆了警惕，備感困倦，就近倒在值班室床上，抱著一支精美小手槍，蒙頭睡去。紅字號兵馬炸完菜窖未果，恰恰搜查到了這裡。見室內有人大睡，厲聲命其起身。倒楣的地方在於，常醫生熟睡中被吵醒，腦子失去了判斷，以為是聯字號戰友要召喚他去戰鬥，便猛地一下拔出手槍來，脫口而出：「狗日的紅字號打到哪兒啦？」紅字號將士聞言大怒：「老子們打到這兒啦！」常醫生立即被繳械，讓人家捆了。一連幾個大耳光上去，常醫生這才清醒過來，始知是紅字號人馬竄進了此地。他還舉著一把精美手槍，分明是個頭目嘛！可憐常醫生做了俘虜，讓人家扔上了撤往淮海廠的卡車，徑直押回了紅字號大本營。接下來他要受多麼大的罪？且讓我把這個殘酷故事講下去。

常醫生特別富有童心，是非常平等民主的一個父親。我在二毛家裡混夜，年輕人胡謅亂侃，常醫生說一口河南林縣普通話，居然毫無怨言地加盟我們陣營，紮堆兒謅到天亮。你聊什麼他跟你一起聊什麼，這在成年人當中甚為罕見，有趣之極。我們小孩子往往把常醫生當成了同夥兒。到現在，二毛成了國家游泳隊教頭，和我提起他爸夢中被抓情景，一再模仿「狗日的紅字號打到哪兒啦」這句話，我們仍會大笑不止，彷彿在譏笑同夥兒中一位倒楣蛋。這是一個多麼可怕的笑談：

常醫生被抓到紅字號大本營，讓人打得皮開肉綻，活不得死不得。菜窖中倖存的醫生們悲憤交加，心急如焚，紛紛向軍分區呼籲營救常醫生。特別是二毛他媽媽，婦科專家路華阿姨，本來就是位急性子，現在更急出一團烈火來。而紅字號淮海廠大本營是一個具有強大武裝力量的鋼鐵堡壘，說營救，怎麼營救法兒？

這真是個大難題。

路華阿姨，後來接生過我的女兒。我操心文革故事，曾向她提起營救常醫生的話題。她簡略地告訴我，是軍分區讓聯字號王法書他們，把人救出來的，詳細情節她也說不清楚，只是說常醫生被救出時，已經給打得命若遊絲，一動也不能動了，基本上是一死人。

常二毛老爸是如何被救出來的？

問醫院許多人，都說不清楚。

就連常醫生自己也弄不清他是怎麼出來的。

路華阿姨如今已經去世。幸虧當年我問及此事，她提到過王法書這個名字。二〇〇四年我採訪王法書，忽然間想起了常醫生被救事，便慢慢諮詢王法書先生：淮海廠壁壘森嚴，你們駐守醫專據點，是怎樣救出常醫生的？王法書卻想不起來什麼常醫生，不明白我要瞭解哪件事。後來我提醒他，常醫生就是路華醫生的丈夫。王法書一拍腦門，想起來了。

營救常醫生，故事一波三折。如果王法書不講底細，那情節今人無論如何編不來。文革戰場，啥樣兒事也有。

王法書向我開始了回憶：

「你一提路華醫生，我想起來了。那天炮聲很緊，我們在分區開完會，首長把我留下來，專門交待了這個任務。說和平醫院的醫生們，強烈要求營救一個被抓到淮海的醫生，是姓常，首長指示說你們抓緊研究一下，看有什麼好辦法。開頭兒我們沒有重視，那時候雙方抓走一個人太平常了。據我們偵察，淮海廠紅字號大牢，在一座辦公樓裡的地下室，裡頭關著全是聯字號骨幹，駐著重兵把守，你有特種兵也救不出人來。不料，首長又二次派人來醫專總部催，這才引起我們重視。我向作戰部門講了，看看有什麼好點子救人。打進淮海廠救人當然不現實，可首長逼住我們完成任務，這一逼，真逼出了辦法。咋辦呢？我們決定，潛伏到淮海廠佈防的前沿陣地附近，也去抓他們一個重要人物，再拿他交換常醫生。這個辦法說著容易，但實行起來難度很大。淮海廠四周地雷密佈，壕溝縱橫，還有強大火力佈防。因此，只能在他們出入通道外，埋伏等候，才能抓到人。風險比較大，弄不好就連你也賠進去了。頭一回派人，夜裡出發去了，凍到後半夜，抓回來一個，他媽逼一審，是個紅字號普通戰士，不是官，恐怕換不回常醫生。我一想，這個人也有用處，就把他先關起來。第二天晚上又去抓。到天快亮時，終於抓回來一個值錢骨幹，是個正在巡查週邊防線的復轉軍人。咱的人一大早向我報告，說把那個紅字號頭頭拴在操場籃球架子上了。我說不要打他，給他弄些吃的。因為打壞了他，就不能親筆寫信了。說完我去看了看，那人蒙著眼倒在地上，凍得面色發青，看上去塊頭也不小。我怕紅字號打炮把他炸死怎麼辦！院子裡很危險的。就指示把他弄進樓裡來，暖和暖和，讓人跟他談話。把他凍死也不行。那人當時奇怪，為什麼不往死裡打他。向他說明情況後，他表示願意給他們總部寫信，說明自己當做人質被抓，聯字號並沒有打他，只是要求與常醫生來個交換俘虜。信寫好後我看了，繼續審訊淮海廠佈防情況。然後，把頭一天抓的那個紅字號戰士押出來，告他說要放他帶信回去，讓他去找首腦，如果同意交換，就抓緊通知我們時間地點，趕緊回信給我們，否則那個復轉軍人性命不保。交待完了又給他蒙上眼，把他送出去了。

「大概隔了一天，有部下向我報告，說淮海紅字號放出一個我們聯字號俘虜，帶來信了，同意拿常醫生與那個復轉軍人交換。反正他們扣著常醫生也沒球甚用。信中約好交換地點在南郊護城河橋頭上。是淮海廠據點最靠北部的一個哨口。交換時我沒有去。按常規應該是武裝保護把人帶到橋頭，然後給俘虜解開眼罩，雙方同時放人，各自的人就走過橋去。交換完畢，雙方都不打槍，迅速撤回。這件事挺麻煩，前後用了好幾天時間，總算為分區和大夫們完成了任務。後來咱和路華醫生熟悉了，才知道救的是她丈夫。也沒向她細說過程。確實有過這麼回事呢。」

我說總算清楚了。不過王大司令你最後不在現場，常醫生並不是走過橋頭的，他已經被打壞了，不能動，雙方交換俘虜時，是陪同前去的醫生們，用手術車推回來的，回來一頓搶救，人才活過來。這一點我聽醫院的人和路華阿姨說過。王法書平靜地說：「是嗎？」

這位常醫生，名字叫常謙，現在太原退下來休息。那段惡夢般的經歷，想必他終身不會忘記。狗日的紅字號打到哪啦？

王法書他們急匆匆辦妥了這件事，轉身投入了殘酷戰場。

伏擊抓獲李順達

攻打醫專次日，即一九六八年元月十六日上午，長治紅字號趙震元等頭頭獲悉一項重要情報，得知聯字號在晉京上層得到支持，諸多要員即將返回長治執政，因而緊急佈防，嚴陣以待。

早在一周前，紅字號就總結說，程首創的被動和部分縣區失守，與紅字號高層的「右傾」軟弱有關。現在，誓不能再讓聯字號殺回來貫徹新《八條》。元月十日，由空軍弟兄提供方便，紅字號頭頭們在太原空字〇二五招待所舉行會議。陳洪章、王俊傑主持，數十人參加。有行署紅字號王幹部回憶說：北京、太原的形勢急劇轉化，部分同志思想上急躁，那次會議就是在這樣的背景下召開的。會上，郭天聰介紹了武裝守衛長治的情況，說過去咱們軍事上右傾吃了虧，現在加強了領導，佔據了主動。聯字號市內只剩下兩三個據點了，我軍正在繼續把他們打出長治去。武器裝備方面，也已經裝備了一個師。在文祺同志領導下，以淮海廠趙震元為主，楊萬盛、傅安榮、郭天聰等人為副，形成了五人指揮部；王俊傑則介紹了北京情況，說海軍黨委嫌我們過去反映的材料少，以致被動，現在也多了。誣陷程首創的國民黨問題完全虛假，我們已經派人赴四川等地搞回材料，足以否定聯字號假材料。會後當日，紅字號三〇餘人轉赴省體育館，參加了省城同一派組織「紅總站」聯合會議，同樣指出前段時間右傾保守，致使劉格平同志很被動，從明天開始，要求各下屬組織立即行動起來，全面反擊。

元月十四日，紅字號長治地區負責人文琪，乘坐海軍汽車疾返長治，緊急佈署抵抗聯字號要員返回長治古城。

十六日上午，紅字號駐省人員確認，聯字號浩大車隊已向長治進發。現在，只有依靠全區武裝力量，在晉東南浴血拼殺了。中午，紅字號駐省人員決定：除陳洪章帶領少數人堅持晉京兩地上層鬥爭外，多數人速返長治，參加根據地大決戰。

下午三時三十分，紅字號在省人員三四人，同仇敵愾，再次登上了空字〇二五的援助飛機。他們要趕在聯字號浩大車隊前頭，返回長治。三時三十五分，飛機起飛。同機人員中，有海字〇一一五部隊許先進政委，他始終被晉東南紅字號認做最尊貴的軍隊首長；四時十五分，飛機降落在空字〇二五長治基地。此刻，聯字號車隊由李英奎帶領，正在陸地推進中，現已進入晉東南屬轄地界。

一場惡戰，即將打響。「一．一六事件」就要爆發。

紅字號軍事指揮中樞，仍在地區西招待所。前一日，他們強攻醫專聯字號總部未克。元月十六日早晨，指揮部進入迎戰「太原來敵」時段。上午，在插空派兵攻打糧食局之後，趙震元總指揮召集淮海廠防區總指揮郝振祥、北郊防區指揮王清海等，緊急部署當晚戰鬥任務：各部聯合出擊，要求用伏擊戰方式，堅決勇猛地扣押俘獲全部來犯之敵。——來者有兩個解放軍武裝戰鬥連隊，大小二〇餘輛汽車，上百名重要人物，加上隨從人員總計達到四〇〇多人，紅字號要把他們一口吞下去，可見總指揮趙震元和文琪等人的氣魄，好生了得，亦可見紅字號抵抗到底的信念又是多麼堅決。

當日下午，長運紅字號據點。郝振祥、王清海召集北部各個作戰分隊舉行戰前緊急動員。英雄街以北，駐守長運、市運、市兵團、永紅、冷庫等武裝分隊，各指揮悉數參加會議。會議決定，主陣地設在長治市區主街道英雄街中段。預計聯字號車隊將在晚六時以後到達長治，由淮海、紅星兩支紅字號主力軍打迎頭衝鋒，由長運兵力封鎖馬路以西，由市運兵力封鎖馬路以東，卡住所有路口巷道，由永紅及市兵團人馬斷後包抄，務必在聯字號車隊進入伏擊地段時勇猛出擊，不得使其超過市郵電局，最晚不能放過十字街頭。四面合圍「包餃子」。專建楊萬盛所部和西招待所精銳隊伍做預備隊，隨時實施增援。參戰總兵力達到三個營。各路分隊要務必統一行動，敢打必勝，預定伏擊成功後，將聯字號被俘人員解往長運大院甄別處理。

為避免盲目等待，紅字號當日把哨兵哨位遠放至北郊一帶，密切監視聯字號車隊入城。

在那個血火危急日子裡，紅字號、聯字號雙方參戰人員是相當辛苦的。長治市文革史志材料載，雙方從上年十二月份到次年三月初，幾乎無一日不戰鬥。有「三天一大打，一天一小打」之謂。事實上，常有一日兩戰甚至一日多戰的情況發生。元月十六日這天即是如此。頭天紅字號聯合攻打醫專，大炮轟擊，出動坦克，激戰一日，今天上午，紅字號長運頭頭李連奇、市運頭頭趙世泉前往西招指揮部開會途中，被聯字號一支奇兵突襲抓走。據報退入了地區糧食局小據點內。於是，紅字號一面緊急備戰晚上伏擊，一面派出侯小根等兩支隊伍，於當日中午十二時開始，圍打此據點，一者救人，二者此據點本來就在攻擊計畫之內。打到下午三時，始克。打死聯字號二人，俘獲守軍數十人。同一天，聯字號也不示弱，組織強兵攻打紅字號西關要塞軸承廠，全天激戰而未克。聯字號傷亡慘重。當晚，紅字號還將完勝伏擊聯字號車隊的戰鬥，昨日大戰一天，今日又有三戰，你說該有多麼辛苦，戰火該有何等殘酷。

情報準確。元月十六日，聯字號車隊在軍分區副司令員李英奎率領下，一路上偵察前進，走走停停，比預計到達長治的時間晚了兩個多小時。

傍晚，車隊到達長治以北聯字號一座大本營——長治鋼鐵廠，這裡距離市區約三〇公里。悍將李英奎號令全隊停車待命。看樣子，今晚要駐紮長鋼了，誰都以為車隊絕不會貿然入城。

老勞模李順達打開軍吉普——指揮車的車門，昂然走下。今天，他身著軍裝，肩披軍大衣，十分威嚴。李英奎與他合乘同一輛車，此時也下得車來。李英奎下令召集軍人緊急會議，研究入城方案。

絕大部分參謀表示，因為沒有尖兵，前方情況不明，夜間進入紅字號城區，太危險，應該先駐長鋼，把長治守敵情況偵察清楚後，再於次日分批入城。對於入城路線，參謀們也認為繞走城區東郊為宜，因為軍分區駐東關教導隊可以武裝策應，地勢開闊平坦，不易遭到伏擊。而西面和正北兩個口子，街道逼仄，必有紅字號重兵把守，車隊一旦鑽入主街筒子，前頭一打一停，後頭奔逃無路，極易釀成大禍。

參謀們所言，均在常識範圍，是有道理的。避寬而就窄，避安而就險，避虛而就實，無故遭伏擊，乃古今行軍大忌。

此刻的李英奎首長，威嚴冷峻而沉默不語。他身經百戰，屢立戰功，頭腦清醒，情況熟悉，哪裡會發生失誤呢？他自參加廣西革命始，打過日本人，打過蔣介石，打過閻錫山，打過李承晚，打過美國佬，一個勝仗接著一個勝仗。一九四九年在徐向前指揮下，李英奎所在六六軍攻打華北最頑固堡壘太原府。總攻是日，李英奎率一支尖刀連隊，拼死突進，一直打進了閻錫山都督府，佔領了最中心的梅山會議廳；他兩度開赴抗美援朝前線，屢建奇功，人說「奇襲白虎團」的故事，就發生在李所指揮的部隊；文革前，李曾任六六軍某師副師長，駐守天津。

據說，眼下六九軍副軍長蕭選進將軍，曾經做過他的上級。想不到，在山西文革戰場上，李英奎又歸轄到了蕭將軍麾下，共同解決太行山紅字號頑敵，真讓人豪情四溢，感慨萬分。

天已大黑。人們紛紛下車，準備長鋼過夜。後勤人員抓緊號房，安排宿營。老勞模李順達已經進了房間，脫下大衣，準備休息。

突然，傳來李英奎首長命令：全體上車，立刻進城！

一位跟隨李順達的幹部亦有軍事經驗，他表示懷疑：是不是命令傳錯了？一問，命令沒有錯。他又直接向李英奎首長諮詢，說現在進城不安全嘛，當即遭到李的訓斥：你們懂什麼，執行命令！

李英奎命令全隊，即刻驅車進城。他恰恰選擇了從長治市主街道開進的路線。或許，李英奎是要採用出其不意戰法，從軍事威懾上、從心理上，首先戰勝對手，或許，李英奎是要誘使紅字號瘋狂出擊，犯下空前大錯，以利於聯字號大反攻師出有名。這只是我們對於歷史事件的某種分析與猜測。

還有一個細節：此次南進長治，一路上李英奎和李順達同乘一輛指揮車，現在，緊要關頭，兩位老李卻分開來，分別乘坐兩部車輛進城。李英奎仍乘指揮車，與前頭戰鬥連隊緊緊相隨，李順達則被安排到另外一輛車上，夾在車隊中間。是誰讓老李此刻換車的？

車隊開著大燈，在一片煙霧中魚貫前行。長治紅字號遠放哨兵首先發現敵情，繼而長運據點哨所發現車隊駛入英雄街北口。紅字號伏兵全部按照戰前佈署，嚴陣以待，刀出鞘，彈上膛，手榴彈開蓋。

趙震元等人據守西招指揮所，用電話掌控全域，等待戰鬥打響。

還是這條英雄街。一九五〇年代之初，李順達從北京載譽歸來，人歡馬叫，歌舞昇平。十幾年過去，如今李順達又回到了這條街上，你沿街觀看，百姓奔逃全無，一切商務斷絕，人間煙火不再，斷壁殘垣，朔風怒號；街頭處處是工事，麻袋裡裝滿了漳河的黃沙。曾經無比繁華的馬路上，彈坑累累，殘車占道。街壘裡巷口處，冷槍時發，黑燈瞎火，除了槍手們如幽靈般時而閃過，再無半些人氣。活活一座陰間地府的廢都。毫不誇張地說，這裡連一條人世間的狗都見不到，野狗們家狗們，被射殺吃肉，差不多打光了。狗們想活命，或者啃吃凍屍，或者跑到野外變做狼。

此街中段，一輛百孔千瘡的破爛汽車橫臥於馬路當中，佔據了馬路寬度的三分之二。

伏兵們躲在暗處，一顆顆手榴彈的絲質白色拉弦，前頭一個小環，扣在了紅字號戰士小拇指上，四周靜得出奇。突然，紅字號高音喇叭啟動，嚴厲警告聯字號車隊停止前進，退出戒嚴區域，否則一切後果由來犯者負責……

車隊已經深入街區，掉頭回去是不可能的。開路軍車上，戰士們不斷用步話機向指揮車李副司令員報告前方情況。李英奎命令部隊戰士全體高唱語錄歌，高呼毛主席萬歲，高呼文革口號，奮勇前進！

雪亮的軍車大燈照亮了前頭橫置的破汽車，開道戰士立即報告受阻路況，李英奎命令：開足馬力，從破汽車一側強行通過。

話音剛落，前頭有炸藥包引爆，炸聲震耳，火光衝天，令人靈魂出竅。這正是伏擊戰鬥的信號，頓時，英雄街頭槍聲大作，彈飛如雨，殺聲震夜，數不清的手榴彈在車隊近旁連續爆炸。紅字號五百餘名戰鬥隊員勇猛出擊，高呼放下武器，繳槍不殺！整條馬路已被密集火力封鎖，此刻，開道戰士的耳機裡只有李英奎的喝令：衝過去，堅決衝過去！不許停車，跟我來！跟我來！

說時遲，那時快，李英奎的指揮車冒著極大危險，率先超越了開道軍車，在槍林彈雨中衝到了最前頭，他不停地呼叫：跟我來，跟我衝過去！

指揮車帶著疾風，接近了阻路破車，側旁，剛好有少許寬度，指揮車瞅準這個空檔，加大油門飛駛掠過，地面上的累累彈坑使它連續跳躍著，瘋狂地衝向遠方。

緊隨其後，又一輛小車猛竄而過。

在前後左右的槍彈聲中，六九軍開道連隊四輛軍車，把一側輪子跨在人行道上，怒吼著衝了過去。單等武裝軍車過畢，紅字號戰鬥隊員突然猛力推出一輛拖掛車來，實實堵塞了全部路面。

非軍人的卡車衝到口子處，在一片爆炸聲中垮了下來，車輪停止了轉動。

李英奎的指揮車和開道的六九軍連隊，共計四大兩小六輛軍車，衝出了伏擊圈，脫離了險境。餘下九輛卡車、大客車——最重要的有李順達所乘吉普車，還有核心小組首腦們，陷入重重包圍之中。壓陣斷後的省軍區連隊所乘軍車，被截成三段。戰士們因沒有得到開槍命令而未敢還擊作戰，悉數被紅字號繳械。「舉起手來！繳槍不殺！」紅字號的斥喊聲震耳欲聾。

李順達木然坐在車裡，沒了話語。他望著前頭道路上那熊熊烈火，似乎要望穿火焰，追尋李英奎奔突後的車影。

此時，紅字號副總指揮楊萬盛帶領預備隊，大舉增援而來，進一步加強戰地指揮力量。楊一到來，即命被繳械的省軍區連隊官兵一律不得下車，全體聽候處理。

英雄街頭，硝煙瀰漫中，整個聯字號車隊被團團圍住。紅字號將士逐批往外押解俘虜。按照預案，被俘人員被一串一串押解到附近長運大據點，進行突擊審訊。

李順達等聯字號新政重要人物，包括軍分區四五四六獨立團團長和長治武裝部首長，一律被俘。李所乘坐的吉普車在車隊中格外顯眼。

車門被猛地打開，李順達坐著沒動。槍口之下一聲斷喝：「這是誰！」

警衛戰士回答：「這是我們軍長。」

幾支強烈的手電筒光立即打過去，光點刺射著李順達的眼睛，使太行老農臉上特有的皺紋一覽無餘。那皺紋飽經風霜，深刻無比。

李順達還是坐著沒動。紅字號頭頭冷笑：「好啊，老農賊甚時候升了軍長啦？」

有人高喊：「把槍交出來！」

頭頭厲聲命令：「把李順達這個老賊拖出去！」

可憐李順達被人拳腳相加扔在車下，就扔在這條始終被叫做「英雄街」的冰冷馬路上。革命境遇今非昔比，革命人生反差太大。

「撲哧」，一顆手榴彈像鐵錘一般砸在了李順達頭上，血立即冒了出來，血順著脖子流淌而下，浸濕了他的內衣：「砸的就是你這個冒牌軍長！」

李順達和一百多名俘虜一起，高舉雙手被押至長運。不幸中有萬幸，紅字號一位長運醫務職工，少年時在課本上讀過《李順達給毛主席的一封信》，便上前招呼，態度溫和地為老李醫治頭部傷口，止了血，包紮了繃帶，甚至還給他弄了一口水喝。優待舉動，差點把老李感動的落下淚來，以致於他在後來狠批程首創的講話中，念念不忘地提到了這件事，說「紅字號裡頭也有好人」。

李順達剛剛喘了口氣，即有一群武裝人員闖進房來，槍口威凜，鋼銬冰森，為首頭頭指令：「把這個老農賊拉出去，槍斃他。」

李順達沒有力氣反抗，槍斃啊！他哀嚎長歎，他為自己光輝的一生竟是這般完結而歎息。

重新蒙上眼，重新塞住嘴，重新拖上汽車。

半小時後，汽車停下來。我們不知道老李在此黑暗路途的顛簸中想了些什麼，他又是如何看待死亡的。

一場假槍斃，實際是轉移，殺殺老李的威風罷。

李順達被押到一座樓上。有人開始對他仔細搜查。

一本快要用爛的大字本《毛主席語錄》，十來塊錢，十來斤糧票。

軍衣脫下來，血淋淋的內衣脫下來，鞋、襪子、褲子一律脫掉檢查。

問：「八條黑文件藏到哪裡啦？」

答：「我能識幾個字？咱不帶文件。」

問：「槍哩？把槍藏哪兒啦？」
答：「咱還敢帶槍！咱連個鉛筆刀都沒有。」
問：「你知道這是甚地方？
答：「說不好，該不是淮海廠吧？」
問：「你怎麼知道這兒是淮海？」
答：「是五幾年來，師傅們請我作過工農聯盟報告。」
問：「記得可清哩，還作屌報告哩，還聯盟哩？」
答：「到這兒我可就放心啦。」
問：「因為甚放心？」
答：「你們是工人，咱是農民，工農一家，都不是走資派，打破了頭，打不破心！」
問：「說得比唱得還好聽哩，咱們現在可不是一條心啊，聯字號和你一條心嘛！」
答：「工人好，工人不會瞎胡搞。」
那頭頭最後說：「行啦行啦，半個燒餅吃不飽，還是把你捆屌起來吧！」
李順達被押到那個幽暗的地下室，走廊緊裡頭還有一個黑屋。幾個同時被俘的地區核心小組成員也被關入這一區域。他們都是老幹部，本來要接替程首創作新官，轉眼間成了紅字號的囚犯。據李順達在一九七〇年一份回憶說，他被捆在這裡兩天三夜，受夠了下馬威，以後一連被關押了二十六個日日夜夜。

這是一個驚險的夜晚。被俘人員全部經歷了審訊過程。趙震元有令：大肥豬留下，小兔子放走！三天以後，從長運據點放走一批老弱病殘閒散家屬或無關緊要的人。當夜捕人太多，紅字號突審匆忙不過細，「管球不了這麼多人吃飯」！疏忽之中，使一些陷入險境的要人倖免於難。這中間，竟然有紅字號最大敵人武天明司令員的夫人張如月女士，還帶著兩個小兒子。我們殊難預料，她一旦被辨認出來，處在極端對立派的狂躁激憤中，會是怎樣一個悲慘後果。二〇〇四年夏，我從長治驅車東下太行，到石家莊，去尋訪武天明夫婦，我與武家的子女們本是相熟的。一提此事，張如月老太太依舊驚魂未定。她用濃厚的山西口音對我回憶：

「真不敢提那個一一六事件。那黑夜在街上，又爆炸又掃射，差點兒吃了槍子兒，然後把我們押送到長運學校，把我們幾個分區家屬和娃兒們關在一起。還有民兵抗日老英雄黃小旦，他哪像個公社武裝部長，倒像個農村老漢，當時紅字號沒有認出來。女同志裡頭，還有崔副政委家裡的（崔修德夫人）。我們從太原搭順車回長治，說是形勢要好轉哩，沒想到遇下這麼大危險。我還帶著倆娃娃呢！真擔心壞蛋欺負娃娃們。」我注意到，張如月老人的頭髮尚未全白。

老太太說到這裡，年邁的武天明司令員插進話來，竟無意中證實了一個疑點，他說：「唉，出發之前，在太原定過方案嘛，我們研究了一下子，行軍當天要駐紮長鋼或者長北，然後分批進入市區，這樣可以避開伏擊，減少損失嘛。當時我留在太原，李英奎帶隊出發了。誰知道到了長治，李英奎他就這麼幹！下命令冒險進城了嘛……」

李英奎在文革中，他經常獨斷做出決策，並不一定事事與游擊戰出身的武天明商議，這是常事。武天明司令員的插話，可信性應是較大的。但是，李英奎為什麼要冒這個險呢？至今令人費解。

張如月老太太年輕時也參加過抗日工作，語言表達很清楚。她繼續回憶：「我們十多個人關在一起，抓緊商議了一下，說千萬不敢暴露身分啊，剛說完，紅字號一夥人踢門就進來了，一進門，那個頭頭二話不說，舉槍朝著房梁上叭叭叭就是三槍！打得灰土落下來，我們誰也不吭氣。這才一個個登記，我當然用了假名字，黃小旦也用了假名字。審問我時候，問我是幹啥的，我說我是分區搞後勤的王管理員家屬，紅字號為了證明這一點，還問了別人，別人都保護咱們，哪敢提武天明三個字，只說確實是王管理員的家屬，人家不信，把我家文進、奮鬥兩個小孩兒叫過來，又問，說你爸媽平日在分區機關幹甚哩？那年文進剛十歲吧，奮鬥才六歲，他倆說的好，說是誰家房子破了就給誰家修唄，這下人家才相信了。熬到第三天晚上，門鎖一開，總算把我們娘三人放了！一放出門，害怕人家後悔追上來，趕緊想辦法躲藏，街上人也沒有，燈也沒有，紅字號全城戒嚴嘛，我想起一個部隊家屬，住在不遠處，我們趕緊往她家跑，是人家把我們藏了一夜，後來轉告分區的人，這才悄悄把我們接走。實在很可怕。果然，第二天，紅字號發現放我放錯了，知道咱是武天明家屬啦！就去審問拷打包庇過我們的人！唉，一場大禍，差一點兒就活不成了。」

武天明司令員長長地歎了口氣，凝神看一陣老伴，沒有言語。他扶穩了沙發把手，艱難地站起身來，努力移動曾經負傷的老腿，疲倦地說：「我躺躺去，要躺一下，想起那些事，說都說不動啦！」

不難看出，他對長治文革歲月充滿哀傷。一年後，到二〇〇五年底，我寫到「一・一六」一段往事，忽聽人講，武天明司令員已經病臥在床，不能起身。他晚年一心想回住山西，可歎這願望恐怕很難實現了。

事件後果特別嚴重

「一・一六事件」的爆發，在紅字號、聯字號各個佔領區，乃至太原北京，引發強烈震盪。槍桿子裡面出政權，這是真理。紅字號對此歡欣鼓舞，海軍首長和身在石家莊海軍農場的程首創，都認為「這一仗打得好」，「趙震元在長治打了一場漂亮仗，看他們怎麼辦」，「這是用實際行動，對劉格平的最大支持」！紅字號認為，聯字號對待「七月會議」也曾頑強抵抗，現在我們如法炮製，無可爭議；少數首腦如陳洪章等，則認為全國形勢大變，此一時彼一時也，全盤扣押新的核心小組成員，特別是扣押李順達，是魯莽的軍事行動，正上了李英奎等人的大當，軍隊支左幹部必將以此為藉口，脅迫中央派兵大舉圍剿紅字號，局勢將更加嚴峻。當時，陳洪章等頭頭仍滯留北京太原，聞知事件爆發，疾呼大事不好，從太原電話打來，對長治將領連跺腳帶罵：「簡直是蠻幹嘛！人家正想讓咱這麼幹哩，他們正想讓咱們公開對抗中央會議，正想讓咱們反軍殺人哩，抓住個李順達有什麼用？」

長治回電：「是不是放了他？」

陳洪章：「現在放了也白搭，既然事件已經發生，我們只能盡力爭取他，爭取李順達對我們的支持和理解，帶動其他人反戈一擊！」

長治：「不好爭取啊，咱們的人動手打了他……」

陳洪章：「真混啊，要趕快鬆綁，趕快解釋，趕快慰問！……告訴同志們，我們可能會陷入最壞境地，要做應付最壞局面的打算。謝振華和張日清，一定會充分利用此事，調動軍隊圍剿晉東南，仗會越打越艱苦，要做最後的準備。」

聯字號方面，受到震動更為強烈，也有人抱怨過李英奎膽大妄為，獨斷專行，造成了損失，但是，他們很快統一了思想，全力以赴對付紅字號。

俗話說，捨不得孩子打不住狼，為了最後勝利，這點損失算得了什麼？現在狼已落入陷阱，要抓緊圍殲。事發當晚，軍分區火速派出一輛吉普車，載精幹軍官，急如星火奔赴太原，報告長治事變。這位軍官在次日早晨到達太原後，立即找到聯字號駐並高級聯絡員苗福俊，要求他緊急帶路，面見武天明司令員。旋即武天明在省軍區接見來者，聽取彙報。據當事人講，這位軍官一見武天明，淚如泉湧，連稱大事不好，語不成句，並首先彙報武天明夫人和孩子身處險境，頓時遭到司令員厲聲喝斥：「站好！你慌什麼？你哪裡像個軍人？說什麼家屬的事？先彙報李順達他們的情況，先彙報李英奎副司令員的情況！」

那軍官受到鞭策，登時清醒，始將遭到伏擊的慘痛情況，一一稟報：被紅字號俘獲的重要人物有——省核心小組新確定的晉東南核心小組多數成員，如李順達、賈茂亭、常三毛、李世源等多位老幹部，軍隊幹部有：軍分區參謀長金鵬、直屬四五四六獨立團團長岳忠泰，長治市武裝部政委趙成旺，部分縣市和大企業領導人，多位公社武裝部長、民兵英雄黃小旦，全區民兵學毛著積極分子榮改改，首都紅代會成員、清華大學井岡山老紅衛兵邢曉光等。如此老中青、工農兵一百多號人，其份量已是極重。地市聯字號重要骨幹幾被一網打盡，或曰打掉大半。眼下，這批人處在生命危急中。

武天明當即命令：就地寫出書面緊急報告，呈上：呈省軍區，呈謝振華，呈北京軍區鄭維山，呈中央軍委，呈中央文革，呈康生，呈林彪副主席，呈周總理，呈毛澤東主席。

謝振華、張日清、劉格平等省府首腦面對這一嚴重事件，無不受到震動，北京方面，凡剛剛參預解決山西問題十二月會議的中央軍政要員，均接到通報，稱「晉東南發生了嚴重事件」，北京會議又白開了！他們干擾破壞了毛澤東急於制止動亂、召開「九大」的戰略部署，這無疑是「程首創等一批壞人操縱破壞的結果」，山西晉東南問題，終於到了以非常手段解決的時候。

局勢迅速向極不利於紅字號的方向發展。

李英奎副司令員精神抖擻，發揚我軍連續戰鬥、不怕疲勞、敢於鬥爭、敢於勝利的優良傳統，晝夜賓士在長治、太原、北京之間，全力推動北京軍區，推動中央，做出大規模出兵晉東南的決策。

雪片一樣的《晉東南告急》電報，飛向北京城，飛向中南海。據王法書先生回憶：事件發生後，全區聯字號緊急行動起來，利用各種通訊手段，以各種名義，從最基層向北京全面告急。長治郵電系統癱瘓在紅字號手中，聯字號就充分利用掌控中的數縣郵電局，拍發告急電報。不能發報的縣市，則借助河北、河南邊境或鐵路、兵工管道，向中央發報，請求中央迅速派遣大軍出征太行，嚴懲紅字號「一小撮」壞人。王法書先生至今感慨：這些「十萬火急」的電傳到北京，少說也有兩千件吧！頓時在北京黨政軍三方面造成極大聲勢。

文革中有一個名詞，叫「開槍權」，專指軍隊出面解決地方戰事的合法性。現在，晉東南軍分區和聯字號，包括以謝振華為首的六九軍等山西支左部隊，要的就是這項權利。所謂開槍之權，不見得要一個明確授權的「開槍」命令，而是要看大軍區是否加派作戰軍隊前往，要看戰士手中發不發子彈，要看指揮者掌握命令的尺度。周恩來曾在某次會議上公開講到：文革中軍隊指戰員的艱苦程度「超過了抗日戰爭和解放戰爭」，因為「戰時還有休整，現在只有堅持嘛」，周恩來在講這段話時，表揚了軍隊的克制，說「發給戰士三〇發子彈，交回了二十七發嘛！」即指開槍也是常有現象。

文革中大部隊進軍晉東南，蕩平紅字號集團，已是不爭史實，但史料記載很不完整。人們在搜集整理軍隊動向方面困難重重，受到相當限制，要報告一九六八年元月下旬至二月中央軍委及北京軍區針對晉東南的軍事調度詳情，史海探秘，是頗困難的。長期以來，我留意查尋，日集月累，逐漸有所收穫……

這裡要說的是，長治地區紅字號，武裝綁架了李順達等大批晉東南核心小組成員，俘獲了軍分區參謀長和直屬陸軍團長以及市武裝部政委，「繳獲了部隊武器、裝備和電臺物資」，全區大規模武鬥再度升級，促使當局派出軍隊前往平息動亂，從此改變了「人民內部」派性大戰的性質，導致了更加慘烈的文革悲劇發生。

一切偶然性的誘發和當事人的盲動，都不過是一個環節罷了。歷史事件發生有其必然性，文革戰爭發展到了水火難容不可收拾的地步，長期的殘酷對立早已使人變成了戰爭機器一部分，廝殺不會突然中止。大悲劇的總導演不是他們，大流血的責任更不是他們。

我們不妨再引用一段文字，看看職業軍人們對紅字號這場伏擊戰怎樣評價：

部隊護送晉東南人員回長治，出發前並未公開通知，行動是很迅速的。但紅字號的伏擊完全準備好了。選擇的攻擊地點非常有利，部署非常巧妙。首先開槍投彈造成聲勢，有意放過了六九軍開道武裝連隊，然後用拖車迅速封堵口子，以強大火力，展開猛烈襲擊，很快就衝上來大批戰鬥人員，並把位於車隊後部的獨立師連隊衝成三段，全部繳械。然後，在重重包圍中放手抓捕被護送的非武裝人員。其作戰行動的準確、迅速表明，戰前準備充分，戰鬥指揮有方，決非一般武鬥可比。

由此可見，職業軍人們對這次伏擊戰評價甚高，和評價半年前冷兵器時期的高平陳區之戰一樣高。

是啊，從軍事上說，紅字號又一次打了大勝仗。他們乾淨俐落，成功俘獲聯字號軍政要員一〇五人，自己幾無傷亡。而戰前準備的時間並不充分，頭一天還在專心攻打醫專，事件當日還出擊地區糧食局，同日保衛西關要塞軸承廠而與聯字號進攻隊伍大戰整整一個白天，夜間即打勝了如此大規模伏擊戰，斬獲甚豐。紅字號趙震元這幫當年的「老八路」真能打仗，真能吃苦，真不簡單啊。

然而勝利的喜悅竟是那樣短暫。過不了幾天，紅字號民眾最悲壯最淒慘的時刻就會到來。

讀者們分明已經聽到，從四面八方，傳來了各路野戰大軍挺進上黨的隆隆轟鳴聲。

太行號文革列車，終於駛向了最黑暗的深長隧道。一場派戰大流血，就要進入高潮。

晉東南軍民衝突達到令人難以置信的慘烈程度。軍分區和各縣鄉武裝部，滿含著對「敵人」的仇恨，親自上陣剿滅紅字號，紅字號組織反過來向軍隊發起了更大攻擊。

二月二十四日，謝振華在全省「三支、兩軍」會議上講話。他做了一個清楚的概述：

> 一月十六日那天，我們派出兩個連，護送晉東南核心小組和軍分區負責同志返回長治，當晚，在長治遭受紅字號伏擊，搶去了部隊的武器裝備，包括電臺物資。抓了軍隊幹部在內的一百多人。之後，我們先期調動河北一個團，北面一個營，於一月二十八日向晉東南開進，配合當地一個團平息武鬥，由六九軍蕭選進副軍長統一指揮。一月二十九日，部隊根據李先念副總理電話指示，派六九軍通訊處一個班，去高平察看被破壞了的鐵路橋梁，在高平地區遭到紅字號埋伏，把通訊處長和參謀打傷，司機也負傷，隨即我們增派一個連去接傷患。這個連很快進入高平，又被紅字號包圍攻擊。這樣，蕭選進副軍長重新組織兩個連前去援救。到高平後，蕭副軍長又被包圍在裡邊，紅字號先後把三個連的槍彈全部繳獲；這部分槍被搶後，開進淮海廠的炮兵部隊動員紅字號停止武鬥，遭到他們強烈反對，反而把炮兵這個團的槍也搶了一部分；另外，紅字號還搶了軍分區獨立團部分武器和工程團三連的槍。這樣，在晉東南，短時間內有十二個連隊的武器被紅字號合圍搶去，十二個連隊啊！此前，他們還搶了大批縣武裝部和公社武裝部的槍支彈藥。據他們開會披露，已經裝備一

個師了。他們火力封鎖軍分區，接連打死幹部戰士多人。全區武鬥惡化，我們報告中央併發了一號通令，以後連續發通令。但紅字號壞頭頭拒不執行通令，槍不交回，要血戰到底。中央批准，第二次調動大批部隊進軍長治，並增派我軍政委曹中南和蕭選進副軍長統一指揮作戰。部隊從二月十六日全面開進。二月十七日，中央文革、中央軍委對晉東南紅字號、聯字號兩派組織發出了強硬的《二・一七通知》，部隊指戰員堅決執行中央決定。現在已經開進去一周多，正在堅決收繳武器，昨天已經收了機槍七八挺，步槍兩千支，還在收。結果，海字〇一一五部隊政委徐先進同志因肝硬化突然去世，現在紅字號利用這一點仍在造謠抵抗。

「最近，毛主席對軍隊發佈了新批示，我今天傳達一下。毛主席是這樣說的：『我們國家有大量的地方部隊，如獨立師、團、營，那麼，各大軍區、各省軍區、各野戰軍，就有責任幫助他們。犯過錯誤的，要說明他們改正錯誤，有成績的，要宣揚他們的成績，把他們看做是和自己一樣的階級兄弟。……這是一個偉大的任務，我們必須在一年左右完成這個任務。』同志們，以上是偉大領袖的最新最高指示，是毛主席部署的新任務，所以，我們北京軍區六九軍，要積極熱情地支援山西各地方部隊，堅決平息武鬥，幫助地方部隊渡過難關。尤其是對軍分區，對縣社武裝部，我們野戰軍應當體諒他們的困難，迅速幫助他們恢復正常秩序。

這是謝振華將軍主持山西「支左」會議上的講話摘要。彼時晉東南地區一片戰火，雙方進入大決戰。

程首創和紅字號只有緊緊依靠海軍一支部隊和空軍航校部隊，頑強地打下去。

一九六八年初，毛澤東指示野戰軍各部，全面「幫助地方部隊」收拾殘局，這應是文革研究中一件大事。值得重視。從毛澤東「親自點燃」文革烈火，到調動野戰部隊直搗殘局，該指示對軍隊以外沒有傳達，這是一個多麼可怕的轉變。

訪談中，王法書多次談到正規軍隊的厲害，那是一種情不自禁的流露。他對我說：「老趙呀，看你這身體好像很棒，那你也不如一個野戰軍的普通戰士。你吃的就不行！更沒有訓練。不比不知道，——那是打軸承廠吧，紅字號死守廠區，他們有不少人都是打過仗的，不僅武器好，彈藥也充足，火力點也好。他媽的，我們打了三次，三打祝家莊嘛！很難打。頭一仗打球了一天，炮彈倒是沒少放，天黑啦也打不進去，好像還犧牲了倆三人。第二仗，讓我們紅總司打，我的人裡頭，退伍軍人也不少，當時打得很激烈，好不容易打進去了，最後又讓紅字號給打出來了，人家反撲嘛，傷亡不輕，還是沒有攻下來，只是比第一次強些。為甚兩次都打不下來？咱不行唄，攻堅戰本來就不好打，趙震元他們打我們醫專，也沒有打下來呀！那一仗我們犧牲了四個，他們傷亡多少？第三次，劉三年指揮打長軸，首長從野戰部隊調來一個排，直接上陣，外地的，清一色棒小夥兒。當時我們在前方觀戰。人家先是隱蔽觀察地形，然後打迫擊炮轟他幾個點，炮聲一落，這個排分成幾個組，話也不說，立即衝鋒。你看人家，那個戰術動作，唰唰唰，匍匐前進比一般人跑起來還快，真叫利索，不佩服不行，哪個點加速，哪個點射擊，哪個點投彈，三人小組怎樣配合，就跟看表演一樣。好傢伙，幾下子就接近了紅字號斷牆口，連續投彈後，機槍一中斷點，戰士們跳起來一個衝鋒就打進去了！三打軸承廠，咱最後開了眼，還是野戰軍，平時訓練就嚴格嘛，野戰軍戰士吃甚，咱吃甚？你不服不行。那真叫厲害，中國步兵，戰無不勝，看那唰唰唰的！」

王法書講戰鬥，配合著凜厲手勢。

在山西，在長治，在太行山上，地方部隊和後來開進的野戰部隊多次參加了武鬥戰事。有時公開，有時隱蔽，有時攻擊，有時指揮，有時穿軍裝，有時換便服。這便是文革大戰中的軍民關係了。

在兩批野戰部隊大舉開進的同時，晉東南軍分區領導下的四五四六部隊與紅字號武裝進入直接交戰狀態，部隊營長以下戰死五〇多人，紅字號傷亡亦很慘重。

長治戰事之後，北京軍區把這支在晉東南歷盡艱險的四五四六部隊調往了河北某地區。接替他們進駐長治的同類型部隊，也是一個獨立團，則來自保定等地。新部隊首長姓查，其子小查，也來了長治，和我相熟，後來在新華社成為軍事攝影家。他在北京向我回憶文革事，我才知道他爸那支部隊從保定換防長治時，同樣是在極端保密情況下，趁夜色深濃「潛逃」出城的。當時，整個軍區流傳一句話，說「北京軍區三大難，山西、保定、文工團」，足見保定地區之亂，堪與晉東南相比。部隊換防，不敢聲張，怕地方民眾鬧事，矛盾也是文革派戰積累下來的。小查至今驚歎那次換防前後「反差太大」，說離開保定時部隊偷偷摸摸太狼狽，待轉移到達長治後，好傢伙，鑼鼓喧天，禮炮轟鳴，軍分區組織了大型歡迎活動，新部隊倍受抬舉高待，「總算出了一口順氣兒！」我告訴他軍分區當時為了歡迎隆重些，使勁兒鳴放禮炮，還發生了流血意外，禮炮一響，炮彈憋膛爆炸，致多人重傷，把分區作戰科老科長就是趙虎牛他爸的半條腿都給炸飛了，老趙科長還是全軍抗美援朝英雄呢。小查就說，我知道，我還不知道？並說虎牛特逗。

我那位老友吳增義，常拿小兄弟虎牛開玩笑，總是提起：武鬥中紅字號用火力封鎖軍分區，以西招待所火力最凶，還有炮擊，有一天炮彈打在了分區院內武天明司令員家門口，紅字號打炮太準了嘛！老趙科長怒氣衝天，那時候他腿還好著，老英雄抓住酒瓶一口氣灌了半瓶，把瓶子一摔，抄起一挺機槍，大喊一聲：看老子去拔掉這個釘子！有種的跟我上！結果剛衝出門外，酒勁兒上來了，老人家就暈倒在戰場上啦！咱說不清是真醉還是假醉，是真暈還是假暈？」虎牛每聽到此，就連笑帶罵反駁：「不要聽老吳瞎圪謅，我爹能喝醉？你爹！」

眾人便大笑一陣。老吳接著逗虎牛：「真沒個眼色，瞧不見趙作家來啦？趕快讓趙作家把老英雄好好寫寫。」虎牛便說：「趙哥千萬不敢聽他的，老吳嘴裡能說出甚屌好話來？怕是把你的好書都搭賴壞啦！」

眾人說笑間，便去吃長治特產：豬頭肉配潞酒，驢鞭炒餅。

飛機播撒十二道電令

一九六八年初春十分寒冷。太行山區氣溫降至零下三〇度，許多年不曾有過。冰凍三尺地，凍不住戰士滿腔血。兩派指戰員的戰車不會停頓。

一九六八年春季前後的全國局勢已經轉化，毛澤東要鞏固文革成果，平定秩序，陳伯達在元月間對河北保定地區武鬥問題做出嚴厲批訓，山西、河北、廣西、重慶、安徽等地的武鬥，「干擾破壞了毛主席的偉大戰略部署」。

在今天的我們看來，紅字號頭頭和日夜作戰的弟兄們，理應調整戰略戰術，趨利避害，求生存而後起。但是，從全國許多省份某一派在一九六八年以後遭到軍隊鎮壓的情況看，他們大都沒有採取理智的對應措施。這正是犧牲者悲劇所在。我採訪當時的紅字號幹群多人，如楊萬盛等，他們當時是這樣認為的：野戰部隊開進，全部發足子彈，要流血要死人，這是事實。但在起初，弟兄們並不知道害怕，戰友們想不到部隊的到來，將與自己殺身捨命有關。我們都是響應毛主席的號令，才投身於運動的，兩派從大辯論走向肉搏戰，進而長矛大刀，最後使用槍炮作戰，都是運動過程罷了，戰鬥、流血、死人、爆炸，都是在雙方互動中發生的，而不是一派單方面造成的。軍隊開赴晉東南，是要制止兩派武鬥，難道會單方面鎮壓我們？至於一．一六事件，不就是聯字號常抓我們的人，我們又抓了他們的人嘛，頭年「七月會議」產生《紅七條》，他們不是照樣抓過革委會主任程首創，號稱「風雨夜擒魔」嗎？他們不是也常常抓住海軍往死裡打嗎？

激憤而又堅強愚頑的人們，看不到臨近的危險。

聯字號武裝和全區民兵則在集結運動中，他們將有力配合野戰部隊，大打一場「解放長治的人民戰爭，重演當年上黨戰役」。

「一．一六事件」第十天，山西省核心小組

進一步發出《關於晉東南問題的六條措施》。以謝振華將軍為首的山西支左指揮部，業已運作起來，《六條措施》乾脆俐落，一上來就說：

> 省核心小組研究了晉東南最近事態的發展情況，為了制止事態進一步惡化，根據中央指示，特提出如下六條措施：
>
> 一、紅字號抓走晉東南核心小組李順達等所有人員應立即釋放。
>
> 二、紅字號繳獲部隊的武器彈藥、電臺等應立即全部交回。
>
> 三、聯字號、紅字號都不要動員農民進城，已來的或動身來的農民都要動員他們不准進城。
>
> 四、省核心小組解決晉東南問題的八條，應貫徹執行。
>
> 五、晉東南所有軍工廠，都應嚴加保護，不准破壞。
>
> 六、為保證上述幾條認真執行，中央指示派一部分解放軍進入晉東南地區進行支左，處理上述事件。各派群眾組織對所去部隊要熱烈歡迎和擁護。所去部隊應嚴格遵照支左不支派的原則，迅速促進晉東南兩大派革命組織的大聯合。
>
> ——山西省核心小組，
>
> 一九六八年元月二十六日

這是一份軍隊行動告示，關鍵在於第六條「中央指示派一部分解放軍進入晉東南地區進行支左，處理上述事件」。

文告是經北京軍區鄭維山代司令員批示過的。我在史料中查到了鄭維山將軍一九六八年元月二十八日批示原文。原文是，「我同意山西省核心小組的部署和六條措施，希望你們很好地貫徹落實。鄭維山」。

元月二十七日，北京軍區所屬三支部隊，全副武裝，正式向晉東南開進。其一部為六九軍蕭選進副軍長帶領的一個團；另一部工程兵一個營，從內蒙古及大同方面開進；第三部分炮兵一個團，從河北省石家莊地區向西登山開進；原駐晉東南四五四六部隊獨立團，也將納入統一指揮，共同作戰。總兵力三個團一個營。這是開進太行山的首批部隊。所有部隊由蕭選進副軍長統一指揮。晉東南軍分區武天明司令員、李英奎副司令員參加「前線指揮部」，全力配合此次軍事行動。謝振華將軍坐鎮太原轄制全域。

命令要求，各部隊必須在二十八日晚一二時前，全部到達指定位置，即長治市城郊。

二月三日，山西省革命委員會再一次向晉東南紅字號發出《緊急通令》，語氣更加嚴厲。

紅字號陣營本來就不夠系統化，現在長治與各縣失去聯繫，急電也好，通令也罷，在全區紅字號當中，既無法通知傳達，又無法決策號令。所有電報以及諸多律令通告，收到者只是上層少數首領，大部分紅字號指戰員只知埋頭拼殺。

萬般不幸的是，二月四日，紅字號大本營、淮海兵工廠中心區域，發生極大爆炸，蘑菇雲瀰漫在古城上空，久不能散，恐怖無比。爆炸現場慘絕人寰，二百米之內到處是人肉零件。當場炸死四十二人，重傷四十二人，一次傷亡高達八十四人。慘案引發連鎖後果非常嚴重，新開進淮海廠的高炮部隊，其武器又被仇焰燃胸的紅字號群眾奪走。戰爭進一步升級。

「二・四爆炸」發生在大型兵工廠，更加引起了北京中南海和軍隊高層對於晉東南問題的嚴重關注。眼下，晉東南通往河南的重要鐵路被紅字號多次炸毀，列車顛覆，煤運癱瘓，軍隊被圍，槍彈被搶，抓人不放，抗拒通令，四處出擊，不計後果，局勢完全到了不可收拾地步。看來，第一批部隊挺進太行，仍不能彈壓危局，還需增派更大規模的軍隊前往鎮壓。

北京中南海，周恩來總理於二月四日爆炸當天，收到了來自北京軍區，來自山西支左指揮部等多方面的十萬火急報告，謂長治地區壞人猖獗，事態萬分危急。周恩來當即召集北京軍區鄭維山、空軍司令員吳法憲、軍委總參謀長楊成武、分管山西文革的康生等軍政巨頭，緊急開會研究解決晉東南問題，並報毛澤東、林彪批准同意。決定增派第二批部隊大舉開進，同時決定由空軍出動飛機向晉東南地區投撒致紅字號的最後通牒。為此，周恩來命楊成武、吳法憲等將軍做出現場紀錄，周親自用專線電話向山西劉格平、謝振華口述通告電文，讓劉、謝直接抄錄成文，立即印刷並通令晉東南紅字號組織。等於說，此次二月五日發出的嚴厲通告是周恩來總理親自起草的。周恩來指定，通令劉格平要以「山西省革命委員會主任」領銜，謝振華要以「中國人民解放軍六九軍軍長」領銜，這是極不尋常的，是惟有戰爭年代才會採用的一種形式，意味著國家政府與國家軍隊向紅字號實施了極正式的最後通牒。通令精短毫無套話，並單方面針對紅字號一派，有更嚴峻提法：

> 紅字號組織：
>
> 新進去的部隊高炮六一師六〇二團及工程兵部隊等，是根據毛主席無產階級司令部的命令來長治地區執行支左任務的，……你們把六〇二團等部隊大部分武器彈藥搶走，是完全錯誤的！是違反中央一九六七年九·五命令的，你們這麼做就要走到無產階級文化大革命的反面。望提高革命警惕性，不要上程首創等壞人的當！立即把搶走的武器彈藥全部交回部隊，並立即停止向部隊進攻和武鬥，恢復革命秩序。如繼續向部隊搶槍和武鬥，就不成其為無產階級革命造反派了。那麼，中央派來的支左部隊有權執行九·五命令。特此預告，望向廣大革命群眾宣佈，力求貫徹執行。
>
> 山西省革命委員會主任　劉格平
>
> 中國人民解放軍六九軍軍長　謝振華
>
> 一九六八年二月五日

二月六日凌晨，由周恩來口授起草的這份通告從太原印刷廠緊急印刷出來。謝振華當即下令駐晉空字部隊執行特殊任務——用飛機到晉東南去播撒此《聯合通告》。通告中直接講：「不要上程首創等壞人的當！」我們不難想像，這句話將在紅字號戰士心中引發何等劇烈的震盪。

而文革戰士，絕不會屈服。數萬名紅字號戰士緊握手中槍，裹紮了傷口，言語不多，仇焰不減。

一九六八年二月六日，上黨盆地積雪未化，大地斑駁。軍綠色飛機突然出現在半空裡，轟然掠過長治、高平、晉城、陵川等一座座古城。機艙開啟處，有空軍士兵向地面投撒以周恩來口授電令為主的多項通令通電。空中到處飄揚著傳單。人們從來沒有見過戰機飛得這樣低，你可以看清機體上的八一軍徽，可以看清飛行員那年輕臉龐，甚至可以看清機身上一排排鉚釘。飛機發出巨大轟鳴，震撼人心，壓過了地面槍炮聲。文革戰士們從掩體工事裡一躍而出，追隨著傳單奔跑，手臂高舉揮舞拼抓，要看一看從陰霾深邃的天空中，傳落了什麼樣的訊息。

一不小心，那追撲傳單戰士，踩響了密佈的地雷。地面爆炸與空中轟鳴交織成一片。

聯字號戰士們驚喜地看出了通告重點，紅字號走向了運動的反面，程首創已公開確定為壞人，開進部隊是來支持我們的，馬上就要鎮壓他們。

飛機在半空持續轟鳴，給長期生活在封閉戰亂中的山裡人帶來很深觸動——你想，誰能派來軍用飛機啊？

寒冬歲月，戰機從生靈頭頂掠過，百姓們受了慟駭，驚魂難定。

我的作家朋友柴然，少年時橫遭文革禍災而苟活於陵川古城，日後有詩名。他把文革苦難寫成了一部敘事長詩《死無葬身之地》，其中一首《軍用飛機在超低空飛行》，震顫人心。我願意摘錄給讀者們：

鋼鐵大鳥，送來穿透寒流與凍雲層的陣
陣聲浪
碩大無朋軍綠色羽翼，凌駕於積滿白雪
的瓦坡之上
轟鳴巨響足以把冬天的大樹連根拔起
鋼鐵大鳥和我們背後的鐘樓，一個扇面
三角形
把我們這些鄉下孩子釘子般釘死在歷史
犄角
沒有到過天安門卻胸懷全世界的垃圾小
男孩
平日聽得見來自電線杆上高音喇叭不停
地呼喊

難得是這一次，飛機上高音喇叭也在不
停地呼喊
傳單傳單傳單傳單傳單傳單傳單傳
單傳單
天空中突然綻放萬紫千紅玫瑰牡丹大
花園
一個七歲男孩宣告：紅字號小孩們，紅
字號完蛋啦
我聽見高音喇叭的通告：群眾組織；繳
槍不殺
「革命」之字樣，已經從此斧砍或剪切
這時候在山中紅字號聯字號雙方激戰
正酣
傳單把父親們驚悚慌恐周身寒徹的消息
送到山上
他們便開始兀立於山頭仰望星空：抬頭
望見北斗星
飛機上的高音喇叭不停不停不停地呼喊
傳單傳單傳單傳單傳單傳單傳單傳
單傳單

軍用飛機，在古城老舊的瓦房頂上超低
空盤旋
竟然比我們的紙飛機飛得還低的鋼鐵
大鳥
掃帚一樣的陣陣氣浪和那金屬的巨大
轟鳴
把古城瓦房頂上一坡坡積雪西風般刮了
下來……

柴然的詩，將歷史事件與心靈悸動交織在一起，接連發出一個現代人的陣陣悲鳴。這些年，文壇少見了激動，少見了銳利，少見了真切的哀嚎，而人類沒有哀嚎便不會有歡笑……

我家所居住的院子四四方方，全封閉了。院子裡白雪覆蓋不見半個足跡。桃樹幹枝上是雪，自來水閥門上是雪，堅強老婦門前雞窩上是雪，當院兒兩個炸彈坑裡也填滿了雪。當巨大的軍用飛機展開翅膀翱翔在本院上空時，整個院子被遮了天日，風雪攪動，忽啦一下黑陰了天氣。轉瞬機身掠過，復見天光耀眼。如此迭來數次，使我畢生難忘。機聲震耳欲聾，驚起大地全體鳥雀飛撲。半空裡便交叉飛動著斑爛的傳單和鳥雀們。也許，飛行員知道機翼下面是兩派鬥爭中心，故往復多次而不舍。白雪上花花綠綠鋪撒了傳單，給多日枯寂的院落平添複雜眩目色彩，給我的家人以及那位孤獨老婦帶來希望和聯想，這般了無生氣的孤島生活將要發生變化了。當我在驚異中邁出壘死了窗戶的家門，去揀拾雪地上的傳單時，父親居然沒有阻止斷喝。他渴盼著和母親一起，品讀傳單而判析天下大事。中央有態度了？長治快要解除圍困了……

軍用飛機播撒嚴厲通告，使聯字號占盡上風。緊接著，山西省革命委員會於二月十日，向晉東南紅字號再次發出《第二號緊急通令》，正式宣佈：「紅字號肇事組織拒不執行通令通告及有關指示，從而走向了無產階級革命派的反面。紅字號肇事組織，必須將所有武器裝備全部交出，包括搶劫的和自已裝備製造的，不得有任何破壞」。該通令最後一句話是：「我們號召所有革命造反派戰友們，革命同志們，採取各種有效措施，協助解放軍完成任務！」這就宣告了聯字號軍事行動的合法化。

二月十一日，軍用飛機再次旋風般抵達太行山區上空，鋪天蓋地的《山西省革命委員會第二號緊急通令》傳單，到處飄揚著。有人至今珍藏著此類印刷品——留下就好，留下即是歷史書證。

但是，太行山戰場烈火，卻不會因了這些姹紫嫣紅的印刷品而熄滅。飛機在天上撒傳單，地上一場場戰鬥在繼續。

省城太原乃至北京，出現了紅字號憤怒反擊的大標語，其內容對準了北京軍區鄭維山和六九軍謝振華，矛盾仇焰愈加激化。

一個多月戰火不熄，紅字號在一•一六事件中俘獲的李順達等人，仍被關押在淮海廠地牢未放。

從二月上旬開始，軍分區調集近萬名民兵，組成十幾個團，配合野戰部隊，對長治、高平、晉城三重點地區展開正面進攻，晉東南全區處在空前激戰中。

二月十四日凌晨，聯字號醫專大據點主樓被焚毀，熊熊大火映紅了古城夜半天空。

二月十五日，晉東南藥材總庫被大火焚燒殆盡。

二月十六日，中國人民解放軍第二批野戰部

隊，從河北、河南、太原等四面八方，向晉東南地區大舉開進。

二月十七日，長治市西關麵粉廠大庫燃起了衝天大火，四〇〇萬斤小麥及玉米被全部燒成焦炭。

四天四夜，上黨古城大火彌天，幾十里地煙塵不散。

紅字號武裝，不就號稱一個師嗎？

這次開進的部隊，實力倍增，涉及兩大軍區五個軍番號，其中包括：武漢軍區第一軍第一師兩個團，師長張霖，從河南安陽西上開進；北京軍區剛從越南戰場歸來的高炮六一師三個團；第六三軍一部；第六九軍一部；軍委直屬工程兵一部；山西省軍區獨立師一部；晉東南軍分區獨立團等等。謝振華將軍在一次講話中公佈，開赴山西全境支左的總兵力為二〇個團，晉東南則是重要兵力部署地區。晉東南軍分區李英奎副司令員，於二月十五日親赴北京軍區參加作戰會議，提供晉東南地區地形戰備詳圖及各種作戰資料。

紅字號到了最後關頭。

二月十七日，長治上空第三次出現軍用飛機。還是播撒傳單，巨大的轟鳴聲和一排排氣浪，再一次刮亂了房坡上的積雪，地面上殘枝敗葉騰空飛舞。這一次，情況發生根本性變化——那就是通令級別陡增到最高：即《中央文革、中央軍委通知》。

這份史稱《二・一七通知》的頂級訓令重點如下：

中央文革、中央軍委通知

晉東南紅字號、聯字號群眾組織：

為了儘快解決長治地區目前兩派群眾之間存在的問題，中央文革、中央軍委指定由六十九軍政治委員曹中南同志、副軍長蕭選進同志，帶領部隊前往長治地區擔任支左任務，並負責主持兩派談判。望你們派出代表，在指定的地點進行談判。要求雙方立即停止武鬥，釋放互抓人員，拆除工事，封存上交武器，恢復交通和革命秩序。

望你們高舉毛澤東思想偉大旗幟……提高革命警惕性，注意不要再上一小撮壞人的當……奪取無產階級文化大革命的全面勝利！

一九六八年二月十七日

《通知》對紅字號和聯字號，沒有稱作「革命群眾組織」，而只稱「群眾組織」。還說「不要再上一小撮壞人的當」，用一「再」字，是說過去紅字號已經上了壞人的當，不可「再」上。

太行血戰，便是在上述嚴酷背景下展開的。我為讀者們整合出如下時局日程：

元月十六日，紅字號伏擊夜戰取得大勝。

元月十九日，省核心小組發出八人特急電報。

元月二十六日，省核心小組緊急頒佈《六條措施》。

元月二十八日，蕭選進副軍長統領第一批野戰部隊開進。

二月一日，劉格平向紅字號拍發緊急電報。

二月二日，劉格平再次向紅字號拍發緊急電報。

二月二日，陳永貴向「紅字號全體同志們」拍發電報。

二月三日，省革命委員會發出《緊急通令》。

二月三日，高平地區紅字號與開進部隊連日發生衝突。

二月四日，省黨政聯合發出致晉東南人民《公開信》。

二月四日，淮海兵工廠行政區發生特大爆炸，傷亡慘烈。

二月四日，長治西關及淮海廠區與部隊再次衝突。

二月五日，周恩來總理口授劉格平、謝振華聯合發出《二・六命令》。

二月六日，劉格平向晉東南軍方指揮官拍發電報。

二月六日，空軍首次出動飛機，播撒《二・六命令》。

二月十日，省革委會發出《第二號緊急

通令》。

二月十一日，空軍第二次出動飛機播撒《第二號緊急通令》。

二月十五日，聯字號總部大樓被焚毀。市區接連燃起大火。

二月十六日，曹中南、蕭選進統領第二批野戰部隊開進。

二月十七日，中央文革、中央軍委向晉東南兩派發佈《二·一七通知》。

二月十七日，空軍第三次出動飛機，播撒《二·一七通知》。

二月十七日，長治市四〇〇萬斤小麥被戰火焚毀。

可歎「一·一六」事件後的二十餘天，竟有十二道電令飛向晉東南。全區紅字號各據點全面陷入聯字號軍民和大批正規軍的凌厲圍攻之中，四面楚歌。

遙想一九六八年早春，太行山區雪大風緊，寒流如針，人心殺氣充盈。急急律令成四面楚歌，兵發太行歎一方受難。千千萬萬紅字號民眾即將被這場大革命所拋棄，即將被他們曾經無比敬仰的領袖「路線」所拋棄。悲慘而又血腥的大犧牲在等待著他們。誰也不曾想到，這場大戰打到這步田地。全國各地派戰，均以壓倒一方而告終，文革亂局，不拋棄他，也會拋棄你，輪著誰算誰。

史無前例的太行文革之戰，不可遏制，大開殺戒。

先遣部隊受阻

一九六八年元月二十八日，首批野戰部隊從晉東南東面和北面兩個方向，攜重車利炮，同時開赴戰場，行軍一日，抵達上黨古城。各部隊不同程度受到紅字號武裝的阻撓襲擾。其中高炮六一師一個團指揮部，在巨大的爆炸中，險些遭到毀滅。

這支高炮師，原屬瀋陽軍區，早些時候受命進軍越南，在越南「胡志明小道」之畔，日夜炮擊美軍。該部隊三個團，每團裝備火炮十五門。曾在越南擊落美軍飛機五十六架，同時戰鬥減員五十六名，可謂陣亡一名將士換取一架敵機。一九六七年間離越回國，撤至石家莊地區，改屬北京軍區統轄，稱高炮六一師。一九六八年元月二十七日一五時，其六〇二團做為該師先遣部隊，全副軍備，奉命緊急西進太行，開赴長治平息武鬥戰火。先遣團指揮官係該師副政委鐵錚——這是一個多麼響亮的名字。當時有一種說法，說這支部隊剛剛平息了河北磁縣及武安地區激烈武鬥，即乘勝決戰長治而來。今查此說不確。該部隊並未協助友軍參預河北文革諸事，而是帶著越南叢林那濕熱硝煙，從反帝第一線撤至石家莊地區，立足未穩，陰差陽錯就被轉赴太行文革戰場了。顯然，此軍受命出動，是由於其駐地距離長治較近的緣故。該師另外兩個團隨後跟進。

我的一位兄長，叫張炳彥，恰是先遣六〇二團挺進長治的一名黑龍江老兵，轉業後任長治市公安局刑警大隊長、潞城縣公安局局長，現退休。炳彥兄向我回憶說：數年抗美援越，隔膜於國內，對文革運動的特殊性並不明瞭。一九六八年元月下旬，部隊突然接到緊急命令，要向西進軍長治。出發前，團營首長做戰前動員，說長治地區發生嚴重反革命事件。有壞人對抗偉大領袖毛主席無產階級革命路線，弟兄們要敢於為保衛毛主席而獻身。

師首長鐵錚副政委率我團首先開拔。大夥兒寫了決心書、請戰書，黨員繳了「最後一次黨費」，團員寫了火線入黨申請書。有不少申請書是戰士們咬破手指用鮮血寫成的。各連隊發放白布條，做夜戰標誌。那時候大家並沒有聽說過什麼紅字號、聯字號，誰也不知道太行山上的反革命是啥模樣。二十七日下午三時，部隊高呼口號，整裝出發。全團車輛編號前進。——炳彥兄時任團部偵察班班長，乘坐第一輛戰車，持衝鋒槍趨前探路。行軍路線由石家莊、邯鄲、武安、涉縣，西出河北插進山西太行古道，經東陽關、黎城、潞城而長治。

峽谷縱橫，天凍路滑。一夜登山前進，全團無眠無炊，吞嚥壓縮餅乾行軍。進入山西後，連續遭到兩次阻攔。夜半到黎城，忽見鐵蒺藜路卡擋了去道，有山西派戰武裝鳴槍喝令停車，說不清是哪一派的。鐵副政委命令，告訴他們正規軍奉命戰備調動，任何人不得阻攔！炳彥兄扣動扳機，衝天就是一梭子，以震懾對方。路卡武裝人員一看，軍車浩蕩，高炮衝天，非同一般，便不敢糾纏，遂放行疾進。二十八日天快亮時，全團西行至潞城，兵臨城下，又見阻攔，公路上挖了大坑，復又交涉，填坑修路，再度進軍。

張炳彥和戰友們於二十八日拂曉抵達平均海拔一〇〇〇公尺的上黨盆地——長治市郊。鐵錚首長率偵察班與前線指揮部蕭選進副軍長會師，當即接受「前指」指揮。指揮部命令分兵，該團一部，進駐聯字號掌控的紅星兵工廠，另一部鐵錚首長率主力營連，強行進駐紅字號大本營淮海、清華兩兵工廠，要像鋼刀一樣，插入紅字號心臟。

三廠位於長治市南郊地區，由北向南一字排列，淮海、清華、紅星，方向一致。六〇二團當即啟車前進。鐵錚首長率團部行動。

上午十一時許，六〇二團繞開淮海廠紅字號正北防禦陣地，從西側到達淮海廠外牆入口。淮海人把這裡叫做「西工地」。

三大兵工廠的生產區加行政區及生活區，方圓好幾十裡地。張炳彥等戰友護衛鐵錚首長到達西工地入口處，只聽四外裡發一聲喊，紅字號嘩啦一下冒出許多人馬，架起了機槍，堵住部隊入廠道路。

二〇〇四年夏，我和炳彥兄特地驅車來這裡踏勘舊地，見地形、位置變化不大。炳彥兄話語頓時稠密起來：好傢伙！淮海清華可不是個簡單地方，其前身是抗日戰爭時期的「劉伯承工廠」，廠子裡老八路多得很。從組織紀律性、戰鬥性等多方面講，都是一流的。幹部、工人、家屬很團結，說是兩廠聯合統一陣線的紅字號群眾組織，實際上是一個職工家屬好幾萬人的完整集體。與聯字號紅星兵工廠對峙，還保護著一批市縣紅字號頭頭。文革初，以丁茂陽為首的少數派在廠部造反奪權，參加了地市「一・二五奪權」，受到軍分區支持，成立過聯字號革委會，結果奪權不掌權，讓廠裡幹部群眾給打跑了，丁率小股人馬投奔市區王創全，成了廠外聯字號骨幹之一。留在廠裡掌權的紅字號，還是老一套原班人馬。書記、廠長、副廠長，中層以上幹部，全他媽的打過仗。就說書記毛占緒吧，是個老紅軍，年輕時在山西太岳抗日，南下打到四川，立過戰功，在康定軍分區、萬縣軍分區當過政委。廠裡一班老人，加上陳洪章、郝振祥、趙震元等一班新人，為防止聯字號進攻，大搞護廠戰備，設立了第一道防線、第二道防線，作戰計畫中，最後第三道防線，是退入工廠生產區之內，誓不投降。一旦打到最後，你除非把整個廠子毀掉。現在，我們突然要鑽進紅字號中樞肚子裡，人家當然不願意。說起來真不得了，我們團炮陣地，擺在淮海足球場，高炮一大片，人家的炮陣地，和我們隔條馬路，擺在靠西工地這邊，也是一片大炮，一點兒也不比我們的炮差。那時我就奇怪，從東北到越南，沒少打過仗，真還沒見過，一群老百姓，咋就有這麼多大炮呢？外加兩輛改制坦克。弄了半天，中國軍隊用的炮彈，本來就是這些人製造的！我軍多年來炮擊金門的優質炮彈，包括我們在越南戰場和中蘇邊境使用的四〇火箭筒，就是這裡生產的！聯字號紅星廠生產喀秋莎火箭炮，更加可怕，威力巨大。真邪了門了。要說起來，還有不如人家的地方，就是我們不具備長治地區炮戰諸元圖表，要打哪裡，多少公里多少密度我們全不清楚，人家有啊，有國防和護廠用的炮擊發射諸元表，說打哪裡，基本上不用偵察，照著圖表打就是了，一打一個準。文化大革命，聯字號紅星廠抗擊紅字號淮海廠、清華廠，三大兵工廠都把絕對機密的玩意兒拿出來用上了。人家的打炮技工，要比我們炮兵部隊戰士打得準，成天一上班就是打炮嘛……炳彥兄說得剎不住車了。

我說老兄你甭扯太遠，還說那天部隊咋進來的？人家不是把你們堵住了嗎？

炳彥兄：是啊，元月二十八號，我們到達淮海廠西工地週邊，快中午了，戰士們從石家莊出發整夜急行軍，頭天下午到現在粒米未進，餓得前心貼後背的。叫紅字號堵在圍牆外頭，進退不得。當場就見識了一張鐵嘴，陳洪章啊！他面對大軍，自我介紹，群眾組織頭頭，從國防戰備工廠的意義，說到晉東南文化大革命的形勢，說到萬惡的聯字號，好傢伙，從前晌說到日頭偏西，那張嘴就沒停過。還有趙震元、郝振祥十幾個頭頭，帶著戰鬥人員來來往往，全副武裝，一色兒的衝鋒槍、半自動，武器都不比我們差。圍牆裡頭，紅字號群眾聚集了好幾千，上來就問我們是不是武天明的兵？我們連武天明是誰都不知道，這一堵就是好幾個小時，部隊和兵工廠群眾僵持在北風裡，把我們餓得兩眼直冒金星，有脾氣急躁的戰士，又凍又餓，直拉槍栓啊！鐵副政委和我們團長就一句話，部隊執行命令，軍機大事，希望地方配合！沒別的。這時候李順達等一幫人，還在淮海廠地下室關著吶！另一路開赴紅星兵工廠的連隊好啊，這個營繞道南部郊區，順利進駐了聯字號紅星廠，那邊是敲鑼打鼓殺豬宰羊，大米白麵，熱氣騰騰，，熱烈歡迎新的支左部隊到來，和我們這邊形成鮮明對照！大冬天黑的早，冰天雪地，我說越南戰場熱死人，爛了襠也比這好，在長治差點兒凍出人命來。大概是下午四五點鐘，不知道紅字號接到了什麼指令，淮海廠陳洪章他們總算閉了嘴，郝振祥他們撤了哨，趙震元出面和首長談了話，部隊這才開了進去。這時候我們的壓縮餅乾早吃完了。部隊進來駐紮，人家很有軍事經驗，讓我們一律住平房，不讓我們佔領制高點。連隊住在了淮海技校，我們班搞警衛，跟著團部住在了幼稚園獨院兒，後來差點兒連鍋端了，好，咱一會兒去看。結果，所有營房全他媽沒暖氣，啥？哪還有床呀，大冬天擱地上鋪把草，就那條軍用小被子啦！又聽說了，到紅星廠那邊的戰友，全住了好樓房，暖氣兒燒足了讓人冒汗，又形成了鮮明對照。趙老弟呀，這一天一夜登山行軍，那個冷，那個餓，那個難，比在越南還艱苦，咱這輩子也忘不了。

炳彥兄記憶力相當好，敘述滿清楚。

災難正在向部隊，向戰士們一步步逼近。

趙震元和他的夥計們

淮海廠、清華廠紅字號骨幹們，對早期造反派奪權鬧事接受不了。他們本能地維護廠裡老領導毛占緒、李津、龍光恩等一班人。針鋒相對建立了自己的組織，由工人中有威望的人當了頭頭。這一點與聯字號長鋼頭頭常玉發出山是相同的。淮海廠大頭頭郝振祥，一向為人正派。一九三八年，他十歲，從河北磁縣農村跟上一位科長參加了八路軍，苦孩子成了紅小鬼。先是給連長當通訊員，繼而又轉給營長當勤務兵。一九四二年他十四歲，調軍服廠幹活，一九四四年十六歲，調軍工部到左權子彈廠學藝。解放戰爭中合併到劉伯承工廠，是老八路手把手將他帶成了一名大車間中心試驗室的優秀技工。其經歷與十三歲參加八路軍的趙震元差不多。另一名副指揮王七孩，也是從小下煤窖，很小參加了八路軍兵工廠，跟老領導們都是有感情的。王七孩在文革大戰中常駐廠外，跑北郊指揮機動炮隊，奮勇作戰。如此出身的人當紅字號頭頭，相當不少。後來，他們被一攬子統稱為「文革造反派」，實在缺乏具體分析，他們造了誰的反呢？他們本是被聯字號斥為「老保」的那批人。

鐵嘴陳洪章則是淮海廠一名優秀教員，東北人，文革前升調到廠部教育科工作。其出身其人生經歷，與郝、趙、王這批八路員工雖不一樣，但在維護廠裡老領導上頭，立場觀點完全一致，也成為紅字號大頭頭。據他對我講，文革動亂之初，他在一次萬人大會現場台下，勇敢發表同情老幹部的觀點，受到激贊，當場被大批群眾抬著推著，把他擁到臺上，讓他這位名教師「不要光在台下講，到臺上去代表我們工人說句心裡話！」他說講就講，一講效果特佳，就這樣出了山。長期的執教生涯和開鍋一般沸騰的文革運動，鍛鍊了他雄辯而又深情的講話能力，在許多重大場合成為紅字號主要發言人。

文革群團，至為複雜多義。

對這樣一大批悲劇人物，尤其是淮海廠趙震元這個人物，後來成為長治紅字號總指揮，我這裡多說幾句。

趙震元生得相貌堂堂，他出生在河北省南宮縣西丁鎮趙莊村，燕趙豪俠之地。他十多歲那年，給村裡游擊隊放哨。見鬼子來了，他急忙吹口哨報信，讓鬼子發現暴打於村街。他舅父衝上去救他，竟當場被日本兵殺死。趙家正是八路軍冀中游擊隊一個聯絡站。敵情緊急，其父為掩護游擊隊長，向反方向逃跑，被日軍抓住，拉到城裡憲兵隊站木籠，斬首示眾時，游擊隊劫了法場，拼死救出斷了腿的趙父。此後，少年趙震元跟上八路到了威縣，進修槍所當學徒。奇特的是，文革中進軍長治的聯合部隊第一首長曹中南將軍，與趙震元會面時，談到此修槍所，方知當年即歸曹中南「老七旅」領導。可歎今日分裂為敵對雙方。修槍所一九四七年與中共冀南炮彈廠合併，次年又與華北兵工十三廠合併，最後合併到劉伯承工廠即淮海廠前身。一九五〇年代，趙震元潛心鑽研技術，拚命工作，累得吐了血，當選為「全國社會主義建設積極分子大會」代表，成了全國有名的軍工模範。十幾年間，給長治駐軍、公安、體育各單位修遍了特種車和摩托車。是個誠摯的熱心人。後來被領導照顧，安排在廠部小車班，既開車又修理，人緣甚好。他的長相也十分忠厚樸實，很像電影演員崔嵬。那時產業工人生活較好，普遍性格開朗，喜愛打漁遊獵、開車交友。趙震元家裡養著不少動物，閒來喜歡逗小動物玩，計有：鴿子一群，兔子一窩，刺猬一對，熱帶魚一缸，猴子一隻，貓狗若干。文革一來，老工人往往堅定地維護廠領導，趙震元常常開著宣傳車，跟奪權派幹仗。廠裡群眾推舉郝振祥當了大頭兒，推舉趙震元當了二頭兒。後來他又被地市「紅大」推舉為總頭兒。血火亂忙中，他也忘不了偷空兒回家，去餵一餵他的寵物們，因而多次挨戰友們批評，說他貪玩兒，屁股坐不住，還缺乏自我保護意識，要他提高鬥爭警惕性。趙震元便嘿嘿地笑。他屬於那種本來對政治不感興趣，卻又在文革大潮洶湧推動下捲入了群團，對公眾事物很熱忱的一派大頭目。靠得是根紅苗正加群眾威信立足。

說到趙震元有威信，此話不虛。一九六七年九月下旬，有海字、空字部隊幹部，到淮海紅字號總部商談貫徹「紅七條」事務。當時聯字號已被逼急了眼。海軍幹部談完事兒，要從南郊返回北郊營地，趙震元駕駛美式吉普車，帶著一卡車武裝小分隊，護送海軍幹部回營。未料歸來時，突然遭到聯字號伏擊。趙震元的武裝小分隊在卡車上向外投擲手榴彈，企圖衝過伏擊圈。不料一顆手榴彈碰在路邊大樹枝頭，反而彈回了卡車車廂內，當場把車廂內一名自家隊員炸死。趙震元等人未能衝過去，遂被聯字號俘虜。押回聯字號據點後，對方把趙震元打得死去活來，兩條腿險些被打斷。紅字號殘兵跑回淮海廠，急報消息給總部，說趙震元被敵抓走，還炸死一名隊員，激起了戰友們極大憤怒，紛紛要求出擊，去救趙震元。大頭頭郝振祥在廠裡坐鎮指揮，同樣為趙震元的命運擔憂，但他深感貿然出擊十分危險，不可輕舉妄動。而急於搶救趙震元的一大批弟兄，著急上火，堅決要求郝振祥下令，向聯字號據點實施猛烈炮擊，報復和震懾聯字號。郝振祥只好用電話通報在太原上層活動的陳洪章等紅字號頭頭。陳等人稱目前好不容易換來了政治上的主動，劉格平支持我們，因而堅令不准盲目炮擊，不可胡來。但廠內紅字號武裝人員為救趙震元，團團包圍了總部，不依不饒，強烈要求郝振祥下令出擊或開炮。郝振祥被人困在總部二樓上，打開窗戶向樓下戰友們做解釋，回答他的竟是一梭子衝鋒槍子彈。武裝人員毫不客氣地衝入樓內，又毫不客氣地把自家頭頭郝振祥抓出來，綁在樹上，強迫郝下令搶救趙震元。太原頭頭們急電阻撓：不准開炮！說聯字號正在省城會議上攻擊我們挑起大規模武鬥，現在開炮不但救不了趙震元性命，反而會失去會議上的主動和優勢，誰敢開炮，回去先槍斃了他！

還好，在省府劉格平等人的重重壓力之下，聯字號很不情願地放掉了傷痕累累的趙震元，暫時留下他一條活命。趙震元一邊養傷，一邊拿起雙拐，重又投身於廠內廠外的戰鬥。這一來，趙震元心頭生出了仇恨，對聯字號再也不客氣了。

此前，趙震元在對待聯字號俘虜問題上，總是表現出不合時拍的軟善一面，並非一味報復仇殺。一九六七年八月二十四日，紅字號攻打長北車站，死二人，傷無數，大敗而逃。聯字號鐵路工人打響了太行山上第一槍。可怕的是，淮海廠剛剛俘獲了長北重要指揮員鄭志文等人。鄭是頭一天前來攻擊淮海時被俘的。現在紅字號吃了敗仗，便要揪出鄭志文復仇，讓鄭抵命。此刻趙震元卻要堅持說理鬥爭，還動了惻隱之心，擔心鄭被揪出後，不死即殘，沒有活路。趙與鄭等談話，教育他們今後不可再來攻擊淮海廠。得到保證後，趙決定放鄭歸山。鄭哭訴現在一出門便是虎狼窩，分明無路可歸，安全不保，趙即派車把鄭志文送到長治火車南站，讓鄭乘火車返回了長北。紅字號戰友大罵趙震元右傾保守，強烈要求總部嚴肅處理趙震元。趙說：我絕不是因為私情放人，要追究責任，我負責！

此事過去沒幾天，聯字號抓獲趙震元，反過來把他打成重傷殘，幾乎丟掉性命。大革命進入殘暴黑洞，再也沒了理性和人性。於是趙震元在傷癒之後，挺身出任紅字號大聯合指揮部總指揮，親自駐紮市內總據點，日夜指揮殘酷戰鬥，並於次年元月十六日奪取了伏擊戰之大勝。當夜，趙震元情緒高漲，長運那邊王七孩打來電話，請示如何處理聯字號俘虜，趙震元竟然又與動物相關，他說：「俘虜太多，管不了那麼多飯，大肥豬留下，小兔子放走！」

王七孩那廝最終扣押了軍隊幹部及李順達以下一百多名聯字號骨幹，釀成震盪性大事件。

趙震元、陳洪章、郝振祥、王七孩等紅字號頭頭們，原本也是一些很生動、很樸素、很有趣的人。文革戰爭，累累傷痕，使他們忽然變得心硬似鐵。殺吧！他們不曾去想，在數不清的炮擊和多次出擊作戰中，對方同樣要死去很多人，還有許多家庭和百姓也會遭殃。常說戰爭是惡魔，一旦開打人將不人，很難剎車，便是沒有道理。

高炮六一師先遣六〇二團，在進駐淮海廠一周時，二月四日，廠區發生了更加慘烈的驚天大爆炸。上述諸人，都是這個悲苦故事裡的人物。

總部防禦和特工隊

淮海廠、清華廠、紅星廠，俗稱「三廠兩派」。他們的主管部門遠在北京的某某機械工業部，即後來的兵器工業部。三廠當中，清華廠是老淮海廠派生組建而成的新廠，兩廠有血緣關係，地理位置緊密相連，兩廠聯合起來，與久有宿怨的隔壁紅星廠聯字號鬧翻。當時中央軍委分管首長，又變成了中共著名戰將粟裕。粟多次怒批長治紅字號，指責淮海、清華的頭頭們不聽話，還停了產。

「三廠兩派」哪裡顧得粟裕苦心，反而變本加厲，各自組建了專職武裝隊伍，集中練兵打仗。淮海廠專職戰鬥隊伍先有百餘人一個大隊，成員由復轉軍人或廠內工人民兵組成，下設五支作戰分隊。武器精良。不久成立了專門的特務連。這裡要說明，紅星廠是聯字號控制大局，因而該廠有一批紅字號被打了出來，就近編入淮海廠戰鬥序列，聯合行動了。到一九六八年元月初，三廠紅字號聯合成立了南郊防衛指揮部，由郝振祥擔任總指揮。至此，戰鬥隊員擴大到將近六〇〇人，重型火炮裝備進一步加強。指揮部先後從這裡派出多支小分隊，進駐長治城內西招待所、長運、市招大樓、一中等據點，加上後勤參戰人員總計過了千人。本廠守備隊員再次擴充，由各車間選派骨幹護廠，合起來人馬就更多了。

三大廠並不生產槍支和子彈。不過這有何難，武鬥一升級，很快就一批一批製造出來了。據一九六八年四月收繳武器時核計，僅紅字號一方淮海、清華兩廠，製造手榴彈達十二萬四千餘顆，子彈五萬餘發，特種炸藥包五五〇個，非生產任務炮彈三〇〇〇餘發。原有重炮十五門，自製炮十二門，改制坦克二輛，新造各種槍近千支。聯字號方面，紅星兵工廠聯字號也不會輕閒，只是沒有統計數字而已。同時，紅星廠悍然動用大型「喀秋莎」火箭炮，為全國武鬥戰場上之最。三廠均有大批軍火元件，如手榴彈外加炮彈引信等，送往外單位組裝。

各縣市及外單位的紅字號骨幹，或被聯字號打出來無處安身，或因鬥爭需要，紛紛轉住到這裡來。說此地是晉東南紅字號大本營，與晉城四新礦呈南北犄角之勢，名符其實。

長治紅字號原有四大組織：大軍、市兵團、永紅、省城紅總站分站，在市內分別佔領要地據守，既各自守攤兒，又相互配合。不久，「紅大」成立，趙震元任總指揮，將各路武裝統改為作戰分隊，分別歸屬北郊、西郊、南郊三個分指揮部統領作戰，聯合控守長治古城。

淮海廠大本營的防衛太要緊，加強軍事防禦勢在必行。一九六七年十月四日，淮海、清華兩廠紅字號首腦鑒於北部太行鋸條廠遭受聯字號攻打而失利的教訓，緊急開會，切實研究自身防衛預案。當晚決定，實地勘察地形，動工戰備設施，全面佈防。次日晨，有毛占緒、李津、郝振祥、趙震元、陳明生、申有德、劉忠秀等人，環繞廠區、福利區，實地勘定防禦陣形，邊研究，邊部署。這班人全是歷經戰爭錘鍊的行家。他們在廠區內外實地考察了整整一天。決計在北部市區方向，把週邊防禦工事向前延伸到李家莊附近；在東北方向鐵道邊，安排重點工事，嚴防聯字號重兵從長北開火車前來進攻；在東南方向，則利用原有防洪溝設立縱深火力點，防備紅星廠聯字號從這裡突襲；最後確立週邊增設七個火力重點，計子弟學校一個、工農公社一個、技校大樓一個、新大樓一個、清華廠一個、生產區一個、廠部大樓一個，由此構成週邊第一道防線。駐防兵力從各車間民兵中選派，戰鬥人員遂迅速擴大；第二道防線退至行政辦公區，重點是廠部大樓和一號樓等，火力更強，選派復轉軍人出身的專業戰鬥隊員負責；第三道防線最堅固，那就是在最後關頭，指揮人員和戰鬥骨幹及部分家屬退至生產廠區之內，與工廠共存亡。十月五日，他們從勘察現場回來當晚，抓緊製作新的防禦圖。此圖根據原廠區軍用防衛圖加工改制，應是一件罕見的文革文物。上面使用軍事符號重新標誌了各個防禦點，有地形說明，有火力配備、指揮所、地堡、橋頭工事、防衛方向等。如炮位畫圓圈，裡頭寫一

「火」字，機槍點畫一個半圓扇面，扇面上頭畫小豎杠，指揮所則畫三角紅旗，各哨所畫人形等等。對紅星廠聯字號指揮所及支左部隊駐地畫藍旗。圖表制好後，總部於十月二十日召開全廠各車間、單位負責人連席防衛會議，進行動員落實，參加頭頭達一〇〇餘人。會議中，主要首腦按圖講解禦敵方案及組織編制，明確了各防衛重點代號。然後接通各點電話線，各單位分工修築工事，組編戰鬥小組，確定指戰員，限期進駐。為預防戰爭惡變，各單位制定了兩套指揮班子人選。此後，各重點調備值勤戰士達到五〇〇人。武器裝備如火炮、主要火力點固定機槍等，由總部統一配備。整個防衛預案形成強大的作戰體系，是極其牢固的。

為落實防禦工事的修築，部分人員又一次踏勘了戰場地形。大到交通溝、地堡，小到哨所、單人掩體，均一一具體落實。設想，聯字號如果正式進攻淮海廠，很可能要吃大虧。即使動用正規軍攻打，也不那麼容易，常規地方武裝，根本打不下來。

進入一九六八年元月，武鬥升級。紅字號南郊指揮部借鑒以往戰爭經驗，成立了直屬特工隊。由復轉軍人陳正禮擔任指導員，身高一點九米的閻大興擔任隊長，幾十名隊員清一色退伍老兵。特工隊接受郝振祥等頭頭直接調度，獨立執行特殊任務，行動規律晝伏夜出，每人槍支一長一短，彈藥充足。特工隊常常完成重點爆破、伏擊抓人、短促出擊、救人送信等特殊任務。直接駐紮指揮部樓內，往來方便，行動迅捷。大型戰鬥他們較少參加，如打醫專、打印刷廠和「一．一六事件」，特工隊都不必配合行動。

講一個特工隊戰例。本來，三大兵工廠共同依靠淮海電廠發電，而淮海電廠與紅星廠使用同一個水源。派戰以來，紅星廠聯字號控制水源，卡住了淮海廠的脖子，淮海廠紅字號就卡他的電。一九六八年元月下旬，紅星廠索性自己實施小型發電解決電力，從此擺脫制約，因而進一步卡掉了淮海廠用水。這一來，紅字號南郊指揮部急了，立即派出特工隊進行報復。元月二十七日下午，指揮部研究了紅星廠電路走向後，決定當晚由陳正禮、閻大興帶領特工隊，前往長治縣高河野外地段，對紅星廠外接高壓電線杆實施爆破。由淮海電廠外線組給予實地指導，指定爆破位置。午夜，特工隊和外線組集合，攜帶四個高能炸藥箱，向十幾公里外的高河出發。夜色迷矇中，他們找準了荒野中兩根重點電線杆。啟用兩箱炸藥，各炸一根方型工字水泥電杆。引爆線接好後，全體人員迅速撤離爆破區。特工隊以鳴槍兩聲為信號，實施爆破，立見成效。兩根三八〇伏的高壓電杆在一陣火光和兩聲巨大的爆炸聲中，轟然倒地。

紅星廠那邊，頓時變成了黑壓壓一片，成為一座無聲死寂的工廠。

不過，紅星廠那邊戰備工作同樣毫不鬆懈，防衛預案相當有序。在突然停電之後，彼聯字號指揮部立即組織小型發電，用高音喇叭發出警報，迅速動員各戰鬥隊堅守陣地，全廠做出緊急應戰準備，嚴防紅字號之敵先炸電路繼而進攻。威力巨大的「喀秋莎」火箭炮隊進入戰鬥狀態，隨時準備向淮海廠報復發射……

特工隊往往肩負特殊使命，去完成此類非常任務。

三大兵工廠各自具有雄厚作戰實力。隨著一天天戰爭升級，兩派矛盾摩擦日益加劇。二〇〇四年我在採訪中得知，那時雙方劍拔弩張，氣氛緊張到了極點，如果不是中央《二・一七通知》的下達，如果不是強大野戰部隊的進駐，如果不是兩派在軍隊監督下進行了談判，那麼，三廠兩派，遲早會大打起來。紅字號炸電路是元月二十七日的事，第二天，首批部隊正好進駐工廠。到了二月四日，一場巨大爆炸，致使雙方的衝突再次一觸即發。

高炮六一師先遣團對外番號是：中國人民解放軍四七三三部隊。

「二・四慘案」始末

更大的傷亡慘案於一九六八年二月四日在大型兵工廠區爆發。是什麼樣的炸彈，一炮能炸死炸傷近百人呢？並且，這裡還是晉東南紅字號的大本營。

四七三三部隊先遣團指揮部，設立在淮海廠及清華廠生活區的中心——清華幼稚園空院。院子不大，裡頭有個平頂小樓。院外馬路，由兩側圍牆夾著，通向一所職工食堂，是職工家屬往來密集的重要通道。

面對軍人們的不斷通牒，紅字號眾頭頭深感據理難言：聯字號打擊我們相當兇狠，首長們咋就不願意相信呢？武鬥大戰是單方面造成的？開炮射擊是一派所為嗎？我們使用了一二〇大炮、一六〇重炮，他們呢，他們使用了威力更大的「喀秋莎」火箭炮，聯字號各種怪炮多得很呀。

紅字號頭頭們認為，聯字號「喀秋莎」火箭炮爆炸後殘餘的噴火底座，隨處都有，各種彈皮彈尾、各種未爆殘彈，日日可見，為什麼不可以稍加集中，讓蕭選進、鐵錚等首長們看一看？不久前，聯字號助推省城會議產生《八條》，正是把紅字號的一二〇炮彈搬到了省府會議室，謝振華將軍一語定性：這是國民黨打共產黨嘛！

紅字號決定，以殘彈做證據，也要讓軍隊首長過目。

和紅字號日夜開炮一樣，聯字號發射各類炮彈多多，市中心長運便是一個集中落點。紅字號王七孩率領一支炮隊，駐紮長運，時常與聯字號黨校據點及糧機廠炮陣地，相互報復對射。

王七孩得到總部指令，叫人在長運院內隨便一撿，很快就把各種鋼鐵圪瘩弄了兩大箱。這箱子半米多長，壯勞力抬它直喘氣。

二月二日，兩箱殘彈由王七孩派人送到西招指揮部。

殘彈送來的正是時候。部隊總指揮官蕭選進，在西招東側的老賓館召集會議，敦促紅字號立即貫徹各項通令通電，改善海軍〇一一五部隊與軍分區相互對立的支左關係。這個老賓館與紅字號西招指揮部緊鄰，早已由海軍派員進駐，蕭選進副軍長率領警衛排一到，渾身硝煙的紅字號要員及海軍官兵表示歡迎。恰在此時，紅字號市委幹部付安榮、醫專大學生王俊傑兩個人，從一牆之隔的西招據點抬來一箱聯字號殘彈，徑直抬上了賓館會議室。讓首長們好好看看吧。

這一次，萬幸殘彈沒有爆炸。否則，我軍開赴長治副軍長以下，陸軍海軍諸團營幹部，紅字號多位重量級人物，必遭此難。

蕭選進等首長看過這批「貨」，並沒有多說什麼。殘彈箱靜靜地放置在會議室門邊地板上。會議轉入諸多正題。當然，毫無成效。

會後，仍由付安榮、王俊傑二人，把殘彈箱抬回西招據點大門口哨所。兩箱殘彈會合一處。

有車去淮海廠，王俊傑等人遵命將兩箱殘彈移送南郊指揮部主樓。目的仍在於向四七三三部隊鐵錚首長證實：聯字號同樣日夜開炮。

一路顛簸，汽車疾駛，兩箱殘彈也沒有爆炸。

滿箱鋼鐵疙瘩，到底都是些什麼東西？這裡向讀者清點一下：

有兩個「喀秋莎」火箭炮彈圓盤噴火底座，碗口大小，上頭六隻噴火眼，中間一個大眼，像個管道法蘭盤；有一枚未爆炸的八二迫擊炮引信頭，一枚未爆炸的六〇迫擊炮彈；有大量炮彈皮；最可怕的是，有三發聯字號糧機廠自行設計生產的鋼質大炮彈——模樣怪異。

從糧機廠向南部長運發射此彈，直線距離約兩公里，此炮剛好打得到。前頭介紹此彈，在空中發出怪聲呼嘯飛行，到地點後直不窿通掉下來爆炸。長運一位老紅軍因依靠經驗判斷失誤，被炸身亡。糧機廠第一發試驗炮彈射向東側省建紅字號，一炮即打穿樓體入室爆炸，當下炸死紅字號一人。此彈威力甚大，但畢竟不是正規軍工產品，時有啞彈出現。其中這三彈，打到長運家屬院房坡上，咕碌咕碌滾下來，落在房前煤堆上，啞了。

此彈長二六〇毫米，粗一一八毫米。

此彈引信，由紅星廠聯字號供給。

此彈彈體，把大直徑鋼柱卡上機床，車旋掏空而成。

此彈用六斤黃色烈性炸藥將其填實。

此彈形狀，前面如饃頭，後面齊屁股，像一發放大了千倍的手槍子彈頭。只是後面凸出了一截細於彈體的引信管子。猛一眼看去，黑乎乎一個實鐵疙瘩。

性情平實、埋頭苦幹的大學生王俊傑，在這天晚間，隨車運輸殘彈，到達清華廠主樓。樓內一名守衛（或司機）和他一起，搬運殘彈箱至樓內。一直搬到了樓上負責澄清程首創所謂歷史問題的材料組。

陰魂在樓內遊蕩。那晚，王俊傑肩扛一箱殘彈，艱難地攀越層層防禦工事，很吃力。在樓梯轉彎處，他必須穿過一個鋼鐵小窄門。當他側身過門時，稍有歪斜，箱內一發糧機廠大炮彈「咣當」一聲墜落在樓道中，順著樓梯向下滾動。雖萬分危險，王俊傑及身後那名幫手並不知道害怕。那幫手彎腰把這發炮彈搬起來，抱入懷中，二人繼續上樓，喘著粗氣，如此幾番折騰，殘彈都沒有爆炸。終於完活兒。

半年多了，王俊傑、郭天聰和醫專「東方紅」大學生戰友們，投靠到淮海廠落腳，成為紅字號職業革命戰士。他們很少正式領取槍枝，多數人整日裡背一個軍用書包，裡頭裝著兩三顆手榴彈，做防身用。他們把主要精力放在了「文攻」上頭，王俊傑多在淮海，郭天聰則跟隨程首創外出行動。

王俊傑此次搬運殘彈，雖是個順便任務，卻也與「文攻」有關，計畫中，這批殘彈將要拍成揭露性照片，做宣傳品和上報材料用，因而殘彈落腳點放到了材料組。

二〇〇四年夏季，我在太原拜訪退休後的王俊傑醫生。他仍然保持了那一代大學生善於思考的品格。話語不多，頗有內容。他希望今後人們要重視文革研究，直面歷史，但對人對事不應簡單化。當提起大爆炸事件，我提及他扛彈上樓險些出事時，他沉吟道：當時如果引爆，我肯定粉身碎骨了，但是第二天就不至於死那麼多人啊！

他摘下眼鏡，擦拭淚水。

慘案是這樣發生的。

王俊傑扛炮彈的次日上午，駐紮在幼稚園空院內的四七三三部隊鐵錚等首長與紅字號淮海廠諸首腦舉行會議。會議很重要，在紅字號來說，這是一次爭取部隊支持的契機。遂決定由陳洪章做主要發言，「全面揭露聯字號發動大規模武鬥的罪行」，勸阻部隊首長偏聽偏信，這就需要把聯字號殘彈實物抬來讓首長親自過目。

殘彈實物，應由郝振祥負責從大樓前來開會時帶上。郝即在動身前告訴身邊老工人曹如發，去把殘彈裝車，拉到幼稚園。曹等人遂把殘彈箱從材料組搬到樓下。本來有汽車可調用，曹說沒幾步遠，用小平車推過去就行。那輛鍋爐房的小平車只有一根車轅。曹等把兩隻殘彈箱搬到平車上，叫上郝振祥，推動單車轅，步行向團部走去。途中一位青年工人，見曹師傅推車，主動上前幫忙。

恐怖彈車進入一條南北走向的胡同，來到團部門口，被部隊哨兵攔住，並向會場內通報「拉來好多廢炮彈」，畢竟這是一支高炮部隊，官兵們對廢炮彈深懷警惕，於是首長當即指示：不要拉進來了，可以先放在外面。

趙震元等人已在會議上。陳洪章正在激憤的發言中。趙震元聽首長這麼一說，得知郝振祥把殘彈拉來了，遂起身離開會場，外出照看。

團部門口。趙出來說郝：怎麼遲到了？郝說找了一陣子殘彈。這時，哨兵向二人重複：首長說了，殘彈先放在外面，不要拉進去。

趙、郝可能有一點兒情緒，便說：外面就外面，讓群眾看看，聯字號拿什麼打我們！

老工人曹如發等即把這輛只有一根車轅的小平車，推至幾米寬的馬路對面。趙震元從西向東邁步穿過馬路，幫助曹師傅搬箱卸車。邊卸邊說；聯字號連「喀秋莎」都用上啦。就在趙震元幫助曹師傅卸車並在地上擺放這些殘彈時，他喜歡鑽研技術的秉性，使他對聯字號糧機廠生產的特殊炮彈發生了興趣，以致於他一九六九年身陷獄中，面臨槍決，在書寫上訴材料時，仍對這一「產品」發出深深疑問。他寫道：

「殘彈箱裡的各種東西，看起來都是正規產品。但是看到三個龐大的彈體，像是實鐵疙瘩，卻不知是什麼東西。我在看它時，記得用手拿了一下，它又很重，不好抓拿，它在地上來回滾了一下。看到外部並無介面和焊縫，好像是在車床上一刀車下來的，而且切削表面非常粗糙，是白刀痕，不像正規工人幹的活兒。更看不到燒燃引信頭。我在軍工廠多年，還沒有見過這樣的產品。希望領導瞭解一下此彈的工藝裝置和圖紙……」

時間緊迫，郝振祥走進入院內開會。趙震元帶著疑問，一邊說讓群眾看看聯字號到底拿什麼打我們，一邊走過馬路，拍一拍雙手，向哨兵點點頭，走進院內，回到會議室。

陳洪章仍在滔滔不絕。

慘烈的災難就要來臨。

院外馬路上，人聲鼎沸，有四七三三部隊指戰員，向越聚越多的工人群眾宣講各項通令通告。今日宣講昨天即二月三日剛剛頒佈的省革命委員會《緊急通令》，命紅字號「必須在五日內」放人交槍。這就引發了現場紅字號群眾強烈不滿，紛紛與部隊戰士展開爭辯。我的老友張炳彥，持衝鋒槍，帶領偵察班戰士們，以冷漠威嚴的面孔在馬路西側，與群眾對峙著。

東側馬路邊，地面上擺放著各種聯字號殘彈，特別是那三顆粗而胖黑乎乎的怪異鋼鐵產品，引起了眾多「軍工業內人士」的好奇和憤怒。這是什麼東西？工人、家屬們這個過來摸摸，那個用腳碰碰，像趙震元那樣，一時間難以找到答案。聯字號用這種怪傢伙打我們？

災難在正午爆發。

就在部隊戰士和工人群眾爭論不休之際，忽聽一聲哨響，部隊戰士迅速集合列隊，然後由張炳彥偵察班壓後，快步向食堂而去。軍民吵吵了一前晌，都餓了，現在開飯。

部隊撤離現場僅僅幾分鐘，團部會議室內，陳洪章仍在宣講。

驚天動地巨響，大地在抖動。

爆塵騰空而起，大地在抖動。

一股巨大濃煙衝上天空遮蔽太陽，四外迷朦灰暗，大地在抖動！

慘烈事件，終於突爆。

以聯字號殘彈為中心，爆炸殺傷力極其巨大。

團部門口圍牆之間小馬路上，正是中午開飯前後，工人家屬往來數百條生命，全部倒在了血泊之中，人間頓成地獄。

團部會議室裡，部隊首長和紅字號頭頭聽到巨響，如同地震，眾人猛地一驚。陳洪章的講述也就停了下來。有人說：又是聯字號打過炮來了。

片刻，撕心裂肺的哭聽聲響成一片厲鬼般的大嚎。

不好，出了大事了！會議室於會者傾巢奔出。

胡同不寬，到處是人的殘肢，到處是腸子腦子，到處是淋漓漿湯。空氣中濃烈的硝煙嗆得人透不過氣來。陳洪章後來對我回憶，他用顫抖的喉音說：「出來一看，萬分恐怖，除了肉片殘肢，盡是滿目鮮血。」

寫到這裡，我的手也在顫抖。

一顆頭顱，如足球般飛向遠方操場。射門！

一條大腿從空中劈落下來，砸倒了騎自行車的行人。

人體殘肢如雨落下。

爆炸現場附近變成世界上最恐怖的爛屍場。

最早奔向淮海醫院的一名女工，滿臉是血，她受了重傷。她哭喊著，要求醫生搶救。但在清洗面部後，醫生發現，她並沒有真正受傷，臉上那塊血糊糊的肉，竟是其他死者身上的一塊人皮，飛射上來，猛然貼到臉上，生生把她的臉打成了黑紫色。

團部門口的哨兵被巨大的衝擊波掀倒在地。

會議上的頭腦們湧出院門口，最先看到了院外碎屍現場慘狀。他們臉色煞白，他們靈魂出竅。碎屍場上，哭叫聲中，竟有傷者在艱難爬動，血漿模糊了他們的雙眼，仍舉起斷臂向生者呼救……

趙震元等頭頭們緊急組織人員實施搶救，郝振祥高叫：把傷者迅速抬到醫院去。陳洪章奔向醫院。只見淮海醫院門前臺階上和走廊裡，盡被鮮血染紅。血泊之中，傷者胡亂躺著坐著，不斷有人在呻吟中死去。

鐵錚首長緊急組織戰士，前往醫院輸血。

淮海、清華兩廠數萬職工家屬，全部陷入了史無前例的驚駭與恐懼之中。隨之而來的，是懷疑是憤怒，是復仇是行動。

這起爆炸慘案，促使千千萬萬太行人民，從

心底深處，開始置疑這場文化大革命運動。在採訪中，我多次聽到兩派人士談及此案對他們心靈的震撼。毫無疑問，死亡者和傷殘者們那冤屈的魂靈，在向全社會做出最強烈的控訴。歷史應該永遠記住這批冤魂的姓名。

請看當年四十二位死亡名單及主要致死原因記錄：

石成林，男，二十歲，清華行政科，兩腿炸斷，頭剩半個。

劉永敬，男，三十一歲，清華行政科，右小腿及腰炸斷。

王富勝，男，十九歲，清華機動科，頭部中彈片。

郭天保，男，三十四歲，清華機動科，胸部炸開。

葉應章，男，二十六歲，清華五車間，背部炸裂。

李德芳，男，十六歲，清華二車間，兩大腿削斷。

董付喜，男，二十三歲，清華二車間，腹部炸透。

李樹青，男，十七歲，清華二車間，腿、腰、背炸爛。

王青則，女，二十歲，清華二車間，兩腿炸飛。

焦勇鎖，男，三十五歲，清華三車間，頭部中彈片。

趙海貴，男，三十六歲，清華三車間，腹部炸開。

王正德，男，三十六歲，清華三車間，兩腿炸斷，臉部中彈。

趙獻庭，男，三十四歲，淮海工具科，兩腿炸斷，全身燒焦。

王獻華，男，四十四歲，省建築公司，全身中彈片。

張成富，男，三十四歲，長治鋼鐵廠，左大腿炸斷致死

郭敬明，男，?歲，長治鋼鐵廠，腹部炸開。

郭有金，男，三十二歲，長治軸承廠，頭部喉部中彈片。
魏躍文，男，十三歲，職工子弟，兩腿炸斷致死。
牛春民，男，十四歲，職工子弟，兩腿炸斷致死。
趙忠路，男，十四歲，職工子弟，腰部炸斷致死。
趙改花，女，十五歲，職工子弟，頭、腿炸飛。
原春生，男，十七歲，職工子弟，左腿及半邊臉炸飛致死。
郭春定，男，十七歲，職工子弟，腿、腰、臉多處中彈。
侯建明，男，十三歲，職工子弟，左腿炸斷，腸炸出。
路建生，男，八歲，職工子弟，兩腿炸斷，後腦炸飛。
張雲生，男，十三歲，職工子弟，右腿、雙臂炸斷致死。
劉國慶，男，十歲，職工子弟，腹部頭部被炸開。
呂雙喜，男，十四歲，職工子弟，兩腿被炸飛致死。
李從周，男，十八歲，職工子弟，胸部炸透。
王三梅，女，十二歲，職工子弟，頭部被炸掉。
李秀生，男，十二歲，職工子弟，左腿炸斷多處中彈。
張書德，男，十四歲，職工子弟，右腿炸斷，肚子炸開。
劉國強，男，十三歲，職工子弟，屍體多處炸爛致死。
馮雷，女，十一歲，職工子弟，頭部腹部中彈片致死。
馮平，男，十四歲，職工子弟，兩腿炸飛，腸子流出。
郭建林，男，十二歲，職工子弟，一條腿被炸飛致死。

李金富，男，十二歲，職工子弟，屍體炸碎，不全。

羅惠蘭，女，四歲，職工子弟，右腿炸掉致死。

范翠保，男，十歲，職工子弟，全身中彈。

徐振江，男，七歲，職工子弟，右腿炸掉，小腹中彈。

申長貴，男，十三歲，職工子弟，腿炸掉，頭部中彈。

申長鎖，男，十一歲，職工子弟，兩條腿炸掉致死。

除上述四十二名慘死者外，尚有重傷者四十二人，其中終身殘廢達十四人（名單略）。

爆炸現場實錄：據紅字號淮海廠總部組織現場勘察，爆炸中心地面上有深凹彈坑兩處，相距約半米。將屍體分佈進行編號記錄後，又錄寫了碎屍四散分佈情況。如，距炸點中心東南方向二六米處有一條腿；西南方向二米處有兩米長腸子一段；正北偏西方向五米處有一隻腳；同方向十五米及十七米處各有一塊肉；西北方向十九米處有一塊肉；同方向十七米處有一條腿；東北方向卡車車廂內有人手一隻；正南方向吉普車前杠上有一隻腳；空中八米四根電線被炸斷；約五米處一庫房兩扇大門被衝開；磚牆被衝開洞口；西南方向房瓦上掛著一塊肉及一隻腳；帶血碎肉飛濺粘在附近磚牆上多處……

女職工宋月英一家，三個孩子，炸死了趙忠路、趙改花兄妹兩個，還炸殘了老三趙改娟；清華職工申泰和，三個兒子炸死兩個，老伴瘋了；職工王銀才二一歲的女兒王青則被炸死後，其妻在數月後也憂憤而死；列表中省建職工王增華，春節回來探親，在現場聽解放軍宣傳隊講演畢，被炸死，剩下六個孩子圍著一個窮媽媽；清華職工王師傅，三個女兒一死兩重殘；淮海廠實驗室馮士彬師傅，兩個兒子均被炸死；職工李貴興師傅兩個兒子，老大十四歲下肢被截，終生殘廢，老二十二歲被炸死，李師傅在半月後忍痛到現場去收屍，結果有一條人腿和兒子的屍體緊緊地凍在一起了，無法分開，只好一塊兒埋掉，孩子的媽媽當天被氣成雙目失明；最令人痛心的是清華廠女學徒工李秀清一家。當時小李領著十六歲的弟弟金富去食堂吃飯，路過現場，爆炸瞬間姐弟失散。小李昏迷後清醒，回家未見弟，急到醫院尋找，仍未見。晚上告知父母，全家人焦急地等了一夜，次日冒險到現場尋找，在死屍堆裡翻看數遍，還是找不見。若干天後，媽媽忍痛又去現場搜尋，終於見到溝邊一條腿，腳上穿的襪子是媽媽給買的，又找到半截上身，粘連著殘破毛衣，是媽媽織的！遂當場昏倒。半月後處理現場，由死者的叔叔勉強拼接了幾塊肉，忍痛將碎屍掩埋。

這場爆炸，已是殘酷到極點。淮海、清華兩廠紅字號萬眾激憤，紛紛聯名書寫控訴電報，向中共中央揭露「聯字號的暴行」。紅字號總部頭頭則強烈要求四七三三部隊，用軍用通訊向北京發出十萬火急報告，稱兩廠紅字號群眾面臨著毀滅性打擊……

其實，南側聯字號紅星廠幹部群眾，也同樣驚駭無比。

爆炸威力太大，出乎軍工戰士們意料。傷亡太慘重了。是什麼樣的炸彈能有這麼大殺傷力？一聲巨響，竟有數百人倒在血泊中？

不容置疑的事實是：有好多人，首先聽到半空裡傳來炮彈飛行的「吱」聲，緊接著聽到了爆炸巨響。因而淮海人懷疑，是南部紅星廠聯字號發射來了「喀秋莎」火箭炮彈，同時引爆了慘案中心的聯字號殘彈，殺傷力才可能有這麼大。死傷者全部是紅字號職工家屬。

更令人不解的是，爆炸前幾分鐘，四七三三部隊戰士在一聲哨響之後，團部門口僅留下一名哨兵，其餘全部集合跑步離開了現場。所有首長、戰士竟無一人死亡。

這是聯字號向淮海廠發動總攻擊的前奏吧？

紅字號總部的高音喇叭開始一遍遍呼叫：全體護廠戰士，全體民兵，全廠職工戰友們，拿起武器，各就各位，堅守陣地，迎接戰鬥！

南部紅星廠聯字號總部，為防禦報復，也在同樣緊急呼叫中。

爆炸發生，紅字號頭頭們不吃不喝，緊急集中開會，研究戰策。一要全民上陣，對傷患實施輸血搶救，二要做好全面迎敵戰鬥準備。分工負責，誓與工廠共存亡。

趙震元沒有離開幼稚園團部。他整個中午和下午，都在護衛四七三三部隊首長的安全。不斷有復仇的職工家屬，提著子彈上膛的步槍和手槍，舉著手榴彈，邁過重重屍體，衝到團部院內，高喊著，要殺滅部隊幹部，為親屬為死者報仇雪恨。趙震元和他的三名警衛揮淚抱住同胞們的腰，連求帶勸，在扭打中爭奪武器：「無論如何不能再死人啦！」

勸住這一頭，攔不住那一頭。更失策的事故不斷發生：憤怒中工人們失去理智，他們衝入四七三三部隊營房，戰士們挨了打，兩個連隊的武器裝備被搶掠一空。

部隊戰士們也委屈呀，俺們剛剛給傷患們輸了血，還要挨打？

形勢萬分危急，更大衝突一觸即發。

紅字號淮海總部包括部隊團部，同時向支左部隊蕭選進首長，向晉東南軍分區武天明、李英奎等人，發出急電，強烈要求當局立即派人前來勘察現場，緝拿元兇，嚴懲肇事者。

哪裡還有什麼當局？

現場上，屍骨橫陳。在寒冷陰暗隆冬時節，屍體屍塊很快凍卻在原地，濃血凝結成了一層層厚冰。朔風怒號，雪花騰飛，現場曝屍十幾天，上頭沒有人來管，紅字號總部又不能輕易收屍，破壞現場。

這就是文化大革命，文化呢。

李順達仍在地下囚室中。大爆炸一聲巨響，震動著樓宇，也強烈地震撼了他的心靈。他後來回憶道：這文化大革命，到底要幹甚啊？大爆炸，死得都是工人同胞，是無辜的家屬和娃兒們，我哭啊！——他在文化大革命尚未結束時，在一次公開講話中，情不自禁地，不由自主地發出了一段「極其反動」的感歎，他說：「這文化大革命，是西瓜從裡頭爛哩！咱實在看不清啊！」幸虧沒有人把這話揭發出去。

紅字號淮海總部，頭頭們連夜組織了「二・四慘案」勘察鑒定專家組，吸收本廠炮彈專家羅明生及老技工多人參加調查，試圖發動群眾，對此巨大疑案做出探究。

聯字號方面，立即抓住「二·四爆炸」事件，風風火火向北京，向中央文革，向周恩來總理緊急報告「紅字號搶奪部隊大批槍支彈藥，在軍工廠中心區製造惡性反革命慘案的暴行」。於是，周恩來總理於二月六日向謝振華、劉格平口授《通令》，並首次動用軍用飛機向紅字號播撒傳單，此令稱「你們這樣做就要走到無產階級文化大革命的反面」，「不要上程首創等壞人的當」，「如繼續向部隊搶槍和武鬥，就不成其無產階級革命造反派了」。

上下結合，聯字號軍民趁勢對上黨古城紅字號展開了全面進攻。二月四日當晚，蕭選進指揮官率領聯合部隊前線指揮部，正式撤離市區，撤至北郊聯字號基地長治北列車機務段，入駐鐵路中學和招待所。這意味著，軍人們對市區紅字號已經放棄了各項爭取工作，總攻擊正式開始。聯字號武裝力量也全部撤至市外北郊，以便統一，實行大反攻。長北、長鋼，住滿了戰鬥隊員。

這次爆炸慘案，直到聯字號執掌政權槍決趙震元等人之前，未見公佈完整結論。趙震元在獄中始終關注此案鑒定進展，他認為一定是有人蓄意搞了破壞，他在上訴材料中沉痛地寫道：這次爆炸「炸死了我紅字號這樣多的階級兄弟，炸死了我兵工廠同吃同住同工作，親密在一起二三十年的老工人戰友，還炸死了他們的老婆孩子，血肉滿天，手足抛到牆上房上，搞的血肉（流）成河。直至今天，我回想起來，如鋼刀刺心一樣的痛苦難過。為搞清這次慘案我願獻出我的一切！所以我要求領導，查清不管是誰搞的這次事件，都定要嚴厲法辦，這樣多階級兄弟的鮮血絕不能白流！」

趙震元臨死前的巨大疑團，一直在三大兵工廠的老職工當中，在上黨古城千千萬萬歷經文革的民眾中，迷迷惑惑，幾十年不能解開。我在採訪之際，先後聽到的說法不知有多少種。有待我在下一節，試一試能否揭開慘案謎底。

聯字號執政後，借助此案及紅字號其他種種活動，搞出一個「以趙震元為首的反革命集團案件」，將慘案罪責安到了他趙震元頭上。結果是：槍決趙震元，立即執行，判處羅明生、郝振祥死刑，緩期二年執行；判處王七孩無期徒刑；淮海廠原領導毛占緒及清華廠廠長龍光恩各判重刑二〇年，送殘彈推平車的老工人曹如發判刑十年，後死在獄中……

祕密試驗與專家之死

紅字號控告聯字號「二・四暴行」，嚴重懷疑部隊合謀迫害，造成巨大慘案，最主要的根據：第一，部隊集合離去，現場爆炸，部隊未死一人；第二，多人聽到空中先有類似炮彈飛行的「吱」聲或「嗚」聲，且由南而北，後緊接著爆炸，即可質疑是南部紅星廠聯字號打來了「喀秋莎」火箭炮，同時引發殘彈爆炸，故殺傷力極大；第三，原先在殘彈箱中僅有「喀秋莎」炮彈底盤兩隻，後在現場附近又發現了第三只；第四，紅星廠聯字號在事件前後，仍然多次向淮海、長運、市招等地發射「喀秋莎」火箭炮彈，如在事件後第二天，即向淮海廠生活區發射兩發同樣炮彈。

由於根據充分，疑點未除，因而在聯字號執政槍決了趙震元等人前後，兩廠職工仍不屈不撓，反覆向中央提起控訴，多次要求中央派員偵緝此案，嚴懲元兇。聯字號則疾呼否認，長年予以辯駁。另外，是否存在著國民黨等境外敵對勢力向軍工廠實施破壞的可能？為此，北京和山西省府責成支左部隊，組織專家及公安幹警，從一九六九年至一九七一年，組織強有力專案班子，對此事件進行偵破，最終做出了結論報告。聯字號執政者包括紅字號群眾，對專案組工作十分支持，因為誰也不想背起製造極大慘案這口黑鍋。

二〇〇四年的秋季，我終於找到了這份塵封幾十年的專案報告。在仔細研讀後，覺得此報告尚能自圓其說。為解開這一歷史疑團，我將此報告摘要講給讀者共析。應該說，由軍事專家、爆破專家、刑偵專家聯合實施的這次偵破調研，比較嚴肅，有著一定的科學依據。

令人吃驚的是，專案組針對紅字號強烈控訴的疑點，先後做出兩項大型實爆試驗，從而取得不少實證資料。

第一項，一九六八年六月八日，在紅星廠所屬長子縣境內廣闊的實彈靶場，發射「喀秋莎」炮彈十二發。發射時間專門放在與爆炸同時間的中午十二時，發射距離為一〇〇〇米，觀測距離為一五〇〇米。發射時可清晰看到炮彈尾部噴射出火龍，落地爆炸後彈坑直徑竟達二點四米。而事件當天中午，無人證明看到過彈尾火龍，慘案現場遺留兩個彈坑直徑均不足半米。由此說明，紅星廠聯字號沒有向現場發射過「喀秋莎」火箭炮，因而也不可能引爆殘彈。

第二項，此項試驗尤為複雜。首先，專案組命聯字號糧機廠職工，照原樣、使用原材料，複製出了三枚與慘案現場相同的土炮彈。然後專案組於一九六九年四月二十九日，在淮海廠所屬南石槽炮彈靶場內，進行電引爆試驗觀測。三發炮彈及兩箱殘彈殘片，均按照目擊者回憶原樣擺放。為測試該彈殺傷力，特用大量模擬木頭板，代替傷亡人員，分四層插立在炮彈周圍。每圈木板塗以不同顏色，上頭披掛破棉衣等物，代替人的衣服。如第一圈木板高一米許，插了三十八塊，上掛棉衣十二件。第二圈木板略高，掛衣物若干計四十七塊。第三圈木板又高些，達五十八塊。第四圈插木板二〇塊。以此來測出碎彈片削擊點。

試驗結果，一發炮彈未能同時引爆，殘彈飛至遠方一六五米始爆。餘兩彈引爆一發，殉爆一發，殺傷力巨大，與慘案現場基本吻合。地面遺留彈坑兩處，形態與現場無大差異。慘案現場附近未見第三彈亦無彈坑，應為半空中爆炸。另外，慘案現場馬路呈胡同狀，兩側皆有房屋及圍牆，其上彈痕累累，分析認定大量碎彈撞牆以致往復殺傷，彈片路線構成網狀，增大了人員生命受害程度。

最重要的一點是，爆炸現場及周邊倖存者證明，首先聽到了空中有「吱」聲或「嗚」聲，然後是爆炸巨響，因而疑為紅星廠打來炮彈，先飛行後爆炸。此次試驗證實，殘彈片炸飛劃過空中時，即可發出此聲。其中一片重量〇點六五公斤的彈片，嘯然越過了土岸和村舍，在空中飛行長達一〇〇〇米，落在社員米喜則家房頂上。對此專家解釋稱：彈片飛行速度每秒鐘可達六〇〇〇公尺，其速度高於爆炸點聲速，因而在不同方位的人，可以先聽到彈片飛行的「吱」聲，隨後聽到爆炸聲。

另：紅字號撿到第三枚「喀秋莎」火箭彈發火底座，比原先箱內兩枚多出了一枚。查此底座已經生銹，並非新近發射，予以排除現場引爆可能。

結論：現場人員龐雜，在好奇者動手動腿中，引發了糧機廠三發土炮彈和一發六〇迫擊炮彈及一發八二迫擊炮彈——共計五發炮彈同時爆炸，包括淩空爆炸，終致大量彈片嚴重殺傷現場人員。

這樣，經過兩場大型模擬引爆試驗，得出了以上結論。本來，此結論可以駁斥紅字號對於紅星廠發炮的控訴，似對聯字號有利，但是，聯字號在執政中，卻對此結論。嚴守機密，秘不公開發佈和宣傳，對此結論未加利用。這是為什麼？說穿了也很簡單：第一，所有殘彈均為聯字號製造和曾經發射過；第二，糧機廠自製炮彈的設計者及製造者，本應負有重大責任，而這些人員均為聯字號作戰有功人員，要保護他們則不宜再傳播。糧機廠同時還製造了手榴彈及地雷達四〇〇餘枚，均不宜深究；第三，此彈在製造過程中，由紅星兵工廠聯字號提供了引信及引火炸藥，其他工廠也有大量使用，也不宜深究；第四，殘彈箱內及後來撿到的「喀秋莎」發火底座，均為嚴禁擅自動用的重要國防武器，學名應稱為「國防三號彈」及「國防四號彈」，上頭已經對聯字號擅自動用此彈有所追究，故此事不宜再提；第五，紅字號將殘彈放在門外馬路邊，確係四七三三部隊首長同意並指示的，卻未能採取任何處理措施，造成嚴重後果，因而負有相應責任，所以也不要再提此事了。綜上所述，專案組結論雖然貌似有利於聯字號，其實容易引發更複雜的後果，並非「好事」，哪裡敢照本宣科地宣傳呢？因此只能將此案悄悄壓下來，趕緊把趙震元等人殺掉，把其他人長期判罪算了。

這便是此案雖震驚一時，結論卻悄無聲息的原因。我在長期採訪中，從未聽兩派頭頭提到過專案試驗和專家結論，是大家知而不言呢，還是根本不知曉？看來兩種情況都不排除。如此重大試驗行動和最後結論，我也是在塵封多年舊檔案裡，僥倖發現的。

文革種種罪惡祕密，實在太多。

最後一個問題：聯字號在執政中槍斃了趙震

元，「嚴懲匪首」了，而在同案死刑當中，為什麼突然冒出一個叫做羅明生的人來？

是啊，羅明生是誰？為什麼聯字號要把他和趙震元放在同案判決死刑？

羅明生是淮海兵工廠一位老牌高級工程師，炮彈專家，一向兢兢業業，踏實肯幹。對我國軍工事業很有貢獻。在文革運動中，他未曾參加兩派組織，但是他同情和支持廠內老領導毛占緒、李津等人，和清華廠廠長龍光恩關係也很老。換句話說，他傾向於紅字號。

慘案當晚，紅字號淮海總部面臨十萬危局，緊急研究對策。會議上，諸人認為必須抓緊成立自己的專案調查組，首先弄清慘案真相。在決定人選時，清華廠長龍光恩提出，自己熟知火炮製造卻不擅長炮彈研究。而此彈殺傷力如此驚人，建議吸收搞炮彈的專家羅明生參加專案組，可能會有利於偵破。諸人遂同意此議。

慘案發生，羅明生老總正在家中愁疑垂淚，並不知廠部有此決定。當有人正式通知他參加調查時，因悲慟之中的責任心使然，他沒有拒絕。

這一來，老羅丟掉了自己的性命。——他跟其他同事們的歷史背景完全不同。其他人都是中共老紅軍或者老八路出身，他的情況則要複雜得多。

羅明生，四川安岳人。父親曾是縣中學教師，做過國民政府縣參議員。父親的一名學生，在國民黨高層非同小可，那就是大名鼎鼎的高級特工頭目康澤。康澤於黃埔三期畢業後，創建「中華復興社」以及「三青團」，受到蔣介石重用。康澤念及師生情誼，曾邀請羅明生父親離鄉做他的秘書。羅明生少年時外出求學，亦曾在康澤家留住過。一九三三年，康安排羅明生到國民黨江西南昌別動總隊做中尉，月薪二十四塊大洋。半年後，羅明生考入國民黨軍政部兵工專科學校，離開康澤領導的別動隊，到南京就學，學業優良。畢業分至國民黨南京兵工署技術司炮兵科，參加抗日工作。在連續撤退中，羅明生隨機關從南京轉戰武漢又赴長沙。檢驗查收美國盟軍進口炮彈，修理火炮。一九三八年底隨軍轉赴廣西柳州，又經貴陽到湘西，一九三九年底到達重慶，任國民政府第三十兵工廠技術員。一九四三年八月調成都第五十兵工廠檢驗出廠炮彈。

一九四九年調重慶兵工署工作，級至少校。不久，中共劉鄧大軍向西南地區猛進，勢如破竹，羅明生所在國民黨兵工署倉皇解散。在職人員每人發放黃金二兩，各奔他鄉。羅明生哪裡也沒有去，一心等待著中共軍隊前來接受。不久，他將此二兩黃金上交中共新政，主動歸屬了中共新建西南工業部技術司。中共接受官員愛惜技術人員，對他說：這二兩黃金不予沒收，就頂你三個月工錢吧！從那以後，羅明生重新開始了另一種人生，立志為國家強盛效力。一九五一年，羅所在技術司改為西南兵工局，直屬中共兵工總局，羅任技驗科副科長，一九五二年升任工程師。一九五四年調北京某部技術室，一九五五年被派往長治淮海廠任工程師，主研炮彈。而康澤其人於一九四八年在湖北襄樊戰區司令長官任上被俘，以戰犯身分改造經年，後被特赦。一九六〇年後，在全國政協文史室工作，與羅明生未曾發生新的關係。

羅明生積極工作，屢受表彰。在建國後歷次政治運動中，均未受到衝擊，只是不再提拔重用而已。這次受本廠紅字號總部之托，協助「二・四」慘案的勘察調研，竟被指認參與了「趙震元反革命集團」，釀成殺身之禍。

聯字號執政者認為，紅字號集團使用羅明生這樣的人，正說明了其組織的反革命性質，李英奎在文革後的諸多申訴材料中，仍長期認定，是「蔣介石對羅等發放二十兩黃金，命其潛伏破壞」。——這裡，二兩黃金升成二十兩啦。要說「文化大革命是共產黨與國民黨長期鬥爭的繼續」，難道是一句空話嗎？請看，羅明生其父是國民黨大員康澤的老師兼秘書，羅本人官至少校軍銜，並多年在國民黨軍工廠服務，「雙手沾滿了屠殺人民的鮮血」，這不是地地道道的「潛伏反革命特務」是什麼？——對羅明生的判決書上確是這麼編寫的。而「趙震元等一夥反革命分子」，與羅明生這樣的「潛伏特務」勾結在一起，正說明了紅字號集團的反動本質，對他們實行槍決或重判，正是無產階級革命派奪取了最後勝利。

尤可反思的是，一九六八年至一九七一年間，全國判處死刑的許可權，下放至省級以下，只要由省地兩級軍管會批准即行生效，法律法規及審判程序極其簡化，極其不健全。「趙震元反革命集團案」添加上羅明生這樣「貨真價實的國民黨特務」，正可以壓制不服氣的紅字號們，看看誰還敢再說什麼冤屈話？倘為這樣的人喊冤，那你是什麼立場？把一個國民黨少校牽扯入案中來，不僅可以坐實紅字號集團的反革命性質，而且可以堵住千萬張喊冤叫屈的嘴。——文革中一派整一派，是極有謀略的。

優秀的炮彈專家羅明生，就這樣被判決死刑，緩期執行後，慘死於獄中。

太行山上，殺聲陣陣。二月四日一聲大爆炸，把兩派殘殺推向盲目與癲狂。晉東南文革運動完全演變成為一場罪惡戰爭。

大爆炸死難者們，死不瞑目。

民兵集結人槍上萬

一九六八年二月，聯字號軍民配合野戰大軍，向據守長治的紅字號集團發動了全線進攻。

二月四日以後，軍分區緊密部署大反攻，南面重點解決晉城四新礦和高平縣，北面解決長治市。一九八〇年省、地聯合調查組在《調查報告》中，對北線部署情況稱：「一九六八年二月初，晉東南軍分區以司令員武天明名義，通知長治周邊各縣武裝部長，迅速前往長鋼「前指」開會。陸續到達的有：平順縣武裝部長張培顯、潞城縣武裝部長何文英、襄垣縣武裝部副部長郭秀珍、屯留縣武裝部長林治勝、長子縣武裝部長沈殿英、長治縣武裝部副政委高成林、武鄉縣武裝部政委王承柱及副部長趙律山、沁縣武裝部長趙文科等。他們在「前指」接受了分區首長武天明、李英奎、田懷保、郭華民等人部署的出兵命令，有的還見到了六九軍政委曹中南、副軍長蕭選進。會議採取即到即談、分別佈置、隨談隨走的方法進行。作戰部署也各不相同。軍分區要求平順、潞城、襄垣、屯留、長子、長治縣等縣，各出一個團兵力，即一至三千人，總兵力上萬，從東西南北四個方向包圍長治市，封鎖大小道路，不准城裡紅字號跑掉一人，更不准帶槍人員突圍。在哪個縣控制範圍跑了人，哪個縣負責。命令各縣民兵迅速動員集結，立即挺進到達指定地點；沁縣、武鄉兩縣是晉東南北大門，戰略地位顯要，任務要求以沁縣為中心，聯合沁源、武鄉、襄垣，組成四縣聯防，把守長太、榆黃兩條幹線公路，北拒太原及晉中援兵，南截長治及各縣逃兵；對黎城、壺關兩縣紅字號頑抗據守之敵，要求兩縣民兵團務必在友軍對長治發起攻擊的同時，全力攻打本縣紅字號據點，自行解決本縣作戰難題。必要時，長治方面將前往支援。「前指」帶一個獨立團，穿插市區運動作戰。以上部署均為『解放長治』戰役關鍵所在，要求各縣踴躍支前，迅猛行動，服從命令聽指揮，務必打好每一仗。稱這是具有光榮革命傳統的晉東南地區共產黨與國民黨在文化大革命中的又一次決戰，務求必勝。」

因種種原因，實際圍攻長治城區兵力八〇〇〇人。有材料統計，此八〇〇〇民兵及「前指」獨立團六〇〇人，加上東部壺關、黎城兩縣獨立作戰兩個團，加上北部「四縣聯防」打援防逃的兵力，北線「解放長治」總兵力達到一二五〇〇餘人。而數萬名解放軍野戰部隊，更是聯軍圍攻長治的強大後盾。

到二月中旬，中央軍委批准，第二批野戰部隊大規模開赴上黨地區。

各部隊挺進長治，很快與首批先遣部隊會師。增派六九軍政委曹中南前來，與副軍長蕭選進共同指揮戰役。到這時，開進部隊外加一二五〇〇名全副武裝的民兵戰團，長治城再次成為一座兵城，太行山再次成為一座火山。有材料稱，野戰部隊總兵力達到了好多個師，我根據各類材料統計，說五個軍番號近十個正規團，是可以肯定的。由此可知，解放軍加民兵可達二〇個團，總兵力超過三〇〇〇〇之眾。

儘管紅字號將士能征善戰，面對如此龐大兵團，他們受得了嗎？

各縣民兵團全部到達長治週邊指定地點，將上黨古城鐵桶一般圍定。各團首領參加「前指」會議，分區各首長依據作戰沙盤，具體部署攻擊任務。

以上各縣民兵團、營負責人名單，均有原始材料在，這裡不提也罷。領軍者則是各縣武裝部的軍人。這些軍人摘掉領章帽徽，主持司、政、後作戰，統領著各自民兵團，是「長治戰役」的現役指揮者。

聯字號前線指揮部的整體作戰計畫是；在各縣民兵團打掉各個紅字號外部據點後，全力合圍紅字號市內西招待所總指揮部。然後為多路野戰部隊做好嚮導，由解放軍逐一佔領和全面接管市內各據點，完成對南郊淮海廠的大包圍，最後一舉拿下這座紅字號大本營，故而總口號為「解放長治城，踏平淮海廠」。正因為這樣，所以，對南部實力雄厚的紅星兵工廠戰團不再安排攻打市區任務。紅星廠戰團按兵不動，意在鉗制淮海廠紅字號主力，形成大包圍，根據戰局需要，最後一舉解決之。

「前指」有令：紅星廠大型火箭炮「喀秋莎」，要在戰鬥中發揮重要作用。但是許多人不會使用此武器，於是由該廠派出重炮小分隊。為首一名工程師名叫劉雨亭，專管這支機動火箭炮隊，威力巨大。這支炮隊先戰長治、黎城，而後移師南線晉城，攻打四新礦。

為解決眾多俘虜問題，聯字號也在大後方襄垣縣等地做了充分準備，為戰敗後的紅字號骨幹們安排好了集中營。

據一九七四年中共山西省委三屆七次全委會議材料證實，進剿長治時，各縣民兵最初攜帶子彈三五七〇〇餘發，手榴彈五二〇〇餘枚。軍分區隨即大量補充手榴彈，又分發下去子彈三〇萬發，另一份材料說軍分區總計發放子彈達到八〇萬發。

戰火在燃燒

我曾經專程到石家莊去，採訪年邁的武天明司令員，陪坐一旁的武天明夫人、我同學武普光的媽媽，我稱她阿姨，她帶著當年的恐懼剛剛憶完「一・一六事件」，接著回憶道：

差一點就死嘍！紅字號從長運放了我們沒幾天嘛，仗打大了，反攻前，都要撤到長北去，分區大院家屬們，能走的儘快走。本來汽車就不多，誰家都想快些離開。老武在外頭顧不上管家。結果走了幾趟車，都沒有輪上我，咱還是首長家哩！這天中午，我和幾個家屬站在院子裡說氣話，就站在我家後門口嘛，我說我們娘幾個死在這裡吧。說完，大家散了，我轉身進了咱家後門。啊呀，我剛剛進家，身背後一聲巨響，紅字號一顆大炮彈，正正的，落在了我們剛才說話的地方！一傢伙就爆炸了，把我一下子撲倒在地上，甚也不知道了。過一陣子醒來，你再看，窗戶全炸破了，咱家廚房，鍋碗瓢盆震了滿地，油鹽醬醋瓶子全打爛啦！正想哭哩，突然想到炸住了人沒有？一看，大人小孩子都還活著，再看我們站著說話的地方，老大一個彈坑！我剛剛離開一分鐘，哪有一分鐘？就是半分鐘嘛，真是太危險太危險啦。也真奇怪，大白天突然落了這麼一發大炮彈，紅字號也沒有接住打過來。這樣一炸，我也不哭了，我倒不害怕了，我對人們說，誰想走誰走，讓紅字號打吧，我是哪裡也不去啦！

武天明他們家的位置我很熟悉，挨炮彈的事我也聽說過，沒想到竟然如此驚險。紅字號炮擊軍分區已屬常事，但並非直接要打武天明住所。僅僅單打一炮，哪能這般精確呢？

倘若這一炮炸毀了武家，乃至炸著了武老太太，戰局會不會更加慘烈？

聯字號軍民們早已憤怒到頂點了。

八縣民兵團近萬兵力配合野戰部隊，向長治紅字號反攻終成現實。北部沁縣、沁源、武鄉、襄垣四縣聯防，卡敵北逃；東部黎城、平順、壺關三縣全部嚴設哨卡，防敵東竄。大道小路，密不透風。

紅字號各部守軍面臨大兵壓境，奮起進行悲壯抵抗。

上黨戰場，文革血戰全面開花，紅字號武裝顧此失彼，逐步棄守了部分據點，集中力量保衛另一部分據點。因此，各縣民兵團在戰鬥中有難有易。有的據點如市招待所和市建大樓，聯字號軍民輪番展開猛烈炮擊，悍然使用「喀秋莎」火箭炮，很快就摧毀了對方；有的據點遭到守軍頑強抵抗，如東街的農校、師範，平順民兵團首戰沒打下來，次日再戰，攻進去以後，紅字號被迫撤退。但是，有的據點戰鬥激烈而反覆。如西關要塞物資局大樓，紅字號頑強據守，長子民兵團久攻未克。好不容易攻下來，民兵們守了半夜，當晚又讓紅字號奪了回去，只好重新攻打；再如長治軸承廠，同樣位於西關要塞，聯字號重兵先後攻打多次未克，最後解放軍擔任突擊隊上陣，才擊潰了紅字號守軍，拿下了這個堡壘。

原先，紅字號經數月奮戰，基本上佔領著長治城區。現在，對手在反攻中撕破了好幾道防線。

二月十二日，聯字號在大型火箭炮轟擊下，攻入了長治城內。重兵攻市一招大樓，紅字號守軍傷亡慘重。十三日凌晨，紅字號棄樓撤退，收縮到西招待所指揮部。市建永紅大樓也被聯字號佔領。

聯字號各路戰將處在大規模運動之中。人們在激烈的彈雨裡咆哮著，攻克長治，佔領長治，收復長治，解放長治，成為他們最激昂最迫切的共同心聲。考驗我們每一個人的時刻到了。讓熊熊大火燃燒的更旺些，讓我們的炮火更猛烈些，讓我們的子彈更精確些，讓我們的熱血更沸騰些……

二月十三日夜，紅字號守軍的大炮持續轟鳴。他們要報復，要以攻為守。一發發炮彈接連命中聯字號老據點醫專校園。十四日凌晨，醫專教學大樓起火，越燒越烈。大火映紅了古城東部夜空。由於大火發生在聯字號最堅強的市內總部，因而格外驚心動魄，震撼人心。

醫專大火在古城東部熊熊燃燒，增添了戰爭的恐怖氣氛；二月十五日，全市炮火連天，遍地爆炸，雙方形成持續炮戰。位於長治城中心的藥材公司總庫再次燃起大火；而二月十七日發生在古城西部麵粉廠的第三場大火，燒了幾天幾夜，濃煙遮蔽了古城的天空，從好幾裡地以外就能看到。長治城內東部、中部、西部的三場衝天大火，加上晝夜不停的槍炮聲，把兩派戰役推向了高潮。

烈火燒毀了太行山上的大學，烈火燒毀了全部昂貴的藥材，烈火燒毀了農民們最珍惜最心疼的黃金般的糧食，且數量巨大，四〇〇萬斤上好的小麥盡毀於戰火之中。

二月十七日中午，軍用飛機又在長治上空盤旋，播撒著中央文革小組和中央軍委針對晉東南聯合發出的《二・一七通知》。天空中飛揚著北京指令，地面上炮聲隆隆，大火蔽日。

在兩大派血腥對攻的空隙間，也時常發生一些苦澀的趣事，這個故事發生在長治以南六〇公里的高平縣：當時，紅字號圍攻縣城，切斷了城內聯字號的物資來源，聯字號武裝據守城關，肉、蛋、奶、菜則至為稀缺。到了一九六八年春節前後，城裡聯字號戰士腹中枯焦，斷肉已經數月之久，再不想辦法行動起來，大夥兒就澈底忘記肉味兒了。

於是，城內聯字號決定兵分兩路，偷襲兩個紅字號鄉村豬場，奪取肉食。而執行此類特殊任務，參戰者總是分外積極。據當年聯字號副指揮李金鐘先生回憶：城關分部派出史隨龍小分隊，由熟悉趙莊地形的復轉軍人王戰士帶路，攜帶長短槍七支，每人四顆手榴彈，趁著寒冬月夜，潛往趙莊村外，後半夜到達豬圈附近。紅字號駐有一個班看守，晚上集中在院子裡睡覺，史隨龍即命小分隊隨時準備用火力封堵院門。分工趕豬的戰士便焦急打開圈門，迅速將二〇多頭肥豬趕了出來，要徒步趕回城裡。無奈的是，肥豬們一聲聲哀嚎不止，還是驚動了紅字號守衛班。雙方當即開槍對射，聯字號以火力封堵院門，掩護趕豬戰士上了大路，越走越遠。

而紅字號不知院外虛實，未敢衝出來追擊。小分隊得勝回城，卻頗多遺憾，只因為一路慌張，對於頭豬控制不好，二〇多隻肥豬沿途逃竄，十來里地趕回城裡，竟丟失大半，僅剩下九隻了。

另一路前往南王莊趕豬的隊伍，由聯字號總部精銳偵察班前往執行，由兩個班攜帶兩挺機槍，負責對紅字號南王莊據點進行監視掩護，做阻擊援兵準備。這一晚，偵察班由熟門熟路的楊金庫帶路，行動極為詭秘。他們小心翼翼摸進豬場，一名紅字號老飼養員並未發覺。老人坐在屋裡炕上，披件老棉襖，對著如豆油燈，一袋接一袋抽煙。這時，一柄步槍刺刀，悄悄挑破窗格紙，刀尖冰涼，輕輕地刺到老人後脖子上。「不許動」，窗外聲音不高，卻如雷貫耳。這老漢想來也是飽經戰亂之人，聽到指令，便渾身上下一動不動，凝固在油燈前，雙目微閉，不聞不管窗外事，竟無半句廢話。於是偵察班戰士抓緊趕豬。這裡總共養了四圈肥豬，每圈二〇多頭。未料一打開圈門，豬兒們不聽指揮，一下子跑散了三圈，又怕弄出動靜，不敢猛追，只好由它們去吧。唯獨最後一圈肥豬，「非常戀群」，絕不亂跑，計有二十一頭。結果，由李秀峰、王德先等隊員們驅趕著這群豬，疾行回城。走出很遠，卻不見看押老人的戰士跟上來，便派人回去找他。直到返回豬圈，這位戰士仍舊端著大槍，兀自在窗外用刺刀頂著老人，雙方始終沒有動彈一下。

當晚，偵察班趕著二十一頭肥豬回城，換來陣陣歡呼聲。天不亮，便迅猛地宰殺七頭肥豬，總部一片熱氣騰騰。總部頭頭王學科、張登魁等人當即下令，趕快通知各隊伍，取上傢伙，前來領肉啊。

算一算，兩路偷襲行動，總共從紅字號鄉村武裝手中趕回肥豬三〇頭，並未傷亡一人，戰果十分可觀，極大地鼓舞了守城將士的鬥志。高平城鄉的戰火隨之更加熾烈。戰況正是這樣，高平聯字號以攻為守，訓練有素，頻頻出擊。而高平紅字號雖在全縣擁有數十萬之眾，其武裝力量卻各據一方，相對分散，未能形成拳頭，總體龐大，局部薄弱，易被聯字號各個擊破。紅字號的鄉村優勢難以轉為勝勢。以後一個多月的全縣戰火，更加證明了這一點。但是，同樣道理反過來看，高平聯字號雖然固守城池，兵力集中，面對廣闊的紅字號鄉村大地，也是老虎吃天，不好下口。倘無更強大的軍事力量從外部合圍進剿，要戰勝全縣紅字號及其武裝，絕非易事。

山地公路上的激戰

戰爭局勢瞬息萬變，戰場殘酷尤難預見。我這裡多講幾個戰場故事：

兩軍作戰以來，戰場救護問題日漸嚴重。紅字號傷患尚能依託淮海廠大本營醫院實行救護，挽回了不少人性命。聯字號傷患則境況艱難——整個長治城區，大小醫院早已關門倒閉，灶塌火冷，醫護人員盡數逃散。各縣民兵團出征時萬般匆忙，戰場救護成為薄弱環節。各野戰部隊醫療條件有限，救護藥品嚴重缺乏。寒冬裡，不少傷患流血流死，疼痛疼死，輕傷號成了重傷號，重傷患成了殘疾號。突出一個例子是四五四六部隊一位副營長，在攻克據點戰鬥中被紅字號守軍擊傷，本不致要害，卻因搶救無效死亡。戰後，聯字號政權把這位副營長陣亡之責，安到了紅字號「回民支隊」頭頭馬俊青身上，以現行反革命殺人罪名，把馬俊青槍斃了。

總之，戰地醫療救護，急需加強。聯字號前線指揮部向太原方面緊急求援，請求省軍區派遣醫療隊儘快奔赴長治戰場，一日都不能再耽擱了。

但是，從太原到長治，二五〇公里之遙，要途徑晉中、晉東南兩地區多個縣份。各地段均有關隘哨卡，公路上險情頻發。據守晉中地區的武裝力量為陳永貴一派組織，是晉東南紅字號鐵杆同盟軍，正在密切關注長治戰局。聯字號作戰部署中，針對此情特命沁縣、沁源、武鄉、襄垣四縣民兵，沿太原至長治公路和沁縣至平遙公路線，還有榆次至長治黃碾公路線，加強四縣聯防，一防晉中來敵增援解救長治紅字號，二防長治「紅匪」敗逃晉中北去。對晉東南境內各級公路，全部實行封鎖。為此沁縣民兵出動三〇〇餘人，由南至北分別駐守在新店、城關、西湯、松村、漫水五個哨卡，南與襄垣民兵聯防，北與武鄉民兵共守。四縣聯防最北部，駐防到權店為止，過了權店，再往北就是晉中地區紅字號勢力範圍了。

注意，從長治北上太原，晉東南境內公路上，南面有個新店，北面有個權店。

二月十一日，省軍區緊急派出戰場醫療隊，冒險南赴長治。於是，在長達六〇多華里的公路上，槍炮聲大作，引發了一場激烈的公路戰，血濺盤山大道。這場戰鬥，比電影中戰車追擊場景更要真實殘酷。

情況是這樣：省軍區醫療隊南進，共有兩輛軍車，一輛滿載藥品器械，一輛中型客車，運載醫護人員，警衛不多。早晨，醫療隊從太原出發時，省軍區一位軍人，拜託車隊捎上了他的姪女小於。十九歲的小於本是長治潞安中學高二〇班優秀學生，形象端莊，學習很好，是班上物理課代表，學校聯字號戰鬥隊成員，武鬥以來曾和戰友們共同堅守市區。元月初紅字號攻克該據點，小於隨隊鑽地道轉移，脫離險境。小於父母慌稱姥姥病重，動員她離開長治，到北京、太原探親。眼下，聯字號戰友們正在長治與「紅匪」浴血決戰，小於同學在太原姑姑家無論如何住不下去了，她要回到戰地去，和同學們一起拼殺。她姑父無奈，千叮嚀萬囑咐，讓她搭上了軍區醫療隊的客車，即返長治。

長治戰場，軍人們得知醫療隊冒險前來，立即準備迎接。軍醫寶貴，藥械珍稀，前線指揮部於當日晨，命六九軍一個野戰排，分乘兩輛卡車加一輛吉普，全副武裝沿太長公路北上，前驅權店邊境迎接醫療隊，實行警衛。行前，「前指」交待任務，說過了武鄉縣權店地段，就是晉中紅字號防地，遇到攻擊，務求敢打必勝，確保醫療隊當日抵達長治戰場。

再看公路上。聯字號沁縣民兵，自參戰以來日夜佈防，正是鬥志昂揚時候。軍分區特派打過大仗的復轉軍人鄧貴發，著全套軍裝，與四縣聯防總指揮李茂一起，帶兵作戰。不久前，他們剛剛摧毀了沁縣和武鄉兩縣紅字號多處據點，還打死了沁源縣紅字號頭頭李留栓，遂將精兵集中於公路上，佈防設卡，隨時準備與膽敢竄犯公路的紅字號作戰。近日，軍分區首長李英奎向鄧貴發指示：你部要特別注意，紅字號武裝在長治搶劫了不少解放軍黃軍裝，很可能冒充部隊官兵，駕軍車奔逃晉中、太原，你部要提高警惕，嚴防假解放軍過境。得到這一指令後，鄧貴發即向沁縣新店防區及四縣聯防民兵做出部署：不可輕信軍車軍裝軍人外表，遇到此類情況，必須攔車辨識真偽，不得隨意放行。——悲劇就出在這裡。

十一日晨，南部六九軍野戰排、北部省軍區醫療隊，分別從長治、太原兩地，相對而進，同時驅車出發。

上午。聯字號沁縣新店民兵正在值勤，遙見南部駛來野戰排三輛軍車，車頂架著機槍，卻疑為紅字號偽裝。他們來不及報告上峰，立即鳴槍警告，喝令停車檢查，要辨識真假解放軍。有一種說法，是部隊戰士先開的槍，當然，這已經不是關鍵所在。

六九軍野戰排官兵並不熟悉公路地名，他們都不是當地人。行前，首長交待，過了權店即是敵軍範圍——戰士們當下把新店當成了權店，迅速投入戰鬥。指揮員命令：集中火力，衝過關卡去！

戰鬥在瞬間爆發。野戰軍車上，班用機槍開始猛烈掃射，地面上，民兵手榴彈一頓猛投。軍車加大油門，邊打邊向北面衝，排除路障，衝過新店，公路上倒下一片中彈聯字號戰士。憤怒之中，民兵們立即展開追擊，不怕你假解放軍衝過一道卡，前頭還有好買賣等著你吶！民兵哨卡即向聯防指揮部迅速報告。很快，前頭沁縣城關、西湯、松村、漫水乃至更遠的武鄉民兵駐權店哨卡，全部得到了阻擊命令。不僅各種機步槍和手榴彈做好了準備，而且還為這些軍車準備好了威猛的四〇火箭彈。

野戰排頓時陷入前有關卡堵截，後有民兵追擊的戰火中。幾十公里公路沿線殺聲四起。野戰軍車一路向北衝擊，槍炮聲一路向北跟進。說時遲，那時快，戰士們衝至第二道哨卡路障前，車上猛烈火力掩護，一部分戰士跳下車下，奮力排除路障，槍彈橫飛，血火迸濺；民兵和戰士均有傷號倒在血泊中。

野戰軍車衝擊重重關卡，戰士們邊衝邊打，向前打哨卡，向後打追兵，迅猛衝出了沁縣交界，進入武鄉權店地段。北面，省軍區醫療隊正在迎頭南進。

槍炮聲裡，野戰排拉著兩名陣亡戰士的屍體，帶著一路血腥與醫療隊迎頭相遇，雙方會合。指揮官跳下車來，緊急告知醫療隊無論如何不可繼續向長治前進。在機步槍掩護下，醫療車隊匆忙原地調頭，準備返回太原。

正在這時，後邊聯字號追兵神速趕到，且越聚越多，醫療車隊尚在公路調頭，又被追兵認作晉中紅字號同盟軍前來接應。頓時，民兵手中四〇火箭筒發出憤怒炮火，密集槍彈同時射向車隊。不好！密集的槍彈打穿了醫療隊客車鐵皮車廂，車廂裡有人在慘叫聲中噴灑出鮮血來。這尖利的慘叫發自一個女聲，正是那位搭乘順車的聯字號女生小於同學。她坐在司機身後位置上，受了重傷，機槍子彈打穿了車廂繼而擊中她的腿動脈，射穿了她的軀體。

車輛艱難掉頭完畢，槍炮聲依然熾烈。醫療隊兩車驅前，步兵排三車殿後，向追兵猛烈掃射，五輛車加足馬力，向北疾駛，終於逃離了四縣聯防生死地，把槍炮聲甩在了後邊。

小於同學身體裡的鮮血很快流淌至盡。車廂裡，軍醫們實施緊急搶救無效。她就這樣犧牲在戰地醫療隊的行列裡。

槍聲漸遠。看太行漫漫山路，到處是死亡和傷殘的民兵。這一仗，聯字號民兵被六九軍野戰排打死六人，重傷多人，六九軍戰士則被民兵打死二人。加上小於同學，此戰死亡已達九人，傷者無計。同派相殘，巨大犧牲。

戰地醫療隊未能如期開赴長治，他們和野戰排一道，抬著三具屍體，一路淌血回到了省軍區駐地。這時人們才知道，一場山地追擊戰，竟是聯字號軍地武裝發生了自家衝突。謝振華、張日清兩將軍在太原大發雷霆，抓住軍用電話大罵長治前指，大罵武天明、李英奎，你們瞎了眼啦？為什麼不通知沿線民兵？為什麼不給野戰排派出本地嚮導？

農家的壯勞力死了，親密無間的戰友死了，天真無邪充滿革命豪情的女學生死了……，這仇恨，只有牢牢地記在「以國民黨大特務程首創為首的紅字號匪徒」頭上。

文革是發動戰爭的衝鋒號。
戰爭是編紮仇恨的紡織機。
仇恨是凌遲生命的切割器。
生命是審視文革的聚光燈。

修善村的屠殺

與長治東郊相連的壺關縣，聯字號軍民正在奮勇作戰。本縣紅字號武裝退聚在大道旁的修善村，構成堅強堡壘，與該村東面五龍山據點相呼應，抗擊聯字號進攻。

一個月之前，即一九六八年元月九日，該縣紅字號聯合長治淮海廠武裝分隊，在壺關城裡攻打聯字號守軍，槍殺了武裝部現役軍人湯成應，聯字號多有傷亡。這仇恨積壓日久，現在終於到了大反攻時候。聯字號軍民絕不會輕饒「紅匪」。

全縣聯字號民兵主力，迅速推進到修善以北僅幾里地的李掌村駐紮，雙方形成對峙。

說起來修善村並不算大，戶不足三百，人不過千餘。但三面環山，西通長治，村中絕大多數是紅字號堅定派。現在，該村百姓接納了本縣紅字號武裝百餘人，管吃管住，共守山村，護衛長治。他們積極修築工事，站崗放哨，通風報信，療養傷患，看押俘虜，集中訓練，事情不分內外，都是同派老小，一口鍋裡吃飯，話說出來中聽，人走出去順眼耐看。

在聯字號軍民眼裡，修善村出出進進的人，就是紅字號妖魔鬼怪，國民黨匪軍。戰火既燃，必當聚殲。

二月九日，縣武裝部長張某、副政委郭某以及參謀助理一干軍人，和聯字號民兵團指揮員一起，在鄰近的平順縣苗莊開會，傳達軍分區李英奎等首長作戰指示精神。首長說了，你們壺關至今未能拿下紅字號修善村、五龍山兩據點，對解放長治戰役非常不利，壺關的隊伍是不是軟弱無能啊！郭副政委談到本縣兵力不多，不好分兵對付長治前來增援之敵。張部長請求前線指揮部派出兩個連隊，支援壺關作戰，專打長治增援之敵。會議決定，備戰三天，務必於二月十二日凌晨對修善紅字號發起總攻擊。

二月十一日上午，縣武裝部召集本縣聯字號武裝各路首領，在該縣清流瓷廠具體部署修善之戰。決定：次日凌晨以紅色信號彈為令，兵分四路攻打修善。全體參戰官兵，統一在上衣第二顆鈕子處繫紅布條為標誌，從東南西北四個方向，同時對修善發起攻擊。北路進攻，由西莊公社武裝部戴部長指揮，率領四個大隊民兵連，從馬駒嶺高地向下攻擊前進；西路進攻，由東柏林公社武裝部郭部長指揮，率領兩個公社的民兵，沿老東河直搗修善；南路進攻，由黃山公社武裝部徐部長、南羊戶公社武裝部趙部長共同指揮，率領兩公社民兵向修善合圍攻擊。剩下一個東面，是修善武裝與五龍山紅字號據點溝通回應的方向，特別重要，要求縣革委會郭常委與川底大隊民兵連王指導員，率兵在劉寨咽喉設伏，阻擊五龍山紅字號西援，同時攔截修善紅字號東逃。此四路將士明確任務後，命令城關公社精銳民兵各連隊，在指揮員老秦帶領下，擔負向修善主攻任務。作戰指揮部設在修善南部山嶺上，在軍人坐鎮指揮下，由壺關縣聯字號頭頭馮滿喜半實半虛出任總指揮。會議要求各路民兵英勇戰鬥，策應「解放長治」之役，決勝修善於大軍收復長治之前，而不是之後。會議對於繳槍投降的俘虜，也明確了集中地點：南部俘敵送往縣縫紉機配件廠，北部俘敵送交李掌村。

二月十二日凌晨，紅色信號彈升起在壺關山嶺上。戰鬥如期打響。各路民兵湧出一條條山溝，在吶喊聲中，在槍炮聲裡，同時殺向修善村。聯字號軍民以多打少，紅字號守軍奮起抵抗。從凌晨開始，戰火熊熊，不停頓地打到中午一點，民兵們終於攻進了修善村。雙方互有傷亡，紅字號將士丟下一〇〇〇餘顆手榴彈，突圍奔逃。

聯字號軍民殺紅了眼睛，喪失了理智，仇恨的火山噴發出烈焰，剿殺逃敵慘劇連連發生。

一、殺死何其群。何其群那年三十四歲，死前係壺關縣財政局副局長，為該縣紅字號頭頭之一。聯字號民兵攻入修善，立即對全村進行搜捕。何其群藏進了農戶人家樓上。民兵使用六零迫擊炮轟樓，迫使何其群下樓投降。何高高地舉著雙手出樓投降，未做反抗。在場一位聯字號指揮者，我們叫他李頭頭吧，兩眼血紅，毫無廢話，舉起手槍向何其群頭部近距離開槍，當場擊中，腦血沿右腮流出，但何尚未倒下，這時，一名三十五歲的聯字號戰士——同樣姓李，手持機關槍向何發射，何又中兩彈，當場斃命。不忍敘述的是，何其群倒在院中，他的腦漿流了一地，圈內一頭大豬，聞腥而至，它拱到死者跟前，呱嘰呱嘰就把腦漿給吞吃了。

二、殺死王其首。三十三歲農民王其首，係修善本村紅字號骨幹。攻擊戰鬥停止後，王在自己家被搜出。他為了保全性命，縱身跳出院子，急速奔逃。還是剛才那位聯字號李戰士，端著機槍追殺，在追到四〇多米時，李戰士手持機槍朝王射擊，王當即中彈栽倒。另一聯字號戰士姓張，趕過去看到王其首人還沒死，說眼睛還動哩，隨即抄過一支步槍，朝王其首頭部就是一槍，致王當場死亡。這位抄槍補射王其首的張戰士，又因報復殺人，打死了一位叫做李三迷的第二人。

三、殺死閻太吉。四十三歲的修善農民閻太吉是個老實疙瘩，他並不清楚戰爭殘殺的無常。聯字號民兵攻入村莊，老閻躲藏在自家院內煤池當中。又是前述那個手端機關槍的李戰士，在搜查中發現了老閻。老閻急忙高舉雙手，大喊自己是個種莊稼的好人，從不參加武鬥。而手端機槍的李戰士大喊一聲，把槍口對準老閻掃射，閻太吉當場斃命。

這個聯字號李戰士，不大一會功夫，已經連殺三人了。他為什麼如此殘暴？這是一個永遠得不到準確答案的問題。我不得不交待幾句，這位端著機關槍滿村殺人的李戰士，這位三十五歲的暴力崇拜者，平日裡，總是習慣性地拿著一顆精美手雷在手中玩耍，半年以後，這顆手雷在李戰士手上不慎引爆，他自己炸死了自己。於是，我們在聯字號陣亡名單中看到了他的名字，他叫李海順，一個極其普通的名字。有一種議論是，李海順並沒有連殺三人。而是他自己炸死自己以後，到一九七五年調查中，參戰人員為推卸責任，把不是李殺的俘虜，也推說是李殺的。因而說他連殺三人。這裡難以再做追議了。

四、殺死張安德。二十七歲的農民張安德，是修善紅字號群體中一個積極分子。聯字號民兵攻克該村，張安德和一位名叫管文生的同伴，帶槍突圍，躲進村東一間土窯洞中。聯字號民兵張小隊長和常平大隊民兵韓、陳、申等戰士追到此地。先是張小隊長朝窯內打槍，其他民兵呼叫：「裡頭的人出來！」張安德、管文生遂邁步出窯舉手投降。民兵毒打追逼二人交出武器，二人只好交待把槍埋在窯裡了。常平民兵進入窯中，將一杆步槍搜出。想不到的是，這枝步槍的槍托上竟用油漆寫有「常平大隊」四個字。常平民兵大怒，一位陳戰士高叫：這槍我認識，是我舅舅用過的！——也就是說，此槍很可能是修善紅字號原先攻擊常平民兵的戰利品。陳戰士邊罵邊打並不計後果，端起手中槍將張安德擊斃。

五、殺死申郭順。三十五歲的西莊農民申郭順，隨紅字號武裝駐守修善。戰鬥當天，申郭順做了俘虜，被民兵陳戰士等人押解送往西莊。捆綁中的申郭順一路求饒。不幸的是，半路上遇到了常平大隊民兵史戰士。這位史戰士正是上一案中那位殺死張安德的陳戰士他舅舅。陳戰士因為認出了舅舅用過的槍，在窯洞口悍然打死了張安德。現在他舅舅史戰士半路裡一頭撞上了俘虜申郭順。真是冤家路窄，史戰士早與申郭順有仇，頓起報復殺人凶念。他粗暴地從民兵手中一把奪過繩子，說交給我啦！拉起申郭順就走。邊走邊罵，走到水庫排水渠小橋旁，史下令申郭順跪倒在一塊麥地裡，自主執行槍決。史戰士照準申郭順的頭部，近距離開槍，當場將申擊斃。——舅舅和外甥，倆人今日殺了一對紅字號。

六、殺死劉銳。這是一位縣銀行的業務員，三十二歲了，是壺關紅字號負責人之一。武鬥以來隨隊伍駐守修善。戰鬥到最後時，劉銳抓起幾顆手榴彈，沿土溝突奔村東。聯字號民兵把他包圍在東溝裡。殺聲陣陣，槍彈密集，劉銳從溝底向溝岸上投出兩顆手榴彈，繼續東逃。聯字號民兵見打槍夠不到他，便也向溝中投擲手榴彈。爆炸聲中，劉銳繼續抽身疾跑。跑至二〇〇多米處，迎頭被聯字號民兵攔截，劉只好停下腳步，放棄抵抗。民兵韓戰士二話不說，舉槍便射，槍響人倒。民兵們一擁而上，張戰士從尚有一口氣的劉銳腕上擼去了手錶，韓戰士從劉銳衣袋裡摸去了二〇元人民幣。同時繳獲紅字號組織公章一枚。民兵們扔下劉銳揚長而去，劉銳急喘了最後幾口氣，腸子流在野地裡，犧牲了。

戰鬥結束後，修善村內外到處是淌血的傷患和無聲的屍體。村中一百多戶人家被查抄，財產被搶劫。聯軍撤退以後，修善村裡哭嚎震天。

聯字號民兵當中絕大多數還是好人吧。只是好人壞人在那一天實在面目不清，令人無可辨識。戰爭一來人就會變成另一副模樣。

攻克修善之後，聯字號該縣民兵又集中兵力，乘勝再戰，打垮了紅字號五龍山等據點，並支援長治縣盟軍出擊別處。該縣聯字號自身傷亡數字我沒有找到，只知在他們所參加的戰鬥中，先後打死紅字號對立派三十一人，傷者沒有統計數字。這裡不包括後來集中營裡被折磨打死的紅字號人數。聯字號民兵的傷亡，當然也不會少。

戰場上的戀人

紅字號武裝仍在堅守。上黨古城戰火愈燃愈烈。

讀者不禁會問：大軍壓境，力量懸殊，這些紅字號守軍寧肯舍了性命也拒不投降，他們究竟想到些什麼呢？是啊，這是一個值得探討的大問題。

我拜訪了一位歷經戰火的紅字號戰士——老紅衛兵程德勝先生。程先生的故事可以使我們從一個側面，共同探究如上話題。文革之初，十九歲的程德勝正在太行中學讀高一。小程和風華正茂的同學們一樣，看電影可以激起對「南霸天」的仇恨，讀《雷鋒日記》可以熱淚滾滾。家境貧寒不要緊，要革命敢造反，大串連赴北京，見領袖揮熱淚，練腳板走長征，小程全都參加了……

分派以來，小程加上同甘共苦的女友趙虹，於劣勢中被迫離校，遂拿起武器，加入市區紅字號據點。據點成了他們的家。小程和趙虹落腳到西招總指揮部，按照連排班建制，接受指揮部改編。要說外出作戰，人家並不依靠他們這幫學生，而每日戰崗放哨，巡邏值勤，開會訓練，嚴查奸細，則都是光榮任務，必須完成。還要揮鍬修整工事、深挖地道，每日牢記不斷變化著的內部口令，奮勇還擊敢於來犯之敵。戰火青春格外生動，小程和趙虹感情日深。人在熱戀中，根本不知道死亡的恐懼。他倆堅信自己的事業是正義的，是無私的，是豪邁的，是神奇的，紅字號必將奪取最後勝利。

文革派戰畢竟殘酷。小程和趙虹很快受到一次撼動心魄的衝擊，戀情遭遇嚴峻考驗。

這天晚上，紅字號頭目、人稱「馬路兵團」司令侯小根，突然帶人闖到小程連隊女生宿舍來，同學們頓時有些緊張。侯小根厲聲喝問：誰是趙虹！趙虹應聲對答，披衣而起。原來，總部懷疑趙虹是鑽入據點中的聯字號奸細。侯小根對趙虹說：你父親倒是個抗日英雄呀！他緊跟軍分區，還在你們縣裡當了聯字號頭頭。我們埋伏了三天三夜，才把老傢伙抓住，可是你爸態度很頑固，我們狠狠地教訓了他一頓。最後他招了，說他的女兒是紅字號指揮部的戰士，就住在西招！求我們看在女兒面子上，饒他一命！現在對上號了。對於你的表現情況，必須有人出面擔保，不然誰敢相信你？你父親一條老命，就看你表現如何了。

一邊是浴血奮戰同甘共苦的本派戰友，一邊是女兒平生最愛的對立老爸。趙虹該如何是好？誰又敢為她擔保？

這時，程德勝毫不猶豫地站出來，向指揮部朗朗擔保：趙虹同學是我的女朋友，她無愧於久經考驗的紅字號鋼鐵女戰士稱號，請組織上放心！

指揮部還是很信賴小程的，見他出面擔保趙虹，也就不再說啥。從而小程得知：最近，西招據點接連發生幾起洩密事件，指揮部由此懷疑內部隱藏著聯字號奸細。在排查中，一位同鄉炊事員，揭發了趙虹其父參加該縣聯字號組織的事。於是指揮部開始暗中審查趙虹，又突擊命她找出保人來，使其在慌亂中暴露自己同夥，以利於一網打盡，清除內患。

這件事，使趙虹終日心神不定，彷彿病痛一場，精神防線發生嚴重動搖。不久，她決定斷然離開紅字號陣營，離開小程，奔向父親懷抱。

對於趙虹的動搖，小程難以接受這一現實：難道趙虹真是聯字號奸細？這不行，他要當面聽聽趙虹怎麼講。

寒星夜空下，趙虹冷靜而又簡練地對小程戰友講了三點：

第一，我走後，你在任何情況下，都不要返回學校去。

第二，西招不是個好地方，很危險，你要儘快離開此地。

第三，紅字號遲早要垮臺，望你早日退出來。

小程大驚。他不敢相信朝夕相處的戀人趙虹竟能說出如此嚴峻冷漠的話語。小程的口氣也變得異常嚴肅起來：趙虹，你有什麼根據，敢說西招不是個好地方，敢說紅字號遲早要失敗？

趙虹：我認為劉格平沒有控制住上下局勢，他沒有真正掌握了山西的槍桿子，沒有大多數解放軍的支持，解放軍大部隊一開進，紅字號再有理也不行。

小程：解放軍就是校正對錯的儀器嗎？解放軍也要服從於真理！

趙虹：真理有什麼標準？誰不是捍衛毛主席革命路線？誰不是自認為掌握真理？勝者為王敗者賊吧。

小程：歷史將會證明一切。

趙虹：也許這段歷史本身就是錯的！

小程震驚憤怒：你說什麼？

趙虹：幾何公理要是觸犯了人們的利益，也必定會被推翻……

如今早已頭髮蒼白的程德勝先生對我回憶：他們已經談不到一起了。「也許這段歷史本身就是錯的」，這話怎麼敢講？他清楚地記得，少女趙虹的臉色異常冷淡，有一股咄咄逼人、凜然不可侵犯的氣勢。

關於真理的討論戛然結束。趙虹決然而去。

小程悲痛地留在了紅字號西招據點，繼續投身戰火烈焰。戀人的心，戰士的心，竟雙雙不可戰勝……

我感謝程德勝先生一直沒有放下手中的筆，真實地寫出了那年那月一名文革戰士面對戰火的思想歷程，為後人提供了寶貴的研究依據：

一九六八年二月十六日。亂雲飛渡，暮色蒼茫，形勢嚴峻。我們的武裝力量比起訓練有素的各路野戰軍和上萬民兵來，顯然是以卵擊石吧。然而真理在手，正義必勝！我們對於階級鬥爭的殘酷性反覆性和長期性，早有心理準備，即使流血犧牲，也誓與上黨共存亡。

聯字號攻擊海字〇一一五部隊就不算反軍嗎？他們不是同樣扣押過核心小組組長程首創嗎？不是也查封過地區革命委員會嗎？不是也綁架過解放軍，搶奪過解放軍的武器嗎？同樣是處理晉東南問題，為什麼前頭有七條，後頭又來個八條？是誰高高在上出爾反爾，製造矛盾，挑起衝突的？對紅字號實行壓服，我們就不服。

……一想起要打惡仗，我的思想反倒振奮起來。這是最後的鬥爭，考驗我們的時刻到了。無論前邊是槍林彈雨，刀山火海，我都要義無反顧，永往直前！一株小草春秋一度，尚能將綠色芬芳留給人間，一名毛主席的紅衛兵，更要留給世人一種為正義而獻身、死而無憾的美，要像董存瑞、像江姐那樣！如果我犧牲，我一定要死得從容，死得完美！

反過來我又在想，假如紅字號失敗了（當然我絕不相信），我的犧牲還美嗎？階級鬥爭這樣複雜，全國處處分成了兩派，不論哪一派勝了，另一派都絕不會服輸。失敗的一派有幾億人，能消滅得了嗎？而消滅不了就會亂下去，那要亂到什麼時候呢？

不行，我得格外留神，我不能睡覺，不管我們連隊誰值哨，我都要堅持去巡視檢查幾遍，反覆叮嚀大家，務必提高警惕，發現敵情立即報告！

上黨紅字號戰士的思想活動，程德勝先生是為典型一例，很有內容呢。

這位堅守陣地、不聽戀人勸阻的小程同志，他在戰火中的命運如何？

鬼使神差。小程全盤違背了趙虹臨別叮囑的三條，他和自己的小分隊試圖去母校奪取糧票。武鬥以來他僅僅返校這麼一次。恰恰就是這一次，他們與校內聯字號守軍遭遇了衝突戰鬥。緊急當中，小程他們向聯字號守敵盲目地投擲手榴彈，意在阻其追擊，急速撤退。在手榴彈接連爆炸中，一位名叫王文初的同學被炸死，一位名叫劉沛生同學眼睛被炸成終生殘疾。

當晚，他們撤回了西招據點，直到解放軍進剿。

戰後，對立派在掌權中沒有輕饒他，一紙《中國人民解放軍山西省晉東南地區公檢法軍事管制委員會刑事判決書》，將程德勝及同案四位紅字號同學，分別判處十年至二〇年有期徒刑，四人合為六〇年。程德勝當時並未投彈，仍被判十年。四人挖煤勞改經年。小程實際服刑八年九個月，於一九七九年五月四日出獄。

這時，小程變為老程。多年間在獄中，程德勝沒有給戀人趙虹去過一字一信，意在使其斬斷情絲，安寧幸福，不再為他操心等待……

刺刀下的談判

聯字號發動長治古城及北線戰役，紅字號市區十多個據點被逐一攻克。雙方死傷慘重。經過半個月激戰，野戰軍各部隊全部攻擊到達指定地點。紅字號在長治地區的精銳力量，全部退據到了淮海廠。紅字號將依託這片大本營，與聯軍談判。

長治城區，凜冽朔風呼嘯著，掠過斷壁殘垣，凍傷了街崗士兵的手臉。密集的槍聲和驚天動地的炮聲漸漸稀疏。從二月十七日夜間始，野戰部隊和聯字號架設高音喇叭，反覆播放中央《二・一七通知》。兩派談判勢在必行。

二月十九日夜半，聯字號廣播解放軍《第一號戒嚴令》，宣佈二十日零時起，對全城實行戒嚴。整個長治市區陷入死一般沉寂中。只有部隊通訊兵的摩托車忽而駛來，忽而遠去。街頭巷尾，到處是身穿黃色軍服的士兵們。從士兵頭頂棉帽的不同樣式上，可以區別出他們分屬多支不同番號的部隊，佩槍型號也不一樣。

二月十八日晨，冬陽昏昏沉沉。長治北郊飛機場重兵集結，崗哨林立。戒嚴部隊首長蕭選進，率領各位野戰軍首長，在這裡主持兩派停火談判。候機室上，多挺機槍架在四個角，槍口對著四外曠野，時發震懾性的冷射，氣氛森嚴。我的老友張炳彥先生，當時擔任高炮六一師鐵錚首長的警衛班長，也荷槍實彈守衛在談判桌旁。他告訴我，把談判地點選在飛機場，就是因為地勢開闊，視野良好，有利於獨立設防，便於殺傷來襲之敵，阻止紅字號武裝進攻會場。

紅字號、聯字號各派四至五名代表，對等談判。

從二月十八日到二十八日，長治市區紅字號、聯字號兩大武裝集團，不包括南部晉城、高平等地武裝——在曹中南、蕭選進等軍隊將領的高強壓力下，在大批部隊的包圍中，先後進行了五次談判，產生了兩件協議文告。第一份時間為二月二十二日六時，主要內容是收交武器彈藥；第二份文告時間是二月二十八日，主要內容是釋放交換互抓人員。我想，這兩份文告也是值得收藏到文革博物館的珍品。

半個月以後，支左部隊公佈了第一次收繳武器的統計數字，實際上大都是兩派零散貨色，而許多好槍並未收到。首次數字公佈：

各種槍支三七七八支，子彈二七五七一發。

各種炮七十六門，自製炮一七五門，合計大小炮二五一門。

炮彈近七〇〇〇發。

手榴彈三一〇〇〇顆，手雷一七六二個，地雷九三四顆。

各種電臺二十四部。炸藥雷管無法計數……

許多紅字號戰士不願意交槍，便隨手把心愛的鋼槍拋棄在陰溝裡或者茅廁中，是為普遍現象。在二〇〇六年的五一節，我到長治城隍廟古玩市場走動，一位古董老闆告訴我，最近他用二〇〇元錢收了一門小鋼炮，是附近市民在清理老廁所時挖出來的，分析為當年紅字號所棄。他將此炮清洗乾淨，打上油，呵，滿漂亮，估計還能打吧？這下他反而不敢賣了，成了個負擔。後來他打電話給河北省石家莊一位熱衷於收藏古今兵器的老軍人，問他敢要不敢要。那邊聞訊大喜過望，當即驅車來到長治，以三〇〇〇元成交，喜滋滋把這門鋼炮拉走了。

談判所產生的第二份文告，是《關於釋放互抓人員的協議》，比收繳武器的文告遲了一周。事實上，雙方釋放的只是少數人。或者放了還可以再抓，勝利者更可以大抓特抓。

此次交換俘虜，聯字號方面放出五四人，紅字號方面放出十八人。據目擊者回憶，當大客車把互抓人員拉到指定地點時，出現了兩種情景，一種是紅字號俘虜，平日關押受打不過，現在猛然見到支左部隊，立即栽倒在地，以示深受迫害，傷勢嚴重。他們衣衫襤褸，人形憔悴，給現場造成極端悲慘氣氛。另一種情景多為聯字號俘虜，關押日久，一朝釋放，精神極度亢奮，下車伊始，振臂高呼毛主席萬歲，偉大的中國人民解放軍萬歲，與同派戰友熱烈擁抱，以示勝利，聲音嘶啞，涕淚橫流，不可名其狀。

讀者一定還惦記著在「一・一六事件」中被抓到淮海兵工廠的李順達。連日來，他一臉花白的胡茬子，頭上裹著繃帶，被手榴彈砸傷的傷口尚未癒合。二十多天了，他被關在紅字號淮海廠大樓的地下室裡。聯字號宣傳說那是紅字號地下水牢，野蠻得很。紅字號則不承認有那麼嚴重。陳洪章後來對我說，哪裡有什麼地下水牢？那是一種可以供人辦公的半地下室，有小窗透亮，李順達住在最裡面單間。一個床鋪，兩把木椅。大軍壓境，陳洪章曾到地下室去看望過李順達，爭取他反戈一擊，支持紅字號，李順達當然不會配合。

不日，中央文革派出新華社記者，和軍人們一道前來探看。老李訴苦說：可把我捆翻了！的確，那晚他被俘到淮海廠，一口氣給捆了兩天三夜，關押二十六天，足夠慘痛。

正是兩派生死搏戰的最後一個月。李順達從晝夜不停的密集炮火聲中，不難判斷出鏖戰的激烈程度。地下室外，「營救李順達，解放長治市，踏平淮海廠」的口號聲驚天動地，多少人流血死去，多少個家庭毀滅，「二・四爆炸」，使地下室受到猛烈震盪，使人靈魂出竅。李順達想不到，偉大領袖發動了這場運動，「兩報一刊」動員全國勞模站出來，眼下竟然發展到這步田地。他對人們感慨道：「文革呀文革，你是西瓜要從裡頭爛哩，咱在外頭瞧不出來啊！」

他老淚縱橫，急惶惶地對軍人們和記者說：不能再打啦！請你們轉告全區農民兄弟們，轉告平順同志，轉告西溝申紀蘭，不要再打仗了，紀蘭要帶領鄉親們抓緊春耕播種，農民就要種好莊稼。

軍人們看望李順達，卻沒有把他接走，而是對他說：外頭打得正緊，炮彈橫飛，到處爆炸，還是先回地下室，比較安全些。聯字號高層或許認為：老李這顆王牌棋子，放在淮海廠不動為好，早早讓他出來，不利於師出有名，不利於重兵包圍淮海廠紅字號老窩。

二月十六日，解放軍第一軍第一師，從河南安陽挺進長治。夜間與淮海廠紅字號東部守軍交火，致一名解放軍戰士重傷。紅字號把傷患抬到淮海醫院搶救。先遣四七三三部隊即於次日迅速佔領廠區及生活區各個大樓，所有制高點全部被軍隊控制，火力可達各個角落。又過了幾周，更多的軍隊湧進了紅字號這片根據地，大批收繳武器彈藥，強制實行軍管。

至此，紅字號諸首領仰天長嘯，悲歎大勢已去。

追悼亡靈與徐公達慘案

值得記述的一件事，要說長治市聯字號於三月十九日舉行了大規模的戰後追悼會。其他縣區追悼活動未見記載。這天，三萬多名聯字號戰士彙集英雄台廣場，全副武裝，沉痛哀悼在長治市區戰死的戰友。這批死者不包括陣亡的解放軍指戰員，不包括郊縣參戰民兵，不包括同派非「聯總」組織的死者，也不包括十六個縣的陣亡將士，單指「聯總」長治市內的犧牲者，共計五十六人。會場上，眾多死者的黑白放大照片排列在主席臺，連成幾大排，令人震驚。極大的黑布挽聯垂掛在主席臺兩側：漳河怒濤千重浪；上黨揮淚悼英魂。氣氛肅殺，哀歌陣陣。主祭人王法書在一片「打倒國民黨大特務程首創」的口號聲中，宣佈大會開始，他很悲壯：「今天我們在這裡憤怒聲討程首創以及紅字號壞頭頭的法西斯暴行。炮火連天鏖戰急，勝利的號角聲中，我們無法忘記犧牲的戰友，他們在犧牲的最後瞬間，高呼著毛主席萬歲，用滿腔熱血，譜寫了一曲曲壯麗的詩篇，他們把最寶貴的生命，獻給了紅色政權，獻給了毛主席的革命路線，獻給了偉大的無產階級文化大革命！萬惡的屠刀只能殺害我們的軀體，卻永遠毀滅不了我們革命的赤膽忠心。一個個戰友倒下去，千萬個戰友站起來！」

口號聲驚天動地，震撼著上黨古城。

專業廣播員出場。正式悼詞空洞而煽情，是一篇典型的文革派戰祭文：

陣陣腥風撲向革命派，淋淋血雨灑遍晋東南。紅字號中的法西斯暴徒們，瘋狂地向我們舉起了屠刀。程賊的機槍，像毒蛇一般，吐著腥紅的舌頭，舔著造反派的鮮血；程賊的炮彈，像魔影一樣，掠過和平的天空。我們的戰友，一個個倒在了血泊中，我們的同志，一個個慘死在程家牢房……我們怎能想到，親愛的戰友啊，昨天，我們還在一起學習最高指示，今天，我們勝利了，你卻離開了我們；今天，程賊打倒了，你卻沒能看到這一天。戰友啊戰友，當今天悼念你們的時候，我們心中有著無限的悲痛，我們胸中燃起了萬丈怒火！死難的戰友們，我們誓要為你報仇，我們誓要為你向程賊討還血債。

太行山，是紅色根據地，太行山，是革命大搖籃。

英雄的太行人民在這片光榮的土地上，進行過不屈不撓的鬥爭，八年抗戰，解放戰爭，八路軍、解放軍的鮮血灑遍了每一座山頭；而今，在史無前例的文化大革命中，優秀的「聯總」戰士的鮮血，浸染了上黨古城的每一寸土地。你們的鮮血，和革命先烈的鮮血流在了一起，你們不愧是毛主席的好戰士，不愧是勞動人民的好兒女。不愧是無產階級革命派的傑出代表，不愧是晉東南人民的優秀之花。你們的光榮犧牲，比泰山還重！我們為你感到驕傲，我們為你感到自豪！

今天，在你們英勇獻身的地方，紅旗漫捲太行山。東風吹遍上黨城，迎春花朝著紅太陽正在怒放，勝利歌聲在長治上空飛揚！戰友們，你們可知道，咱們勝利了，咱們勝利了！毛主席為我們派來了親人解放軍，黨中央為我們下達了《二・一七通知》，你們日日夜夜盼望的一天，終於到來了，是你們的鮮血，染紅了這火紅的一天……，忽報人間曾伏虎，淚飛頓作傾盆雨！

為捍衛毛主席革命路線而英勇犧牲的烈士們永垂不朽！

死難烈士萬歲！

又是一番口號震天。臺上台下，抽泣聲陣陣。寫到這裡，我忽然想起了遙遠的奧地利作家卡夫卡那篇小說《變形記》，人何以被環境異化成瓢蟲呢？我不知道自己為什麼會發生這樣的聯想……

會後，「聯總」戰士端著戰友遺像，舉行聲

勢浩大的武裝遊行。長治街頭崗哨林立。三萬人的隊伍一路向南，朝著「太行太岳烈士陵園」進發。這批死者成為繼辛亥革命、抗日戰爭和國共內戰以來，安置在烈士陵園內的新一代文革幽魂。生者舉槍朝天鳴放，完成了隆重的祭奠安放儀式。

《太行紅衛兵報》辟出專版，連載這批犧牲者的姓名及死亡簡況。無形中為歷史留下了一項記錄。在我的採訪中，紅字號陣亡名單曾經發現不少，而聯字號一派的死亡名單，卻只找到長治市「聯總」這一份，似乎還缺失了幾位死者。其語言風格，恕我保持了原貌，因為從中可以看出當時兩派對立之水火難容和那種不可名狀的神聖：

一、苗順和，男，河北磁縣人，長鋼戰士。一九六七年十月十四日，苗順和同志到長治去張貼大字報，途經太鋸，被太鋸一小撮匪徒開槍打死。時年四〇歲。

二、李效田，男，武鄉縣人，長鋼戰士。一九六七年十二月三十日，在軸承廠戰鬥中壯烈犧牲。時年二十二歲。

三、李昌，男，河南許昌人，中共黨員，長鋼戰士。一九六七年十二月三十日，在軸承廠戰鬥中壯烈犧牲。時年三十八歲。

四、司雙旭，男，沁源縣人，長鋼戰士。一九六七年十二月三十日，在軸承廠戰鬥中壯烈犧牲。時年二十一歲。

五、吳富堂，男，沁縣人，長鋼戰士。一九六七年十二月三十日，在軸承廠戰鬥中壯烈犧牲。時年二十四歲。

六、李紀狗，男，長治縣人，長鋼戰士。一九六七年十二月三十日，在軸承廠戰鬥中壯烈犧牲。時年二十九歲。

七、張安德，男，黎城縣人，長鋼戰士。為截回被紅字號匪徒搶走的汽車，在黃碾至潞城的公路上，被太鋸匪徒殺害。時年二十六歲。

八、李金鐘，男，長治縣人，長鋼戰士。在長治縣韓店戰鬥中被紅字號匪徒殺害。

九、王相海，男，襄垣縣人，潞安礦務局五

陽礦戰士。王相海同志曾在解放戰爭和抗美援朝戰爭中，立下過功勞。在文革鬥爭中，為捍衛紅色政權，他始終戰鬥在最前線。一九六八年一月八日，在長治農校被紅字號匪徒殺害。時年三十七歲。

十、李懷保，男，長治市人，共青團員，晉東南印刷廠戰士。一九六八年一月十五日，紅字號匪徒瘋狂炮擊印刷廠並發起猛攻，李懷保同志冒著槍林彈雨，連續數次衝進庫房搶救紅寶書《毛澤東選集》，幾次輕傷不下火線，不幸中彈犧牲。時年二十四歲。

十一、曲進華，男，山東黃縣人。晉東南印刷廠戰士。一九六八年一月十五日，在搶救紅寶書戰鬥中光榮犧牲。時年三十六歲。

十二、郭立勝，男，沁水縣人，共青團員。晉東南印刷廠戰士。一九六七年十二月十五日被紅字號匪徒暗殺。時年二十二歲。

十三、王秋書，男，壺關縣人，共青團員，長治一中戰士。一九六七年十一月二十七日被紅字號匪徒用手榴彈殺害。時年二十二歲。

十四、高祥春，男，長子縣人，共青團員。長治一中戰士。一九六八年一月十五日，在保衛紅總司戰鬥中光榮犧牲。年僅十九歲。

十五、申金山，男，長治市人。潞安中學戰士。一九六七年十二月三十一日，紅字號匪徒攻佔手管局大樓，把申金山同志抓走。在西招待所白公館裡，他正義凜然，寧死不屈，於一九六八年一月二日被害。時年二十一歲。

十六、于秋玲，女，陽城縣人，共青團員。潞安中學戰士。于秋玲同志在炮轟黑地委和一・二五奪權中，做出了巨大貢獻。一九六八年二月十一日，在沁縣至武鄉的公路上，不幸因公犧牲。

年僅十九歲。

十七、王文初，男，黎城縣人。太行中學戰士。一九六八年一月八日被紅字號匪徒用手榴彈炸死。時年二〇歲。

十八、牛連生，男，平順縣人，共青團員。長治師範戰士。在文革鬥爭中衝殺在最前線，是長師聯總主要負責人。一九六八年一月八日在學校被紅字號匪徒殺害。時年二十三歲。

十九、賈承懷，男，沁水縣人。長治農校戰士。一九六八年一月六日凌晨，在學校被紅字號匪徒殺害。時年二十二歲。

二〇、段書賢，男，武鄉縣人，長治三中戰士。在文革鬥爭中始終戰鬥在最前線。一九六八年一月十五日，紅字號匪徒野蠻進攻紅總司。段書賢同志在戰鬥中光榮犧牲。時年三十一歲。

二一、蔣文才，男，四川成都人，紅星機械廠戰士。一九六七年十二月二十三日下午，為解救戰友。在長治一中被紅字號匪徒炸死。時年二十二歲。

二二、楊金鎖，男，長治縣人，紅星機械廠戰士，一九六七年十一月二十八日，為保衛國家財產在戰鬥中犧牲。時年三十二歲。

二三、韓天福，男，沁水縣人，共青團員，紅星機械廠戰士。一九六七年十一月二十八日，為保衛國家財產在戰鬥中犧牲。時年三十二歲。

二四、朱登嶺，男，河南杞縣人，中共黨員，紅星機械廠戰士。一九六八年二月七日，朱登嶺同志衝破層層封鎖，到西街糧庫拉糧，被紅字號匪徒開槍殺害。時年二十六歲。

二五、楊化蘭，女，天津市人，共青團員，太行鋸條廠戰士。一九六七年九月二十四日，在赴省彙報我區文革情況返回途中，不幸遇難犧牲。時年二十三歲。

二六、楊俊銘，男，天津市人，共青團員，

太行鋸條廠戰士。一九六八年一月三日，紅字號匪徒野蠻炮擊紅總司，楊俊銘同志為保衛紅色政權光榮犧牲。時年三十二歲。

二七、徐恩承，男，天津市人，太行鋸條廠戰士。一九六八年一月三日，紅字號匪徒野蠻炮擊紅總司，徐恩承同志為保衛戰友光榮犧牲。時年二十七歲。

二八、趙金虎，男，天津市人，共青團員。一九六八年二月十九日，紅字號匪徒進攻廣播電臺，趙金虎同志為掩護戰友撤離險境，在戰鬥中壯烈犧牲。時年二十二歲。

二九、李文宏，男，江蘇清江市人，專糧食局戰士。一九六八年一月十六日，紅字號匪徒四〇〇餘人襲擊糧食局糧票倉庫，炸開後院，衝入庫區。李文宏同志誓死保衛國家財產，在戰鬥中全身中彈幾十處，英勇就義。時年二十二歲。

三〇、張炳臣，男，河北膠河縣人。紅旗糧機廠戰士。一九六七年八月八日，張炳臣同志為保衛《十六條》發表一周年紀念大會，被紅字號匪徒用磚頭猛砸頭部，於十二日犧牲，時年三十九歲。

三一、徐公達，男，浙江慈溪縣人，紅旗糧機廠戰士。一九六八年一月六日，徐公達同志因事外出，被紅字號匪徒綁架到西招待所，受盡種種慘絕人寰的酷刑，寧死不屈，英勇就義。時年三十九歲。

三二、張忠生，男，湖南人，紅旗糧機廠戰士。一九六七年冬被長治縫紉機廠紅字號匪徒開槍殺害。時年二〇歲。

三三、朱士升，男，山東平原縣人，中共黨員，淮海機械廠戰士。一九六八年一月十五日，在軸承廠被紅字號匪徒殺害。時年二十八歲。

三四、張德才，男，吉林長嶺縣人，中共黨

員，淮海機械廠戰士。張德才同志是淮海廠革委會委員。一九六七年十二月二十四日，在車間被紅字號匪徒活活打死。時年三十八歲。

三五、李忠義，男，和順縣人，中共黨員，清華機械廠戰士。一九六八年一月二十八日，為捍衛紅色政權，在戰鬥中光榮犧牲。時年二十六歲。

三六、秦玉瑞，男，甘肅定西縣人，中共黨員，清華機械廠戰士。一九六八年一月二十八日，為捍衛紅色政權，在戰鬥中英勇獻身。時年二十七歲。

三七、李興富，男，潞城縣人，中共黨員，市建公司戰士。一九六八年一月六日，紅字號匪徒武裝進攻市建聯總，李興富同志在戰鬥中慘遭殺害。時年三十二歲。

三八、左根鎖，男，長治縣人，中共黨員，金星化工廠戰士。一九六七年五月被階級敵人折磨致死。時年三十二歲。

三九、祁國祥，男，北京市人，鄭州鐵路局長治北機務段戰士。一九六八年一月二十六日，在長治南站被紅字號匪徒槍殺。時年三十三歲。

四〇、史孝芳，男，沁縣人，中共黨員，原晉東南地委戰士。史孝芳同志對敵鬥爭最堅決。一九六七年九月二十四日，赴省彙報返回途中，不幸遇難犧牲。時年三十二歲。

四一、史世亮，男，沁源縣人，專建戰士。一九六七年八月二十七日被淮海廠紅字號匪徒綁架，殘遭毒打，於九月五日釋放後醫治無效，不幸犧牲。時年四十四歲。

四二、張春林，男，黎城縣人，中共黨員，長治電廠戰士。一九六七年八月十七日，紅字號匪徒手持兇器，野蠻毆打張春林同志，殘遭殺害。時年三十五歲。

四三、祁月德，男，晉城縣人，共青團員，

長治汽車修理廠戰士。一九六七年十二月二十九日，為捍衛紅色政權不幸犧牲。時年二十七歲。

四四、張善清，男，沁縣人，共青團員，長治汽車修理廠戰士。一九六八年一月二十八日，紅字號匪徒野蠻炮擊汽修廠，張善清同志不幸犧牲。時年三十三歲。

四五、申鳳珍，男，潞城縣人，共青團員，專木材公司戰士。一九六八年一月十日，申鳳珍同志為捍衛紅色政權，在戰鬥中英勇獻身。時年二十七歲。

四六、楊水全，男，黎城縣人，共青團員，長治軸承廠戰士。一九六八年二月被紅字號匪徒殺害。時年三十七歲。

四七、胥保超，男，江蘇睢寧縣人，共青團員，晉東南藥材公司戰士。一九六八年二月十七日，紅字號匪徒炮擊建設路小學，胥保超同志不幸壯烈犧牲。時年二十八歲。

四八、賈鎖雲，男，長治市人，鍛壓機床廠戰士。一九六八年一月九日，賈鎖雲同志被紅字號匪徒暗槍殺害。時年二十三歲。

四九、張雙考，男，平順縣人，作物所戰士。一九六八年一月十五日，為保衛國家財產被紅字號殺害。時年二十八歲。

五〇、李貴昌，男，內蒙古包頭市人，內燃機廠戰士。一九六七年九月因公不幸犧牲。時年三十九歲。

五一、張榮保，男，潞城縣人，漳村煤礦戰士。一九六七年十二月二十一日被紅字號匪徒用手榴彈暗害。時年二十七歲。

五二、申印惠，男，原平縣人，毛皮廠戰士。在紅字號野蠻炮擊總司駐地時，不幸犧牲。時年三十五歲。

五三、常富材，男，八一水泥廠戰士。一九六八年春不幸犧牲。

五四、蘆得喜，男，文化宣傳隊戰士。一九六八年不幸犧牲。

真是你死我活的一場惡戰。從以上史料看，死者當中年齡在四〇歲以上的只有兩人，年齡最小的十九歲，大多數是二〇多歲到三〇多歲的年輕人。其中，職工四十五人，學生九人。很顯然，名單對郊區農村裡的死難者未做統計，因而也見不到陣亡的民兵們。在這批城市死難者當中，共產黨員和共青團員達二十五人，占到將近一半的比例，不知該如何分析此現象。從籍貫上看，有三十五位死者為山西籍，有十九位死者為外省市人。他們的籍貫分別是北京、天津、河北、河南、山東、四川、江蘇、浙江、湖南、吉林、甘肅和內蒙古。真是五湖四海，多達十二個省市自治區。如果算上紅字號以及解放軍的犧牲者，全國各省市的英魂就要在晉東南會齊了。

聯字號在戰後還做了一件大事，即高度重視和宣講糧機廠工人徐公達之死，也就是名單序號第三十一位死者。公開地、長時間地在市中心展覽徐公達殘缺不全的屍體，給返城群眾心靈上帶來極大震動。

一時間，人們把徐公達當做聯字號死難者當中深受慘害的代表。

徐公達屍體之殘酷，世所罕見，目不忍睹。我和我的小兄弟們從展區看罷，出來時，每個人的小臉嚇得一片慘白，半天說不成話。

這是一位中年男子，看得出來生前健碩結實，中等身材。他被置放在市中心工人文化宮一個展臺上，赤身全裸。供千萬人流動參觀，旁邊是荷槍實彈的守衛戰士。整個屍體呈現一種青灰顏色，從頭到腳傷痕累累，兼有一片片紫黑色斑。眼睛被挖成兩個黑洞，舌頭和鼻子被割掉，模樣極恐怖。小腹部以下，生殖器也被割掉，那部位一片糊爛。解說員告訴一批又一批的參觀者：「紅字號長期佔據專區西招待所，設為指揮部，那裡就是國民黨殘害共產黨人的白宮館、渣滓洞，徐公達等好幾具屍體，就是在我們解放了白宮館以後發現的。」以徐公達屍體為重點，聯字號出版了一種十六開的宣傳冊，系統地「揭露聲討白宮館內紅字號匪徒的暴行」，配發圖片近二〇幅，散發給前來參觀的人們。材料中披露：紅字號在西招周邊修築炮樓十一個，暗地堡一個，射擊槍眼八十七個，戰鬥掩體十三個，通往專建地道一條，設置探照燈五個，一二〇大炮及一六〇大炮各一門。六〇迫擊炮一門，輕重機槍和肩扛式四〇火箭筒眾多。在南樓駐紮四個戰鬥連隊。北二樓二號套間、三號套間為趙震元、楊萬盛、付安榮等人的住所及機要室，設電話總台和無線電報話機，控制全市九大武鬥據點。西招軍火庫同時是一個全市軍火轉運站。北三樓設樓房，駐紮侯小根、牛迷有及「六月天兵」小分隊，即「馬路兵團」，佔據樓口四個房間，負責看押聯字號重要俘虜。裡頭六個房間，就是關押牢房了。徐公達、中金山等人即在這裡被打死，後者的雙眼也被挖掉。

徐公達確實是在西招被紅字號打死的，對此兩派沒有爭議。但紅字號堅決否認挖去了眼睛、割了鼻舌和割去生殖器，宣稱如此殘忍的暴行，以致在廣大民眾中引發強烈震撼，是聯字號自家在徐屍體上做了手腳，要借此進行煽動性宣傳。整個事件肯定相當複雜，我這裡只能把初步調研所得盡力報告

給讀者們：

一九六八年元月六日，天剛濛濛亮，紅字號長運據點前哨部位，發現聯字號糧機廠一個三人戰鬥小組靠近，喝問口令時，對方答不上來，卻報以槍擊。這時，紅字號據點內一支九人巡邏隊趕到這裡，雙方當即展開槍戰。長運守軍迅速包圍了糧機廠三名隊員。其中一個姓郎，是頭頭，一個姓范，再一位就是徐公達。郎、范、徐三人於凌晨時分從西街駐軍四五四六部隊大院出發，要返回北郊糧機廠。中途在長運前哨發生此戰，並陷入包圍。戰鬥中，郎、范二人脫險，徐公達則跑入了一所廢棄的飼養院。紅字號守軍追擊至此，徐公達已無法逃脫，藏在院內不動。據多人才料稱：當時紅字號戰士向院內喊話，「你小子出來！再不出來就開槍啦」，同時向院內投擲一顆手榴彈震懾。爆炸之後，徐公達那邊仍無動作，悄無聲息。這時，長運據點又有數十名援兵趕來。紅字

號隊員持槍入院搜查。徐公達鑽入了一大堆的玉米秸稈內。在衝鋒槍掩護下，有隊員上去搬弄玉米稈，終將徐公達搜出。紅字號發現徐身上攜帶簡易戰鬥地圖一張，手槍子彈三〇餘發，即向徐追問手槍哪裡去了，徐交待手槍藏於玉米秸稈內。紅字號把槍找出來，押解徐公達返回據點。先把徐關在長運食堂大菜窖內，進行突擊審訊，隨即向「紅大」指揮部報告，復解往西招待所。徐公達慘遭嚴刑拷打，從而走向生命盡頭。

前面章節裡講到，徐公達所在糧機廠聯字號武裝，去冬曾從火車站抓獲該廠紅字號骨幹文水，將文水毒打致死，紅字號在英雄台召開追悼大會。文水的妻子揮淚登臺控訴，造成較大影響。該廠紅字號發誓要為文水報仇。而該廠為聯字號武裝所佔領，紅字號這批人打不回去，此時，他們正在西招駐紮，接受指揮部統一指揮，日夜參加戰鬥。

據有關人員回憶，平時，紅字號總部頻繁接到北城防禦報告，總是離不開糧機聯字號據點的頻繁炮擊和高強壓力。糧機廠駐紮西招的紅字號戰士，平時仇恨滿腔，談論最多的，總是離不開誓為文水報仇，遲早要殺回糧機去等等。而徐公達正是該廠聯字號骨幹，是重點復仇對象之一，這時候被抓到了西招，其嚴重後果不難想見。

徐公達遭受酷刑，慘死於西招。屬毒打致死無疑。

故事講到這裡，只有一半。紅字號對於打死徐公達並無爭議。但究竟是誰對徐挖眼、割舌、削鼻，切掉生殖器，還需進一步分析。

一九六八年八月十二日，紅星廠紅字號骨幹闕岱淑，在關押中寫出一份材料，記載了紅字號總指揮趙震元當年對於徐公達慘案的看法。這份材料是闕岱淑向聯字號交待用的，內中對於趙震元的說法，有多人相繼證明。闕寫到：

> 一九六八年三月二十日左右，趙震元等五人從外地回到長治，回到了淮海廠。他一聽到徐公達屍體展覽的事，就堅決否認西招指揮部會發生這樣的事。他在紅字號聯席會議上

講：我聽說從西招發現了一個聯字號的屍體，聯字號利用此事大搞宣傳，說我們把這個人割了鼻子，割了耳朵，割了小便！我們根本不可能幹這樣的事。趙說，我向六九軍蕭選進副軍長提出了要求，堅決要求讓我看一看屍體。蕭說不用看了吧，我說那不行，我趙震元向你們保證，我絕不相信會有這樣的事，如果真有，算我趙震元幹的！蕭副軍長說，此人已經埋掉了，我說可以刨出來驗屍嘛！蕭說，可能把屍體運到紅星廠聯字號總部了。我說，送到紅星廠我也要求看。蕭說你敢去紅星廠嗎？你去了很危險！我說，兩大廠鬧對立我不怕，為了弄清真相，不管多危險我也要去！我長期在西招，是總指揮，我怎麼不知道有這樣的事？為什麼不讓我或者我們的頭頭去看一看？為什麼不做法醫鑒定？把人搞得這麼慘，為什麼不把兇手抓出來？我們可以幫你抓嘛！結果，蕭副軍長還是那句話：現在你們要管好自己的事，你們淮海廠應該怎麼辦？屍體就不要看了吧！

這份材料留存在趙震元死刑案的案卷中。情況複雜了。的確，聯字號執政中只是追究宣判了在長運戰鬥中抓捕徐公達的人，卻沒去追究西招慘害徐公達的人。試想，如果挖出紅字號的兇手來，勢必公訴於世，這樣更加有利於宣傳效果。然而卻沒有這樣做。

二〇〇四年採訪中，我得到一份長治市委幹部劉冠英書寫的《徐公達屍體真相》一文。慘案發生時，劉冠英身在西招，為紅字號重要成員。一九七五年春，他曾經冒極大風險，在長治街頭貼出大字報，披露他所知道的徐公達事件，並公開要求與聯字號辯論，讓公眾旁聽，很有些不顧性命的勁頭。

劉冠英《真相》一文重點如下：

一九六八年春，中央解決晉東南問題的《二・一七通知》下達後。我被西招指揮部留守人員公推為「紅大」對外事務的代表，負責接待支左部隊。隨即六九軍一個營武裝佔領西招。在三月份的一天早晨，該營一名連長姓嚴，把我叫到了營部。營長姓朱，營教導員姓車，他們都在場，共同與我談話。說西招存放著聯字號徐公達等人的屍體，需要處理，現在聯字號派來幾個代表，想把屍體領走，所以跟你商量。他們還告訴我聯字號已經開來了一部汽車。我當即回答說：「按照我們國家的風俗習慣，不管人是怎麼死的，屍體都應該通過其生前單位，轉交給他的親屬，妥善埋葬，在部隊監督下拉走屍體，當然是可以的。」一段談話後，我就把他們領到了存放徐公達屍體的汽車庫。聯字號代表來了四個人，其中兩個都姓王。汽車庫大門是用鐵絲栓著的。打開以後，見徐公達的屍體停放在一張木板床上。當時，進入車庫的有解放軍嚴連長，還帶著兩個班長，聯字號四個人都進去了，我站在旁邊。聯字號代表親自動手檢查屍體，首先把徐公達的上衣解開，往上推到胸脯，接著把皮帶解開，將褲子脫到膝蓋，在對其腹、背、上、下進行詳細檢查後，沒有提出任何問題。這是一個完整的屍體。徐公達生前我不認識，他是怎樣死的我並不知道，我對屍體的印象是身材不算高，但其肩膀寬大，肢體粗壯，可知生前是個很結實的人。檢查之後，嚴連長把我叫出車庫說：「聯總代表要把徐公達的屍體拉走，你看還需要辦些什麼手續？」我說，應該辦一個移交手續，由軍代表和兩派代表三方面簽個字。嚴連長同意後，說自己文化低，讓我起草一下。我便用一張比較厚大的白紙，寫了個條子。最後的簽字和格式都是豎寫的：

今移交：

徐公達屍體壹具。

移交人：紅大代表劉冠英

接收人：聯總代表王××、王××

監交人：解放軍代表嚴××

一九六八年三月××日

三方簽字以後，聯字號四個人，把徐公達的屍體抬出了車庫，又抬上了門口的汽車，然後開出了西招。在此期間，西招院內始終有二十多名群眾圍觀，汽車開走後散去。屍體移交到此結束。

我沒有想到，此後不幾天，聯總武裝在支左部隊協助下，大舉抄洗了西招待所。我束手被擒，繩捆索綁，蒙住眼睛，先後更換了四個地點，對我進行嚴刑拷打，身上裝的東西物品和徐公達屍體移交手續，全被搜走。始終沒有歸還。最後，把我解送到襄垣縣集中營，關押兩個半月，又轉回市委大樓關押一個月。在此期間，徐公達屍體被展覽一事我並不清楚。只是在襄垣縣關押期間，該縣一個排的民兵到長治參觀展覽，回來後有個民兵曾經在我的牢房裡，質問過我：你們西招待所是怎樣殘害徐公達的？……等到我回家養傷時，事情已經過去了幾個月。這時，我的房東沈雙梅女士告訴了我一些情況，她對我說：你被抓走以後，聯字號在英雄台召開控訴紅字號慘害徐公達暴行的萬人大會，徐的妻子在大會上控訴，哭得可厲害了。而後舉辦了徐公達殘屍展覽。沈女士也親自到文化宮看了展覽。據她講：徐公達被割掉了舌頭，剜了眼睛，敲掉了牙齒，還割掉了小便，胳膊和腿的骨頭都被打斷啦，又使用了電刑，把人都燒成黑青爛紫的啦，手指頭全被燒焦啦，解說員講得可詳細了！沈女士還說，聯字號調集了不少外縣的人，來長治參觀徐公達屍體，多少天都是人山人海的。

我說，徐公達之死，根本不是這麼回事！如果當時移交屍體時，已經發現屍體上挖割了多處重要器官，那麼，軍人和聯字號代表如何確認這就是徐公達呢？又怎麼會願意拉走一具極不完整的屍體呢？

為了揭露邪惡，弄清事實真相，我曾於一九七五年春季，在長治市中心區，張貼出《關於徐公達屍體真相》的大字報，我公開聲稱：任何一個群眾組織和團體，任何一位徐公達的親屬，或者是原來那四位聯字號的代表，任由你們指定時間地點，允許社會上廣大群眾旁聽，進行一場關於徐公達屍體真相的辯論會，弄清一九六八年春季在文化宮展覽的徐公達屍體慘狀，到底是真的還是假的？而這份公開的大字張貼出以後，至今沒有人對大字報進行反駁，也沒有人敢跟我公開辯論。

做為一個國家幹部，我始終認為，晉東南地區在文革中的兩派群眾組織和廣大革命群眾，是無罪的，而製造全區大對立的幕後策劃者和幕前指揮者，是有罪的。作為歷史的見證人，事件已經過去多年，我也無力再想多說些什麼，唯一的願望，就是給記載上黨文革歷史的銅鼎上，增添幾行真實的文字，以利於後人鑒別真偽。

這個材料劉冠英已經公開寫過多次。我所見到的這一份，劉冠英簽名落款日期為二〇〇〇年九月五日。內容孰真孰假，我不好評說，但這個文本至少說明了事件的無比複雜性，也說明了市委幹部劉冠英，在晚年時候，仍然念念不忘當年親手辦理的一件文革慘案。

滄海桑田，物是人非。

無論徐公達的屍體慘狀系何人何派所為，其悲慘現實，都是令人無法接受、無法容忍的。紅字號也好，聯字號也罷，也許並非關鍵，令人不必去追問了。而把人殘害到如此地步，則是反人類的暴行，是中國大地上文化大革命的惡果。

犧牲者如徐公達等等，帶給我們的，唯餘巨大痛苦。

倘若真如劉冠英所寫，疑為聯字號活著的人，對戰友徐公達的屍體做了這麼大的「改造」，那更是可怕到了極點。

悲劇進一步發展，掌權後的聯字號把參加了那場長運戰鬥並俘獲徐公達的紅字號栗省田、王銀虎等五人，判處了重刑。而他們從未參預過西招審訊徐公達。他們把活人送過去，就返回了長運。甚至，連送交徐公達，都未必是這五個人的事。無奈，悲劇擴大到更多家庭。

此案真相，始終未弄清楚。讓我們牢牢記住文革的殘忍。

烈火焚樓小麥焦

這是一件在山西文革中具有巨大影響的案子。

這就是位於長治西關的麵粉廠四〇〇萬斤小麥焚毀案。萬戶千家不得不數月吞吃「程首創麵」，糧食究竟是怎樣被大火燒焦的？紅字號劉周娃等三人因此被綁赴刑場，執行槍決了。他們的死，曾經讓無數人日夜牽掛，生出無盡猜測，這件往事，同樣很難講述。

先看一下史實概況。一九六八年二月十七日，長治古城炮火隆隆，硝煙籠罩大地，空中飛機盤旋，拋灑漫天傳單，中共最高當局針對晉東南地區發出了《二·一七通知》。在文革戰場上，中央給一個地區單獨發出通令並空投至該地區，應不多見。

大火發生在西關。案發頭天，聯軍攻克紅字號西關軸承廠，進而佔領西關物資局紅樓。紅字號為了鎮守城西門戶，當晚重新奪回物資局紅樓，反過來俘虜了長子縣武裝部一名軍人及民兵多人。次日早晨，即二月十七日，紅樓爭奪戰再次打響。按照戰前部署，攻佔城西任務歸長子縣民兵團。這時，該縣大堡頭公社民兵一部，在公社武裝部長翟永泉帶領下，向紅樓攻擊推進。同時有該縣城關公社等民兵，配合攻打。而紅樓西南一側，正是長治麵粉廠所在地，廠內大量屯集著尚未加工的小麥和玉米。由翟永泉指揮的大堡頭民兵，帶兩挺機槍，首先佔領此地，迂迴登上麵粉加工樓制高點，在樓上建立機槍陣地，向不遠處紅字號駐守的物資紅樓射擊。雙方展開激戰，從上午打到中午。紅字號設立在城牆上的觀察哨，緊急要求長運據點炮火支援，向麵粉樓上民兵機槍陣地實施炮擊。紅字號長運據點的淮海炮隊一二〇重炮陣地，即向麵粉廠聯字號民兵開炮多發。

紅字號長運武裝的頭頭之一，名叫劉周娃，也是一位復轉軍人，原在某車隊擔任指導員。這一天炮擊西關麵粉廠，他身在長運。所發一二〇炮彈，確有五至六發打在了麵粉廠內。前頭講過，紅字號炮手多為淮海兵工廠技工，打炮甚為熟練，且訓練有素，開炮的準確程度超過了軍隊正規炮兵。

而物資局紅樓處在嚴重攻擊之下，準確的炮火支援亦不能解圍。午後，聯字號民兵攻克此樓，紅字號武裝倉皇而去。當民兵們抬著一名犧牲者撤離戰場時，麵粉廠內的糧垛大火已經燒起來了。

大火燒了四天四夜。從判決書上看，共計燒毀小麥四二〇五一二〇斤，玉米六〇〇〇〇斤，麻袋一五〇〇條，枕木一〇〇〇根，葦席三六〇〇領，平房三間。後來，省地市聯合調查組核實認為，以上燒毀小麥及玉米的數字略有誇大，但毀糧數字相加仍在四〇〇萬斤以上，足夠萬餘百姓生活一年。

聯字號執掌政權後，於一九七〇年四月十二日對此案做出判決，定性為現行反革命大案，對紅字號長運頭頭劉周娃、淮海廠駐長運炮隊隊長張坤、炮手趙文富三人宣判死刑，立即執行；同時判處另一名炮手龔年生重刑二〇年，判處同案王海水有期徒刑五年。炮手龔年生死於獄中。

文革慘劇，太行悲歌。紅字號長年申訴不止。在國務院敦促下，此案於一九七五年元月及同年夏季，由省地市三級聯合調查組進行過兩次複查，結論不一。次年元月，省地市進行了第三次複查，仍未得出準確完整的結論。

直到文革結束以後，一九七七年十一月，山西省高級人民法院重新審理了這一大案，並以晉法刑一（一九七七）九六號文件，對此案做出批覆。文件很短，全錄如下：

長治市中級人民法院：

你院報核的長治市麵粉廠火燒小麥複查一案，經中共山西省委一九七七年十一月七日研究決定：此案屬於錯案，應撤銷原判，予以糾正。

一、此案是武鬥案，不屬於現行反革命性質，原定性是錯誤的。

二、對當時判處死刑的劉周娃、張坤、趙文富和病死在獄的龔年生的家屬，應做好善後工作，被判處徒刑和免刑人員，一律由長治市中級人民法院撤銷原判，予以糾正。

三、關於火燒小麥一案，應交由公安機關，繼續偵破。

請將執行情況具報我院。

抄送：晉東南地區中級人民法院。

山西省高級人民法院（蓋章）

一九七七年十一月七日

文件指出這是一樁錯案，應予糾正。但是，劉周娃等四人俱已命赴黃泉，人死不能復生了。

文件仍然留下了巨大懸念：此案由公安機關繼續偵破——熊熊大火究竟是怎樣燒起來的？劉周娃等人當天確實發射重炮增援了戰場，但一二〇炮彈能否引燃糧食？如果不是炮彈引燃糧垛，又是何人縱火？當時，紅字號集中在物資大樓抵抗，現場只有聯字號武裝一方活動，如若縱火，又是何人下的命令？

這些問題，像太行山巒一樣沉重。疑團一個接一個，多年纏繞在晉東南民眾話語中，至今仍在繼續。

以上，是本案概況。

我對晉東南文革歷史的採訪考察，當然繞不開這一重案。我在調研中得到了不少材料與線索，但我無力做出結論。我只能把相關材料客觀地轉述給讀者們，藉此看一看文革所造成的兩派鬥爭，到底有多麼尖銳複雜，又是多麼殘酷。

先看一下被槍決的劉周娃。一九六八年劉周娃三十五歲，他是雁北地區代縣人，說一口晉北話。參軍吃糧，赴朝鮮打過大仗硬仗。轉業到地方，是營連一級幹部。文革爆發，劉周娃站在長運主要領導郭有山等人一邊，與另一派對立漸深，逐步從單位走上社會，成為市區紅字號首領之一。聯字號在戰後即一九六八年四月五日發出針對長運紅字號頭頭的《通緝令》，第一名是長運「走資派」郭有山，第二名是長運紅字號總指揮李天和，第三名就是劉周娃了。聯字號通緝了長運八個人，形容他們的身材都是「身高五尺」，說劉周娃是個「元方臉」。劉在群眾中威信較高，會打仗，很勇敢，兼任紅字號西郊北郊聯防副總指揮。頭年冬，長運這個市內要害之地本是聯字號佔領的，年底一戰，被李天和、劉周娃等率部奪回，炸毀了長運聯字號總部，聯字號被迫撤出。不久，發生了「一・一六事件」，長運成為關押李順達等數百名俘虜的第一站。在這裡曾經捕獲了糧機廠聯字號頭頭徐公達。長運公司武裝部和晉城四新礦及高平多個公社武裝部一樣，不聽軍分區的，卻攜手奮戰於紅字號陣營。據點裡武器裝備很強，計有輕重機槍六挺，多支四〇火箭筒，各種衝鋒槍、步槍近二百支，手榴彈管夠。為加強這一咽喉據點，紅字號西招總部派出淮海廠一支一二〇重炮分隊，由王七孩、張坤等帶領，長期駐紮，對付聯字號從城區北部或西部的進攻。這支炮隊有時也由劉周娃協調指揮，以壓制和報復聯字號糧機廠、黨校等地的頻繁炮擊，同時火力援助紅字號守城諸據點。從這裡發射的一二〇炮彈，均由淮海廠源源補給，先後開炮五〇〇〇餘發。以長運及英雄街為軸心，周邊相互依存有紅字號市運、市招、二中、手管局及市建大樓等據點，形成市區北部防禦體系。元月十六日夜間聯合伏擊作戰，獲得全勝。劉周娃成了紅字號城北守軍一員主將。

雙方打到二月底，聯字號配合軍隊推進，紅字號勢成危局，各路將領聚集淮海廠開會，商討對策。有文棋等人提出，紅字號保衛長治的力量雖然不弱，兵力可達一個師，但據點廣闊，分散守城，不利於機動作戰，兵力形不成拳頭。是否考慮先從整個市區撤下來，把精銳武裝力量統一撤到南郊淮海廠，集中保衛這片根據地，然後等待時機，再從南郊反攻作戰，重新奪回城市。針對此議，眾首領反彈強烈，認為撤出城市就是承認失敗，此議不妥。而情緒最悲憤的首領，要數劉周娃。據楊萬盛回憶，劉周娃聞言當場就哭了，他說，長治城讓人家打爛啦，如果我們撤出，怎麼對得起無數的死難戰友，怎麼對得起千千萬萬紅字號群眾？撤出來容易打回去難，放棄長治城，我們這些頭頭怎麼向老區人民交待啊！——從這個細節看，劉周娃這位復轉軍人，很有些憨實執拗的個性。

堅持到三月中旬，長治古城在烈火硝煙中被多路野戰軍和聯軍武裝全面佔領，紅字號首腦骨幹們，被迫開始了漫長的流亡生涯。勝利者隨即展開追捕通緝。據前述《通緝令》稱，長運紅字號幾個頭頭「夥同長治銀行壞分子，謀取國家鉅資十二萬元，攜款潛逃」，也不知有無根據。

問題在於，武鬥戰火尚未完全停歇，各項大案不曾展開偵破，聯字號在四月五日印製的《通緝令》上，便已經把四〇〇萬斤小麥焚毀的罪責，明確安到了劉周娃頭上。二月十七日案發時，紅字號重要頭頭、淮海炮隊隊長王七孩，人不在長運。否則，王七孩必將成為「首犯」。王七孩不在，劉周娃頂，《通緝令》先是列舉劉參與策劃了幾大事件，之後即言，「該劉親自指揮向糧機、大修、鍛壓、長縫、內燃等地炮擊，發炮六千多發。僅往麵粉廠開炮即燒毀國家小麥四百餘萬斤，直接影響了全市糧食供應。毀壞國家財產價值數千萬元」。這項罪責居然在審理案件之前已經判定。

劉周娃最後怎樣落入對立派手中，過程不詳。總之，諸多紅字號頭頭在外苦撐一年兩載，大勢已變，無法生存。中央迭次佈告通令全國，誰也沒有能力逃脫紅色羅網。他們或被集體遣送回來，或先後被擒，或無奈間斗膽自返上黨。時代管制嚴酷，生存環境逼仄，彼時的中國，足以令任何人走投無路。劉周娃和高平喬高升等人一樣走不脫。

案件審理的過程實際上也是派戰鬥爭的過程。劉周娃態度強硬，他只承認曾在武裝衝突中向西關等地開過炮，但力辯淮海廠生產的一二〇炮彈，不具備燃燒性能，不可能大面積焚毀好幾垛糧食。到後來，他乾脆拒絕乃至對抗審訊。有關材料證實了這一點。如一九七五年六月二十六日省地市三級調查組報告稱，「經查閱原卷各犯口供筆錄，內載劉周娃拒供，其餘參加打炮的人先後供認打炮是實」。也就是說，在審理此案時，劉周娃拒不承認罪名。

最初的審理者，是以晉東南軍分區侯副參謀長為首的地市公檢法軍管會。劉周娃很硬，軍管會當然也很硬。大火現場只有聯字號武裝單方面活動，紅字號如果不承攬炮火引燃糧食罪責，這案子簡直沒法收場。按照紅字號說法，那一場場大火，是聯字號為進剿紅字號製造口實，蓄意縱火，反誣陷對方。聯字號當然不會承認這一點。

兩廂對抗，地區公檢法軍管會堅持判處了劉周娃等三人死刑，並報請省公檢法軍管會核准，在長治市召開公判大會執行槍決，時間定在一九七〇年四月二十六日。紅字號幹群聞訊，無不震驚焦慮。

緊要關頭，又生故事。

採訪中，我得到長治市老幹部付安榮寫於二〇〇〇年十月十三日的一份材料，紅字號觀點。他回憶了劉周娃等人死前的一些情況，付安榮寫道：

「一九七〇年四月，地市判決了劉周娃等死刑，省裡也已經批准了。於是，長治市有人緊急到省革委向王庭棟和陳永貴副主任等領導揭露案件真相。王庭棟等同志很重視這一反映。當時，長治市即將召開公判大會執行死刑，時間定在四月二十六日。王庭棟等同志將案情疑點報告省核心小組，要求對劉等暫緩執行死刑，並迅速複查。當時的省委主要負責同志表示同意延緩執行槍決，並讓王庭棟同志負責向晉東南傳達延緩執行槍決的決定，槍下留人，同時由王負責組織複查。槍斃劉的前一天，王庭棟同志於四月二十五日上午從太原乘車，專程來長治傳達延緩執行的決定，當日下午到達。不料，長治方面卻在這天上午，對劉周娃等人提前執行槍決了。王庭棟同志剛剛沒有趕上。」付安榮認為，這是省地一派人上下合謀對抗王庭棟傳達的一個惡果。

這個說法並非付安榮一人所言，我在採訪期間還聽到了好多次。

劉周娃等三人提前一日被槍決。當時，我的不少老友還去了刑場，湊熱鬧，看行刑。據和平醫院醫生申永平先生回憶，當天上午他與多位夥伴跟著人流奔跑至東郊野地裡，擠入行刑地點，他靠得非常近，親眼看到劉周娃昂首走上刑場，保持著軍人式的鎮定。接下來的一幕讓他終生難忘，他說，劉周娃頭部中槍栽倒於地，腦漿迸裂四濺，人群嘩動，突然，幾個中年婦女，大概是肺結核患者，迅疾趨撲向前，慌忙掏出白麵饅頭來，蘸上劉周娃的腦漿就吃，還要趁熱搶吃，生怕動作慢了吃不上，一位婦女吃得滿嘴漓漓拉拉，白色的是腦漿，紅色的是鮮血。申永平醫生向我講述此事時，呲牙咧嘴，滿臉褶皺開花，彷彿他也吃了什麼東西卻嚥不下去，「真噁心，噁心了我好多天哩！」申醫生痛苦地強調說。

魯迅先生筆下寫了早期革命者夏瑜被殺後，腦血被華老栓當作治療癆病的妙藥，也吃了人血饅頭。我找不出上述故事與魯迅故事有什麼不同又有什麼相同處。文革中犧牲的戰士們，也是一種革命者，他們所投身的那場運動，本身就叫文化大革命。

病弱婦女刑地爭吃人腦，南北新舊故事似曾相識，不算稀罕了。而在晉東南文革中，還有一例，情景卻有不同。武鬥戰後，各縣市也在槍斃紅字號骨幹，某縣坐鎮指揮的軍管會首腦姓張。他當然不會像山鄉婦女那樣不分場合，去爭去搶，然而在人腦可以大補療病這一點上，他與山鄉婦女們達成了共識。當該縣郝國生、王文則兩名紅字號頭頭被槍決後，公檢法的人，謹慎而恭敬地把那人腦用容器盛了回來，獻給了這位領導。這是在家裡吃的。他吃得很從容，不慌不忙，也許還採用了其他更香甜的吃法，或放些佐料。有感於斯文啊。這一事實，文革後被揭發出來，訴狀報到地區中院和省高院，也無法定取什麼罪名，不了了之了。我見過這些材料，因未經詳察，不細說也罷。當年曾在該縣工作過的老人，向我談起過這樁事情。基本事實是一致的。

知廣西文革兩派鬥爭中，多次發生過人吃掉人的內臟器官之事：由於革命仇恨，也由於古遠惡俗，有朋友據此寫了著作加以披露。晉東南文革中，晉城長畛窪慘案和徐公達案，都發生了割掉生殖器的事，潞城縣發生了一派用鐵鍬炒吃對立派頭頭生殖器的事，這不，又有軍人從容吃掉了對立派人腦。刑場上，劉周娃的腦血亦被婦女們搶吃精光。

我們該說些什麼好呢？去譴責具體的什麼人嗎？丹諾說過：「我恨罪惡，但從不恨罪人。」我們無奈，歷史被掩蓋著，沒有答案。

劉周娃的生命結束在刑場槍彈下，腦血被人吃掉。而「小麥被焚」之爭遠未結。我們接著分析此案：

定案之前，聯字號公檢法機構同樣要做偵察補證工作。這倒不是因為法制觀念有多麼強，而是為了對付來自紅字號幹群以及高層對立派首腦的壓力。兩派有著針鋒相對的指控，鬥爭尖銳，聯字號必須把案子搞成鐵案。

晉東南公檢法實行軍管，全區主官，是軍分區侯副參謀長。這裡將名字略去，簡稱公檢法軍管會的侯主任。侯主任身負一系列大案要案審定重責，他必須維護和完成聯字號上層集團的共同使命，繼軍事衝突武裝鬥爭之後，還要充分運用公開的法律利器，完全澈底打敗紅字號集團。激戰之中，三日之內，長治連發三場大火，濃煙蔽日，損失畸重，萬眾關注。侯主任肩頭擔子不輕。

現場刑偵勘測，尋覓相關證據，就是要推演出對立派罪惡結論，有利於判決，防患於複查。

四百萬斤小麥焚毀案，上下影響巨大，必須由刑偵專家拿出現場勘測依據。如此關鍵的工作，歷史性地落在了一位老員警頭上。這個人，就是地區公安處業務骨幹，痕跡專家關順義。他的另一個名字，恰巧就叫關鍵。此前兩年間，關順義並未陷入兩派決鬥，處在相對中立地位。地區公安處中層幹部，大小算個「走資派」，老關早就靠邊站了。

關順義又名關鍵，平順縣人，抗日期間他還是個少年，為駐紮山鄉的中共政權做事，是平順當地最早入黨的一批人，與著名勞模李順達是熟識的。用他的話說，是共產黨一手把我拉扯成人。在老關那裡，黨是衣食父母。他不要什麼派組織。對於紅字號和聯字號兩大陣營，他認為雙方都已瘋狂。關順義在文革自述材料中寫道：

一九六七年七月，紅字號圍困軍分區，還成立了為王尚志報仇大軍。我對紅字號的人說，你們這種說法不妥，王尚志案件並沒有定性，到底是自殺還是他殺，現在並無結論，如果最後定性是自殺的，你們報仇不就錯了嗎？這一說可闖了大禍，立即遭到了紅字號的圍攻，並把我抓到專建進行威脅，要堵我這個刑偵人員的嘴。因此，我認為紅字號認派不認理，不讓人說話。

「過了一個月，到八月二十三日，公安處的聯字號找我說，紅字號今晚要來搶檔案了，你必須躲一下。我說咱公安戰士，保護檔案是天職，怎能臨陣脫逃貪生怕死？其實這是聯字號調虎離山，想讓我走開，搶走檔案使用再嫁禍給紅字號。當晚，我沒有走，聯字號溜中紅衛兵闖進了辦公室。我明確

> 表示，搶檔案是反革命行為，當場遭到他們的圍攻，本機關的聯字號也來助陣。結果，他們強行把檔案搶走，轉移到了醫專文革。聯字號同樣認派不認理，兩派置國家法律於不顧，已經到了無法無天的地步。通過以上兩件事，我認為紅字號、聯字號都不講理。所以我哪一派也不參加，不支持，我是黨的人，維護黨性，不要派性。

這是老公安關順義對待兩派的態度。文革後期，地委書記公開表揚了關順義，說如果晉東南多一些關順義這樣的人，文革就搞不到這麼糟。

以下是案情關鍵：關順義所寫的反映材料，說明了圍繞小麥焚毀案的恐怖情景。我有幸得到了這個材料，且是兩份。一份是他文革中寫的，一份是他退休後晚年寫的，詳略不盡相同，基本情況一致。材料開頭說，「我出生於一九三三年七月六日，山西省平順縣陽高鄉南莊村人。原任晉東南地區公安局政保處長和文檢工程師兩職。一九八五年撤地建市後，在晉城市公安局任同樣職務。一九九三年退休」。以此推算，一九六八年大武鬥時，關順義是一個三十五歲的壯年人。

他寫出了審勘此案的來龍去脈：

> 一九六八年二月，長治武鬥嚴重。因怕兩派到家屬院搶走糧食，我把家裡的口糧藏在了地區公安處辦公室。二月下旬的一天，炮火未停，我去機關取糧。碰到了從淮海廠生還的李順達，他和軍管會侯主任在一起。侯便問我：「人家都參加兩派戰鬥去了，你還在機關呀？」我告他們說，人家哪派也不要我。侯說：「那正好，你兩派都沒參加，現在派你去勘察幾個武鬥現場，要作好記錄和證明。」我說可以，不過有個條件，如果我在勘察現場被炮火打死了，你們要按烈士待遇。李順達當即說：「這能行。」
>
> 我接受了任務。從第三天起，我開始到西關麵粉廠等地進行刑偵工作。經過勘察發現，所謂紅字號打炮燒毀四〇〇萬斤小麥一案，完全不是事實。聯字號的說法不過是為

了給程首創和紅字號造罪。麵粉廠大院內從南到北有三垛小麥，最後一垛是玉茭，占地寬闊，全部燒焦。但落炮彈的彈著點並不在這裡。而北面一個糧庫，也垛著小麥，落了炮彈，卻沒有起火，小麥還是好好的。說明炮彈不能引燃小麥起火。我勘察了起火點，首先是從南數第二垛小麥燒著的，並發現麥堆有棉紗燒完後的痕跡，而且有機油味兒，說明屬於人為故意縱火，燒毀了三垛小麥和一垛玉茭。

關順義這位刑偵專家特地強調的結論是，「落彈的地方沒有起火，起火的地方沒有落彈，棉紗痕跡和機油味兒證明人為縱火」。這個判斷對於聯字號來說，萬萬不能接受。因為現場只有聯字號一方隊伍在活動。不僅此案，關順義還對醫專大樓焚毀案、地區藥材總庫焚毀案，也做了勘察，其結論同樣否定了紅字號打炮引燃的說法，所謂紅字號三大要案，在一名刑偵痕跡專家這裡被全盤否掉。

我們接著看一看關順義的悲慘命運：

我將以上勘察結果一一向侯主任作了彙報。侯主任直言不諱，命我立即將三大案子一律改為紅字號打炮引燃。我當場表示：這可不能改。公安工作只能實事求是。這樣的大案，將來要寫進晉東南的歷史檔案，我關順義不能當歷史的罪人，不能愧對上黨兒孫後代。弄虛作假的事，我不能幹。

侯主任一聽就火了，說：「中央都確定了紅字號的罪名，能叫你推翻？這裡是我軍管你，我叫你死你就得死，我叫你活你才能活。現在兩條道路由你挑，你要把結論改過來，將來，公安處長由你當，你要是不改，你就當專政對象！兩個選擇，現在你給我明確表個態！」

侯主任這人我知道，他絕不是嚇唬我，他從來說到做到。我考慮到了個人安危，又考慮到，如果我改變現場勘察的實情，那麼，就不是打倒一個程首創的問題，而是憑藉我的勘察報告，要殺掉更多的紅字號群眾，我也就成了劊子手！一想到這兒，我便答覆他：這不符合黨的實事求是政策，咱們都是黨員，現場記錄不好改啊。

侯主任一聽，氣炸了，說：「什麼是黨？黨派我來這裡負責，我就是黨，我叫你幹啥你幹啥，就叫實事求是！我叫你幹啥你不幹啥，談什麼實事求是？」他這樣說，我更不改了。一個解放軍的軍分區副參謀長，能說出如此水準低下的話，還跟他爭什麼？最後我也火了，表示說，你就是殺了我的腦袋，我也不改！我本來就是冒著亂槍打死的危險，去勘察現場的。

二人澈底談崩。關順義為了堅持自己的勘察結論，甘當專政對象，冒了生命危險。老公安關順義，十分清楚自己的險境，他必須採取措施：

我決定，立即回到平順山區避難。當時，武鬥剛剛平息，解放軍還在全城戒嚴。萬幸的是公安員警有軍裝，有領章帽徽，不然我是很難通行的。經過了六九軍的層層封鎖線和聯字號的一道道關卡，我總算回到了南莊村老家。想不到，聯字號一個武裝小分隊，很快就追到了我家，二話不說，把我和我老婆一起抓到了縣城。這些人荷槍實彈，並不再審問我什麼，顯然是執行上級命令而來。當晚，一個頭頭對我宣佈：「奉地區公安處命令，我們必須處死你，現在就執行！」他們沒有任何廢話。這真是到了最後關頭。我知道這一定是軍管會要殺人滅口。怎麼辦？緊急時刻，我急中生智，撈到了一根救命稻草。我說，你們要殺我可以，但在處決我之前，我有個要求，我這次回來，李順達同志是知道的，你們去問問老李，如果他說要我死，你們就殺，如果他不要我死，你們也算完成了任務！……是李順達這張王牌，讓我留下了性命。

關順義雖然保住一命，卻從此受了大罪。他無可逃避地成了專政對象。免去槍殺之後，他即被押解到了聯字號襄垣縣「五陽礦集中營」。前章有述，襄垣是勝利者懲罰對立派最集中也最嚴酷的地方，刑法千奇百怪。用關順義的話說，「他們像對待炭塊一樣對待人。打手們一天不打人，就像大煙鬼抽不上大煙那樣難受。我終生也忘不了那種非人的生活」。由於關順義案情「關鍵」而又特殊，在關押他的同時，連他的妻子也一塊關押進來。

實事求是，果然要負出慘重代價。

文革後一部國產電影，叫《帶手銬的旅客》，說的正是公安戰線上老關這類人的兇險命運。可見文革陰謀與公安職業之間，矛盾深刻而且普遍，生死悠關，最能考驗一個人的魂靈。

關順義必將繼續經受考驗。數月之後，他被轉移到地區公安處後院兒禁閉室單獨關押：

> 把我關進禁閉室，侯主任還是要我修改勘察記錄，我死裡逃生，早已下定決心不做這種昧良心的事。他們便採取飢餓辦法，一連五天不讓我吃飯，不許喝水。第五天，我已經餓得不知道飢餓，轉入迷迷糊糊狀態，連舌頭都不會打轉了。我心裡清楚，在平順時，是李順達同志不讓打死我，他們殺人滅口的目的才沒有達到，現在要用餓死我的辦法來殺人滅口。我掙扎起來，寫了一個字條，把字條藏在鞋裡，意在告訴親友，我不是自殺，而是被蓄意害死的。
>
> 正在這時，李順達同志派司機來尋找我，並通報侯主任說李要找我面談。這才用車把我接出去，到防疫站談話。李順達竟然也勸我說：「燒小麥，燒藥材公司，燒醫專大樓，這三個案子中央都已經批了。你把你偵察的東西，改成紅字號炮彈打著的，不就算了嘛。中央都批了，你改一改怕啥！」我對老李說，他們這是欺騙中央，中央不知道真實情況。老李說：「你不改有甚用？你又去不成中央反映！我就是當了中央委員，說話也不頂個事，你能咋？你堅持不改，人家肯定不會放過你，這些大案的結論，都關係到軍隊在全區支左大方向，誰還能順從了你的意見啊？」我說自己幹了半輩子公安，從

不敢跟黨說假話，將來查清了這些案子，咱們怎麼交待？老李你多年來總是教育我們要忠誠老實，如果我那樣做了，也對不住你老李呀！我是相信李順達的，包括他自己也是人家連哄帶騙給拉進聯字號的，他跟那些軍政首腦們並不一樣。

說到這裡，老李不吭聲了。我感激老李，是他在平順救了我一命，現在又是他把我從即將餓死的危難中救了下來，我來生變牛變馬也報不完他的大恩。這時他也很為難，就說：「不改就不改吧，但你絕不能把案子實情往外頭傳播。你保證不往外頭講，我就去跟人家說說，保你一條命吧！」我不願再讓他老人家生氣，就只好回答說，老李，不往外頭講，這一點我能辦到，何況我現在住禁閉，又能給誰講去？

老李歎氣說：「可憐你從小就跟上了黨，咱平順人跟上黨你是最早的，比我還資格老哩。」

吃上飯，喝上水，李順達親自陪我回到軍管會，是地委司機崔和青開的車。老李專門來找侯主任講情，我心裡非常感動。

李順達當住我的面，誠懇地對侯主任說：「那幾個案子，關順義不願意改，我擔保他絕不會說出去，我看就算了吧！他很小就參加革命了，把他毀在咱們手裡，不好啊。」侯主任聽了，嚴肅地問我：「關順義，你保證不往外說？」我做了保證，還是那句話，現在我這個樣子，長期禁閉，讓我跟誰說去！侯主任還是不放心，便指示警衛，仍押我回禁閉室繼續關押。

一九六九年，直到清理階級隊伍之後，我一直被禁閉管制。因我原先管過敵特檔案，其間，他們讓我立功贖罪，命我揭發程首創的國民黨特務問題。我實在揭發不出來。沒有立功表現，仍依繼續關押。

直到一九七〇年，劉周娃等人被槍斃，又到了林彪事件以後，我才活著走出那間禁閉室，獲得久別的自由。之後，我寫了申訴材料，向黨組織如實反映了以上情況。

一九七五年，地委書記李維彬曾在會議上公開表揚我。想一想在文革中，要保持不說假話，真是太難了。

文革過去十幾年後，大概是一九九一年吧，這位侯主任癌症病重。我經過考慮還是去醫院看望了他，想聽聽他後來的態度。我能去看他，他根本沒有想到。侯主任在病床上流淚了，他握住我的手，痛苦地說：「謝謝老關來看我，那些年我害過你啊！但是，希望你也理解我，那是一個特殊時期，革命軍人服從命令是天職，我也難啊，你就不要太計較我啦！」

這是一段多麼複雜而又恐怖的往事。而今，職業軍人侯主任和老公安關順義，還有李順達，俱已先後逝去，我未能在此之前爭取尋訪他們，是為遺憾。他們之間的生死恩怨，教人長歎長思。

關順義對於案子的偵勘結果，在聯字號定案中當然不會採納。悲劇在於，老關不按照軍管會意圖辦案，毫不影響判決的實現，毫不影響利益集團重新組成專案組，把案子辦下去，並且辦得周密細緻可供判決使用。關順義忠於組織，堅持黨性，而黨在哪裡？事實上，關順義堅守了一個正直的太行山人的良知。地委書記說的對：多一些這樣的人，文革就搞不到這麼糟。

事態繼續發展，高潮還在後邊：自一九七〇年四月槍決了劉周娃等人之後，圍繞此案的紛爭愈演愈烈。

武鬥中，以退伍兵為主的長子縣民兵團，開赴長治作戰，在「前指」部署下打了一個多月。第一仗打掉了紅字號市建公司據點，第二仗參加攻打軸承廠，第三仗從麵粉廠突進，攻克物資紅樓，發生了小麥焚燒的衝天大火。民兵團總指揮由長子縣武裝部劉團長擔任（略名），大堡頭公社武裝部長翟永泉是副團長，親自率領獨立連，為全團打主攻。一個很特殊的情況是：長子團的劉團長，文革中轉業，被安排到長治市中級法院出任了副院長要職。如此一來，要通過法院複查小麥焚燒案，其立場完全可想而知了。劉副院長本人在那場戰鬥中也曾親臨麵粉廠前線。

翟永泉率領大堡頭獨立連民兵，攜帶兩挺機槍，通過麵粉廠攻打物資紅樓，時間是二月十七日上午，打到午後小麥起火，成為歷次複查的重點。但在頭一天夜裡零點前後，實際上已有另一支民兵隊伍約三十多人進駐了麵粉廠，其中包括長子城關民兵連的人。當夜驅逐原廠留守職工，佔領了該廠。這支隊伍要幹什麼？與次日早晨前來的獨立連民兵是否執行同一任務？在後來的複查中未見說明。前後兩支民兵隊伍，同屬於長子縣民兵團。先後參與此地作戰的長子民兵，還有常張民兵連、城關民兵連、鮑店民兵連，戰場上人員眾多。

關注此案的人，都對長子縣民兵團指戰員產生了懷疑。戰鬥中，雖然還有其他聯字號武裝人員到過戰場，但時間一長，人們也忽略了。從各種複查材料中可見，涉及最多的部分總是離不開長子縣民兵團。

直接指揮戰鬥的副團長翟永泉，是個強健的山東人，一九四九年以前與國民黨打過仗，隨二一軍赴朝作戰同樣打過硬仗。文革戰後被提升為公社革委會主任，坐鎮大堡頭。一度時期，紅字號上下全垮了，此案表面上波瀾不驚。翟永泉在武鬥作戰中挨過炮彈，臉部負傷。這時，傷口也已經痊癒，漸漸在臉上結出了一道疤痕。

這一切都過去了嗎？不，到了一九七三年秋冬，翟永泉主持下的大堡頭公社內部積累了許多新矛盾，且日趨尖銳，直至不可調和。進入一九七四年春夏，平地驚雷起，該公社曾赴長治參戰的部分民兵，如班長李、機炮排張，以及一名胡戰士和兩位姓常的戰士和通訊員等，聯合狀告翟永泉，並先後赴地市公檢法和省城太原等地，揭發翟永泉在戰鬥中縱火焚燒了四〇〇萬斤小麥。

這些重磅揭發材料，通過家住長治的離休老幹部李時哉，於一九七四年十一月轉寄給中共政治局周恩來、江青、李先念、華國鋒等領導人，「並托交我親愛的毛主席一閱」，引起高層重視。國務院遂於年底致函山西省革委會，責令查處。

李時哉是晉東南籍的老幹部，行政十二級。文革之初曾被地委派往醫專，擔任工作組組長。是聯字號造反派早期批判的老幹部之一。現在他給黨中央致信，內容簡明扼要，一石激起千層浪，引發了一場曠日持久的連續複查。起直接作用的，還是長子民兵的揭發材料。這些材料真真假假不好論斷，卻描繪了一幅罕見的農民戰士進城武鬥的文革戰場圖景，值得今人一覽：

李班長寫道：「在這次戰役中，翟永泉親手用炸藥包炸毀了大樓一座。打下市建後，我們搶走市建四卡車財產，有電器設備、布匹、藥品、電線等，拉回了大堡頭公社。給我們每個戰士加發工作服一套，也有拿兩三套的。我們發現市建紅字號據點還剩下兩頭豬，翟永泉便舉槍對準豬頭，連開兩槍，一槍一個，打死了兩頭豬，殺了吃肉。配著白麵大米，我們大吃大喝，在長治進行了一個多月的階級弟兄互相殘殺。」

常戰士寫道：「從元月份開始，公社就命令我們參加復員軍人會議。集中進城，組建了長子縣民兵團。專門把我們大堡頭的退伍兵編成一個獨立連，由翟部長帶領打主攻，首先在長治打下市建就地駐紮。二月十七日早晨，全連正準備開飯，動作快點的吃了個半飽，動作慢點的還沒有拿碗，翟部長就來了個緊急集合，說團部緊急命令，要我們去解救常張公社的民兵，說他們昨日奪取物資局紅樓後，又讓紅字號把他們反包圍在裡面了。我們立即出發去打這一仗。」

機槍手陳戰士寫道：「我所在的機槍班是四班，三個人管一挺機槍，我是正射手，兩個副射手都姓任。先出發的兩個班一共帶了兩挺機槍，還有手提式衝鋒槍和七九步槍。我們從木材公司接近麵粉廠，以戰鬥姿態前進到磨面樓下，聽見樓上已有城關公社的機槍在射擊，正往下抬一名傷患。我們也很快登樓，架起機槍向紅樓射擊，掩護翟部長指揮從地面進攻。」

胡戰士寫道：「進攻以前，劉團長和翟副團長拿著望遠鏡對紅樓火力點進行觀察，看地形。紅字號火力很猛。然後，翟部長帶領一個班迂迴向紅樓衝擊。」

張戰士寫道：「翟部長帶領我們班首先

進入鄰近紅樓的一間北房。從北房後牆掏開一個窟窿口，我們決定從這裡突出去。紅字號的機槍立即封鎖了這個口子。在火力中斷的片刻，翟部長帶少數戰友從口子先衝了過去。對方繼續射擊，等到換子彈時，我們也衝了過去。一出去就臥倒。這時，對方向我們這一方連續打來了炮彈，把大樓上窗戶玻璃震得直往下掉。」

翟永泉本人在交待材料中寫道：「我帶領戰士們從北房後牆衝出來，對方火力很凶，無法接近紅樓。我在隱蔽處派通訊員返回麵粉廠，向坐鎮指揮的劉團長請求援兵，說我們人太少，衝不進紅樓去。通訊員冒著炮火回來傳令，說暫時沒有援兵，劉團長讓我們自己想辦法攻進去。……我們又射擊了一陣子，仍無回射，這才大膽向紅樓靠近。後面留一挺機槍掩護。」

常戰士寫道：「我們接近紅樓後，工事裡面沒有動靜。見紅樓西南牆上有一個缺口，可以打進去。翟部長當即向缺口裡甩入兩顆手榴彈。待手榴彈爆炸後，我們從這裡衝了進去，是個廁所。紅字號已經撤退了。在搜索中，見二樓樓板上有一具屍體，是我縣常張公社的民兵，後來知道他叫牛翠英，身體像個大字一樣死在那裡。我們繳獲了一個炸藥箱，兩箱手榴彈，兩個擲彈筒。原先命令說讓我們留守紅樓，後來翟又傳令說，仍由常張公社派一個排來守樓，我們撤下去。這樣，我們就用擔架抬上屍體，抬上戰利品，撤離紅樓。從原路返回麵粉廠時，糧垛上的火已經不小了，突然有一個麵粉廠的職工跑過來說，擔架上蓋屍體的棉被是他家的，我們沒理他，被子也沒給人家留下。這時，麵粉廠裡一片煙火，太陽就要落山了。」

胡戰士寫道：「幾天前，我們在連部門口，剛剛給戰友李小根開了一個簡單的追悼會。翟部長讓大家脫帽，靜默三分鐘。全連戰友都哭了。李小根是在打軸承廠時讓炮彈炸死的。追悼會上領導說，打仗就會有犧牲，大家不要哭，要化悲痛為力量，為烈士報仇，團結起來，去爭取更大的勝利。打紅樓這一仗，常張公社牛翠英又犧牲了，他們那邊也要開類似的追悼會。」

從以上諸戰士的材料看，翟永泉部長主要在第一線指揮戰鬥，前後歷時六七個小時。諸戰士在寫了戰鬥經過的同時，也寫了「翟永泉燒小麥」的經過。材料中說：「中午前，翟永泉命令一個班佔據麵粉廠大樓打掩護，又命令一個班出東門進攻紅樓。兩個班分配任務完畢，翟仍然留在廠院內小麥堆前。紅字號尚未打來炮彈。這時我在大樓上親眼看見小麥著了火，翟永泉偷偷摸摸從小麥東牆根一個窟窿口爬出來，火逐漸燒大了。」——另一名戰士證明：「我看到翟在南邊第一堆小麥的西南部，用點燃的油棉紗向上扔。」還有一名戰士寫道：「我在山牆角碰上翟永泉手抱棉紗往小麥堆走，路上也掉有棉紗。當時我不知道這是怎麼回事，後來才看到麥垛上冒了煙，風往南刮，煙冒得很高，也往南冒。」另一名戰士寫得更具體，說：「一班出東門後，我從大樓上看到，翟一手提著手槍，一手將點燃的擦機器的舊棉紗往小麥堆上亂扔。麥堆上蓋著葦席，所以扔上棉紗，就著起火來。過了一會兒，我再看時，小麥堆上一堆一堆的小火都著了。到中午左右，火越來越大了，差不多有一兩間房那麼大。」注意，油棉紗？這一點與關順義的現場勘察不謀而合……。有些揭發者還在材料結尾處表示：「此事發生以後，我一直很害怕，不敢對人說。經過批林批孔運動的學習，思想不斷提高，認為隱瞞錯誤是不對的，是對黨對人民的不忠誠。現在我要以五不怕的精神把事件真相揭露出來。我所反映的情況，如果有出入，我負完全責任，如果是假的，我情願受到國法制裁，罪加一等。」

老幹部李時哉，就是將這樣一批材料轉給了中央，迭有大員批示追究。一九七五年元月至七月，山西兩度派出省地市三級聯合調查組，赴長治展開凌厲複查。次年元月，省地市組織了第三次聯合調查。這一系列的追查審案，在晉東南兩派高層和中層掀起新的波瀾。其背景原因是：以江青狠批《三上桃峰》為導火索，坐鎮數年的山西領導謝振華、曹中南，突然失勢。同時，以陳永貴和老幹部王謙為首的山西新班子上了台。整個局面翻了烙餅，聯字號一派將要走揹運了。再者，從一九七五年初開始，全國支左部隊及軍管幹部，奉命撤出各級政權，形勢大變。按常理看，這起重大案件應該水落石出了。但是，情況遠比我們的估計要複雜許多。派性力量分外強大，一方公開查案，一方暗中活動，各種干擾頑強存在，辦案步履異常艱難，致使歷次複查均無一致結論。我根據一九七五年聯合《調查報告》，為讀者歸納出如下幾條要點：

第一條，對聯字號有利：原先積極揭發翟永泉縱火的民兵們，現在面對聯合調查組，全面反水，眾口否認了自己的揭發。宣稱他們之所以揭發翟永泉，是因為大堡頭公社內部宗派鬥爭嚴重，要告倒翟，只是為了奪權掌權，因此串通起來搞了這場假揭發。並稱其中一名揭發者那天並沒有直接參加戰鬥；翟永泉在關押中也極力洗刷自己無罪，詳盡證實打仗那天的行蹤。因而調查組於一九七五年六月，宣告這場民兵大揭發不宜採信。

第二條，對紅字號有利：炮火引燃糧垛的原始定案大有動搖。原先判案採用看到落炮起火的多份關鍵證言，均被證人推翻。如原來說「親眼看見麥垛上落下炮彈隨即起火」，複查中則表示，「這是代筆人自己寫上去的，我並沒有看到落彈起火」。且有一位姓宋的證明人對調查組宣佈，「我根本就沒有寫過任何證明材料，那是別人代搞的」。還有幾名原先「現場目睹」的麵粉廠工人，在複查中證實「沒有一個人在現場」。另有六名證明人表示，「這些證明材料都是聯字號辦案者讓廠長念一下，又讓我們簽名按手印的」。這一來，槍殺劉周娃等人的原始證言失效了。

第三條，又有新的情況。在複查中得知，事件發生前後，戰場上同時另有聯字號強悍武裝分隊活動，並非只是長子縣翟永泉帶領民兵獨家打仗。一位民兵在材料中回憶：「中午前後，從附近西城牆上出現一支武裝，是自己人，武器裝備特別好，他們還和翟部長說了話。有人說可能是紅總司的小分隊。」另一位民兵在材料中進而證實：「進了紅樓院子裡，我碰見了那支戰鬥小分隊，有八九個人，他們清一色都是黃軍衣，全副武裝，每人一長一短，端著半自動步槍，還佩著一支短槍，特別是他們人人戴著鋼盔，很兇悍，非常少見，所以印象深刻。」——這就是說，長期以來，查案視線集中在長子民兵團，卻不能排除還有其他特殊武裝的隱秘活動。而這一點，幾番複查組都沒有列為一個項目去查，在最後的《調查報告》中也未見任何說明。從上述武裝人員的精良裝備看，的確不是聯字號一支普通隊伍，頗有些「特種兵」的意味。紅字號方面，就有一支直接受總部指揮的特務連，常常執行特殊任務。複查組或可能沒有精力去查，還可能並不打算去查。光一個大堡頭民兵連，就已經把案情搞成一鍋粥了。再說，即使去查這支特殊隊伍，你能不能查清呢？

另外，長子民兵團劉團長曾在麵粉廠督陣參戰，然而他的具體位置和行為，也未見說明。

第四條，調查組特地對紅字號發射的一二〇炮彈進行了技術分析。認為正常裝藥情況下，這種炮彈爆速為每秒六〇〇〇米，分裂成碎彈片二〇〇〇餘塊，溫度卻不很高，因此只有爆破殺傷作用而無燃燒作用。只在裝藥條件有所改變時，才有可能引發燃燒。武鬥期間，淮海廠紅字號為節約火藥，曾對一些炮彈裝填過四〇火箭彈削平面時削下來的混合藥，並有一部分此類產品送往長運等炮陣地發射。因而不能完全排除炮彈引燃物品的因素。不過，作為查案的重要物證——現場爆炸的彈尾等，已經找不到下落了。

一九七五年六月二十六日，省地縣聯合調查組寫出了以上長達數百頁的《調查報告》。由於無法作出明確結論，便在報告中將上述諸項做了一番羅列，供上峰參考。而在十二名調查組成員之間，對《調查報告》的看法也不一致。於是，在《調查報告》之後，列出一份調查成員意見表，讓大家簽名表態。我看到，一部分成員對報告簽署了同意，一部分人則不完全同意。例如，其中一位名叫施永祥和一位名叫王富勤的幹部，在意見表中明確寫道（此二人意見相同）：

「我的意見是：一、起火點未中彈，中彈點未起火；二、一二〇迫彈打燃葦席起火的可能性極小，原定案時的主要證明材料已被否定了。」

就這樣，一九七五年的複查不確定結果。一九七六年元月份再調查，仍在此基礎上展開，亦無明確結論。

直到文革結束後的一九七七年四月，中共晉東南地委向省委再次提交《關於處理燒毀小麥一案的請示報告》。內中稱：「經多次複查認為：第一，此案系雙方武鬥情況下發生，原判定現行反革命性質，是錯定；第二，原定案的主要證明材料是假的；第三，炮擊小麥起火無直接證據；第四，有人檢舉縱火應進一步查清。總的認為，此案存在嚴重問題。……建議首先對原案性質作出結論，撤銷原判，予以糾正，對錯殺錯判者予以平反。建議對原先製造這起錯案的專案組主要成員（此略名）必須澈底查清，嚴肅處理……。」

前述山西省高級人民法院於一九七七年十一月七日下發的九六號文件，便是根據地委以上建議，經省委批准後下發的。

這是一起多麼龐雜的文革大案——至此，紅字號方面被槍決了劉周娃等三人，獄中死一人，重判一人，牽連一大片人；關順義僥倖於殺人滅口脫險後又被關押折磨數年，險些死掉；聯字號方面，在文革後，長子民兵團劉團長、翟副團長被長期關押，聯字號專案組骨幹魏來根，又被重判二〇年徒刑。原來長治市公安局參與此案的趙小煥被嚇成重病死去。原案負責人郭柳英也驚嚇而死。又有一批人受到長期審查。真是悲劇連連，血淚斑斑。

究竟誰是火燒四〇〇萬斤小麥的真凶，至今也沒有定論。

許多年以後，我在長治市老公安人員當中採訪文革事，有關雙鎖和王雙鎖等人在回憶王尚志案件的同時，又一次提到了火燒小麥一案。其中關雙鎖正是和地區公安處關順義共同到現場勘察的老員警之一。如今他憶出一個觀點，很耐人尋味。老關說：如果炮彈引燃糧食，其著火的方式只能是慢慢燃燒，長治話叫做「漚」煙哩，不可能引燃熊熊大火，而那天的情況是大火蔽日，顯然屬於人為添加了助燃物質；再者，如果稱紅字號改裝的一二〇炮彈可以打著糧食，那麼同一種炮彈，當時還剩不少，可以實驗取證，朝糧食垛上打他幾炮，看看到底打著打不著？不就馬上證實了嗎？——而當時聯字號掌權，不可能允許你這麼做。

一位姓王的老員警也談到，此案實為冤案。王警官說：當時，聯字號重新組織了專案組，排除了地區關順義和長治市關雙鎖，大換班了，地區公安處的聯字號骨幹魏來根、長治市公安局的趙小煥等人成為主要辦案者。而槍斃了劉周娃等人以後，趙小煥一直精神苦悶，壓力很大，閉口不談案子。不久趙小煥被提拔為北郊馬廠公社黨委書記，離開了公安戰線。後調張莊水泥廠當散裝廠廠長。到了一九七六年，王警官回憶說，這一天他到水泥廠公幹，去和老同事趙小煥喝酒。席間，他看出趙小煥心事重重。按說，趙小煥這位老公安派性並不嚴重，多年辦案責任心還很強。但他和關順義的堅守卻不一樣，兩人也不能比，在軍管會領導的焚毀小麥案中，諸警官往往身不由己，很可能辦了違心的案子。我們幾個人這一天喝酒過半，突然有人來報，說上邊又派人下來複查小麥案，要給劉周娃平反，昨天抓了魏來根！趙小煥聞言，當場嚇得不能言語，腦筋大受刺激，不待問清情況，趙忽然從椅子裡下滑，一直「出溜」到了地板上！此後，日益病重，不能自理。當王警官再一次去看望他時，趙小煥神志不清，徑直抓起半瓶白酒，一飲而盡。大局翻了烙餅，新掌權的人，多為復出後的老幹部，仇視「四人幫」造反派，傾向於紅字號，人家本來也要抓趙，見他病成這般模樣，不抓也罷。時間很短，趙小煥昏然逝去。王警官認為趙等辦了小麥假案，導致精神負擔極重而逝。

在採訪中，吃盡苦頭的聯字號辦案骨幹魏來根先生向我反映情況。他文革後被重判二〇年徒刑，在祁縣監獄關押三載，後「揭批清善終」時得以釋放。他有他看問題的角度。他告訴我，受驚嚇而死的不止趙小煥一人，還有一位女性叫郭柳英。郭的丈夫李貴達，是李順達的弟弟。武鬥後聯字號執政，李貴達擔當地區革委會政工組重任。其妻郭柳英，本是地區藥材公司藥材站的幹部，因三起大火中有藥材總庫被燒一案，故在三案聯合審理中由郭柳英全面負責，是一套班子，小麥案同樣由她抓。一九七六年前後，省地市連續複查此案，連續關押涉案人員，郭柳英壓力極大，在驚嚇中突發心臟病而死。——但是，魏來根先生至今認為，小麥案子沒有大錯，他仍然認為是紅字號炮擊所致。可見早年間立場觀點，一生都難以改變。

長子民兵團翟永泉副團長，也於數年前逝去。

在諸多相關歷史材料中，我還看到聯字號一位重要頭頭於文革後所寫的一份長篇檢討書，又生一個新角度。內中披露：當他們得知上邊又來複查此案時，頭頭們曾經聚集在聯字號高參式人物范雲章家裡，認真研討對策。遂決定一路人到軍分區侯副參謀長那裡溝通情況，聽取指示，另一路立即到長子縣大堡頭公社去尋訪翟永泉，告訴翟務必做好各項準備，以迎接審查。在范雲章家裡參與研究此事者，都是聯字號地市主要人物，並有一位小麥案的辦案者，人數六七個，這裡不再一一細敘了。彼范雲章，正是前述主辦程首創冤案的重要人物。

衝天的大火，焦黑的糧食，尖銳的鬥爭，兇險的辦案，凌厲的複查，巨大的壓力，一條又一條死去的生命，一個又一個悲痛的家庭。

關於大火焚燒巨糧事件，我所能告訴讀者的，只有這麼多。未知今後會不會有人提供新的情況，把這個案底續補下去，終致真相大白？一切留給史家明鑒吧。

我永遠不能忘卻文革中焦黑麵粉那無比苦澀的味道。

這不是什麼執法辦案，而是兩派在戰場以外的殊死博鬥。

家犬吃人肉

陽光明亮細碎。冷槍聲裡，我家院子裡的那位鄉村老婆婆，邁動她那半大腳，率先打開封閉了一冬的院門，提住荊條籃子，逕自走向街面世界。疾風驟雨般的戰爭終於過去，槍炮聲日漸一日稀疏下來。高音喇叭重新響起，但是不再對吵對罵，整日裡只聽到聯字號單方面的宣傳聲，女廣播員始終貫穿一種亢奮腔調，從早到晚，透著毫不掩飾的驕傲。

大戰停歇，部隊派出大批工兵，在市區各據點周邊排雷清障。整個三月間，不斷有引爆殘餘爆破物品慘案發生。三月六日，清理長治二中紅字號據點，不慎引爆地雷殘彈，致六名部隊戰士被炸死，多人負傷。

久別城市的難民們抱著急切的心情返回家園，少部分當初未能逃出的居民們、孩子們，從長期躲避的住所探頭探腦，開始了試探性的出行。不幸的是，由此而延伸了殘酷戰爭的尾聲。我和我的弟弟小冬，也是在這種情況下，打開多日堵死的院門，攀越堵塞胡同口的巨大廢墟，好奇地跑到外面來透透氣。

我和小冬意外地與早已失去聯繫的家犬相遇，它的名字叫四眼。這麼多天，槍林彈雨，沒吃沒喝，四眼居然還活著！它骨瘦如柴，血紅的眼中含著淚水。它來到地委大樓門前，彷彿預先在那裡等待著我們，我們立即和它親熱地滾做一團。我們熱烈地撫摸著它那骯髒零亂的皮毛，一遍遍地呼叫著它的名字。

突然，確切的時間是當日十六時三五分，一聲驚天動地轟然巨響，大地為之抖動，灰塵蔽空飛揚，四眼在驚悸中撲倒在我的胯下，夾緊了尾巴。小冬猛地爬在地上。片刻，「叭」的一聲，一隻慘白的斷手，是小孩兒的手掌，從空中帶著一股風，摔落在我們面前的馬路中央。四周無比寂靜。四眼從我身旁「呼」地一下撲向那手掌，在我一切未待弄明白時候，四眼叼起那手掌，向遠方小樹林跑去，一轉眼，它消失不見了。

四眼變成了一頭常吃屍體的惡獸。

巨大爆炸發生在距離地委大樓西側很近的地方。具體說，發生在紅字號西招指揮部與軍分區長期對峙的中間地帶——健健幼稚園。激戰以來，聯字號武裝近依託幼稚園圍牆，隔過一片開闊地，用重機槍或小炮，向北面紅字號據點猛烈射擊，給紅字號指揮部造成直接威脅。為拔掉這片火力點，紅字號曾於二月十一日晚，派出爆破組，用強大威力的多箱炸藥包，炸毀了大部分幼稚園圍牆。從而把戰線推進到了距離軍分區大院不足二百米的地方。在引爆過程中，卻有幾個TMT炸藥包尚未爆炸，遺留下來，埋在了瓦礫堆中。

三月二十二日下午，從隔壁鐵路局宿舍大院，跑出來一群少年小夥伴。他們跟我和小冬一樣，在窗戶壘滿磚頭的黑屋裡，在床上摞床的床板下，憋屈了太久太久。炮火停歇，他們迫不及待奔向陽光和大地。我相識這夥少年其中一個，他叫鄭和平，有著圓圓的臉龐，靜默的神情。鄭和平與小夥伴歡歡實實來到幼稚園門前。不經意間，他們在廢墟邊緣發現了高品質的銅電線——誰會知道這就是大型炸藥包的拉線呢？

武鬥隊員原先沒有拉響的銅質電線，剩下了半截，此刻被八個鐵路局小朋友拉在了手中，轉瞬之間，炸藥包被他們拉響了！

爆炸聲驚撼了半個長治市區，濃煙直衝天際。八位小夥伴中，有四人被炸爛炸死，四人重傷。

聯字號傳單中寫道，「國民黨紅字號匪徒又製造了駭人聽聞的慘案，一個小紅衛兵全身被炸成了三截，頭飛到九〇公尺外的菜地裡，上身飛到地革委大樓後面臺階下，下身飛到距臺階一〇公尺左右的地方，血肉模糊；從幼稚園門口到地專大樓的馬路上，到處是殘缺的手腳、肉塊、腦漿和鮮血；另一個小紅衛兵被炸飛到一〇〇公尺外的菜地裡，屁股炸掉了一半，衣物被炸光，身上傷痕累累；第三個小紅衛兵也被炸拋在三〇公尺外菜地裡。三個小紅衛兵當場死去，另一人搶救無效死亡。其他四名小紅衛兵都受了重傷，生命危在旦夕。菜地裡，馬路上，到處鮮血淋漓，肉皮四濺，慘狀目不忍睹」，傳單最後說：「大慘案究竟是誰製造的，不是一目了然嗎？」

基本事實沒有錯，罪責卻不能一目了然。

我看見小冬早已嚇得臉色刷白，便趕緊拉他回家。四眼叼了那只人肉小手，再也找不見了。想必它此刻躲在什麼地方，細嚼慢嚥，啃得津津有味。不然它的眼睛為什麼死紅死紅？

鄭和平小朋友做為倖存者活了下來。在他那圓型臉龐上，至今留有明顯傷疤。與常見的刀疤以及劃痕不同的是，小鄭臉上的疤痕於縱橫中透著烏黑色，熾烈的火藥造成燒傷，永久地留在了皮膚下邊。

聯字號晉東南北線作戰，最終奪取了巨大勝利。從一九八〇年省地兩級調查報告可見，各縣民兵團及工人武裝，圍攻長治歷時二〇餘天，支出現金三〇萬元，耗糧五〇萬斤，歷經幾十場戰鬥，單方面傷亡超過百人，打掉上萬發炮彈，射出了百萬發子彈，擊斃擊傷紅字號數百人，俘虜上千人，打敗了紅字號各據點守軍，和多路野戰軍一道，全面攻克並佔領了長治古城。交戰中，共摧毀焚燒大樓十二座，幾十萬元的藥材和四〇〇萬斤優質糧食被燒光。解放軍指戰員亦有數十人陣亡或重傷。把紅字號最後一批骨幹成員，全部壓縮到了淮海兵工廠。

長治周邊七個縣的民兵在完成戰役任務後，於二月下旬陸續撤出戰鬥。他們抬著陣亡將士的屍體，拉著大批戰利品，告別了前指首長，告別了部隊官兵，返回了各縣。回縣後，勝利者亂紛紛為長治陣亡民兵舉行追悼大會，給予其家屬以優厚補償或烈屬待遇。

北線長治作戰，二一‧四爆炸案，大火燒毀四〇〇萬斤小麥案，大火燒毀醫專大樓案以及燒毀地區藥材公司總庫案，幾十年來成為古城民眾相談不盡的大疑問、大話題。聯字號據此而槍斃了不少人。對此，我試圖做一番細緻分析；另外，勝利一派虐待俘虜，殘殺生命，更不能不寫不思不議。且看此後數章，我將傾力詳述。

恍若隔世的戰後上黨

無論人世間革命征戰多麼熾烈，大自然的腳步都不會停歇。而自然之美，卻無人顧及。一九六八年早春，先是嚴寒凜冽，猛烈炮火炸開凍土，繼而，春風消融太行山的溝壑。山坡背陰處，殘雪和著泥水，暴露出一些陳積屍體。漳河以及沁河兩岸。田野慢慢泛青，河上漂過籮頭大的冰塊來。高平大山裡，千樹萬樹梨花盛開，一如往年白。溝溝坎坎野草奇異，一片一片在風中抖動。四月，上黨盆地的高嶺上，聯字號漸次撤去了山谷邊境的重兵與關卡，蟄伏許久的紅字號骨幹們，從藏匿窩點一躍而起，踏碎漫山野花，一批一批向山外奔逃而去。直到那年秋天，這奔逃沒有停止。

晉東南內外長途客運，晚至一九六八年夏季，才逐步恢復。上萬名紅字號逃亡者，絕大部分都是靠著雙腿，走出太行山的。留下來的人，繼續生活在仇恨中，且將仇恨加深。

恍若隔世啊。街頭巷尾，到處是疲倦的士兵和炸塌的工事。地委附近馬路上，走不幾步，便是深深淺淺的彈坑。野戰軍和聯字號宣傳車，在這坑坑窪窪的道路上，非常火爆地顛簸行進，它不必像從前那樣，隨時防備紅字號的突然襲擊。一隊隊全幅武裝的野戰軍排雷兵，肩頭扛著排雷鏡，從一個街區走向另一個街區。士兵們的臉上，有著我們從未見過的一種冷漠神情，且軍容不整，與和平時期常見的英式解放軍有顯著不同。幾天前，士兵們打掃長治二中戰場，挨了殘雷巨彈，剛剛死去好幾個戰士。部隊車輛從我們身旁呼嘯掠過，多是十輪大卡車，有不少軍吉普往復疾駛，車身上披掛著軍用偽裝網，天線在車頂劇烈搖晃。市區殘留著濃厚的野戰氣氛。

巷口，重磅炸藥摧毀了古門樓，廢墟像小山一般，我們連日往復攀爬出入，覺得有趣。母校的建築物和目力所及的斷壁殘垣上，隨處可見炸彈轟炸後的傷痕，幾無一處完好。印刷廠那邊有一座高大煙筒，半當腰裡挨了一發炮彈，圓型煙筒被擊穿一個大洞，上半截依然聳立在高空中，它讓人拭目以待，等著煙筒隨時被風雨所折斷，再從高空墜落下來。然而它長期懸而未決，就那麼豎著。

好幾個院子內，木料堆集，工匠們正在用錛斧打造白茬大棺材，叮叮咚咚，木屑應聲飛舞至半空，散發出松柏香氣。我們總是猜想著，那屍體暫存何處？一定不會遠吧。

戰後景象令我們既害怕又興奮。前章有述，健健幼稚園發生巨大爆炸，炸死了好幾名孩子；四新礦的鐵管巨雷，也曾在戰後被少年人引爆，造成嚴重傷亡。然而誰也不能阻擋少年人東遊西逛的腳步。好奇是孩子們的天性。向東穿過殘破的地委家屬區，就到了醫專聯字號大據點。從校園外頭，即可看到被烈火完全燒毀的教學大樓，現在只剩下黑乎乎的幾排山牆，聳立在半空中。走過校門外的明碉暗堡，知道這裡發生過武鬥戰士強姦少女案。接著進入校園主通道，兩側豎著大小木牌，上寫「小心地雷」等等字樣。沿通道進入教學樓一層，可見二樓樓板包括樓頂全部燒盡，以至於站在一樓，抬頭可見天日。原先置放在一樓解剖庫的教學屍體因而大曝光。一具中年男屍浸泡在福馬林藥水的浴缸裡，尚且完整，皮膚呈現醬黃色，皺皺巴巴。上頭散落著一些碎磚石。附近頑皮少年們多次前往觀看，盲目爭論著到底是不是被紅字號打死的；還有許多浸泡著嬰兒的瓶瓶罐罐，從懷胎三月排列到十月分娩，使我們相當直觀地接受了人在子宮裡逐步成長發育的妊娠期教育；我最初見到的女性生殖器官，也是在這裡，不過是橡皮製作的，光天化日之下，它們以成年女性一比一的規格，歪歪斜斜地排列在架子上，帶著一段分開的大腿，一溜朝天曬太陽，夥伴們清晰地看到了那結構之細微之複雜。因此在我們人生早期又受到了某種並不神祕的性教育。常有少年人用食指在那陰道中試探，然後告訴大家：「空的！」這裡的一切與不久前的戰火緊密聯繫在一起，顯得既恐怖又生動，令我橫生莫名其妙的顫慄。四周，成群的蒼蠅發出了集體大合唱。

地委西面。我們隨著參觀人群，多次進入紅字號在地區建築公司楊萬盛所部挖掘的作戰地道。黃土在那座大院裡堆積如山。逐次進入地道內，土腥氣逼人，主巷道用磚砌過。比電影《地道戰》裡農民們幹的活兒檔次高多了。

軍分區大院操場上，排列著挺進部隊繳獲的重要戰利品，且數量巨大。最引人注目的，是紅字號各種大炮。炮口朝天，排列整齊，炮身上掛著白色木牌。我第一次看到「加農炮」這個詞兒，一直不明白大炮為什麼要還「加農」。

客觀地說，聯字號在軍分區領導下，戰後宣傳展覽工作搞得既轟轟烈烈，又扎扎實實。不僅大舉利用徐公達等殘屍揭露對手之殘暴，而且充分發揮戰利品和實物、工事那無言的作用，輔之以大量的文字介紹、數位統計、圖片展示、主題手冊，其效果不可低估，與今日現代化大型策展規劃相比，並不遜色。如我後來在平遙古城看過國際攝影展，不少友人策劃連年，辛勞備至，我看不出能比文革中晉東南聯字號的勞作強到哪裡。相比之下，倒是當年的武鬥展覽更加生動形象，直抵心窩，令人震撼。南部四新礦的展覽直接堆放大批屍體，效果也是這樣。派戰宣傳的爆發力太大，把人的聰明才智發揮得淋漓盡致。

聯字號新政權不僅要讓人們「充分認識紅字號的反動本質和種種暴行」，還要讓人們親身體驗「國民黨大特務程首創之輩的滔天罪行」。

戰火中，也就是二月十七日中央向晉東南發佈嚴厲《通知》那天，長治市麵粉加工廠大庫焚燒殆盡。屯集場內的四〇〇萬斤小麥和玉米，被燒成焦炭狀。對於這起駭人聽聞的巨大慘案，聯字號毫不含糊地把罪名鎖定在程首創及其紅字號武裝頭上，悍然槍決了長運頭頭劉周娃等多人，判定烈火是劉周娃等人炮擊麵粉廠所引發。這樁大案我在後面還將再做詳敘。這裡先說數額如此巨大的報廢糧食是怎樣處理的。

新政權的辦法極特殊，就是要讓全區百姓尤其是長治市民，把燒成焦炭或近乎焦炭的廢糧全部吃掉。讓家家戶戶大人小孩，深刻體會「程首創禍國殃民的二遍苦滋味」。具體做法相當麻煩，但麻煩也不怕。首先，對這批黑焦粉末冠名以「程首創麵」，把廢糧全部進行磨粉加工，逐月按玉米麵或粗糧比例，調配給城鎮居民人口中。你如果不吃，則全家糧食不足，你如果吃，就要忍住腥焦下嚥，從而把仇恨記在程首創和紅字號頭上。對各縣也要配備一些過去，讓全區人民都品嚐品嚐，都受受教育。從那時過來的中年人，四十年過去，仍然無法忘記「程首創麵」的焦糊味道。

消費此面的唯一辦法，就是把它與白麵或者玉米麵摻到一起弄熟，尚可入口。

我們家是很倒楣的。我的父親在緊要時刻，冒生命危險，一股腦買斷了全家此後數月的白麵，合起來一整袋。當時糧店只剩下白麵這一個品種，沒有別的。數月戰火，這袋白麵拯救了我們全家。到戰後，全家購買供應糧，自然沒有了白麵比例。偏偏「程首創麵」就在這時隆重上市。

「程首創麵」也被市民們簡稱為黑麵。顧名思義，因其色黑。別人家把黑麵摻入白麵或棒子麵中，蒸成一種灰不溜球的窩頭，也就湊合吃了。其難吃難嚥的程度，取決於你摻入其他異色麵粉的程度。而我家的黑色窩頭，比誰家都黑，於是就更難吃。

此麵無法做成手擀麵條，它毫無粘合力。烙成黑麵餅，不等放入盤中，先自碎在鍋裡。煮成糊糊，自然可以，不過一鍋焦黑麵湯湯而已。

讓你不恨程首創，又不知該恨誰。

吃著吃著，人們手舉黑窩頭，便把「打倒程首創」的口號，當成一種調笑，脫口喊在了爐灶邊、廚房門口或者餐桌上。

四〇〇萬斤黑麵，最後全部吃完。當時長治市民大約二〇萬人，要平均每人吃到一〇斤至二〇斤，全家要吃上百斤。

憶苦思甜活動，此時沒了必要。文革時期我們都吃過雜糧粗糠憶苦飯，卻比黑麵糊糊強許多。

少年人的悲傷事

我家所在的晉東南原地委大院，幹部們惶惶不可終日，大多數人家要離開機關，到農村插隊落戶。而晉東南地委、行署，是個龐大系統，各部門各單位多個家屬院，轉眼間就要走散而去，一時萬家墨面，狗跳雞飛。當時，幹部下放主要有三種形式：一是「回娘家」，即一批幹部回到老家去，重新當農民；二是進入「五七」幹校改造；三是為數眾多的插隊落戶，動靜最大的也是這一種。不僅要將幹部的戶口和工資轉到農村公社去，而且全家都要搬往農村，住房由大隊解決，參加勞動只記考核工分，不領社隊報酬。幹部們一肚子苦水，一肚子不滿，還不敢傾訴。這意味著，一場文革，老牌革命者死的死傷的傷，僥倖活下來，還將帶著全家下放鄉村去做農民，這輩子就算白幹了。更有政審冤屈，一身髒水，竟無從洗刷。幹部們把政治生命看得最重，因而精神上的挫敗尤為沉痛。據《長治市志》載，「下放幹部們帶著草帽、鋤頭和挎包，一批一批乘卡車前往農村。許多家庭沒有思想準備，突然從城市搬到農村後，困難重重。不少家庭抱頭痛哭，有的因此夫妻離異，家庭散裂。」

遣送幹部下放農村，大卡車一輛接著一輛。這中間，不僅有晉東南地直機關和長治市的幹部家屬，還有來自省城的人們。截止一九七〇年八月，全區山鄉共接納了省直下放幹部一八一七人，連帶六九九戶家庭的二〇八六人，合計三九〇三人。其中，包括了山西作家協會著名作家馬烽先生全家。馬家最後的落腳點，是平順縣西溝公社西溝大隊……晉東南地區（不含長治市），下放幹部家屬八八三七人。其中「回娘家」當農民者六一七人，填充「五七」幹校一一九二人，插隊落戶五九八四人，充實縣鄉工廠等基層單位一〇四四人。

相比之下，後一種充實基層單位的一〇四四人似乎幸運一些。我家便是其中一戶了。落戶到基層生產單位，總比種地收割省去一些苦頭。我家的落腳點，是出長治向南八〇公里，翻越丹朱嶺、高平縣，直抵晉城縣巴公鎮，那裡有一座巴公化肥廠。此前，父親在晉東南地委宣傳部做文教工作，母親在晉東南婦聯會做宣傳工作，現在落戶到這家不足四〇〇人的小工廠，父親僥倖做了一名廠辦公室副主任，母親沒有職務。全家五口人，入住兩間一九五八年修建的平房中，權且棲身。比起陸續到達巴公農村的幾家地委幹部來，我家已經很不錯了。

許多年以後，我向父親提問：為什麼分配你去了基層工廠而不是落戶農村呢？父親回憶說：晉東南武鬥大戰，聯字號勝利，軍分區執政，搞鬥批改。老幹部離開政權機關。一九六九年「九大」結束，清隊，整黨，備戰，疏散，下放幹部，「一打三反」，一步比一步深。而哪家幹部願意回到農村去？當然誰家也不想動。到了一九六九年冬天，非動不可了，不少幹部托關係，找軍分區，有幻想，說難處，還是不想走。特別是本地幹部，人事上有些關係根底，下放更難。軍分區為了動員首批幹部帶頭下去，便找人談話，說你們遲走不如早走，遲早都得走。咱是河北外來幹部，在派戰中也沒給人家出過力，毫無辦法可想，只能表態同意。這樣勉強湊成了第一批榜樣式的下放隊伍，都是老實人，不敢蹦躂。想不到第一批人所去的地方，條件反而稍好一些，這就去了巴公化肥廠。往後，大批大批送到農村，條件就差多了。

原來如此。難怪我們搬家下放，許多同學家卻還沒有動靜，時在一九六九年十二月下旬。當時，我在長治一中住校鬼混，尚未畢業。學校工宣隊為了整頓「復課鬧革命」之校園秩序，多次召開全校師生大會，連續批鬥「反動教職員工」以及下面各班級調皮搗蛋的「壞學生」，無休無止。為了「學軍」，把各年級叫做連，把各班級叫做排。我是四連某排不聽話的學生之一，於是工宣隊將我從七九班調往七八班，即從某排調往某排，以分散瓦解少年團夥。待到鬥罷「反動教職員工」，校園秩序依然混亂。工宣隊為了進一步震懾亂局，便在全校學生中挑選了九名搗蛋孩子，當作「破壞復課鬧革命」的典型，拉上數千人的全校師生大會，展開猛烈批鬥。

我和吳增義、王可夫等一批弟兄，年齡不過十四五歲，這時被拉在大會高臺上，站成一排，變做鬥爭對象，照樣履行「低頭認罪，抬頭示眾」那一套，台下黑壓壓無數同學，跟著工宣隊師傅機械地呼喊口號。

光天化日之下，我生平首次登上高臺，面對如此眾多的革命人民「示眾」，頓時覺出了丟人害躁，也感覺到了生活的無望。幾年來，常是我們在台下觀看耍猴般鬥爭他人，今日怎麼把我們拉到上面來了？少年心靈倍受摧殘。我的罪名也是「破壞復課鬧革命」，原因有二：一是跟上可夫等人，參與毆打學校毛澤東思想宣傳隊燒包隊員；二是跟上另一夥老大哥，胡亂跑到晉城礦務局王台煤礦，要下井挖煤，當煤礦工人。結果，在晉城高莊培訓新工人時，發現我們數名童工，且手續不全，因而被遣送回長治一中，交給了校方工宣隊，前後離校一個多月，無可辯駁地構成如上罪名。為安定人心，整頓校園，已在班級內部由軍隊的女兒們批鬥我多次，這回一併拉到大會上亮相揪鬥。

那是一個悶熱的下午。鬥就鬥吧，身在高臺，沒有奈何。口號聲聲裡，我偷眼斜視身邊肅立無語的吳增義同志，他比我年長一歲，卻長得身如麻杆，營養不良，尖嘴細腮，在與我肩並肩低頭認罪抑或抬頭示眾時，神態十分狼狽。又想到上午，他說過自己的預感，說下午開大會，怕是沒好事，咱們不去學校吧？而我混充硬漢，要來看看，等於拉他一起自投羅網。工宣隊主持大會，人家逐一點名，我等被揪上舞臺。此刻見他皺眉煩惱，且無比嚴肅，又見他斜怪地瞅我一眼，分明是報怨：我說不來吧，你要來，瞧瞧！我情知他心有怨氣，便感到萬分滑稽，心想平時你老吳滿嘴俏皮話兒，現在咋一句也不說啦？我忍不住想笑，又不敢笑，最後還是憋忍不住，低著頭吃吃笑了起來。低頭認罪之中，吳增義老兄立即做出反應，他低聲嘟囔道：笑屌哩你？進而我們笑出了動靜來。來自清華機械廠的工宣隊師傅們，及時發現了這一新動向，好啊，全校批鬥大會還鎮不住爾等無恥的笑意嗎？便只有好打。當即，我和我的同黨們在臺上猛挨一頓老拳，麥克風中一併傳出清脆的耳光聲。其中，便有脆弱者將淚花滴落在「立正站好」的兩腳之間，但聽工宣隊一名黑臉師傅大吼：哭什麼哭！

自那天以後，我們這十多個少年人便不再上學，從此再也沒有回到校園中去。至少白天不再回去，有時，晚上與王可夫回到校園那無比骯髒的宿舍裡睡覺。半夜尿急，起身掏出小傢伙，直接對著門縫就撒……很快，傳來消息，說校方已將我等除名，嗐，說白了，就是這幫小王八蛋被駐校工宣隊開除了。對此，我和老吳並不曾感到多麼難過，反正許多小弟兄都在校外遊蕩著。而心靈上倍受打擊者，還是亮相於上千人大會猛挨批鬥這件事。台下必有美麗的女同學，瞪眼看到了全過程，最讓我等七尺男兒無地自容。

文化大革命，真是一場觸及億萬人靈魂的大革命，小孩子亦不能放過。

直到今天，我沒有得到長治一中的初中畢業證書。當然，親愛的母校依然是我心中的聖地……

少年人的危險事

父母都住在學習班。我們時而流落街頭，時而湧向晉東南體委露天游泳池，時而擁擠在吳增義家一間沒有窗戶的小黑屋裡，饑一頓飽一頓，混一天算一天，野草荒坡，無人料理。精神空虛的破落子弟們，無事生非，恨不能上山當土匪去。歎生逢亂世，沒有安穩的好世道，就沒有安穩的青少年。

就在這時，我們又整出了一起「大案要案」。儘管我在案中依然是一名「脅從小匪」，卻也飽嘗驚嚇之苦。

一九六九年春季，軍分區攜聯字號大軍剿滅紅字號之後，正在大力鞏固新生政權。紅字號殘餘仍在「垂死掙扎」之中。這時，傳來「九大」捷報：被聯字號擁推為全區政委的老勞模李順達同志，光榮地當選為中央委員，同派首長、省軍區司令員張日清同志，光榮地當選為中央候補委員。這消息，對於浴血奮戰苦鬥犧牲的聯字號軍民來說，該是多麼重大的喜訊啊。於是，每到夜晚，地區大禮堂便成了聯字號歡歌慶賀的中心場所。在軍人和民兵武裝保衛下，有無數支來自全區各縣市和各大廠礦單位的毛澤東思想宣傳隊，一場接一場，歌舞喧天，排隊獻演。我們這群少年無業遊民，成了觀看演出的常客。問題就出在這裡。

我的幾位兄長，此刻精力過剩，最愛無事生非。腰間別著偽劣短槍，或者匕首刮刀，迷戀於駕駛汽車，而且人人生出了開車狂癮，一見汽車就想發動。

這中間，那位劉四平老兄，本是太行中學初中生。其父原為晉東南廣播電臺領導，年輕時跟隨劉伯承一二九師作戰，打到東北。文革中劉父不滿江青參政，說了一點江青「壞話」，被打成反革命監勞返鄉，子女留守長治空巢。四平兄生得精明強幹，在前面寫過的武鬥戰火中，曾被紅字號專建守軍誤傷，子彈從腰間射入，從屁股後頭穿出，幸被紅字號戰地醫院救得性命。此刻槍傷剛好利索，又夥同魯老三、吳吉安、譚海成、李長武、小和和等人，嘯聚街頭，群架不斷，我在這一團夥中，時年十四歲，是個小兄弟。

今夜，地區大禮堂演出特別重要。中央委員李順達「九大」榮歸，親率平順縣西溝大隊申紀蘭等忠誠堅定的聯字號鄉親們，乘坐軍吉普外加一輛解放牌大卡車，前來長治共用勝利大典。

專禮堂門前崗哨林立，聯字號諸首長彈冠相慶。西溝村的大卡車，穩穩地停放在禮堂廣場上。在它周邊，依次停放十多輛吉普車，還有小轎車。

燈火闌柵處，我跟隨劉四平、魯老三等人來到卡車前。

這夥子小兄弟，年齡最大者莫過十七八歲，不曉得什麼政權危機，也不懂得什麼階級鬥爭新動向。總之，不明白這是李順達的卡車，開動它要惹出多大禍災。

魯老三、劉四平等人進了駕駛室，我和其餘四人爬上卡車車廂。我除了嬉皮笑臉，佩服老大哥駕車技藝，還能想到別的？

整個過程，竟然未被禮堂附近的武裝人員發現。我們順利地駛離禮堂廣場，歡快地向城市北部郊區前進。晚風吹拂著我的臉龐，心情無比舒暢，期盼著老大哥們輪番過癮之餘，能夠騰出一小塊兒時段，讓我摸一摸方向盤，練練身手。

當晚，卡車在郊外道路上安全運行六〇公里，各人都美了一陣子，最終停放在北郊太行中學東牆之外。

我們步行回到市內。卻不知禮堂那邊演出結束，早已炸營亂套。想一想，李順達西溝大隊一台重型卡車，在如此重要的時刻和地點，竟然丟失在慶典活動高峰期，這不是紅字號殘餘的現行破壞活動還能是什麼？於是，聯字號新政權之強大專政機構，當晚悍然出動，四處追偵尋察，終於在黎明時分，發現了卡車停放地，隨即佈設了嚴密埋伏，安守重兵，等待著階級敵人的再次到來。

次日上午，日光大明。我們從橫七豎八的擁睡中醒來。想想昨夜駕車兜風，人人餘興尚在。一位老兄提出即刻前往練車，還說油箱存油尚多，白天視線良好，正可磨練車技。有人則隱隱擔憂說，二次前去，凶多吉少，不如去找些吃喝，歇手罷了。說來說去，群體的力量大於個體，我們還是架不住手癢心癢，大夥兒便稀裡糊塗前往人家設好的埋伏圈，卻全然不知兇險將臨。

哲人說：唯年輕人的盲從是可以諒解的。

深綠色大卡車依舊停在太行中學東院外。隔著一片田野望去，除了強大誘惑，周邊並無異樣。

卡車啟動後，我們駛上長邯公路。誰也沒有發覺，身後已有強大的無產階級專政力量尾隨而來。人家不打算即刻下手抓捕我們，而是要跟蹤偵察一番，看看這是一夥什麼人，又將把卡車開向何處？待摸清敵人意圖之後，少不得將其黑窩一舉剿滅。

我沒有資格乘坐在駕駛室內，只能和長武兄迎風站立在車廂上。卡車向著山西東部邊境黎城縣疾駛。每行十來公里，調換一人，輪流駕車過癮，車技不同，行車不穩，歡樂相同。陽光一團團撲面而來，田野一片片隨風飄去，太行山的夏季景色無限。長武兄禁不住巨大喜悅，從腰間拔出一支左輪手槍，打開保險，在公路兩側隨意選擇目標，連連開槍射擊。打到放任時，但見前方有耕牛緩行，長武兄舉槍射牛耍樂，偏偏這一槍竟啞火了，我們當即取笑他的笨拙，他就抱怨槍的偽劣，誰也不管槍響牛亡的後果該有多麼嚴重。

想來是擔心汽油不足，在卡車臨近黎城時，駕駛室中有老兄實施公路調頭，換人，卡車向著長治方向返回。

中午，我們駛回城市北部。正待停車逃逸，突然，身後爆響起連續槍聲，有兩輛摩托車轟然竄到卡車前面攔截，後邊是兩輛二一二吉普車，鳴響警報，對車射擊，緊緊追隨。摩托車上，有兇悍幹警揮舞短槍，回首探身威逼我們停車。

人家偵察了這一路，看清車上不過是一夥兒少年毛賊，便在我們進城前實行抓捕。

弟兄們中間，要數魯老三駕齡最長，技術也最好，此刻正是他駕車行駛中。我在車廂頂上，並不知老三當時想法，只覺得卡車猛地轟起油門，喇叭連續響起，天啊，這位瘋狂少年不但沒有停車，反而逼開阻攔摩托，加速衝進了市區，一路狂奔，衝進了市內主幹大街，也就是紅字號曾經製造過一•一六事件，俘獲李順達等一百餘人的那條英雄大街。我哈下腰來，慎防中彈，探頭向車廂外面觀看，大街上早已炸了營。摩托車上的警官前後左右連續開槍，滿路警報撕心裂肺，行人眼見一輛大卡車如野牛般衝上前來，後有吉普車追擊猛進，慌忙躲避猶恐不及，主大街上一片恐怖叫嚷，前方反而閃開了空曠大道。疾風掠耳，魯老三駕駛卡車一路前衝，從北城向南開，衝過十字大街，又直貫南城，前後數公里長街絕不停車，致使市中心流言紛起，人們不能不認為，這是紅字號殘餘又一次瘋狂反撲。

卡車從北城衝到南城，衝到下南街路口，突然一個栽頭猛拐，向右向西，颳風般掠過我的母校長治一中，直奔西郊長子門橋頭。魯老三猛踩緊急制動，卡車蹦跳著停住，魯老三打開車門，箭一般竄到橋墩之下，但聽兄長們大叫：快跑！我急急跳下車來，拚命向附近小樹林跑去。

我回頭倉皇張望，只見隨即而至的大批幹警，迅速包圍了這輛解放牌載重汽車。不好，有一位同夥被捉，那是和和，跑動遲緩了半步，即被眾軍警撲倒在塵埃之中。

我們在荒野裡狂奔一氣。天黑以後，我倒頭栽入麥秸垛裡，昏睡至夜深。後半夜口渴醒來，獨自相看滿天星斗，新月如鉤。

次日黎明，先找水喝。然後，我隻身潛回市內，悄悄爬上劉四平老兄家對面房頂。我伏在房坡上，探頭於屋脊處，持久地觀察院內動態。我擔心那位和和被捉，少不得一夜嚴刑拷打，任誰也要招出同黨來。說不定，人家馬上就會來家搜捕，一一捉拿諸兄歸案。正思慮間，先是看見這位劉兄不知從哪裡流竄歸來，繼而看見一批武裝軍警，湧入劉家排房院中。我伏在瓦坡上，居高臨下，心焦無奈，眼看著軍警們銬了帥哥劉兄，一路推搡，押往院外去也。

惶恐之中，我溜下房坡，找到了曾在卡車上頻頻開槍的長武兄，二人緊急商議對策。我提出外逃晉城的想法，長武兄卻不同意，反而要我同他一起前往市公安局自首。當時，我不明白這是為何？後來悟到：長武兄的父親，是地區聯字號幹部當中一位受到軍分區關照的領導，受命主管「五七」幹校，時有聲望，只要長武兄尊聽父囑，主動前去做個自首，依照脅從不問慣例，說清楚他人責任，也就沒事兒了。至於我，小屁孩兒一個，在同案中年齡最小，不過十四歲而已，進去挨上一頓臭罵，頂多關上半夜，混倆棒子麵窩頭，估計也不至於羈押辦罪。這便是長武兄的計議了。

我膽顫心驚地跟在長武兄後頭，對自首一事百般猶豫。我們到達市局門口，即被門崗攔住。就在長武兄向門崗通報事由的一瞬間，我一跺腳，轉身逃離奔去，像一條遊魚，鑽入了人流中……

此案結局也不複雜：公安局獲悉西溝大隊汽車「被盜」，如臨大敵，當晚調動人馬破案，很快發現車輛，次日跟蹤偵察「階級敵人新動向」，想不到上演街頭飆車一幕，市區大亂。抓捕審訊後，始知一群頑劣少年練車過癮，不過是一場虛驚。於是，對首犯劉四平、魯老三關押月餘，對其餘毛賊也就懶得深究了。

就是在這種情景下，讀書無用，我隨同幾位老哥，進入晉城礦務局王台煤礦新招礦工培訓班。入住一個叫高莊的地方，混飯一時，終被遣送回歸長治一中交給工宣隊，隨即拉上全校師生大會批鬥台。心靈悸動，丟人現眼，飽受欺凌，臉皮更厚。

倒敘至此，便接上了前頭幹部下放的話題。

街頭流落一段時日，天氣漸冷，游泳池也不能呆了。某天回到家裡，見父母正在收拾東西，家中一片狼藉。這是準備搬家嗎？父親抬頭看我，知道我十分落魄，便說：不去學校了？不去就不去吧，快來一塊兒收拾東西。

哪有什麼東西值得收拾？一些書籍，多數棄之不取，少量馬恩列斯毛，裝到麻袋裡，煙塵四起。我家具都是公家的，紅漆編了號，一一置於牆邊。我終於明白，我就要離開這座戰後城市，到一個陌生的地方去。

早晨，天空雪花飛揚，一輛地委機關的大卡車停在院子門口，司機一人，押送一人。體弱的母親進入駕駛室，我抱著家裡那只老母雞，和弟弟妹妹坐在卡車上。父親爬上來，在一堆鍋碗瓢盆中間，擠出一塊地方坐下。

沉默中，只見我的摯友吳增義和劉小四，從風雪中走來，後邊又來了高明憲。這三位老兄凍得臉龐刷白，只顧往棉衣袖口上抹鼻涕。可歎弟兄們聞訊趕來送我。我心存感動，當即跳下車廂，心中淒苦，不堪言語，光會說：多多寫信吧。大夥兒再也找不到其他話語……

寒風凜冽，道路顛簸。卡車越過荒山野嶺，越過曾經激戰的高平紅字號哨口，拉著我們全家五口人，向南駛去。

山路上風雪瀰漫，將我的心靈和肉體凍了一個透徹。

集中營酷刑撼太行

從一九六八年二月上旬起，聯字號一派行動迅猛，各市縣開辦了專門關押「修理」紅字號俘虜的集中營地，軍分區稱其為「大辦毛澤東思想學習班」。內中無比血腥，極端黑暗。在長治市，此類土牢有淮海廠磚瓦窯、張莊水泥廠、長北機務段、長鋼、地區東招待所、糧機廠和市建工程公司等多處；在晉城縣，有晉鋼、省運、教養院、師範等關押點；在高平縣，有個叫做「聯總保衛科」的地方，關人最為集中；陽城縣的關押重點是郵電局；長治縣關押地點主要在南呈、經坊等較大的村莊裡；壺關縣把俘虜關押在流澤村、史家池和清流瓷廠；潞城縣則以看守所為主；黎城縣是苗圃園，以上名處在全地區整人很出名；而最為著名的關押地，是聯字號稱為「可靠大後方」的襄垣縣，該縣招待所、看守所、五陽煤礦、縣黨校等地，集中關押了來自地區、長治市和周邊各縣的「紅匪要犯」數千人，刑罰也最多。

而據襄垣縣聯字號自己的典型材料總結成績稱，「遍及全縣城鄉的各種類型的毛澤東思想學習班，對推動全縣文化大革命的勝利，狠抓階級鬥爭，起到了巨大作用。我縣大辦學習班第一階段，由縣裡辦，帶著敵情辦。……參加人數達七〇〇〇人。我們抽調了三忠於的幹部一〇〇餘人，幫助開辦學習班，基幹民兵百分之百參加。概括為四點體會十二個字：領導抓、民兵帶、典型推、群眾促。例如說民兵帶，各級黨組織並不參與領導，依靠什麼？依靠民兵。實踐證明，民兵是辦好學習班的骨幹中堅力量。向階級敵人發動了猛烈的進攻，使我們在捍衛紅色政權的鬥爭中，獲得了最大的戰鬥力；到本月為止，我縣挖出走資派、叛徒、特務、反動會道門頭頭、反動地富分子和反革命分子計一〇五二人，強化了無產階級專政；全縣原有縣、社、隊三級幹部二五四一名，現在，被奪權的達到一七八五名，占三級幹部總數的百分之七十一……」末尾落款為「襄垣聯總」，時間為一九六八年五月二十七日。此後一年間，「學習班」人數進一步增長。

試從襄垣縣「修理所」具體分析，該所在一九六八年二月至同年八月間，先後關押了兩省三專區、兩市、五縣、十六個公社、一〇四個機關廠礦單位的紅字號成員，其中有一位啞巴嬰兒，也隨母親入獄。該縣因抓打、自殺而死亡者達到一四〇餘人。而「修理所」只是一個俗名，當時的正式名稱，叫做「晉東南聯總鬥私批修訓練班」，由長治市公安局一名副局長坐鎮主管，地區公安處領導幹部出任審訊指導，直至建立健全了行政事務機構。而「修理所」這個名稱，則道出了訓練班的實質，不在於辦案，而在於打人。

從現有材料看，襄垣、高平和黎城等幾個縣的體罰酷刑尤其突出，鮮血淋漓，觸目驚心。據一九七四年中共山西省委三屆七次全委擴大會議諸材料顯示，全區遭受痛打的紅字號群眾高達三十四萬人，傷無數，終身致殘者為三七〇〇〇餘人。其中，先後關押在各個集中營的人員達二〇〇〇〇人以上，材料記載有一三〇〇至一五〇〇餘人被活活打死。對此，我的分析是，一九七四年以後，山西有一個「批判謝振華、曹中南錯誤路線」階段，這期間召開的省委擴大會議，其材料數字可能有所誇大，但是，發生在「集中營」、「學習班」裡無比殘酷的刑罰，整死整殘數千人，數萬人挨打，確是勿庸置疑的史實。

這是學習班嗎？這是強暴的民兵武裝專政隊。

長治市區各個紅字號據點被打垮後，對立派對大批俘虜進行處置。主要方法是，全體登記造冊，然後通知各單位本派來人，把一般對象領回去「修理」。頭頭則集中關押起來。對於不少同期被俘的各縣紅字號骨幹，則通知各縣聯字號組織，駕車前來領人。在各個關卡上俘獲的外逃人員，痛打之後，沒死的，也照此辦理。

從三月七日起，野戰部隊大規模包圍了紅字號指揮部西招待所，到十一日，將聚集這裡的殘兵敗將全部清理完畢。其間有兩個酷烈場景，值得記述。

場景之一：聯軍命令西招上百名紅字號骨幹排隊，押往南側不足一站地的水利局登記。途中，解放軍持槍密佈左右，聯字號人馬擁擠在馬路兩側，夾道對「紅匪俘虜」施暴，紅字號人員邊行進邊挨打，毫無還手之力。老紅衛兵程德勝先生，也在其列，他寫道：

「我們個個雙手被綁起，雙眼被蒙上或用膠布貼上，排成長長的一串隊伍。我們的衣服上被塗了五顏六色的記號。一場慘不忍睹的大規模虐待開始了。所有的人都遭到輪番毒打、侮辱、謾罵，淒慘的呻吟此起彼伏。儘管有大批解放軍持槍在場，他們卻漠視不言，無動於衷。……我們挨了幾次痛打之後，被塞上一輛輛卡車，一部分被押回各自單位，頭頭被押送集中營。卡車裡，男女老少混雜，橫七豎八亂堆，就像拉著一車爛磚塊，管你死活。我所在的那輛卡車，中途有人從車上掉下來，被當場碾壓而死。印象中是電業局的。押車戰士說，他想逃跑，壓死活該！至於回到各單位以後，被折磨致死、致殘、致癱的事件更是觸目驚心。從奴隸社會的酷刑，到封建社會的株連，什麼法子都用上了，獸性一覽無餘，人性蕩然不存。當時我一連二十六個小時沒有吃上一口東西，沒有喝上一口水，整整挨了一天多的毒打，我簡直受不了，渾身疼痛，餓得難受，喉嚨乾得出血……。」有材料顯示，在水利局院內交接期間，兩名紅字號人員被當場打死。

場景之二：對立派武裝給西招紅字號俘虜的臉上、身上分別做了各種記號，有一大批俘虜被押住聯字號大據點醫專校園。負責人是聯字號轉業軍人老田頭。這批人在這裡同樣遭到了長時間的毒打。有安松堂、高玉生、許懷義、劉冠英、馬志衛等人的申訴材料稱，「三月十一日那天，他們把西招所裡的一四〇多名紅字號群眾綁赴醫專操場，命令全體俘虜跪到操場中央，有五〇〇多名幹將衝上來，用鐵棍、木杠、火柱等刑具，對操場上的紅字號實行法西斯刑罰，群體毒打兩個小時不停頓，當場『修理』致死紅字號多名。操場上到處是鮮血，到處是打昏過去的傷患，哭嚎之聲震天動地。這種集體大刑罰，完全不像在人間啊……」

兩個場景，雖記述簡略，卻撼人心魄。

各縣聯字號駕車奔赴長治領人，慘虐情況尤其嚴重。凡被押返人員，不等回到本縣，在汽車上就給整得死去活來。眾所周知的一例，發生在平順縣勝利者名下。山西日報資深記者王憲斌先生，曾經調查並反映了這起慘案，後又引起了山西省高院的複查，前後材料所述事實，未見大的出入：

一九六八年三月九日，平順縣革委會接地區電話通知，到長治去接收紅字號俘虜。當時，由平順縣革委副主任張（略名）、核心組成員楊（略名），率領本縣聯字號六〇多名武裝戰士，分乘四輛卡車及一輛吉普車，到長治領人。上午到長治，一千人馬前往地區水利局，押解出該縣紅字號俘虜劉太德、郭忠林等多人。聯字號戰士用手銬、鐵絲把俘虜們雙手扭捆起，先是一頓飽打，然後蒙上雙眼，扔上汽車出發。

車往平順四〇餘公里。一路上，虐暴行為極其嚴重。王憲斌先生的調查材料稱，聯字號人員「邊走邊打被押者，並說隔著褲子打不過癮，就將被押者褲子扒掉，繼續毒打。他們在劉太德的屁股溝下點著火，燒劉的屁股溝、生殖器和睾丸。到平順後，郭仲林等又被打成重傷，劉太德因傷勢嚴重死亡。」——火燒生殖器，這是什麼花樣？古代有過沒有？又據省地聯合調查組一九八三年的報告稱，「汽車開出長治以後，聯字號看押人員（略名），用鐵棍、木棒、鋼絲鞭等，把劉太德、郭忠林脫下褲子，對頭部、屁股進行亂打，×××用帶有墊圈的鐵絲盤條，將劉打的頭破血流，劉哭喊求饒。途經潞城休息時，其他車上的看押人員，繼續對劉太德等進行亂打，打後繼續開車行走。下午二時許回到平順。……劉太德又遭到一場亂打，並且比路上還要打得嚴重，打後關在一孔窯內。×××進去，照劉太德頭部蹬了幾腳，罵道：你這個老東西還活著，站起來！因劉未答話，便大罵：裝他媽死啊！隨手抓住劉太德，往前猛推一把，劉被摔在鐵火爐上，碰得頭破血流，倒在地上，×××對劉的腰部、臂部蹬了幾腳，把劉拉起來甩到院中井旁，接著又是一場亂人毒打，打後關在東窯。第二天早上，該縣一個民警戰士進到窯內，對劉狠狠地打了兩個耳光。劉因傷勢嚴重，於早飯後死亡」。

從頭天前晌到次日早晨。劉太德、郭仲林等

人連續遭受毒打，縱是鐵漢也要打化了。這一點，與前面程德勝先生所述「一連二十六個小時沒吃上一口東西，沒喝上一口水，整整挨了一天多的毒打」，情況相似。

俘虜們被關入各縣市「集中營」或稱學習班，飽受酷刑，命懸旦夕之間。我們看一看高平「聯總保衛科」的情況，目擊者和親歷者這樣描述說：保衛科和縣上的公檢法混合成一體，保衛科門前，日夜架著機槍，在八角樓頂上架著重機槍，飄揚著剿匪大軍的旗幟，周圍牆上安有電網，還掛著地雷。所有保衛科人員，荷槍實彈，武器不離身。為了震懾紅字號，他們時常無故鳴槍，動不動爆炸一顆手榴彈。那真是刀槍林立，戒備森嚴。我們被抓來後，不管你是誰，先捆一繩，然後填寫俘虜登記表。釜山灌區有個主任，名叫李育軍，讓他填表時，他反抗，說老子是共產黨員，要我給誰當俘虜？向誰投降？人家衝上來把他打了個半死，罵他來在這裡還敢說怪話！……關入監房後，輕重犯一律編號，每天被迫合唱歌曲，歌名叫做《聯總聯總就是好》，不唱挨打。時常有人被拉出去，揪鬥、遊街，站展覽，大會小會交待問題。縣委常委、辦公室副主任崔國斌，就是這樣被整死的。本來，崔國斌已經被毒打得血肉模糊，衣服粘在肉上根本脫不下來，上廁所都要難友背著去，結果在批鬥現場給活活打死了；城關公社的赤腳醫生朱明全，在保衛科被打死後，他們把屍體塞到廁所裡，說他是畏罪自殺；要說刑法，更是形形色色，多麼可怕的酷刑都有。就說最輕的吧，有一個姓李的打手，慣使一個法子，叫人終身難忘，他像一個舊時代的老婆子那樣，審諷中手拿一根雞毛撣子，專打人頭，一打就是重擊幾十下，把人打的滿頭疙瘩，頭顱腫起來，變得很龐大，一根雞毛撣子，能把人打昏過去，說不來叫個什麼刑法。嚴重的，是用帶鐵釘的皮帶打，叫狼牙鞭，打一下身上就是一個馬蜂窩，直到把人全身打爛。

保衛科依照編製敵偽檔案的格式，對紅字號人犯編製出《反革命組織概況表》、《反革命組織機構示意圖》和《反革命任職人員花名冊》，多達一七卷，附以主要罪行材料及照片，加蓋「永久保存」檔案管理專用章，正式存入縣檔案館。——這是政法性質的定案工作，對受審查人員的精神摧殘相當大。卷內人數眾多，涉及「土匪」的群眾竟然達到一六八四六二人，在冊骨幹，高達二七三八人，分別標明「一般壞頭頭」、「壞頭頭」、「最壞頭頭」、「特壞頭頭」、「極壞頭頭」加以區分，並分別注明「槍斃」、「活捉」、「判刑」、「釋放」等字樣。讓紅字號這一派的人，一輩子失去政治權力，一輩子受管制，一輩子抬不起頭來。文革結束時，這批人的反映最為強烈，他們強烈要求政治上翻身，要求澈底清除這一七卷檔案。到一九七八年九月，中共高平縣委報請地委批准，把這批所謂「敵偽檔案」當眾銷毀了。——這是親歷了「高平聯總保衛科」苦難的人，在多種申訴材料中的最終願望。

現在看來，對這批「敵偽」檔案一味要求銷毀，也是很遺憾的。從另一個角度分析，這十七卷檔案，裡頭記載了先後關押數千人的詳盡名單，這正是文革災難的實據；再如其中的《大事記》，雖是站在一派立場說話，但武鬥基本事實俱在；這批檔案中最珍稀者，是「五縣聯合剿匪戰役」史料，不僅有作戰計畫，軍事部署，各路指揮將領名單，而且從一九六八年二月十二日到三月中旬，每日都有詳盡作戰日程記錄。比如攻打哪個村，去了多少人，悍匪頑抗多少人，最後如何勝利了，檔案中則記載幾月幾日「敵如數覆沒」，還有革命派戰士犧牲了誰誰誰，我方多少人負傷，多少人立功受獎等等，並有不少圖示、表格，這一切，對研究文革有著特殊價值。而在當時，人們一個心願就是要澈底否定冤案，不允許繼續混淆兩類不同性質的矛盾，不允許再整人害人，更不允許留尾巴。受了迫害要翻身，舊賬結論不可留，就這樣，一部血淋淋的檔案史料，被付之一炬，玉石蘭艾俱焚於火了。

高平情況嚴重至此？令我心若懸旌半信半疑。面對被迫害的人員數字，我不敢相信自己的眼睛。於是，我查找了一九七八年九月二日及九月三日中共高平縣委向晉東南地委做出的兩份專題報告，一份是《關於銷毀縣檔案館、公安局檔案室對部分幹部群眾誣陷的檔案材料的報告》，一份是《關於對五縣剿匪檔案材料清查處理意見的報告》。兩份文件都寫到：

……檔案第六卷計四本，記載了在「五縣剿匪」中參加剿匪的有功人員花名表、武器彈藥及武裝人員配備情況。對九名有功人員記有立功事實並予以表彰；從第七卷到第一七卷計九卷五〇本，五八三頁，則記載了對立派組織概況及人員情況，並有「聯總保衛科」移交給縣公安局的所謂「犯罪分子」檔案登記表一套。給他們戴上了「反革命土匪」的帽子，記載了鎮壓群眾的證據，占檔案材料的百分之六十七；……為全面落實黨的政策，經縣委討論決定，給一六八四六二名群眾和二七三八名幹部職工，消除其「土匪」和各種「壞頭頭」的帽子，對其澈底平反昭雪，以縣委名義做出平反決定，在適當時候召開適當規模的群眾大會，按照上級有關處理文革材料的規定，對這批檔案經過清點，在有關人員參加情況下，當眾銷毀，澈底處理，不留尾巴。

將近十七萬人橫遭迫害，如果不是正式檔記載，你能相信嗎？這麼多人受到慘烈傷害，其中三分之一的人受到重傷殘，還有一批人被虐殺了，一批人被槍決了。生命，在文化大革命的酷刑中，一錢不值。有學者認為，文革暴行悉屬政府行為，這一觀點雖然有些絕對，但晉東南兩派戰後的虐殺，包括稍後進行的「清理階級隊伍暴行」，確是在地縣兩級革命委員會名義下實施的。高平聯字號「聯總保衛科」和縣革委會、縣武裝部包括支左部隊是一個攪在一起的混合體，最後的「罪犯」材料，整體移交給了軍管中的公檢法，是非常政府化的嚴密辦案，說政府行為，也不足怪吧？整個晉東南十七個縣市，無不如此。

「集中營」或稱學習班裡的種種酷刑，花樣繁多，翻覽舊日材料，令人心殞膽落。我如實寫下來，讀者們會覺得心靈上承受不了。但是，倘若不寫，又何以正視歷史，彰善癉惡？中國酷刑，由來已久，最早的古籍之一《周禮》，就有「以五刑聽萬民之獄訟」之說，從《秦律》和漢代的律法，到明清以降，古今中國的拷打刑訊制度，從來就是極其嚴厲，極其殘酷的。「捶楚之下，何求而不得」！著名學者陳雲生先生在其《反酷刑》著作中，有一個觀點我極表贊同，陳先生指出：「中國文革期間發生的許多對人實施的批鬥、武鬥、殘酷懲罰直至處死，都屬於酷刑的範圍。文革為人類的酷刑史書寫了重重的一筆。第一，範圍廣泛；第二，形式多樣；第三，手段惡劣，慘無人道。但是，在我國學術界特別是法學界，至今未對文革酷刑現象進行全面的、科學的研究，這方面的理論研究還是一個空白。當代中國反酷刑鬥爭的任務，仍然是十分艱巨的。」

陳雲生先生所說：文革為人類的酷刑史書寫了重重的一筆——這絕非誇張之談。就晉東南而言，一派戰士勝利前後對另一派俘虜嚴施酷刑，達到登峰造極的地步。古代已有的刑罰，這裡沿用了不少，古代沒有的刑罰，人們餘勇可賈，也大肆發明創造，出現了許多新手段。在前面的敘述中，讀者已經陸續看到了諸多殘酷案例：有的俘虜舉手投降，復被掃射而死；有的俘虜被打死，其僵屍還要為對立派據點晝夜站崗；有的俘虜被對立派割掉生殖器烤吃；有的俘虜屍體讓炸藥崩成碎肉，累累暴行，觸目驚心。接下來，我將以盡可能簡略客觀的筆觸，對多種虐俘酷刑，再做沉重補充。

一些事發生在集中營地，一些事發生在城鄉據點。

為了對各種刑罰加以區別，我隨機排出一個序號來：

一、電擊肛門。武鄉縣學生王海青，被抓回該縣後，先是飽經毒打，然後，對立派人員把二二〇伏的電線塞入他的肛門，打開電門開關，使王在極度痛苦中遭電擊而死。其母聞訊氣瘋，不久也含恨而死。

二、刺刀見紅。長治市水泥預製廠一派骨幹郭貴寶，一九六八年二月被圍困在壺關縣五龍山。先是被一名解放軍士兵開槍擊中。死後，該縣一名對立派頭頭端起刺刀上前，剖開了郭的腹部，又用刺刀把郭的腸子挑出來，鮮血淋漓甩向遠處，並罵「這就是紅匪的下場」；長治市桃園村村民李元則，被俘後身做活靶，對立派戰士端槍，用刺刀連捅屁股多次，李傷情嚴重，爬臥於床，整整二〇餘天不能仰起；潞城王虎英，雙腿也被刺刀洞穿；黎城東崖底社員王江保、晉城城關南寨街范老虎，均係被刺刀刺死。長治市柴坊菜場杜紅則，也依此法，大腿上被刺七刀，致終身殘疾。諸如此類，是謂「刺刀見紅」。

三、在諸多刑罰中，有一種叫「杠子壓」，即命被俘人員仰面躺在地上，將扛子或厚木板壓在身體局部，兩頭站人用力下壓。長治市建築工程公司老職工李新年受刑，腹部被反覆強壓，竟壓出許多屎尿來。有時可以將人的眼珠子突然擠出。

四、釘竹簽，自古沿用的老刑罰。黎城縣上遙公村女社員陳改壯，被抓到襄垣集中營剝衣受打，而後雙手被捆，指甲縫裡釘上竹簽逼供；襄垣縣一派俘虜桑紮根，在醫專據點也受到此刑，當時，對立派戰士把桑的雙手捆在地橛子上，當眾用錘子往十根手指上釘簽。有的人指頭被釘壞，永久長不出指甲；有的因北方尋找竹簽不便，就順手改為釘鋼釘，釘子彈殼。壺關縣修善村社員趙喜貴，四根手指被套上子彈殼，逐一釘入。

五、假槍斃，或陪綁槍斃，給人以極端精神震懾。是為常事。

六、亂棍打死。是最古遠也最常用的一種處決。法學專著中說，此類暴打，最容易引起創傷性休克死亡，或引起大面積皮下出血，造成某一臟器（如脾臟）乃至諸多臟器功能衰竭而死亡。專建紅字號俘虜原東爐等多人，就是這樣被打死的。據我的廣西籍朋友黃賓堂先生說，這種刑法，在他們老家被直接稱為「木決」，以示與「槍決」的區別。

七、紅鐵烙人。使用燒紅的烙鐵或其他鐵器，在俘虜身上燙燒，較為普遍。高平縣幹部崔國斌，死時肛門被捅燙潰爛，生殖器被燙燒黑焦；長治市建老工人宋存昌，二月十七日被抓當晚，全身被燒紅火柱燙爛而死；壺關縣晉莊公社七裡大隊社員李聚有、晉城縣農技學校學生徐小緒等多人，也經受了此刑。燒紅的烙鐵把人燙得身上流油冒煙、皮肉很快起泡，復變成焦黑狀。其中徐小緒全身大面積燙壞致死；潞安礦務局石圪節煤礦職工王守讓，大腿內側被烙鐵燙爛，也被整死；晉城李寨公社供銷社職工李家珍，被對立派用燒紅的火柱從肛門縱深插入，久不拔出，數日後死亡。

八、明火燒人。用煙頭燙臉或以火燙燒敏感部位，相當常見。襄垣一中學生桑紮根的臉部及脖頸上，多處留下疤痕；平順縣紅字號俘虜劉太德，被對立派用火燒烤睪丸，致燒腫燒破，伴以毒打致死。

九、高溫烘烤。在淮海廠磚瓦窯受刑者，被就近拉到生產中的窯頂煙火口，逼迫其經受高溫烘烤，人被薰烤全身皮膚發紅發黑，多日吃不下飯，睡不著覺，渾身巨痛。受到此刑罰的紅字號人員，有淮海廠職工趙永根等多人；冬季的太行山區，室內多有地火爐，幾與地面平。打手命受刑者久站爐火口烘烤燙燒，是為常事。

十、連環鎖。長治軸承廠職工郭三田、郭義文、王保全、宋保泉、李勝保五人，元月二十八日一戰，被俘到糧機廠據點，打手們用長鐵絲把他們捆住雙手，晝夜串鎖在一起，五人同時遭受毒打，同時回牢關押，同時尋吃覓喝，同時撒尿排便，同時就地睡覺。如此串鎖，一連三十餘天不放開，其苦痛難以忍受。晚清曾有「以長木將各犯同系之事，謂之鞭床」，連環鎖與鞭床一脈相承。

十一、栓鼻駒。壺關縣教師彭仁村。被俘後先是經受了嚴刑拷打，然後，打手們用燒紅的鐵絲把鼻子燙穿成洞，再插入鼻駒，用繩子栓住，牽扯他上街示眾游鬥。這種刑罰，使我想起了晉綏邊區土改運動中，著名紳士牛有蘭，就受到過這種淩辱，並且，逼著他的黨員兒子牛蔭冠，牽扯著老父親遊街，給民眾留下了難以接受的記憶。同一刑罰，前後相距十幾年，發生在兩個老區，不知相互間有什麼聯繫。

十二、扣地窖。黎城縣幹部常錦方，被綁架到該縣造紙廠，一番吊打之後，把他塞入一口地窖裡，窖口用鍋爐扣住，兩天兩夜不見天日，無吃無喝。待拖上來時，人已半死。一位朋友告訴我，他親眼看到：紅字號頭頭侯小根從平遙被抓回長治，等候處置。這時候，人們推倒一口大缸，命侯蹲下後，用大缸把他扣在了地面，一扣就是很長時間。

十三、打人夯。長治市建黨委書記劉克欽被俘獲後，捆綁吊至房梁高處，然後突然鬆開繩子，劉自空中重重地摔在地上。如此重複多次，人被摔的死去活來，叫做「打人夯」。劉克欽的妻子程芳英，受害奇深，稍後有述。

十四、狗吃屎。壺關縣服務公司職工馬貴書，受刑中，雙手後綁，雙腳捆紮，不能移步，身後遭受木棍猛擊，使其前撲栽地，嘴臉觸地，牙血四濺。然後拉起來站直，身後又遭棍擊，複前栽，拉起來，再被擊倒，一連多次不歇。謂之「狗吃屎」。

十五、大翻身。醫專職工秦裕好，脖子上掛炮彈殼，命其站在高桌椅上示眾。突然，對方將桌椅推倒，秦自高處摔下，昏死過去。是謂「大翻身」。著名作家趙樹理，在批鬥中正是遭受到如此刑罰，致肋骨、髖骨多處骨折，不久傷痛而死。

十六、過四關。長治縣韓店中學七〇餘名同派師生，戰敗後被俘，對立派押解他們到南呈村監禁。在排隊進入村前的一段道路上，必須經過四道關口，而且只准前進，不准後退，只准慢行，不准快跑。這四關，都是專門經過組織的。頭一關，命許多青少年向俘虜隊伍投砸石頭，砸住誰算誰；第二關，組織成群的婦女夾道侮辱，專門往俘虜臉上唾噴濃痰，不准擦唾停歇，只能唾面自乾；第三關，組織男性老漢多人，不停地用棍子當路依次棒打；第四關，由民兵及對立派成員對俘虜過堂受刑。一串程序下來，這四關對人的心靈上、肉體上創痛極深，有的人入監不久即行自殺。過四關，很像中國古代「諸刑合體」的微縮版。

十七、凍冰棍。長治縣核心小組組長、革委會主任王道義，傾向一派。對立派武裝人員寒冬夜半抓捕王之後，不許他穿衣服，不許穿鞋子，命他赤身露體，赤腳踏雪，前往經坊村集中。一去五里地，數九臘月天，氣溫在零下十五度左右，王道義被凍得渾身青紫，四肢失去知覺，險被凍死。受凍刑罰，載有多例。

十八、上火焰山。與冰雪凍人相反的，是火炭燒人。如審訊壺關縣學生程書魁，對立派命程赤腳站在火炭上，直至把雙腳燒爛；黎城縣城關公社任莊大隊申志紅，在刑訊中，對立派強行把申的雙手按在爐火中燒，致十根手指僅剩下半根；長治軸承廠工人宋炳炎，先是被通了電的電爐絲燒，又在開了鍋的鍋爐上燙，活活燒燙而死。

十九、空中飛人。壺關縣史家池據點，使用一種刑罰：四條大漢捉住俘虜四肢，把他扔至一丈開外摔下，一日連扔三次。在這個營裡，修善大隊支書趙善貴等四〇多名俘虜，連日遭受此刑。

二〇、小燕飛天。把俘虜吊在空中，推動其往返擺動，兩邊有打手輪番苦打，手法多變。長治市建老工人王銀鎖等人，如此挨打，頭暈眼花，渾身巨痛，幾度昏厥。

二一、頭上倒尿。壺關縣晉莊公社七裡大隊社員李聚有，在審訊中命其站定，有人高舉一壺人尿，從李的頭部緩緩澆下。是為「清醒清醒，退退火，消消毒」。

二二、塞吃糞便。虐待人犯的古老方法之一。

長治市建張芳兒、宋來喜等人，都被強抹塞吃過人屎。

二三、裝麻袋。兩派俘虜中，多有被裝入麻袋，紮牢袋口，被打死打殘者。這種刑法由來已久。長治市公安局馬羊則，就是這樣被打死的；市商業局幹部申解憂等人，也遭受過麻袋刑罰。過去，太行山中獵手，常用此法滅狼。

二四、捆臂別磚。一九六八年二月十五日，一派武裝二〇〇〇餘人，圍剿潞城縣黃牛蹄公社李莊村。副支書王虎英在炸傷後被俘，膠布粘住王的雙眼，押回縣城受罰。王經受十多種酷刑。其中一種，是將其雙臂反捆後，再往胳膊與脊背之間用力插磚，一塊接一塊，越別越緊，一直別到第七塊磚，臂骨雙雙折裂。王最終被折磨而死。

二五、纏麻繩。壺關縣東井嶺公社碾圪駝大隊社員賈振生，經受了一種很麻煩的刑罰，即用不甚粗的麻繩，把他全身從脖子到腳下全部纏捆起來，使其身體形成一根直棍。氣難喘，血不通，臉青紫，手冰涼。使他絲毫不能動彈，半死不活。

二六、木棍捅肛門。壺關縣崇賢村一派俘虜鍾仁付等人，被扒下褲子挨打。打手命鍾等蹶起屁股，用力將木棍生生砸入肛門內，人當即昏死過去。

二七、長蒙眼。紅星兵工廠紅字號幹部李天基，從被俘後挨打那一刻起，即被膠布蒙住雙眼，如此蒙眼長達一個多月，頭髮全部掉光，人近昏厥，不見天日。此刑聞所未聞。

二八、鋼鉗夾手指。這種刑法相當普遍。卡絲鉗子是隨手可得的修理工具。壺關縣城關公社董家坡大隊社員王文珍，中指被夾碎；而長運一派武裝，將轉業軍人甘金貴抓獲後，就地取材，使用長途車站剪車票打洞鋼鉗，用力夾其手指，致甘手指洞穿多處。從四月二十四日晚受刑拷打，甘兩月臥床不能起身。而「手指穿洞」一法，最為疼痛。

二九、栽糞缸。壺關縣醫院職工張江龍，拷打折磨後，被栽浸到大糞缸中，百般侮辱不止。

三〇、火柱鑽肉。壺關縣修善村村民馬聚貴，歷經嚴刑拷打之後，被捆置於地，打手用鐵火柱在其大腿上極力鑽洞多時，直至鑽透骨肉，火柱接地，複搖攪成一個大肉窟窿，最後將火柱釘在地上。

三一、老虎凳。古老刑法的沿續，較普遍，詳情不贅。如長治軸承廠王米旺等俘虜，在襄垣五陽煤礦關押時，多人多次苦受此刑。

三二、倒吊刑。捆雙腳，頭朝下，倒吊人於房梁上拷打，此法多見。

三三、壓重石。在兩派酷刑中，往身上或腹部施壓重石塊的刑法，也是常有的。高平縣紅字號頭頭王培民，曆受多種刑罰，逼他書寫誣陷喬高升的假證明。其中一法，就是「肚上壓石」。

三四、在兩派刑訊中，多用「狼牙板」，或狼牙皮帶、狼牙棍棒，可將人全身打爛。

三五、至為殘酷的刑罰，是「人體注射硫酸」。二月十九日，一派武裝攻打石圪節煤礦。該礦機電工程師陽佐夫被俘後，經多次毒刑未死，最後，打手竟然將硫酸液強行注射到陽的體內，陽痛苦萬般，一日後死亡。

三六、斃砍舊屍。二月九日，黎城縣紅字號王守信、姚文俊、張金良，在李莊戰罷被對方槍決，屍體已埋。未料十多天後，王守信的屍體重被對立派挖刨而出，再次當眾槍擊王屍，並用刺刀在王屍上戳刺多個窟窿，以震懾、復仇給活人看。多日不准收屍再埋。陵川等縣亦發生此類慘劇。

三七、鉤子拔牙。壺關縣城關公社四家池大隊社員楊保有，俘後被毒打逼供。其中一法，對方用的鉤子伸入楊的口腔，用力扯拽，連續拔掉楊四顆牙齒，疼痛至極。

三八、鐵絲吊人。長治市張莊水泥廠幹部許懷義，在嚴刑拷打中，其兩隻手腕被鐵絲穿透，然後吊起受刑。

三九、踢死狗。清華兵工廠一派頭頭王喜善，脖子掛上近百斤的炮彈殼揪鬥完畢，回到審訊中，打手們專門用腳猛踢王胸腹部。謂之「踢死狗」，致王嚴重內傷，多日吃不下半點東西，很快死去。

四〇、吊頭髮。長運職工郝付喜，在襄垣上峪被抓後，對立派施以多種刑罰——鞭打關節、腳踩肚子、紅鐵烙肉、錘砸腳趾，其中比較特殊的一種，是「吊頭髮」。也就是說，郝付喜要被栓住頭髮吊起來，經受酷刑。

四一、鋤頭刨腿。紅星兵工廠技術員李盛光，被抓到黎城縣苗圃集中營，受盡折磨，最後，對立派用鋤頭將李的兩條小腿從中間刨斷，致終身殘疾。

四二、鐵釘釘人。此刑法屢見不鮮。襄垣縣王村革委會主任史煥喜，被抓後，打手問史，你是要舌頭還是要眼睛？打手持刀割史的舌頭，史咬緊牙關，堅不開口。遂改為釘眼，數人強按史在地，要用一枚洋鐵釘，專釘史的眼珠。史力擺頭顱，拚命躲避。打手們執意用刑，非把史的眼珠釘住不可，歷時一個多時辰，史力竭，雙眼遂被釘瞎，致終身殘疾。據相關材料稱，上述王村大隊，被活活打死者，達到十一人；另一例鐵釘刑罰是：黎城縣程家山公社路村大隊社員路彥枝，被抓後，一派逼他供寫誣陷程首創的假材料而不得，打手們用兩顆大鐵釘子，分別把路的左右手掌釘死在牆壁上，刑訊逼供；第三例更慘，市建復轉軍人崔煥章，被捆綁施刑，兇手一根接一根往崔的體內釘入釘子，釘入不拔出，每釘一根，崔慘叫一陣，崔屁股上、腿上被釘進幾十根釘子，已是鮮血淋漓，最後，打手從崔兩隻腳的腳心處，各釘入一顆鋼釘，虐痛之情不可名其狀。

四三、攔腰吊打。刑訊中，將俘虜攔腰吊起半空遭受毒打，實不多見。壺關縣醫院藥劑師崔德春，就這樣被攔腰吊於房梁上，受刑致死。

四四、自打嘴巴。太行鋸條廠被一派攻克佔領後，曾俘押對立派五〇餘人。百般刑罰，自不會少。其中一法，是極端侮辱性的。那就是把人犯帶到一起，讓他們相互狠抽耳光，看誰打得響亮。不服從者或不用力者，拉出來嚴懲。於是，在戰友們之間，耳光聲此起彼伏，響成一片，直至把臉龐一個個打腫。打手們管這叫「自我修理」。

還有許多殘酷刑罰，難以一一細述。比如罰跪，跪爐渣或者跪碎玻璃、碎石子，一跪多時不許起身；至於抽打皮鞭或鋼絲鞭，包括劣背銬、捆大綁、卡口簧等等，尤為多見。特別殘忍的，是將人的雙手或雙腳用斧頭剁掉。這樣的斧斫，在沁縣、黎城、長子三地，發生了七例。

刑訊逼供和深牢大獄，在中國有著古老悠久的殘酷歷史，在世界上所有民族的早期國家中，也不會例外。馬克思曾說，「和中世紀刑律內容連在一起的訴訟形式，一定是拷問」。隨著社會文明發展進步，許多慘無人道的刑罰逐漸隱入歷史暗影，或被禁止。不期然到了文革，廣獄酷烈，嚴刑峻法，達到登峰造極的妖魔程度，不僅繼承和發展了中國古代的殘忍惡弊，而且創下了全球酷虐新高。打手們使用新老酷刑，又常常「以革命的名義」，堂而皇之，袍笏登場，為極端罪惡裝點紅色戰士無限赤誠的招牌，則更是史無前例了。

在狀寫如上案例時，我臨深履薄，用筆審慎小心，我努力使自己平和冷靜，以保持事例的真實客觀可信。我隱去了諸多打手們的姓名和派別，我並不願意把這深重責任與嚴重後果，轉移到哪一位具體個人身上去。許多嚴謹學者和善良先生，曾和我討論一個命題：是不是貧困中的百姓們人性惡劣？有古書載，上黨地區多刁民也。面對中華文明發祥地，我絕不這樣認為。我只想說——文革才是惡的先導。個人品質之優劣，雖有事態關聯，卻不是我們調研歷史的根本。如此沉痛的歷史教訓，哪一位個人他負得起？哪一個地區的民風傳統擔得動？將近半個世紀過去了，我們寄希望當年的打手們，能夠良知蘇醒，懺悔自身，能夠含悲向善，少辯多思。我們要追問的，是一個個龐大的群體，是成千上萬的同盟團體，為什麼只是在文革中變得那麼兇狠？——下面，我將向讀者們進一步講述婦女群體的苦難故事。

婦女的冤仇深

我所居住的地委家屬大院西邊小院，二十多戶人家。南房當中一戶，是我的同學王建國一家。他爸媽都是地委幹部，紅字號觀點。武鬥戰火結束，院內逃難家屬逐漸歸來，惟建國家，門前積雪未掃，門上鐵鎖依舊，遲遲未歸。聽大人們悄聲議論說，這對夫婦已被對立派抓捕關押，正在受罪，說是打得非常慘重，令我聞言心驚。過些時日，建國老爸王寶琪，先放了回來。他面色慘白，創痛累累，原先直挺挺的腰杆，今日竟被打彎。而建國的媽媽郭改蓮，仍舊未歸。大人們說，改蓮阿姨傷勢極重，眼下竟不能走路了。我便想起改蓮阿姨往日走路迅疾的樣子，手提一桶自來水回家，輕捷快步，十分麻利。這是一位精神飽滿、挺拔修長的中年女性。

改蓮阿姨的關押地，遠在襄垣縣集中營。她在紅字號陣營中，並沒有什麼較為突出的大動作。對立派對她屢施酷刑，很可能由於她的不屈與堅韌。第一次刑訊毒打後，強制她跪在火爐中剛剛掏出來的紅炭上，燒其膝蓋；第二次刑訊毒打後，又強制她跪在燒紅的廚刀上，仍是燒她的膝蓋——她是被人抬著回來的。我母親參加過地委聯字號組織，這時卻在深夜裡悄悄去探望她，回來直掉淚，說改蓮阿姨的膝蓋被燙壞了，很難恢復，還說她渾身上下讓錐子紮得滿是深深的小眼兒，已經結遍了小疤。此後數月，改蓮阿姨不能下地，不能出門。過了許久，我看見她柱著兩根拐杖，昂著頭，沉默而又倔強地站在南房牆根，人變得十分蒼老。此後她開始一點點地柱拐學步，再也不見她急匆匆快步走過院子中間。

文革帶給婦女心靈上的創傷永遠難以康復。

酷刑伺候，已經足夠殘忍，如果伴隨著下流和淫亂，則更加令人髮指。這方面的材料有粗有細，粗略的事例有：

淮海廠女職工弓改霞，被俘後慘遭毒打，打手們把她全身脫光，赤裸吊起，邊打邊欣賞，弓被打的小便失禁，尿順腿流到地下。每當她慘叫一聲，打手們便淫笑一陣。

長治市藥材站女職工馬春愛，被俘後，先用鋼鞭打，然後脫光衣褲，把她仰面平躺按住，打手們圍在四周，持木板抽打她的陰戶，痛苦的呼叫聲和哈哈大笑聲連成一片，直到把陰戶打腫打爛。

地區廣播器材站女職工荷花，在同一地點，以同樣的刑法，把陰戶打腫打爛。

省建長治分公司女職工張愛景，在受刑中，打手強行把玻璃瓶子往其陰道裡塞。

裏垣中學女學生富花，被脫光衣褲，兩腿被強行翹起，打手們相繼掰開陰戶，持手電筒往裡照看，觀察議論譏笑。

壺關縣五龍山公社醫院女衛生員，被抓之後，脫光衣服毒打，又用木棍硬捅陰道。致使她神經失常。雙目失明。

這裡早已沒有任何人性可言。

較為詳細的材料，來自三位受害女性自己書寫的《控告書》，她們受盡淩辱長年控訴不屈。其中一位叫程芳英，是前面酷刑第十三例受害者劉克欽的妻子。受害那年她三十七歲，文革前以長相美麗著稱。她在《控訴書》中寫道：

我叫程芳英，原在長治市建工程公司任車間支部書記。……一九六八年三月二十九日下午，我們公司一百餘名職工被迫撤離淮海廠。公司聯字號頭頭（略名）訓話，宣佈我們統統被俘虜了，說我們同他們是共產黨和國民黨的鬥爭，沒有調和餘地。一一搜身後，把我們攜帶的財產全部沒收。當晚回到市建，專門修理人的隊伍（多人略名），把我們分開，關押在大菜窖、澡塘、俱樂部、舊鍋爐房等地。我和女保管員史惠芳等人，被關入菜窖裡，雙手用鋼絲捆住，蒙上眼睛，塞住嘴巴，開始遭受毒打。他們使用木棍、三角皮帶、鋼絲鞭等兇器，把姐妹們打得死去活來。我曾經休克數次，又被冷水噴醒。痛打過後，我聽見兇手（略名）說：弟兄們光打不行，還要給她們來個澈底退火！於是（三人略名）他們剝光了我的衣褲，扳開我的雙腿，用兩個大鐵塊壓住。我拚命掙扎，他們就死死地壓住我的腦袋，按住兩條腿，從菜窖裡拿起胡蘿蔔，往我陰道裡戳，我疼痛難忍，他們又丟掉蘿蔔，換成山藥蛋往陰道裡塞，塞不進去時，兇手們就用棍子硬往裡搗。接著，直接換成手榴彈，用彈柄往陰道裡戳。兇手（略名）還說：程芳英，瞧你美受不美受！陰道裡早已流血不止。他們仍不罷手，又開始使用手鉗子，夾住陰毛，一次次拔光陰毛取樂。他們往陰道裡燙煙頭，使我數次昏死過去，一醒來我拚命掙扎，最後連一點反抗的力氣也沒有了。這一夜就是這樣度過的。隨後，他們把我轉移到長安路小學關押，由頭頭（略名）帶頭，他們又集體輪奸殘害了我六個黑夜。從三月二十九日起到五月，在兩個多月的囚禁中，我差不多每夜都要遭受到他們的拷打和姦污。經過（略名）長期折磨，我一連幾年陰道出血不止，兩腿麻木，小便不能控制，一走路就尿濕褲子，神經受到強烈刺激，雖經多方醫治，已成殘疾。

這是程芳英本人的上訴。更令人難以置信的是，程芳英被放出後，仍不得安寧。十月一日凌晨，對立派一夥人闖入程家突擊檢查。程的丈夫劉克欽是公司黨委書記，早被打成「走資派」。這一夜，程家十九歲的女兒也在家中熟睡。還有一位是程芳英的弟弟，該女兒的舅父，剛從老家來長治探望，另睡一床。對立派硬說他們是相互通姦，就地痛打。天亮後，把赤身露體的一家人驅趕到市建公司大門口，強令一家人一絲不掛公示於眾，說這叫裸體展覽……全家人同時同地經歷赤裸亮相淩辱，苦痛何其深重。遙想二戰時期，法西斯虐待猶太人，多用槍彈和毒氣，竟不至這般下流。

程芳英的《控告書》中提到了公司女保管員史惠芳，與程芳英一道關押，她們是相互間的慘案見證人。史惠芳的遭遇，與程相似，受害那一年她四十二歲。史惠芳控訴說：

我被鋼鞭打的遍體是傷，皮肉血爛，右眼被手榴彈砸的幾乎瞎了，半個臉發黑。他們（略名）把我全身衣服扒光，把下身扳開、壓住兩條腿，人坐住我的上身，捂住頭，先後用手榴彈、爛蘿蔔往我陰道裡塞，又往裡面搗塞山藥蛋等，致使陰道鮮血直流。就在我疼痛休克不省人事中，他們將我棉褲內的公款二〇〇多元人民幣和八〇多斤糧票搶走。為了使我閉口，他們又連續四夜把我提到另一房間拷打，給我過電數次，用鋼筋棍打爛我的兩隻手……經醫治無效，我已經終身殘廢了。

程芳英、史惠芳身心受到嚴重摧殘，但就市建大院而言，這並非首次。二〇天以前，即三月九日夜晚，另一位市建女職工李銀枝，已經懷孕，也飽受蹂躪。她同樣提出了強烈控訴。李銀枝寫道：

我叫李銀枝，受害時是一名孕婦。一九六八年三月九日，我被市建小分隊抓回了公司，他們（略名）把我關進了澡塘黑監獄。鐵絲捆手，蒙住雙眼，從晚八時起，用木棍、三角皮帶和釘著釘子的狼牙板等兇器，把我打的渾身黑紫爛青。打罷後，他們獸性大發，剝光我的衣服，一絲不掛，並商量對我進行輪奸。當時我身懷有孕，再三跪地哭求他們：饒過我吧！兇手（略名）唯恐不實，先是用手在我肚子上和胸部亂抓，然後他們在我的陰道內亂抓，亂挖，亂摸，又用手榴彈柄捅陰道，搗肛門，連罵帶笑，一直把我殘害到天明。從此以後我難以正常小便，陰道長期流血，連路也不能走，至今不能勞動，造成終身殘廢。為了掩蓋他們的罪行，把我放出來不久，他們乾脆開除我回老家去了。

程芳英、史惠芳、李銀枝三位女性，在同一所大院裡，受到了對立派手段相似的暴虐。按照當時的語言習慣，她們在《控告書》中說，「我們從抗日戰爭參加革命……想不到在毛主席領導下，他們使用這樣古今找不到的刑法，對革命幹部職工施行殘無人道的法西斯暴行，使我們受到難以忍受的殘疾，……我們要求依法嚴懲主謀者和兇手，以正黨紀國法，保護我們的人身安全」。

哪裡有什麼「依法」？文革中有什麼黨紀國法可言？而受害者在當時提出「依法」二字，正是人民群眾心底深處無比強烈的願望。學者陳雲生在其著述中說得好：「中國人權及人權保護觀念淡薄，有其深厚的歷史根源，自古以來人們根本不知道要求自身的個人權利。在學術界，特別是法學界，至今還沒有對文革期間猖獗氾濫的酷刑和其他殘忍、不人道或有辱人格的行為現象，進行全面的科學研究、總結和清算，因而，也就談不上也更難做到對此類行為吸取足夠的教訓，以致流害至今。」流害至今啊。

回看太行山巔陵川縣。

對立派女性一旦被抓，淩辱更深一重。女性俘虜寧願速死，也不願忍受刑辱的悲苦。她們身心俱創，受難終生，啟齒尤艱。

又是一名孕婦。

一九六八年二月十日，陵川縣聯字號攻克吉祥寺，西進合圍高平。到二月下旬，高平戰役接近尾聲，陵川城關亦被聯字號將士獨佔，勝利喜悅與復仇烈焰交織在一起，兩派搏戰與個人暴行夾雜成一團，俘虜大受其苦。二月二十七日，縣劇團紅字號演員蔣女士返回城關。這位蔣女士生得端莊秀麗，人們和她在一起吃飯，拿起個筷子端不起個碗，愣盯盯只顧看她。可憐蔣女士，被對立派抓到縣二中過堂。按說，蔣女士並未擔任什麼頭目，只因她年輕貌美，這一劫便無可逃避。在施暴者看來，大勝利正是私欲之盛宴。

這時的蔣女士年齡二〇歲，頭年兒結的婚，懷有五個月身孕，腹部隆起。打手們捉定了她的胳膊，命其跪下後，先是狠狠地擰掐她的臉蛋兒，竟以銳利指甲，從蔣女士臉上生生掐下一塊肉來！蔣拼死咬住一名打手的腕子不放，隨即招來持續暴打。打得她一陣清醒，一陣昏迷，但她的兩隻手不顧別處，始終抱緊了自家肚子，全力保護腹中嬰兒。隨後蔣女士的衣褲被全部剝光，打手們瘋狂對害者陰道。

拂曉時分，打手們拋下蔣女士，揚長而去。幸有縣劇團老團長緊急救護，才使她活著回到家中。如果不是因為腹中孩兒，蔣女士受盡淩辱，定會自殺。

幾個月之後，蔣女士分娩生育，生下了她的大女兒，取名永紅。小永紅出生下來，頭頂上竟有一個蘋果般大小的無名肉瘤，十分可怕。大夫悄悄告訴蔣女士夫婦：這種異變，很明顯是嬰兒在發育中，頭頂被生石灰給燒的。

二〇〇六年夏，我到陵川縣尋訪了飽受侵害的蔣女士。她早在二〇年前，即三十八歲，就因渾身傷痛病退回家了。提起文革之痛，夫婦二人至今悲憤難平。血淚經歷，給他們心靈上留下了終身創傷。

比蔣女士的境遇更悲慘者，還有另一名王女士。她的苦難經歷，令人更加悲痛。王女士，當時在陵川縣六泉公社擔任婦女主任。對立派攻打吉祥寺之前，在縣黨校把她「修理」了一次；不久，奪火鄉聯軍得勝人馬到城關實施報復，在縣禮堂又把她暴打了第二次，王女士傷痛累累，躺在城裡叔叔家養傷；第三次，是二月二十四日，六泉公社一派頭頭（略名）攻克吉祥寺返城歸來，偵知王女士下落，立即從其叔叔家把她抓走。施刑地，是縣城中心西街食堂院。所謂食堂，是那個時代習慣叫法，其實就是飯店別稱。夜半深更時候，周圍許多居民，聽到了從食堂院裡，傳出了王女士受刑中那淒厲的叫喊。喊什麼呢？她一句跟一句高呼「毛主席萬歲」。慘叫一陣緊一陣歇，居民們把那極度淒厲的口號，辨聽了半夜，漸漸少了聲息。到天亮時，王女士的胯部被狼牙棍生生打出了白骨，肉爛了，骨頭露出來。她昏死過去，不再嘶喊。多麼強壯的人，也架不住短期之內一連三次酷刑毒打，何況一名女性。王女士此刻不知是死是活。

清晨，居民們在霜雪中顫抖著打開自家街門，艱難地邁動腳步，逐步靠近西街食堂，想看看那裡拋出了一具怎樣的女屍。而路經食堂大門口的人，無不倒抽一口冷氣。眼前是一幅極端恐怖的景象：王女士赤身露體，她還活著，身上一部分肉是慘白色的，大部分是青紫色的，深切的傷口裂開，血滴滲出來是鮮紅鮮紅的，她的兩條大腿朝上分開，頭朝下，被倒吊在大門正中橫樑上。像屠宰場上倒吊著退了毛的一匹肉。她的身體正面朝街，頭髮下垂，發梢擦地，血水下滴不止。在地上塗抹著一灘人血。由於大腿呈V字形吊起，女性生殖器便衝上張開著。有頑劣的對立派後生，背著大槍，途經此地，竟把手中的煙頭，街上的爐渣，隨手塞入王女士生殖器內，彷彿那是一個缽子容器，直至再也塞不進去什麼東西。王女士欲死而不能。任何勝利者都可以上前掐捏她身上的任何部位，或拍打有聲，或推動她搖晃起來，試一試她是否還活著，如她呻吟，便把姦淫的嘲笑聲彌散在大街上。

那一刻，日頭明晃晃地，高懸在太行古城的天空。敢問千百年來，這古老街道上，如此情景，是不是最失盡人道的一回？一個年輕女性，就這樣被剝光了倒吊在當街大門前，赤裸全身。血水滲入了門廊磚地，給歷史留下了一幅無比殘忍的圖畫。

在採訪中，兩位已近晚年的太行山女性——蔣女士和王女士，時而斷斷續續地述說，時而長時間垂淚無語。要女性同胞詳盡地複述自身的悲慘往事，本身就是悲慘的。我不敢多問她們，她們願意說多少算多少。更多的細節，還可以從別處補充而來。良久，她們感慨萬端，對施暴打手們作出某種評價：縣上有一夥子人，這種人往往幹甚甚不成，講話不行，工作不行，威信不行，技能不行，要說打人害人卻有一整套。幹打手都幹成專業啦。那個時代，為什麼偏偏培養了這種人吃香喝辣，一到運動，為什麼就是這種人吃得開？

這是一個深刻命題：是啊，為什麼這種人吃得開？人性之惡為何得以暢行？

在採訪中，受害人王女士還談到了一段小插曲：在剝光了她的衣服，把傷痕累累的她倒吊於街門之前，對立派內部在場幾個人，對這種極端野蠻的幹法意見也不一致，有人難以接受，實在看不下去，當場和另一批堅持要這麼幹的人發生了激烈爭執，但最後的結果，還是把她赤裸著倒吊於街頭示眾了。微弱的文明呼聲，未能戰勝時代的野蠻。爭執阻攔並沒有發生作用。

以上細節卻很重要：爭執的聲音，說明文明星火尚未完全熄滅，溫良向善的人道根土尚存；暴行照樣得以實施，則說明反人類的野蠻勢力一度占了上風。

人之初，性本善，卻與革命暴力不相容。善不抵惡，惡自橫行。

酷刑罪惡重，婦女冤仇深。在全國很多地方，因文革對立而造成的傷痛裂痕，四十年過去，至今不能真正平復。人心苦哀，積怨彌深，在太行山各縣市，至今仍有對立派之間堅絕不許下一代子女結親的現象存在。

文革兩派對立，造成私堂氾濫，酷刑遍地，原因是很多的。歷史上，戰爭頻仍，暴力囂張，加上民國以降，仇殺猖獗，極左流弊，都是致命根源；另一個原因是，晉東南地理上長期封閉——現代文明之風，遲遲吹不進這片峽谷盆地。太行南麓山高水遠，向稱「華北盲腸」。辛亥革命，五四運動，新風西學，科學民主，都被大山皺折阻攔了消滅了文明進步的來勢。而歷朝歷代封建專制酷刑暴力，卻持續地影響到民俗世風，二十世紀汙血猶盛。

我查閱了一下史籍，得知閻錫山自民國以來，力倡新法民權，推動了社會進步。他改革封建舊時代監獄制度，變古代衙門大牢為現代文明監舍，令禁酷刑，仿效進步國家監規刑訊方法，依法治獄，是有功效的。山西省從一九一二年起，根據國家部頒新型監獄標準，首先在太原建成比較先進的省立第一監獄；一九一九年在運城開辦省立第二監獄；同年，在大同建成省立第三監獄，在太谷建成省立第四監獄；一九二〇年在汾陽建成省立第五監獄；偏偏在晉東南，古獄血腥未除，酷刑依舊，直到一九三三年，閻政才在長治市區建成了省立第六監獄。但是，不等現代監獄的文明理念和管理制度真正確立，不等新風新法在晉東南吹成氣候，一九三七年，日寇的鐵蹄就踏進了上黨盆地，長治、晉城、高平等重要縣市被日軍長期佔領，全區未被日軍佔領的縣城，只有最東南的黎城和平順。閻錫山在長治興建的新式省立第六監獄，在抗戰之初被迫向臨汾轉遷而去。對人犯文明管理新風尚，在晉東南尚未形成就斷檔夭折了。此後八年抗戰，日寇屠殺慘案疊起，生靈塗炭，兵民奮起以血還血，直至最後勝利。緊接著，日軍投降當年，爆發國共大戰，上黨戰役首開內戰序幕，再一次血流成河。這時，人民不但未及受到新文明的教育，進而又受到了列寧主義和暴力革命的灌輸，乃至在激烈的土改鬥爭中，澈底將傳統鄉村社會中的士紳秩序破壞殆盡。人間溫情不再，民主制度無存，傳統秩序崩塌，人心日益險惡。一九四五年，長治建立了中共第一個城市政權。到文革爆發前二十年間，晉東南地區深化土改，反霸除奸，鎮壓反革命，蕩滌會道門，最早推行合作化，剝奪私有，改造精英，反右運動，強制躍進，整肅教會，四清社教，酷烈運動一個接一個，貫穿著一條階級鬥爭極左主線，席捲整個太行太岳。如此熾熱尖銳的鬥爭連續進行，向左轉，再向左轉，一轉眼就進入到文革。殺人傷人，實在不少。什麼刑訊訴訟、獄治管理，無疑都要圍繞階級鬥爭中心任務而服務，一句話，要為無產階級專政服務。獄政變革維艱，酷刑猶在，整個中國連一部《刑法》都沒有。這樣看來，文革戰火，兩派對立，雙方對仇敵實行古遠的嚴刑拷打，並有所繼承創造，就毫不奇怪了。打手兇悍，他們沒有跟上現代文明的步履，倒是很容易跟封建土牢血腥暴政接軌。

說開這一話題，不妨多寫幾句。酷刑歷史沿習既久，那麼，太行山上，中共抗日民主政府在戰爭年代，又是怎樣判管人犯的？首先，根據地沒有固定監獄，戰火紛飛，敵來我往，勢所不能。據山西學者李承雲、李秉儉、吳蘭愛等人的研究表明，中共邊區政府雖有高等法院及縣司法處，卻沒有固定監獄，只有混合流動式看守所。唯晉綏邊區在一九四二年前後，才建立了一所「後方監獄」。而晉冀魯豫邊區，與游擊戰相適應，還是依靠流動看守所管理人犯，往往機構簡化，設施簡陋，手段暴烈。所謂看守所——民房、窯洞，也就是它了。為了防敵襲擊，節省開支，流動看守所必須儘量減少在押服刑人犯。咋辦呢？邊區政府創造出了一種相信群眾、依靠群眾，以鄉村力量對人犯監外執行方式，來對應戰時法制。這在國際上很可能是罕有的。當時的幹部群眾，管這叫做「回村服役」，或「回村執行」，總之是「為了適應敵後戰爭形勢，節省囚糧開支，提倡群眾管理犯罪的自新人」。據記載，抗戰時期，僅太行區根據地，由政府遣返回村服役的人犯，達到二五七二人，遍及十九個縣。這種對服刑人犯的《暫行辦法》，在民族自衛戰爭生死危亡時期，也是沒有辦法的辦法。把人犯放置監外，讓民眾管理他，也說不定，他帶罪建功，一口氣還能多殺幾個鬼子。但是，我們換個角度看，各鄉村接受數千人犯回村，必要監督管理，打罵聽命，山鄉近乎於一座監管大牢了。民可執法，村即是獄，不僅人犯應有的自身權益難以保障，而且民眾對法度的尊嚴也進退失度，二五七二人，犯人、壞人、敵人、自新人、仇人、漢奸的界限相當模糊，違法管理後遺症更不會少。這真是一種萬分無奈的情景。直到抗戰勝利後，邊區政府才逐步取消了這一制度，最終宣佈「區、村一律不得羈押人犯」。而太行太岳民眾，可以自行管理乃至自行處置人犯包括「黑五類」的習慣，卻在階級鬥爭旗幟下，因襲到了後來，直至文革。

文革酷刑，虐俘辱民，草菅人命，輕賤生靈，推演歷史慣性，一躍而上巔峰。一個地區有一個地區的酷史特色。

許多讀者一定會問：晉東南地區武鬥後，一派對另一派實行鎮壓，情景如此嚴重，那麼，全區紅字號大本營淮海兵工廠的情況如何呢？這的確是本書應該報告的一樁事。

運動殘酷性不言而喻。武鬥前後，不斷有大批部隊進駐淮海廠。待到反攻勝利，原先流落在外的聯字號一派，終於殺回來了。軍人們對這家工廠的嚴厲軍管可想而知。該廠附近一所磚瓦窯被重重圍守起來，把這裡改建為一個關押紅字號骨幹的集中地。前頭提到把人放在火窯口上烘烤的刑罰，即發生在這裡。紅字號重要首腦毛占緒、李津、趙震元、郝振祥、陳洪章等人都曾在此受到酷烈審查。一連串的整人運動攪在一起，清理階級隊伍、清查「五・一六」、一打三反，各種罪名難以盡述。在軍隊主持下，依靠聯字號骨幹，全廠成立了一〇〇多個完全脫產的「學習班」，用以管制、瓦解抵抗力量。沒有任何一個對立派骨幹可以僥倖逃脫懲治。全廠各車間、各單位均被嚴密控制，負責幹部被大批撤換，大面積開展揭發批鬥。據不完全統計，該廠受到嚴重打擊迫害的一派職工高達二〇〇〇餘人。多達三六五人被定罪為專政對象，其中定案為敵我矛盾者高達一六五人，殺掉七人，八人自殺，判刑或判勞改者多至七〇餘人。

清理階級隊伍的紅色颱風，在晉東南橫掃了上萬生靈，太行山浸淫在血泊之中。聯字號一派繼武力圍剿之後，借助運動餘威，暫時壓住了陣腳，暫時取得了全域性的勝利。

槍決趙震元

戰後，聯字號軍政一統晉東南。繼一九七〇年四月借小麥案槍決了劉周娃、張坤、趙文富等人之後，同年十月底，紅字號總指揮趙震元等人也相繼被槍決。對立派執政者給趙震元的頭上，頂戴了「反革命集團案」和「二・四反革命爆炸案」的罪名。我在前頭的敘述裡，為「二・四爆炸」事件寫了專門章節。一場爆炸慘死四十二人，傷殘四十二人。事件的來龍去脈，讀者已經知悉。此案判處趙震元等人死刑，後來也認做一樁錯案。幾十年後，我在塵封灰暗的老檔案堆裡，找到了當年地區軍管會為槍決趙震元所寫的一份報告。這個軍管會，其正式名稱相當長，多達二十五個字，謂「中國人民解放軍山西省晉東南地區公檢法軍事管制委員會」，主任還是軍分區侯副參謀長。

從這份《關於槍決現行反革命集團首犯趙震元的報告》中，我們可以窺見這次槍決的部分情景。

報告照例以一條毛澤東「最高指示」開頭：「堅決地將一切反革命分子鎮壓下去，而使我們的革命專政大大地鞏固起來，以便將革命進行到底，達到建成偉大的社會主義國家的目的。」語錄出處似在鎮反運動前後，到文革時顯得更加適用了。報告正文曰：

根據省公檢法軍管會（七〇）軍管刑複字第四九九號批覆，我區軍管會對現行反革命集團趙震元等八犯，於一九七〇年九月二十六日至十月二十五日，先後在各市縣、廠礦、企業等二十三個單位，進行了二十六場批判鬥爭。並將現行反革命集團罪狀印發全區，公佈於眾。一九七〇年十月三十一日上午十時，在長治市八一廣場召開十萬餘眾公判大會。會上首先由地區革委會副主任、軍分區代司令員李英奎同志講話，工農兵代表聲討發言。地區保衛組組長、軍分區副參謀長侯春泰同志宣判：

罪犯趙震元死刑、立即執行。

罪犯羅明生、郝振祥死刑，緩期二年執行。

罪犯王七孩無期徒刑。

罪犯毛占緒、龍光恩有期徒刑二十年。

罪犯曹如發有期徒刑十年。

罪犯王新華有期徒刑三年，交群眾監督執行。

當日下午一點三十六分，將現行反革命集團首犯趙震元綁赴刑場，執行槍決。

（附，罪犯趙震元執行後的照片）

報告雖短，所透露的資訊卻十分豐富。試想從九月二十六日到十月二十五日，時不足月，軍管會將趙震元這批人押解至各市縣二十三處，連續進行了二十六場批判鬥爭，每次至少大綁一繩，嘴裡必要塞入鋼制口簧，然後往卡車裡拋上拋下，拳飛如雨，腳踏如錘。趙震元等人在刑前遭受了相當可怕的暴肆折磨。人之將死，其苦莫大。

報告所附黑白照片三幀，射殺趙震元，令人心悸驚怵。從第一幅照片上可見，趙震元正面跪在有著敗草根茬兒的土地上，等待槍決。他兩臂捆於身後，背插高出頭部一米多長的亡命木牌，白底黑字，上用毛筆書寫「反革命集團首犯趙震元」字樣。趙低垂雙目，凝視著膝下初冬的土地。剃過不久的光頭上長出了少許頭髮，鬍子多日未刮，在午時的光線下看著很亂。一根鐵絲橫勒在嘴裡，勒過略顯浮腫的面頰，擰結到後脖子上，令其不能言語。鐵絲在他臉上勒出一道明顯的溝。這說明，平時批鬥所用的鋼質口簧，到最後執行時就不用了，因為人死後不好取出來，故改為鐵絲勒口。他穿著棉裝，套著小翻領外衣，因為兩臂捆綁，看上去衣裝也小，衣扣也繃緊了。趙身後不遠處，可見許多軍人背影，面朝外警戒，圍出空地，土坡上是黑壓壓的圍觀群眾；第二幅照片，槍決已經結束，可見趙震元倒斃側臥在土地上的全身近景。亡命牌扔在一側，以便槍彈從腦後射擊。他頭枕土地，面向鏡頭，額前可見子彈穿出的破口，臉前地面上有腦漿零落，及至額頭近處，白色腦漿集中流出，在地上堆積起碗口大一堆，腦組織的皺皺折折尚可看清。因是全身倒臥照片，故見其腳部，穿一雙繫帶兒的黑色帆布鞋，踝部戴著粗壯碩大的鋼鐵腳鐐；詳看勒了鐵絲的面部，雙目是微閉的。第三副照片，與第二幅照片基本相同，只是多出兩個行刑戰士從圖片上部，前探半身入畫。右側，一名戰士頭戴軍帽，用大白口罩捂住了面龐，他正彎腰從死者腳踝部往下卸鐵鐐，手上戴著白手套。另一名戰士的胳膊從左上入畫，正在死者背後解手銬，或許是要擰開勒口的鐵絲。最令人驚異處在於，在第二幅照片中，死者額前地面可見堆起一堆碗口大小白色腦漿，到第三幅照片中，卻不見了！這一明顯差異說明，在圍觀群眾到達死者倒斃處之前，也就是在戰士解除死者手銬腳鐐之前，趙震元流出的腦漿已不在原地，不知被何人取至何處做何用而去？或有可能被特殊人物又一次做為特殊補品，盛回去吃掉？

三幅照片，比常見的一二〇黑白照片略大一些，黏貼在印有「案卷目錄」字樣的辦案公用紙上。我手裡拿著放大鏡，在燈下久久察看，想到這位從小參加八路軍的燕趙漢子，其父親死於日本鬼子之手，他根紅苗正，和平年代曾是一位積極參與汽車摩托車運動的維修高手，長期在家中寵養猴狗鳥魚等小動物。文革爆發，正是中年時候，他提槍出戰，指揮上黨紅字號一個師武裝，與軍人指揮下的聯字號軍民展開了一場又一場喋血戰鬥，他曾被俘虜，又生還大營，他叱吒風雲呢。

趙震元文化不高，書寫困難。在獄中，聯字號辦案者專門為他安排了一名文化很深的在押人員，替他代筆記錄和書寫交待材料。這位代筆人頗不簡單，名叫孫東元，早年留洋日本學醫，歸國後做過閻錫山的私人醫生，關押之前，曾在長治市醫院裡工作，是山西有名的醫學專家，婦科泰斗。我看到很厚的趙震元案卷，多為孫老先生筆跡。趙震元人生的最後話語，都是向這位孫老先生傾訴的。文革後，孫老先生重獲自由，仍在給人看病。可惜我在採訪之時，孫老先生竟已逝去……

我們假設，最高當局在解決晉東南文革戰火時，如果支持了趙震元這一派，那麼，趙的命運又將如何？問題在於，反面的大結局同樣會非常可怕，紅字號如果勝利為王，那麼，聯字號一個個指揮員，是不是也將人頭落地，鮮血與腦漿浸染太行山大地呢？一派勝利，必當殺伐決斷，即對另一派實行肉體消滅。

犧牲者的命運，只能是犧牲。

晉東南聯字號勝利執政，相繼槍決了趙震元、劉周娃、侯小根、張坤、趙文富、李天法、馬俊青、郝國生、王文則、孫振亞、馬可世、張忙孩、原學義、王文蓮、孫勝魁、常貴珠等紅字號將士多人。另有多人死於深牢大獄。還有程首創、喬高升、羅生明、郝振祥等等一連串的死緩。其罪名形形色色，卻並不複雜。如長治西關發生過的搶奪解放軍武器裝備事件以及四五四六部隊一名營長陣亡，其罪名逕自安到了紅字號「回民支隊」年輕的頭頭馬俊青頭上，馬因而被槍決；紅字號「六月天兵」組織頭頭侯小根，即所謂「馬路兵團」司令，也以歷史問題及指揮殺死農校學生為罪，將侯槍決。其實農校一戰，也是一場武鬥案，侯並不在現場……。另有一大批人，被判處重刑，長期監禁。這些案子，要想一一數點清楚，需花費極大功夫。在省城太原，與晉東南紅字號屬於同一陣營的決死縱隊頭頭楊承效，大名鼎鼎，也被槍斃了。

捕殺侯小根

紅字號中下層指揮員眾多，其中，要數長治城區土生土長的所謂「馬路兵團」司令侯小根，名聲最響。古城內外，兩派幹群無人不知侯小根其人。因其名氣大，有影響，故而另一派在執政辦案中，必要對他實行消滅，藉此鎮懾四方，鞏固戰後新政。

侯小根原是市搬運公司一名工人，民間管他們叫做「腳行」。一九七〇年四月槍斃侯小根，佈告上說他「現年四十二歲」，以此計算，他應當是一九二八年前後出生的人。一九三七年抗日戰爭爆發，日軍兩次攻佔長治，到一九四五年八月日軍投降，他只是一個十五六歲的少年，常在一個叫做「建設團」或者保安隊的日偽組織裡混飯。他不是一個山鄉農漢，而是城市貧民。佈告上說，侯小根於一九四五年秋，參加了閻錫山的部隊，在閻軍第六九師二〇七團以及一〇總隊四團山炮連當兵。說侯曾在閻軍「上黨特訓隊」受過訓練，擔任過便衣偵察員。

一九四九年以後，侯小根做過工，當過採購員，因所謂「投機倒把」曾被公安機關扣押，先後被兩個單位清除，文革前落腳到搬運公司幹了苦力活兒。

侯小根從小在上黨古城長大，對市區大街小巷和社會底層人群極為熟絡，文革一來，組織「六月天兵」，少不得一批市井油頑、閒散漢子或者問題青年，包括走投無路的人，加盟到侯小根麾下。他們身為底層貧民，把這場浩大運動看做人生出頭的寶貴機遇。武鬥之前，這批流氓無產者依附了紅字號，聚眾喧囂於鬧市街頭，干擾破壞聯字號行動，因而得到一個「馬路兵團」名號。聯字號一派咒罵他們是流氓地痞社會渣子，亦稱「賊漢」，其「六月天兵」之謂，反而鮮為人知。一位知情人對我說，侯小根面色蒼黑，生得瘦高而強健，說話辦事確有一股子強悍痞頑勁頭，他親眼看到侯小根敢在廣眾之下，跳上市中心十字街頭交通警察崗，一跺腳，崗台咚咚響。他吼道：說馬路兵團就馬路兵團，都睜開狗眼瞧瞧，老子辦公的地方就在這兒！聯字號上來辯論辯論？搬運公司四百條好漢，就在這兒等你！

亂世稱雄，槍桿子說話，侯小根帶領幾十名精悍弟兄，迅速武裝起來，先是駐紮東大街紅總分站據點，後轉移到西招待所總指揮部長期作戰。除了歷經多次大小戰鬥外，還利用對市區地形地貌極為熟悉的特長，擔負抓捕要人、審訊看押、伏擊堵截，護送大員、偷襲破壞等等繁雜任務，是紅字號集團當中一支非常活躍的城防隊伍，直接聽從總指揮趙震元調遣。

武鬥戰火，侯小根部下先後戰死二人，一個叫董和平，一個叫何新華，都是城市青年。侯小根很注重對死者家庭給予經濟補償，從而使這支隊伍帶有一種民間結社的江湖色彩。從案卷材料中可知，侯小根積極籌集款項，深夜派出手下人，分別給死者每家送款一千元。這在當時是個極大數字。還給死者家裡帶去不少被面布匹日雜財物等戰利品，盡力撫恤。

聯字號批判侯小根，描述其形象打扮，幾近漫畫，分外誇張獨特，說「他頭上是一頂平頂警官帽，戴墨鏡，紮武裝帶，圍腰一圈兒子彈盒子外加幾顆精緻手雷，挎兩把手槍，其中一支五一式手槍是在火車站抓捕聯字號頭頭姚新民繳獲的。下身穿一條騎兵黃馬褲，腳踏軍用高幫大頭皮鞋，提著半自動步槍，牽一條大洋狗。除了全副武裝外，屁股後頭還背著一隻軍用水壺，裡頭裝的卻是白酒，時常拿起來灌上兩口。當人們喊他侯司令時，他就興奮，叫他別的名稱總不愛聽。」說不好這是一幅什麼形象。就是這麼一條漢子，打仗膽子奇大，往往身先士卒。有一次，伏擊攔截聯字號王莊煤礦卡車，車上有聯字號戰士二十七人，在卡車駛近的當口，侯小根不顧性命大吼一聲，帶人衝上馬路，首當其衝跨到馬路中央，三顆手榴彈綁做一捆，侯雙手各提一梱，共提六顆炸彈，高喝「停車」！結果，未開一槍一彈，侯的隊伍將對方二十七人全部俘虜。而侯在乘車衝擊聯字號關卡時，則喜歡迎風而立，站在車頭踏板上，一手抓牢車門，一手揮槍射擊，同時指揮車上機槍射手連續開火，往往疾衝而過，沒有一次被對方攔截住。不難預料，侯小根當時若被對方抓俘，報復修理，必無命在。聯字號上上下下，對他早已萬般惱火無比憎恨了。

侯小根名聲大。各地組織前來尋補槍支彈藥，找不到趙震元等大頭頭，就找他。他總是做出權勢姿態，熱忱援助。如說屯留縣一位紅字號女首領，是個少數民族，善騎烈馬，亦使雙槍，她來西招求援，侯小根一次幫她辦妥一〇〇顆手榴彈。在我著手寫作本書之際，這位女頭頭剛剛去世，經歷也很傳奇。還有黎城縣的紅字號頭頭來找侯司令，侯也幫他們解決了一批槍支彈藥。

反過來，侯小根在隊伍內部的彈藥管理上，卻能夠按照軍營制度，進行嚴格限制。每次出擊前始發彈藥，戰鬥歸來，子彈手榴彈都要清點交回，集中專人保管。不許手下人私藏。戰利品和財物，一律登記入庫。

侯小根，就是這樣一個有著舊時代軍隊色彩且性格悍烈的武裝分隊指揮員。兼有民間行幫結社江湖烙印。他的所作所為和衝鋒陷陣，都是為了在紅字號奪取勝利之後，一舉改變底層人生命運。應該說，他代表著城市貧民積極投身文革這一大群體，並且為數莘莘。幾十年間，他們往往有過這樣那樣的糟心事。而一朝投入政治鬥爭，躋身一派陣營奮勇拼殺，以身做賭，則是時代大勢之必然。各階層中許多人，又何嘗不是如此賭博人生？文革巨瀾，少不得魚龍混雜，泥沙俱下。無產者在鬥爭中失去的只是鎖鏈。

兩派戰事發展到一九六八年二月中旬，紅字號鎮守上黨古城，面臨大兵壓境高危關頭。紅字號上層一致認為，如此被動挨打局面，完全是由於北京高層偏聽偏信，對晉東南情況毫不瞭解造成的。他們憤怒：是誰停了水？是誰停了電？是誰停的產？是誰號令民兵作戰？是誰將上黨地區打成座座空城？是誰動用特級國防武器？是誰摧毀了早已成立的革命委員會？是誰要重新打倒「三結合」主要領導程首創？這一切，都是省軍區、軍分區支一派打一派造成的，分明是聯字號矇騙了黨中央和毛主席！因此，我們紅字號必須儘快組織得力人員，赴京反映真實情況，狀告對方，跟進材料，挽救「北京十二月會議」以來，山西劉格平、陳永貴以及晉東南紅字號極其被動的敗局。而赴京團隊，必須選擇在北京有一定關係的人員組成，全力為送達告狀材料創造條件。這支團隊中，就有侯小根。因為侯小根有一位胞弟在中央警衛部隊任職，具體說是直接保衛林彪副主席的。——幾十年以後，這位軍人曾任山西武警部隊司令員，這時，他已經是一位真正的將軍了。

侯小根就是在這種情況下，服從總部決定，隨同上訪人員二十餘人，突然離開戰場，奔赴北京的。據聯字號宣傳品稱，侯小根原本要在戰場上血戰到底，說侯「身帶兩支手槍，正在垂死掙扎，他揚言：如果不承認紅字號是革命左派，我們就要一直打到底，非讓毛主席親自點頭不可！」

侯小根此去，山重水複，凶多吉少，。

出發前，戰火中，侯小根召集眾弟兄開了一個會，他告訴大家，此次赴京責任重大，要想突破聯字號嚴密封鎖，衝出重圍到達北京，亦極艱難。所以，要抽出數人與侯同行，護送侯到山西境外。具體行動方案，待集中到淮海廠大本營之後，統一安排。此刻，西招已被大軍重兵包圍，結果，侯乘坐第一輛卡車拼死衝出西招指揮部，到達淮海廠，而跟隨他赴京的老吳等人，乘坐了第二輛卡車，當即遭到聯字號強大火力封鎖，未能跟侯小根衝出去。

在淮海廠，侯小根與本派赴京團隊會合，共同接受任務。這批人包括：地委機關給程首創擔任過秘書工作的韓恩俊，地委幹部王保琪、郭改蓮夫婦，教幹校教師蘇林書，長治市委老裴，以及銀行一人、郵電二人，鍛壓廠一人，預製廠二人，太原一人，加上侯小根，計有主要告狀人員一三人。有武裝護送小組四人，加壺關縣紅字號兩個武裝嚮導。另有六個高平縣紅字號戰友，近期被困長治，此六人將在這次行動中與侯等同行下山，到山西東部境外，再從河南省林縣輾轉南繞太行，重新上山，回到高平去。如此組合之後，同時行動人員達到二五人。大家全副武裝，登上一輛戰鬥卡車。這輛車是由淮海廠總指揮郝振祥特地派出的，要從廠子東部安全通過大片雷區，再翻過東山，進入壺關縣境內。全體人員始可棄車步行，跋涉太行大峽谷，翻越群峰出省，跨過紅旗渠，直插河南省林縣地區，從而突破聯字號重重封鎖線，經豫冀兩省進京。

二月十三日午夜一二時，侯小根隨團隊登車出發。

途經南石槽村，由紅字號武裝接應，帶路前行，翻過了長治市區東部高山，進入壺關縣。改由壺關縣兩嚮導帶路，夜奔太行大峽谷。按說，五龍山一帶，本來是紅字號控制的。但是戰局驟變，就在前一天，壺關縣聯字號軍民浴血奮戰，打贏了修善村戰鬥，正在五龍山各路口嚴密警戒和搜索殘敵。

非常不幸，當侯小根等二十五人走到五龍山區時，突然，四周響起了密集槍聲。戰鬥在瞬間打響。天已大亮。

侯小根等人急急退守在一個小山村裡，負隅抵抗。

紅字號赴京告狀團隊被聯字號重兵包圍。四外山崗上，處處喊殺聲。

地形對他們極其不利，紅字號二十五人迭次突圍未果。侯小根在戰鬥中被子彈擊中，打傷了胳膊。

絕望中，紅字號赴京告狀團多數做了俘虜。聯軍封鎖出境口，大有成效。

聯字號戰士打掃戰場，押送俘虜回營。

聯字號緊急審訊，嚴刑拷打。很快弄清，在全部俘虜中，偏偏沒有侯小根——儘管他身負槍傷，卻在戰鬥尾聲逃遁而去。

聯字號立即組織搜山。侯小根早已沒了蹤影。

他怎樣逃脫戰場，又怎樣隱匿在大山中？他從哪一條峽谷跳出了封鎖線？我們不得而知。我向喬高升、楊萬盛等紅字號倖存者諮詢，他們也說不清楚。只是告知，在一個多月之後，侯小根帶著槍傷，遊魂般出現在太原城。他與大批奔逃在外的紅字號骨幹會合，又輾轉前往晉中地區陳永貴地盤，在平遙同盟軍庇護下，參加了紅字號逃亡人員代表大會，最後落腳在平遙城裡一個聯絡站養傷。

侯小根漏網出逃，令對立派軍民格外氣惱。很快，儘快抓捕侯小根祕密計畫，列入聯字號上層議事日程。他們只有早日抓捕了紅字號一個個實戰型人物，尤其是有影響人物，才能最終瓦解對方殘軍戰鬥意志，遏制紅字號東山再起，使一切對立人群陷入絕望。

抓捕侯小根並不容易。

晉中地區大部分縣市，為陳永貴一派統領。一九六七年八月「平遙事件」之後，陳派基本上控制了晉中城鄉。平遙南部與晉東南沁源縣接壤，兩縣交往密切，這裡成了晉東南紅字號逃亡人員重要棲身之地。侯小根長住縣城，擁有較強武裝。晉東南聯字號很難深入虎穴，從這裡把人抓走。

還是那句老話，堡壘最容易從內部突破。

前頭講過，侯小根周邊下屬們，結社成員複雜，閒散遊民不少。聯字號在鬥爭中，非常注重對紅字號中下層人員分化瓦解。在抓捕他們並且嚴重地「修理」他們之後，進一步逼迫他們投降叛變，戴罪立功，進而把他們放出去，重新打回紅字號內部，轉變為聯字號地下敵工人員。為使此類人物能夠隨時聽取指示，報告諜情，獲得獎勵，裡應外合，聯字號特地在北京、太原等地設立祕密聯絡站，派遣專人長期駐紮，負責中轉情報，長期接頭。聯絡站選用人員均不曾在公開派戰中顯山露水，身分較為隱蔽，卻行動幹練，吃苦耐勞，組織嚴密，效率極高。這些隱蔽機構在太行戰場之外，發揮了不可替代的作用。

二〇〇四年，我在長治尋訪了聯字號太原聯絡站一位主要負責人——這裡略去他的姓名，他在年輕時做過中學數學教師。如今，他年事已高，仍可以清晰地回顧往事，侃侃而談，腦子非常好。他回憶說：我們駐太原時也被紅字號發現過，他們求助於太原同一派人，出動力量打砸過我們駐地，驅逐我們，使我們被迫轉移數次。但是種種打擊並不能影響我們頑強地開展鬥爭。其中，被我方控制利用的兩名告密者，在紅字號內部發揮過特殊功用。我們對他們獎勵的辦法，是不斷地補助給他們一些糧票。那時現金不好搞，而糧票較多，執政掌權的人完全可以搞到。老趙你明白，全國糧票和山西省糧票，在生活中又是有價的，告密者可以拿糧票換成錢。這兩名打回內部的紅字號叛徒——這裡也把他們的姓名略去，立功不小。其中一人是長治某公司的，戰後清理階級隊伍，單位裡聯字號不明內情，把他當成紅字號骨幹整他，軍分區首長通知那家單位，這個人歸地區管理，不要整他，出面保護。要說這個人的任務呀，主要是讓他在省城街頭巷尾暗中指認紅字號頭頭，協助我方行動小組跟蹤抓捕，或改日設法抓捕。這個人還負責報告趙震元等大頭頭們在太原、晉中、北京等地的動態；另一個叛變告密者曾經是侯小根親信部下，捕獲侯小根成功，靠得就是他了。而侯小根特別相信這位老部下，很可能到死也沒有懷疑過這個人。

為講述方便，我們且把這個叛變了紅字號並且協助抓捕侯小根的人，稱做二盧好了。

此前，二盧為紅字號執行任務，從太原平遙等地潛返長治，被聯字號截車抓捕。聯字號恩威並施，致其叛變。二盧反戈一擊，知道不少機密情況，關鍵是知道侯小根潛藏在平遙城內聯絡站一位婦女家裡。而紅字號在平遙的人馬，並不知道二盧有過被捕叛變情節。軍分區立即決定，選擇精明強幹指戰員，組成身手高強的行動小組，利用二盧，速返平遙，設計誘捕侯小根。軍分區為此派出大吉普車一輛，載行動小組星夜駛往晉中地區，實施這項祕密行動。

這時，侯小根槍傷已近痊癒。噩運正在向他逼近。

二盧隨四名強悍軍人小組，乘吉普車北上，開赴晉中榆次市，暗中轉移到太谷縣火車站潛伏。遂命二盧速從太谷返回平遙，依計晉見侯小根，誘其出窩。這一系列行動，完全是軍人們設計好的。事實是：二盧返回平遙見到侯小根之後，佯裝神祕地通知侯：得到上峰指示，命二盧陪同侯小根立即起身，趕往太谷縣，參加紅字號聯防會議。行動路線是從平遙火車站登上客車，走鐵路，僅半小時即可到達太谷，下車後二盧即帶侯前往開會地點。如此說法，侯小根並無半些懷疑。他當下取一條白毛巾，裹在頭上，扮作農漢模樣，腰間插了手槍，暫別房東，隨同二盧而去。

二盧成功地誘侯登車，反戈立功心切。

軍人們按照計畫，早已在太谷火車站摩拳擦掌。

火車到站一停，一名軍人當即登車接應，與車站下面的軍人形成前後夾擊態勢。待二盧與侯小根下得車來，侯即被強力擒獲。為掩護二盧不暴露身分，軍人同時抓捕二盧，一同推擁到吉普車中。眾人並不停留，迅即驅車奔返晉東南而去。

侯小根措手不及，槍也沒顧上掏出，即被捉拿。車返長治。接下來，有目擊者看到，軍人們把侯小根押至長治西街監獄外院，他被牢牢地扣在院中一口大缸之下。從此，他成為一名等待處決的死刑犯，在獄中度過了人生最後一年暗淡時光。

從各種案卷材料中可見，聯字號為了處死侯小根，費了功夫。在兩派歷次武裝衝突中，辦案者竟然找不到侯小根直接致死人命的證據，說他罪惡滔天，實無嚴重傷亡事件。最後判決，頭一條，還是發生在幾十年前抗日戰爭時期老舊案子。說侯在一九四四年初，參加了日偽「建設團」，團內有一個農民名叫李貴喜，「堅持民族氣節，拒絕為敵效勞」，逃離團隊返鄉。侯小根報告了李貴喜出逃，李遂被抓回。致李在拷打中死去，判決書中稱，「侯犯對這一歷史罪惡，至今抗拒交待」，但仍將「漢奸血債分子」罪名，戴在了侯小根頭上。

侯小根本人對此做出辯解，他反覆講，農民李貴喜被「建設團」抓打致死，自己不可能算做主要責任者。理由很簡單，即在一九四四年，他「不過是一個十五六歲的孩子」，打死李貴喜，實屬大人們所為。從實際年齡推算，侯小根這一辯解，是符合情理的。

認定了歷史舊案，再看現實罪狀。侯小根部屬於一九六八年元月五日夜，襲擊長治農校與聯字號一戰，打死了農校學生賈承懷。（可見「聯總」追悼名單第一九位。）而侯小根在這次交戰中，並沒有到過現場。判決書上仍將侯做為主謀策劃者判罪。

再一件罪，稱侯小根等人在與糧機廠聯字號衝突中，手榴彈炸傷了對方兩人未死。

最後一宗罪，說侯小根在西招指揮部土牢中，強姦了屯留縣武裝部軍人妻子周雪梅，稱「侯犯強姦軍屬，動搖軍心，毀我長城，實屬反革命罪行」。而此案，旁證材料並不充分。

總之，侯小根被指控「血債累累，罪惡滔天，民憤極大，不殺不足以平民憤」，終被判處死刑，立即執行。一九七〇年四月十八日，山西省公檢法軍管會以（七〇）軍管刑複字第二三九號批覆晉東南報告，對侯執行槍決。同時宣判兩名同案，一人死緩，一人無期。

侯小根身陷大獄，百辯無用，就這樣被殺掉了。

八年後，即一九七八年春，中共長治市委報請省委，對侯小根一案做出複查，「認為此案應以武鬥案件處理；侯小根有罪，但不該死。應撤銷原判，其他二人釋放。」省委予以批准。

原判可以撤銷，而人死卻不能復活。

講述侯小根生死紀事，讓人欲言還止，欲罷不能。他是太行山上這場文革惡戰中，城市貧苦民眾共同犧牲的一部分。

衣衫襤褸的百姓們一次次往復刑場，觀看殺人情景。紛亂腳步踏起了滾滾黃塵。在萬眾驚呼聲中，血漿一次次飛濺至半空。行刑戰士們戴著墨鏡，白色口罩和白色手套，強化了刑場恐怖氛圍。使什麼槍，什麼子彈，子彈從後腦進去又從哪裡炸出，成為當年人間累累話題。人們津津樂道而不休：那囚徒從刑車上下來，看上去膽量如何？能否昂然行走？像不像一條硬漢？當時你到底瞧清了沒有？那囚徒挨了槍彈，是否立即倒下？他還動不動？是否又補射一槍？死者太多，看客們早已麻木，只顧尋找談資，世上沒有了對與錯，相談許多曲折細節，成為枯燥時代一道特色菜肴。

除了前述諸案之外，兩派雙方還觸發了動用國防戰備武器案，搶劫軍糧案，地區藥材總庫焚毀案，大宗糧票案，回民馬俊青死刑案，幼稚園炸死少兒案，高平及長治炸毀鐵路案，晉城長畛窪殘殺案，四新礦大樓炸毀案，地委幹部董振義被殺案，黎城招待所炸毀案，黎城程家山楊志強死亡案，歷次割生殖器案，屯留張店水庫惡戰案，沁源老紅軍傅正春死亡案，地縣集中營虐俘案，搶劫軍隊武器案，多椿製造武器彈藥案以及王創全案、程德勝案、范雲章案、劉三年案、王天池案、李秉壁案、陵川秦福來案、屯留韓保娥案、高平王學科案、潞城李冬生案、黎城魏炳旺案、平順郭永福案、晉城王保貴案等等數不清的人物要案。至於在武鬥中造成傷亡又判處對方死刑或者重判監禁的案子，更是多得無法統計。紅字號已經備受摧殘，待到文革結束，天地翻覆，烙餅翻了過來，聯字號頭頭們複被當做「四人幫」在山西的幫派體系，遭到沉重打擊，進一步造成大批慘案。總之，兩派被槍決、判刑或被嚴重迫害者，在晉東南達到數萬人，包括「揭批清擴大化」。雙方的殘殺報復真是悲慘到了極點。前述聯字號頭頭徐志有，逃亡東北老林長達三年。全區十七個縣市兩派骨幹們，幾乎無一不被關被抓，形形色色，城鄉悲劇，萬家墨面，實在難以盡訴。兩派將士們，要麼犧牲身家性命，要麼犧牲了全部青春。

殊可歎，法律公器在文革中，為派性決鬥所充分利用。而歷朝歷代，國家法律公器，從來就是某些集團或個人維護利益的工具。內中各個環節運作，遠非尋常力量可以遏制。古老中國，各種偽造難以堵塞，冤假錯案平地橫生。運動既來，上上下下惡弊最甚。想翻案嗎？將來再說，乃至惡性循環。辦案便是戰場之外鬥爭的延續。

這裡再說一遍，文革當中有四至五年時間，中國在准予死刑的許可權上，並不需要報請北京最高法院審核，而是由各縣市報至地區，接著由省裡浸染派性的公檢法首長打了紅勾，就可以回文殺頭了。這一時期，全國各地盲動執法，為派性報復肉體消滅，留下了極大黑洞。

文革後期乃至很久，全國湧往北京告狀伸冤者川流不息，他們餐風宿露，不懼嚴寒不畏酷暑，成群結隊，積案堆疊如山，其中極大比例血淚案，是全國各地在派性傾軋中造成的。全民族在特定歷史條件下，自己釀造出巨大苦果，為文革之初任何一個善良人所不能預料。對派戰害人、派戰殺人這一特殊歷史現象，在文革研究中尚未引起足夠重視，我們往往把許多冤假錯案，簡單地歸咎為「林彪、四人幫以及造反派迫害所致」。這對於深入探索文革時期社會狀況，是遠遠不夠的；對於真正認知由革命使命和階級鬥爭理論所推演出的巨大民族苦難，也是遠遠不夠的；對於真正思考批判由極權專制所導致的人性惡變，更是遠遠不夠的。

無數革命戰士犧牲在文革武鬥戰場上。

無數革命戰士犧牲在文革武鬥戰場外。

全民族為文革之戰付出了慘重犧牲。

暴力大革命，「以暴易暴，不知其非」啊。哲人們悲涼感歎「革命吃掉自己的兒女」，這是一條多麼殘酷的理律。紅色陣營一旦分裂廝殺，最難記述。

刮颱風橫掃上萬生靈

太行山區兩派血戰的高峰期，主要進行於一九六七年八月至一九六八年四月，歷時半年多。兩派將士埋頭廝殺，浴血苦戰，還沒有注意到全國階級鬥爭大局。待到聯字號依託野戰軍好幾個師，對紅字號實行大規模彈壓之後，初步統一了晉東南文革政權，已是一九六八年秋冬季。勝利者們這才知道，大山之外，已經開始了一種名曰「清理階級隊伍」的新名堂。上海《文匯報》等報刊大肆渲染對階級敵人，要「猛刮十二級颱風，除惡務盡」等等論調，總之，晉東南支左部隊和新勝利的一派，看到了自身與全國的差距，只埋頭鏖戰，不抬頭看路，必須奮起直追，迎頭趕上。

清理階級隊伍，到底該幹什麼呢？廣義上說，就是要對所謂地富反壞右分子、特務、叛徒、走資派、刑滿釋放分子、勞教人員、漏網右派、反動會道門、國民黨殘渣餘孽等等幾十種「壞人」，來一次堅決澈底的大清洗，這項任務與當時清查打擊「五．一六分子」的行動，又萬般不幸地結合在一起了。

晉東南新勝利的一派弄清了這一切，——這是一個打擊對立派殘餘勢力的絕好機遇，對本地區新政權的穩固與安全，有著緊迫的現實意義。要想鞏固政權，還是那句老語錄，「階級鬥爭，一抓就靈」。

全國都在動，「我地區因為階級敵人和國民黨特務程首創挑起了大規模武鬥，已經晚了許多時間，我們必須動員全區人民緊急行動起來，把失去的時間補回來」。

和全區各縣市一樣，陵川縣的一派勝利者，於一九六八年四月戰事停歇後，迅猛地轉入了「清理階級隊伍」的血腥殺戮中。在這個太行山巔的逼仄小縣，一下子就暴死了至少一三九人，被毒打致殘者達到二五八人，被游鬥酷打者達到四八〇〇餘人，受牽連遭迫害者達到八六四三人。史稱「十二級颱風事件」。

如此巨大慘案，何以嚴重到這般地步？

這方面的史料不多也不少，為求精煉準確，我這裡採用原始文本來報告歷史事件，讀者自會得到應有的解釋：

慘案發生後十年間，有關方面對陵川縣一九六八年突發「十二級颱風事件」，做過一系列調查，並做出專題報告。中共陵川縣委縣政府，於一九七八年下半年開始，為慘案受害者做了大量平反補償和落實政策工作。是年九月二十八日，縣委向晉東南地委正式發出一一二號檔，題為《關於「十二級颱風」問題情況及處理意見的報告》；同年還有陵發（一九七八）一六〇號檔，題為《關於「十二級紅色颱風」問題的調查報告》，兩份文件，事實一致，各有詳略，我據此對事件始末綜述如下：

一九六八年春季以後，晉東南紅字號組織雖被摧垮，但是他們壓而不服，繼續動搖著聯字號的基層政權建設。一場新的清理階級隊伍運動，不能不被聯字號新政所充分利用。陵川縣聯字號組織總指揮秦福來等人，也深知勝利後的局勢依然不穩，鬥爭形勢依然嚴峻。五月上旬，陵川縣革委會組織組副組長、聯字號負責人李等六人（略名），專程赴國棉三廠及河北石家莊地區，學習清隊運動和實行群眾專政等方面的經驗，聽取關於對敵鬥爭要敢於「刮颱風」的典型介紹。李等一行「取經」回到陵川後，五月十九日，李在縣革委常委及聯字號組織常委聯席會議上，對外省市「刮颱風」經驗做了專題彙報。這是慘案的前奏。

縣革委會決議在全縣大力部署運動。六月一日，縣核心小組代組長、兼縣革委會牛主任（略名），主持召開了縣黨、政常委聯席會議，決定常委分片負責推動運動。把全縣分作城關片、古郊片、潞城片、禮義片、附城片五個區域，帶動周邊鄉村，由常委們（略名）分頭率隊赴片上強力發動。總負責人除秦福來以外，還有縣武裝部的張春秀政委和縣革委會的牛主任。

張政委半年前曾經成功地指揮吉祥寺戰鬥和進攻高平並取得勝利。這時，他挎著手槍，帶著警衛，首先驅車到達附城公社，親自視察觀看了附城大隊對幾十名運動對象即「階級敵人」的游鬥批判。當時，該大隊在游鬥批判中，尚未出現嚴重的體罰打殺現象，張政委極不滿意。他憤怒地對當地基層幹部們訓斥說：「這叫什麼十二級颱風？連八級都不夠。」張當即召開該公社各大隊主要幹部大會，坐鎮指揮，重新進行發動。張政委在會上嚴厲講話：「十二級颱風，就是要把大樹拔掉，把房屋刮倒，把大地翻個滾。照你們這個樣子，連人都刮不倒嘛。」還說：「運動搞不起來，就是有絆腳石，必須弄清是什麼樣的壞人在擋道？這裡頭就有魚鱉蝦一夥壞蛋。告訴你們，這次運動不同一般，是衡量一個幹部真革命與假革命、革命與不革命的大問題。」他具體批評說：「你們那叫什麼游鬥？那些烏龜王八蛋，游鬥他，他還敢齜牙咧嘴笑哩？這不叫刮颱風。從現在起，你們馬上重新組織游鬥。」

由於文革中軍人執政的背景，武裝部張政委實際就是陵川政權的主官，革委會牛主任尚在其次。於是，由張政委親自指揮，在附城重新押出運動對象進行游鬥。大批民兵再次被調動起來。這一次，被游鬥的人，一律五花大綁，拉上街頭後，邊游邊痛打，當即打死一人，叫王明昌，係原來的國軍少校。對此，張政委進一步鼓動說：「死幾個王八蛋有什麼了不起？」——附城公社的狂暴颱風，由此猛烈地刮將起來，後果越來越嚴重。

張政委即從附城轉赴西河底公社督戰。在他到來之前，西河底公社風暴驟起，已經出現了打死人現象，而張政委仍然嚴厲批評社隊幹部「右傾」保守。他說：「對刮颱風要提高認識，要提高到三忠於、四無限的高度，死了幾個階級敵人，只能說明他們頑固不化，沒啥了不起，要窮追猛打落水狗，把一小撮壞蛋挖出來。不要以為文化大革命實現了忠字化，就沒有敵情了。對於壞人，就是要採取各種各樣的手段，澈底實行專政。」

六月十日這天，西河底公社全體民兵武裝大游鬥，當場活活打死老少六人。張政委毫不動搖地說：「對群眾運動不能潑冷水。」之後，西河底變成了全縣死人最多的一個公社。

回到縣城，張政委舉行全縣電話會議，繼續

對全縣進行發動，表揚激進，批評落後，推動全縣「颱風」越刮越慘。張政委有一個基本判斷：「照我看，四〇歲以上的人，大部分都有歷史問題。要一個一個進行調查，挖出一條線，就是一大片。」

陵川城鄉到處變成了殘殺人命的刑場，形成該縣歷史上最慘烈的一次內部大屠殺。到六月下旬全縣已經打死了七〇人以上，而該縣黨政軍仍在推波助瀾，連續發表鼓動文章。一篇文章題為《颱風，猛烈地刮吧！》，聲稱「這次十二級紅色颱風，刮得何等好啊，颱風席捲太行山巔，刮遍了全縣各個角落」，同時嚴厲批判對運動有抵觸的人，說他們是得了「政治上的恐風病」，是「肝炎加肺氣腫」，是「痧眼帶近視」，致使有不同看法的幹部群眾，敢怒不敢言，唯恐引火焚身。而積極表現者和一派骨幹更加激烈起來。

運動繼續惡化。七月中旬，牛主任和張政委，在一片恐怖的楊村公社主持召開全縣運動現場大會，進一步把運動推向深淵。大會有一六個公社登臺發言，彙報先進經驗，或沉痛檢討落後教訓。如附城公社已經打死了二〇多人，而公社負責人（略名）卻在發言中找差距說，「我公社對階級敵人刮颱風，還刮得不夠猛烈」，表態要迎頭趕上；三泉大隊「颱風」始終刮不起來，於是縣上狠批，公社開炮，工作組坐鎮，直到支書帶頭，打死了有所謂歷史問題的社員李樹德，運動隨即而起；丈河公社運動滯後，縣上施以高壓，張政委親自批評，又派人下去督戰，結果，公社書記挺身而出，親自掛帥，一天打死張小扁、和有孩、李生富三人。

大批社員群眾被打死打傷，各種刑法用遍。一派充分利用運動，報復對立面。有的地方把活人整死後，又重新拖出屍體，進行批鬥，對被逼自殺的屍體，亦不能放過。秦家莊的蘇二狗，自殺後裝了棺材，被拖出來批屍，然後一舉炸碎；司家河的平忙富，死後埋葬到地下十一天，也要刨出來，劈棺受辱；幹部王郭懷死後，復從地下挖出，拖著屍體批鬥一裡地；死者蘇所旺，挖出屍體扔入糞池，百般肆虐，然後火燒棺材，刀劈頭顱；萬章社員吳振江，幾度自殺不成，腿即被敲斷，不許他自殺，被骨醫接上腿骨後，又被揪斷，讓你自殺不成；一位母親被打壞，已無法拉出來用刑，於是出現了讓子女代替母親坐老虎凳的慘案；楊村街頭，為震懾群眾，運動組織者把批鬥對象紮成稻草人形狀，糊以白紙，寫上名字，一個個排列豎立在村街兩旁，做低頭認罪狀。夜晚，全村陰風怒號，酷刑中的慘叫聲此起彼伏，白色稻草人肅立，村中一片鬼氣冤魂，形同人間地獄。為防止受害者外逃，村邊路口崗哨林立，只准進，不准出，恍若隔世。張政委曾指示說：「對階級敵人，就是要讓他有個標緻，不行就到磚瓦窖上燒磚，磚上刻上壞人的名字，燒出來像狗鈴鐺一樣給他戴上，讓人一看都知道他是個階級敵人。」

據當時陵川縣《鬥批改簡報》記載，「截止一九六八年底，我縣共挖出各種反動組織三十八個，揭出有嚴重政治歷史問題的八六四三人」，並列舉附城公社稱，「該公社清理出各類階級敵人達九九八名」。事實上，在全縣害死的一三九人中，有所謂當年「敵性問題」的人，僅七名而已。全縣統計，遭受游鬥酷打者達到四八〇〇餘人，酷刑致殘者二五八人，傷無數。

嚴重迫害已近萬人，事件並沒有到此為止。一九六九年初，陵川縣「刮十二級紅色颱風」造成巨大傷亡一事，經受害人家屬冒死上告，地區及省裡開始干預制止繼續死人傷人。晉東南軍分區司令員武天明，親赴陵川，追究責任，公開講話批評。這一來，形勢驟變，陵川當局又將責任推至基層，反過來迅速抓捕打手幾十名，以交待上峰。其中，匆匆判處死刑四人，判處徒刑多人。如打死趙道士一案，當即抓捕處理了十五人，內有十一名大小隊幹部。這個生產隊原有七名中共黨員，先被打死一人，後被判刑四人，同案犯一人，都成了罪犯，只剩下一名年近六旬的女黨員了；再如打死張松孩一案，同案罪犯達到十三人，內有十一名大小隊幹部。其中大泊池村一共不足四〇戶人家，此案即有九名黨員、村幹受處理，事後這個村連小隊長都選不出來了；到一九七四年，省裡批判謝振華，紅字號鬧翻身，針對「颱風迫害案」該縣又判刑和處罰了六十五人，其中黨員、幹部五十六人。前頭打死了上百人，成千人傷殘，近萬人挨整，後頭又嚴懲了上百人，惡性循環，再加上原先武鬥和兩派抓打致死上百人，一九七七年以後又處理懲治了聯字號幾十人，你看看，太行山上一個偏遠小縣，讓一場文革折騰到了何等地步。說天昏地暗、日月無光，絕不過分。

太行山威嚴屹立，無言無語，她是血腥歷史的見證。

面對大批人員死亡和嚴重傷殘，人們心境灰暗麻木。

發生在晉東南陵川縣文革中的一場「十二級紅色颱風」慘案，至今不為外界所知。是的，以上梗概，在任何史料中從未披露。為哀悼死者，見證歷史，我依據檔材料，對這場「颱風案」死亡者做一統計梳理。名單並不完整，如一個名叫百崖的大隊，一天中打死二人，至今不知姓名。

我們先看男性死者：

一、張維漢，六十一歲。西河底村民，軍統，打死於街頭。

二、張水元，四十八歲，西河底村民，無案，批鬥中被打死。

三、張明付，三十八歲，西河底村民，無案，施酷刑被打死。

四、王雙印，六十二歲，西河底村民，案底不清，被打死。

五、賈邦德，五十二歲，西河底村民，三青團員，當街打死。

六、李樹德，四十五歲，西河底村民，無案，亂棍打死。

七、李小根，五十八歲，西河底村民，派差隊長，當眾打死。

八、杜小迷，六十五歲，西河底村民，無案，亂棍打死。

九、李有德，五十五歲，西河底村民，無案，捆打死。

十、王鎖印，五十一歲，西河底村民，舊閭長，游鬥死。

十一、王東元，四十九歲，西河底村民，三青團，捆打死。

十二、吳永勝，五十五歲，西河底村民，舊副閭長，鬥死。

十三、吳振江，六十六歲，西河底村民，國

民黨員，捆打死。

十四、侯小發，五十七歲，西河底村民，參與舊血案，捆打死。

十五、郭世英，四十八歲，西河底教員，三青團員，捆打死。

十六、杜樹橫，五十一歲，西河底黄莊，無案，被逼自殺。

十七、賀金玉，六十一歲，西河底黄莊，參預舊血案，自殺。

十八、段福貴，五十二歲，西河底東王莊，國民黨員，鬥死。

十九、侯福順，五十九歲，西河底張仰，參與舊血案，鬥死。

二〇、韓海明，五十六歲，城關北關，歷史有案，游鬥死。

二一、周元保，五十三歲，城關河頭，舊保案隊，捆打死。

二二、張茂盛，七十四歲，城關東關，舊副閭長，捆打死。

二三、都仁奎，六十二歲，城關東畢，舊自衛隊，被逼自殺。

二四、張松孩，五十三歲，城關村民，無案，游鬥中被打死。

二五、郭玉昆，五十八歲，城關教員，三青團員，鬥死。

二六、王小肉，五十九歲，城關東窪，無案，被逼自殺。

二七、張彥良，五十八歲，城關教員，舊軍隊書記，鬥死。

二八、馮小德，四十九歲，附城村民，歷史有案，刑訊致死。

二九、蘇鎖旺，五十五歲，附城村民，歷史有案，被逼自殺。

三〇、侯萬山，五十三歲，附城村民，無案，刑訊致死。

三一、張黑驢，三十六歲，附城村民，現行有案，刑訊致死。

三二、宋福肉，五〇歲，附城村民，歷史有案，刑訊致死。

三三、宋六肉，四十九歲，附城村民，歷史

有案，刑訊致死。
三四、徐全旺，五十八歲，附城村民，國民黨員，刑訊致死。
三五、王根保，六十八歲，附城村民，無案，驚嚇死。
三六、王施仁，六〇歲，附城村民，政曆有案被鬥死。
三七、徐保孩，四十九歲，附城村民，獨道團，刑訊致死。
三八、劉通付，四十七歲，附城村民，有貪污，刑訊致死。
三九、靳松順，四十五歲，附城村民，歷史有案，刑訊致死。
四〇、武河印，六十五歲，附城村民，維持會長，刑訊致死。
四一、王玉喜，五十三歲，附城村民，三青團，被逼自殺。
四二、周錢和，四十二歲，楊村村民，迷信活動，當眾打死。
四三、申樹堂，？歲，附城村民，舊閭長，當眾打死。
四四、王明昌，五十四歲，附城村民，閻軍少校，當眾打死。
四五、馮良有，六十五歲，附城村民，舊時代區書記，當眾打死。
四六、趙落成，五十一歲，附城村民，無案，批鬥中致死。
四七、張秋發，五十八歲，附城南馬，無案，被打死。
四八、王壘金，五十九歲，附城沙泊池，歷史有案，刑訊致死。
四九、武樹明，五十六歲，附城嶺東，國民黨員，被逼自殺。
五〇、趙三明，五十一歲，附城下畢，貪污，被逼自殺。
五一、武來孩，四十二歲，附城神眼嶺，無案，被逼自殺。
五二、畢高興，五十七歲，附城畢家掌，舊勤務員，逼供死。
五三、任良忠，五十七歲，平城義漢，舊保

安，捆打死。
五四、郭雙付，四十七歲，平城北街，三青團受訓，捆打死。
五五、趙道士，六〇歲，平城治安，游鬥中被打死。
五六、郭存松，五〇歲，平城村民，無案，游鬥中被打死。
五七、王來江，四十九歲，平城教員，歷史有案，鬥死。
五八、都之勳，五十三歲，平城教員，三青團員，刑逼自殺。
五九、王海全，？歲，平城南街，倒買倒賣，被逼自殺。
六〇、牛斌，四十八歲，平城村民，歷史有案，被逼自殺。
六一、楊美孩，五一歲，平城村民，舊保安，捆打死。
六二、靳懷義，五八歲，平城村民，舊商警，捆打死。
六三、王興順，？歲，禮義村民，舊保安，當街打死。
六四、侯龍法，五十四歲，禮義村民，歷史有案，鬥死。
六五、都元胡，五十五歲，禮義村民，歷史有案，被逼自殺。
六六、田影福，六十五歲，禮義村民，舊鄉農會，鬥死。
六七、趙銀興，五十一歲，禮義村民，國民黨員，鬥死。
六八、張存旺，四十八歲，禮義村民，國民黨員，鬥死。
六九、李水泥，五十八歲，禮義村民，國民黨員，捆打死。
七〇、李唐義，六〇歲，禮義村民，青年學社，鬥死。
七一、秦栓文，二十八歲，禮義村民，無案，批鬥中被打死。
七二、趙紮根，？歲，禮義村民，舊村警，打死於村邊。
七三、秦羊鎖，五十三歲，禮義沙河，參預

舊血案，鬥死。

七四、張海水，五十五歲，禮義椅掌，舊記者，打死在當街。

七五、秦守經，五十二歲，禮義教員，三青團員，當眾打死。

七六、趙群根，五十一歲，禮義西街，舊士兵，閭長，鬥死。

七七、李天水，六十七歲，禮義東街，三青團員，被逼自殺。

七八、張黑女，六十一歲，禮義椅掌，國民黨員，鬥死於當街。

七九、張禮貴，四十六歲，禮義馬莊，無案，被逼自殺。

八〇、李春印，五十一歲，禮義沙河，無案，游鬥死。

八一、曹紮根，五〇歲，禮義沙河，無案，游鬥死。

八二、李長青，五十二歲，禮義北街，無案，游鬥死。

八三、秦遠勝，六十六歲，禮義沙河，公道團，被逼自殺。

八四、李來旺，二十九歲，禮義沙河，無案，被逼自殺。

八五、司果義，五十八歲，丈河村民，參與舊血案，自殺。

八六、許五興，六十五歲，丈河村民，無案，驚嚇死。

八七、張小扁，四十一歲，丈河村民，無案，施酷刑被打死。

八八、和有孩，四十三歲，丈河村民，游鬥中被打死。

八九、李生富，五十八歲，丈河村民，無案，施酷刑被打死。

九〇、范增孝，六十二歲，古郊村民，舊村警，被逼自殺。

九一、徐壯全，七十二歲，古郊西莊上，公道團，被逼自殺。

九二、郎小孩，五十二歲，古郊圪巒嶺，舊職員，捆打死。

九三、楊羅紅，六十一歲，古郊潘家掌，公

道團，鬥死。
九四、李石順，六十二歲，秦家莊村民，國民黨員，被逼自殺。
九五、平忙付，四十三歲，秦家莊村民，無案，捆打死。
九六、蘇二狗，五十一歲，秦家莊村民，舊村警，被逼自殺。
九七、秦喜孩，六十七歲，秦家莊村民，舊副閭長，被逼自殺。
九八、趙小付，五十六歲，秦家莊龐家川，無案，批鬥死。
九九、申有貴，五十五歲，秦家莊魯山，無案，批鬥死。
一〇〇、王自何，六十四歲，秦家莊德義，舊村警，被逼自殺。
一〇一、秦永旭，五十五歲，秦家莊石井，舊二七軍士兵，自殺。
一〇二、王新明，四十五歲，秦家莊村民，無案，捆打死。
一〇三、王玉孩，五十六歲，奪火村民，國民黨員，當眾打死。
一〇四、田元安，四十九歲，奪火村民，維持會聯絡員，鬥死。
一〇五、田張義，四十四歲，奪火村民，三青團分隊長，鬥死於當街。
一〇六、李松付，五〇歲，潞城圪塔，三青團分隊長，鬥死。
一〇七、靳秋貴，六十九歲，潞城上背，舊農會幹事，捆打死。
一〇八、楊保堆，六十七歲，潞城洪河頭，舊閭長，捆打死。
一〇九、李秋貴，六十二歲，曹莊村民，國民黨員，打死於當街。
一一〇、靳天成，四十五歲，曹莊吳水，政曆有案，捆打死。
一一一、牛青山，六十一歲，曹莊冶子，無案，游鬥捆打死。
一一二、李貴鎖，一十七歲，橫水頭郊，無案，捆打死。
一一三、秦來鎖，四十八歲，橫水，無案，

游鬥被逼自殺。
一一四、秦明亮，四十九歲，橫水，無案，游鬥被逼自殺。
一一五、郎發明，五十四歲，橫水後郊，無案，捆打死。
一一六、趙遠明，五十九歲，西南倉龍王，聖人道，被逼自殺。
一一七、宋洞傳，七十一歲，西南倉諸神觀，無案，被逼自殺。
一一八、王水的，六〇歲，冶頭下河，舊副閭長，鬥死。
一一九、王海鎖，七十三歲，冶頭劉家莊，舊閭長，鬥死。
一二〇、李躍光，三十三歲，冶頭教員，無案，被逼自殺。
一二一、張景存，五〇歲，良種場，無案，被逼自殺。
一二二、王克恭，五十三歲，毛古掌磺礦，舊村書記，鬥死。
一二三、耿天龍，三十九歲，西閘水林場，無案，被逼自殺。
一二四、王榮彬，四十九歲，西閘水林場，歷史有案，捆打死。
一二五、崔義，五〇歲，馬圪當好水鋪，土匪，捆打死。
一二六、元印山，五十一歲，中莊水庫，國民黨、常備隊，自殺。
一二七、秦海付，五〇歲，一山林場，舊法警，捆打死。
一二八、王存喜、五十七歲，楊村平居，國民黨員，鬥死。
一二九、申小丑，五十三歲，東關村民，無案，批鬥中致死。
一三〇、王二鎖，七十二歲，侯莊村民，無案，亂棍打死。
以下八名為女性死者：
一三一、司蘭英，五十五歲，奪火村民，無案，批鬥打死。
一三二、徐榮秀，四十七歲，奪火村民，無案，批鬥打死。

一三三、侯小女，五〇歲，潞城村民，無案，批鬥打死。

一三四、崔小妞，三十九歲，馬圪當大雙，無案，捆打死。

一三五、楊巧孩，五十八歲，西河底萬章，無案，捆打死。

一三六、靳四孩，六〇歲，西河底大玉鋪，無案，鬥死於當街。

一三七、常秋孩，六十四歲，附城，無案，逼供致死。

一三八、張存女，五十五歲，橫水塔地掌，無案，當眾打死。

人間颱風，太行悲歌。

這些女性是怎樣暴死街頭的？我已經無力一一探悉。我只是注意到，以上男女名單中，五六十歲以上的死者相當多，年齡最大的一位，是該縣城關七十四歲的老農張茂盛，據表可知五十五歲以上的老者竟被打死了六十五人，而年齡最小的一位，是橫水公社的李貴鎖，年僅一七歲，還是個孩子，也被捆打慘死。在一三八位死者當中，老人、婦女和孩子相加，超過一半還多。

陵川縣的慘況在晉東南十七個縣市中只是一個縮影，並非孤例。所謂縮影，實際已經大大「縮水」，實際死亡人數，當年就蓄意掩蓋掉了。據一九七四年中共山西省三屆七次全委會材料顯示，晉東南全區「在清理階級隊伍階段，大刮十二級颱風，大搞逼供信，僅被逼自殺人員達到七百餘人」，緊接著在一打三反和清查「五・一六」階段，「借運動對一派群眾繼續死整，自殺人員又有二百餘人」。兩項相加，全區光自殺者就達到近千人。這是多麼恐怖的一次大「清理」——試以平順縣為例，在當年整理的《大事記》中，這一時期的揪鬥大會相當頻繁，還成立了專門配合運動的「打狗戰鬥隊」。該縣從一九六八年六月三日始，對「清理階級隊伍」運動進行部署，數日後，揪鬥行動累有載記：

六月十一日，以打狗戰鬥隊為主，在縣城舉行揪鬥牛鬼蛇神大會，會後舉行遊行示眾。向階級敵人吹響了新的進軍號，點燃了新的戰鬥烈火。

六月十二日，縣城再次揪鬥牛鬼蛇神常年魁、楊仁順，遊街示眾；晚九點半，縣醫院革命派在革委會門前揪鬥大特務、大地主、大右派、現行反革命分子劉浩波，並遊街示眾。

六月十三日，縣中學紅總部舉行「揪鬥大右派康永如、國民黨中統特務林明鈺、國民黨員張德才、牛鬼蛇神常年魁大會」，會後進行了遊街示眾。

六月十四日，城關大隊召開「揪鬥富農分子路永蘭、右派分子王元大會」，會後遊街示眾。

六月十五日，城關大隊揪出二〇多個階級敵人進行遊街鬥爭。

六月十六日，上午，指揮部召集各個單位負責人，學習《文匯報》社論，動員研究對敵鬥爭問題。下午，縣革委會召開「平順縣向一小撮階級敵人發起猛烈進攻誓師大會」，隨後揪鬥了周新有、張文中、路普秀、鄭文祥、陳成付、張獻珍、張振華、韓得連等一批鬥爭對象。

六月十七日，指揮部主持揪鬥大會，對象有：陳成付、劉浩波、牛彪、周新有、張得才、陳正堂、康永鳳、楊仁順、李林付、高改改等，共計三〇餘名。會後進行遊街示眾。

六月二十日，革委會供銷組舉行揪鬥大會，揪鬥了魏子女、王保貴、劉玉貴、曹喜發、王德才、王俊、馬進保、馬連發、楊仁順、王思順等壞蛋。

六月二十七日，核心小組等幾大組織和單位聯合召開揪鬥大會，鬥爭了國民黨員、大特務石可，不法富農李佑增、宋金鐘，三青團精減會骨幹分子許發田、王人行，反革命分子牛懷五大會，會後進行遊街示眾。

從上以半個月的記載看，僅在平順縣城關一地，就有至少六〇多人慘遭迫害鬥爭。這裡不包括全縣農村鬥爭情況，也沒有顯現傷亡情況，但我們仍然可以體味到深切的恐怖感。並且，從《大事記》的簡略記載中，我們還看到，縣裡黨的核心小組、縣革委會，與多個文革群眾組織及一派指揮部混在一起「向階級敵人猛烈開火」，如此一來，鬥爭的慘況便格外嚴峻了。

狂暴的人間颱風，不僅橫掃了太行太岳各個城鄉，而且也嚴重地侵害到許多工礦企業。這裡僅以晉城境內國營江淮機械廠為例。這是一個只有四〇〇〇餘職工的普通兵工廠，「清隊」期間，該廠以六九軍二〇六師六一六團派來的四名軍代表為主，組成六人「清隊指導組」。軍代表盲目地認為江淮廠「敵情嚴重，潛伏的國民黨、特務很大、很多、很深、很廣」，說這裡「廟小妖風大，水淺王八多」，軍代表負責人姓劉（略名），在全廠職工動員大會上講：「我們要把江淮廠來一個大的震動，要把一小撮階級敵人弄他個天翻地覆、倒海翻江、要鬧得他們吃球不下飯，睡球不著覺，搞得他站也不是，坐也不是，就是不給他們喘氣的機會，挖地五尺過一過篩子，絕不能讓一個敵人滑過去！」——這話寫在文學作品裡，何其生動，而在當年的現實中，該是多麼可怕。

運動之初，清隊指導組首先肅清自身，揪出組內兩名非軍人成員，一名險被毒打致死，另一名長期隔離審查，六人小組剩下了四名軍人。繼而宣佈隔離多人。當有人提出對隔離人員要有調查材料，要重證據時，軍代表怒斥：「有證據還要你們幹什麼？你們少給群眾潑冷水！我們不相信什麼死材料，就是要找活材料。」並指示辦案人員：「凡有三個人的口供證明他有問題，就可以定案。」

接下來，公堂肆虐，逼供、點供、誘供、取供，要找出「活材料」。一會兒要人交待出反革命組織，一會兒要人交出電臺、手槍、信號彈、照相機，軍代表說了：「就是要把這些人的腦子搞亂！中央有檔嘛，凡是夫妻同案的，一方雖然交待了，另一方不交待，那麼，交待的也不能從寬！」

一位軍代表姓齊（略名），進一步講，「整個運動先打態度」，隨即舉辦經驗交流，把人拉到大會上公開展示痛打，齊說：「隔離人員現在還有勁呢，叫他一個星期不准睡覺，看他交待不交待，就是要採取一些暴力措施。」

很快，江淮廠內打人逼供、肉刑懲罰進入高潮。軍代表老王（略名）在大會上講：「我認為現在我們不是左了，交待問題不容易，哪個王八蛋不是七門八門才交待的？打擊面也不是大，而是小了，所謂打擊面百分之五，是對全國講的，具體到一個單位，有多少揪多少。」軍代表劉隊長親臨打人現場，一位名叫甄士增的職工正在受刑，劉說：「你不老實交待，看群眾怎麼折騰你！」當受害人喊冤時，劉大發雷霆罵道：「他不老實，你們給我捽死他，活埋了他！」往下的情節令人難以聽聞——劉隊長親自坐鎮，給一位名叫姜際松的職工硬往嘴裡灌了滿滿三大碗糞便。

還有一位軍宣隊員姓關（略名），他一邊說，「強迫交待就得有個強迫交待的樣子」，一邊親自動手傳幫帶，教習打手們如何用細麻繩把人兩個大拇指綁結實了，吊至空中毒打，直致受害者昏死過去。

為了獲取所謂的電臺，在受審群眾家裡挖地三尺。

為了口供，把剛剛生過孩子的產婦吊起來毒打。

為了封鎖，把前來探親的外地人員長期關押、受刑。

坐老虎凳，壓杠子，往指甲插大頭針，大頭針插著麻煩，乾脆直接往指甲裡插剪刀。

逼迫女職工坐在尖利的石頭上，上頭有人用力往下壓。

用鐵絲穿透耳朵，把人牽扯著走。

刑罰多達七十六種。受害人慘死後，王姓軍代表講：「這麼大的運動，死幾個人有什麼了不起？我們不希望死人，但死了也沒有什麼可怕。你們的思想還是右傾啊。」

更為悲慘的是，指導組不僅支持專職打手打人，還動員並逼迫其他職工、家屬甚至職工子弟，也參與動手打人，如此一場運動，江淮機械廠一共四○○多名職工，就有二○○多人不同程度地打過他人。中共江淮廠黨委在一九七八年七月，對中央軍委總政治部及晉東南地委做出一個《調查報告》，該報告沉痛地寫道：

我廠職工四二七名，除去大中專畢業生和復轉軍人外，老職工有二六一人，但在清隊中被打成敵性問題的老職工，竟達一三八人，占老職工總數百分之五十三，其中隔離審查達到四十七名，半隔離的十餘人。動用七十餘種法西斯刑法，打死老工人三名，自殺一名，終生臥床一名，殘廢三〇多名。審查所謂的問題涉及全國九省市、二十三個地區。

「清隊」運動中的慘劇，和整個晉東南地區兩派決鬥不可分割。哪裡兩派鬥爭激烈，哪裡「清隊」任務必重。還有更多的慘死案例，筆者也是在後續採訪中逐漸知曉的。

晉城縣自殺者名單

二〇〇八年夏，我拜託晉城王名賢、成育廷等先生，查詢該縣（晉城時為縣治）因武鬥而立案的一九八名非正常死亡人員名單，以便進一步探索史實真相。結果，武鬥死亡名單至今未能查到。但另有一項收穫是：成育廷、王名賢、賈法印等先生卻查到了一份該縣文革中自殺人員名單。當時，晉城縣所屬三〇個農村公社，存有二十五個公社自殺統計人數，尚且缺失五個公社的自殺情況。所缺五個公社，為衙道、柳樹口、北石店、水東和李寨公社。而已經得到的二十五個公社加九個單位的自殺人數，竟然高達一四〇人。直接鬥死者不算，前述江淮廠慘案也不算，僅自殺者竟達此數，實令人震驚。我詳看自殺死亡時間，只有一四人死於一九六七年之前即文革運動之初，餘一二六人，大都死於一九六八年以後的「清隊鬥爭」高潮期，少數死於「一打三反」運動，可見這場災難與迫害，比我所預料的還要嚴重許多。

如果加上另外五個公社的自殺者，再加上全縣直接被批鬥暴打致死的人數，其情景之慘烈，更甚於陵川縣了。這是一幅多麼恐怖的人間地獄圖啊。

為祭奠冤魂，為警示後人，我將這份並不完全的原晉城縣因遭受文革迫害而自殺的名單，補錄於本章之中。

前十四位，慘死於一九六七年之前，後邊的一二六人，仍按原名單順序排列，如系女性則單獨注明。導致自殺的原因，原表中均為「刑訊逼供」、「不堪忍受」或「連續批鬥」等等，這裡只列出自殺方式：

一、羅國芳，女，□歲，巴公化肥廠技術員，一九六六年九月二十六日跳湖自盡。

二、董子堂，四十四歲，魯村下城公人，一

一九六七年正月初九投井身亡。

三、郭老二，六十三歲，魯村東張後人，一九六六年九月投泊池自盡。

四、王振華，五十四歲，南嶺東溝村人，一九六七年正月初六投泊池自盡。

五、樊守禮，五十三歲，白洋泉西村人，一九六六年九月上吊自殺。

六、周來明，六十三歲，白洋泉神直人，一九六六年十一月十四日上吊自殺。

七、陳忠興，六十二歲，南嶺陳河村人，一九六七年二月三十日跳樓自盡。

八、謝富卷，女，五十七歲，追山範窊村人，一九六七年二月四日上吊自殺。

九、李體瑞，五十五歲，追山下莊村人，一九六七年一月二十三日上吊自殺。

十、閻榮晉，四十五歲，陳溝山耳東人，一九六七年一月二十四日服毒自盡。

十一、李忠亮，四十九歲，城關西巷村人，一九六七年一月七日跳崖自盡。

十二、劉順土，四十九歲，東溝劉河村人，一九六七年二月十四日跳窯自殺。

十三、宋有付，六〇歲，東溝牛嶺村人，一九六六年冬投水自盡。

十四、崔丹萍，女，四十五歲，縣郵電局，一九六六年十一月二十七日跳茅廁自盡。

十五、裴志高，五〇歲，工業職工醫院，一九六八年十一月十一日上吊自殺。

十六、馬元臣，五十五歲，運輸公司職工，一九六八年四月二十日上吊自殺。

十七、李發祥，五十七歲，李寨鄉供銷社，一九六八年十二月十日上吊自殺。

十八、喬要和，四十八歲，縣農產品公司，一九六八年十一月二十九日跳泊池自盡。

十九、宋振華，四十九歲，縣糧食局職工，一九六八年十一月十九日投井身亡。

二〇、招康樂，五十五歲，縣棉織廠職工，一九六八年九月十三日投井身亡。

二一、張長水，四十七歲，浪井鎮陶瓷廠，

一九六八年十二月十六日上吊自殺。

二二、續萬亭，四十八歲，金村鎮府城人，一九六九年一月十四日上吊自殺。

二三、席六毛，四十七歲，金村鎮武莊人，一九七〇年三月上吊自殺。

二四、常通順，五十八歲，金村鎮北村人，一九六八年十二月二日上吊自殺。

二五、王安爐，五〇歲，金村鎮趙莊人，一九六八年十一月二十五日投井身亡。

二六、張春生，六十一歲，金村鎮黃頭村人，一九六八年十二月十五日跳茅廁自盡。

二七、王永德，五十二歲，金村鎮柳泉村人，一九六八年十二月十二日跳茅廁自盡。

二八、劉正智，五十七歲，金村鎮東六莊人，一九六八年十二月十三日跳茅廁自盡。

二九、唐士英，六十五歲，金村鎮山頭村人，一九六八年十一月二十七日投泊池自盡。

三〇、衛士義，四十七歲，金村鎮霍秀村人，一九六八年十一月十日投井身亡。

三一、李生培，六十二歲，金村鎮峪西村人，一九六八年十二月上吊自殺。

三二、張樹屏，七十四歲，金村鎮東窊村人，一九六八年十二月十八日跳茅廁自盡。

三三、張有德，五十四歲，金村鎮龍化村人，一九六八年十月十二日投井身亡。

三四、趙士俊，四十七歲，金村鎮峪西村人，一九七〇年三月二十四日投泊池自盡。

三五、韓保華，五十七歲，金村鎮黃頭村人，一九六八年十一月二十二日投井身亡。

三六、成其旺，六十二歲，犁川西坡村人，一九六八年十二月六日投井身亡。

三七、任文孝，六十九歲，犁川鐵南村人，一九六八年十一月二十七日投泊池自盡。

三八、趙海峰，四十九歲，犁川天水嶺人，一九七〇年三月十四日上吊自殺。

三九、閻文錦，六十三歲，犁川鐵南村人，一九六九年一月上吊自殺。

四〇、任向太，五十五歲，犁川鐵南村人，一九七〇年三月十一日投井身亡。

四一、柳鳳山，五十一歲，犁川崔河村人，一九六八年十一月二十五日上吊自殺。

四二、成小牛，六〇歲，犁川西肇村人，一九六八年十一月二十六日上吊自殺。

四三、李小台，六十一歲，犁川上犁川人，一九六九年十一月十二日上吊自殺。

四四、郭更元，五十六歲，周村常莊村人，一九六九年正月十五投井身亡。

四五、張天裡，四十九歲，周村橋西村人，一九六八年十二月十七日投井身亡。

四六、趙銀昌，五十二歲，周村下河村人，一九六八年十二月十七日投井身亡。

四七、殷小懷，四十九歲，周村下町村人，一九六八年十一月十日上吊自殺。

四八、王銀土，六十九歲，周村下掌村人，一九七一年三月三十一日投井身亡。

四九、焦永祥，七〇歲，周村焦窯頭人，一九六八年十二月三日投井身亡。

五〇、郭棉生，四十七歲，周村楊窊村人，一九六九年二月十日跳茅廁身身亡。

五一、李小江，六十六歲，周村下河村人，一九六八年十一月投井身亡。

五二、成菊花，女，三十九歲，魯村下城公人，一九七〇年二月投水缸自盡。

五三、趙之琳，六十二歲，魯村下城公人，一九六八年十一月二十八日跳茅廁自盡。

五四、馮天福，五十九歲，魯村黃石村人，一九六八年十月二十六日投水缸自盡。

五五、張華秀，?歲，魯村黃石村人，一九六八年二月九日運動中身亡。

五六、劉小丑，十五歲，魯村一大隊人，一九六八年臘月初八運動中身亡。

五七、郭培信，六十四歲，魯村一大隊人，一九六八年陰曆十月初九上吊自殺。
五八、牛栓孩，五十九歲，大陽四大隊人，一九六八年十一月八日上吊自殺。
五九、郭煥文，五十三歲，大陽一大隊人，一九六八年十二月二十四日投井身亡。
六〇、劉小旦，六十八歲，大陽劉家莊人，一九六八年十二月二十四日上吊自殺。
六一、李來池，五十八歲，大陽趙莊村人，一九六八年十二月二十三日上吊自殺。
六二、趙大發，五十八歲，大陽西大陽人，一九六八年十一月二十五日投泊池自盡。
六三、宋安柱，八〇歲，大陽東山村人，一九七〇年四月二日投水缸自盡。
六四、朱福保，六十五歲，大陽南峪村人，一九六八年十月十三日跳茅廁自盡。
六五、苗討吃，四〇歲，大陽二大隊人，一九七二年三月五日跳茅廁自盡。
六六、張漢貴，六十三歲，西上莊崗頭人，一九六八年十一月十九日服毒自盡。
六七、桑德山，六十七歲，西上莊道頭人，一九六七年十二月一日槍擊身亡。
六八、邱保順，六十五歲，西上莊五門人，一九六九年七月二十四日投泊池自盡。
六九、王小根，六十六歲，西上莊核桃凹人，一九六九年七月二十四日切面刀自殺。
七〇、李松年，六十九歲，西上莊一大隊人，一九六八年十二月四日投井身亡。
七一、劉天保，五十三歲，西上莊閻莊人，一九六八年九月十四日投井身亡。
七二、靳懷仁，五十八歲，巴公靳疙瘩人，一九六八年六月二十九日投泊池自盡。
七三、段雲齋，五〇歲，巴公堯頭村人，一九六九年四月七日投井身亡。
七四、孫水根，六〇歲，巴公西寺莊人，一九六九年八月二十七日跳茅廁自盡。
七五、段育修，五十八歲，巴公東四義人，一九六八年六月二十七日投湖自盡。

七六、元家瑞，？歲，巴公東四義人，一九六九年九月九日投井身亡。

七七、李高生，七十二歲，巴公北堆村人，一九六八年七月上吊自殺。

七八、靳福全，三十四歲，下村學校教師，一九七一年一月十九日上吊自殺。

七九、李正愉，四十二歲，下村基層幹部，一九六八年十二月七日投水庫自盡。

八〇、李立旦，五十四歲，下村楊莊村人，一九七〇年四月二十二日投水庫自盡。

八一、苗裕森，六十四歲，下村楊莊村人，一九六九年十月十六日服毒自盡。

八二、柳推山，三十三歲，土河學校教師，一九六八年十一月二十二日投水庫自盡。

八三、郭本土，五十二歲，土河南嶺村人，一九六九年五月十九日投水庫自盡。

八四、王正禮，七十四歲，土河後街村人，一九六九年八月二十六日投水庫自盡。

八五、楊文彬，七十七歲，土河管莊村人，一九六九年二月二十日上吊自殺。

八六、郭小雲，女，四十二歲，土河西黃頭人，一九六九年十二月一日上吊自殺。

八七、張安根，四十六歲，鍾家莊二原頭，一九七〇年六月十四日上吊自殺。

八八、焦順根，四十八歲，鍾家莊茶元人，一九六八年十月十五日投井身亡。

八九、張德成，？歲，鍾家莊洞頭人，一九六八年十二月二日投河自盡。

九〇、李鳳鳴，六十六歲，鍾家莊曉莊人，一九六八年十一月二十三日上吊自殺。

九一、李樹年，六十九歲，鍾家莊二原頭，一九六八年十一月二十三日上吊自殺。

九二、孔廣忠，五十三歲，南村峪口村人，一九六九年八月二十三日投井身亡。

九三、余小根，六十一歲，南村峪口村人，一九六九年一月二十七日鐮刀自殺。

九四、李元喜，六十一歲，南村浪井村人，一九六八年十二月九日投泊池自盡。

九五、李小雙，五十一歲，南村六井人，一

九七〇年十一月二十九日上吊自殺。

九六、陳小爐，六〇歲，南村牙溝村人，一九六八年陰曆十月上吊自殺。

九七、田國昌，五十一歲，白洋泉河石莊人，一九六八年六月十八日跳崖自盡。

九八、樊克斌，六十二歲，白洋泉河城則人，一九六八年七月三十日投泊池自盡。

九九、周改忙，七十一歲，白洋泉河石立人，一九六九年三月二十六日上吊自殺。

一〇〇、毋清賢，五十四歲，鋪頭郭壁村人，一九六九年六月十一日上吊自殺。

一〇一、祁文智，五十九歲，鋪頭北桑坪人，一九六九年三月二十日上吊自殺。

一〇二、賀紹堂，五〇歲，鋪頭西屬村人，一九六八年十二月十八日上吊自殺。

一〇三、王敬儉，五十八歲，鋪頭東莊村人，一九六九年十二月投井身亡。

一〇四、高尚珍，五十九歲，鋪頭下湖村人，一九六八年八月十二日上吊自殺。

一〇五、劉寬餘，五十八歲，南嶺一大隊人，一九六九年九月五日上吊自殺。

一〇六、王壘桃，三十一歲，南嶺鎮供銷社，一九六八年十一月十七日投井身亡。

一〇七、李富玉，五〇歲，南嶺一大隊人，一九六八年十二月十五日上吊自殺。

一〇八、常青闊，？歲，南嶺二大隊人，一九六八年十二月六日投井身亡。

一〇九、王小海，五〇歲，大箕江匠村人，一九六八年十二月十日投井身亡。

一一〇、王來舟，六十四歲，大箕江匠村人，一九六八年十一月十三日上吊自殺。

一一一、董毓祥，？歲，大箕村董家溝人，一九六八年十一月二十四日投井身亡。

一一二、張宗海，六十一歲，大箕小箕村人，一九六八年十二月二十二日投泊池自盡。

一一三、來富榮，四十三歲，大箕張莊村人，一九六八年十一月二十四日上吊自殺。

一一四、石永山，六〇歲，河西賈辿村人，一九六八年清隊中上吊自殺。

一一五、晉宏祥，六〇歲，河西學校教師，一九六八年陰曆十月十一日投井身亡。

一一六、劉天祥，六十八歲，河西冶頭醫生，一九六八年十一月六日跳茅廁自盡。

一一七、陳二東，五十五歲，河西東坡村人，一九六八年十二月上吊自殺。

一一八、劉付堆，五十一歲，河西東坡村人，一九六八年十二月上吊自殺。

一一九、宋丙正，六十四歲，川底衛圪塔人，一九六八年十一月二十八日投井身亡。

一二〇、李小忠，四十四歲，川底馬坪頭人，一九七〇年六月二十二日投井身亡。

一二一、郭治國，五十六歲，川底孟山村人，一九六八年十一月二十六日上吊自殺。

一二二、李朵拽，二十八歲，川底張泗溝人，一九七〇年七月二十八日投井身亡。

一二三、毛仁貴，五十八歲，追山月湖泉人，一九六八年十一月十五日上吊自殺。

一二四、趙中青，四十二歲，追山秋河秋人，一九六八年十二月十五日跳崖自盡。

一二五、侯桂枝，女，五十六歲，北義城張莊人，一九七〇年一月十四日投泊池自盡。

一二六、張鳳鳴，七十七歲，北義城溝東人，一九六九年十一月二十一日投泊池自盡。

一二七、陳振光，四十七歲，北義城村教師，一九六八年十月十四日投井身亡。

一二八、秦小忙，二十七歲，陳溝東頭村人，？年九月九日投井身亡。

一二九、司立立，五十三歲，陳溝南連寺人，一九六八年十一月二十三日投河自盡。

一三〇、郝發堆，五十九歲，高都一大隊人，一九六八年十二月十二日投井身亡。

一三一、崔保爐，四十五歲，高都西元慶人，一九七〇年四月二十三日投水庫自盡。

一三二、於鴻賓，六十八歲，高都西元慶人，一九六九年一月十五日投井身亡。

一三三、侯福星，六十一歲，城關西關村人，一九六八年七月十二日跳茅廁自盡。

一三四、朱秀英，女，三十五歲，城關紅星村人，一九六八年十二月九日投井身亡。

一三五、司小地，四十九歲，東溝南溝村人，一九七〇年陰曆八月初四上吊自殺。

一三六、閻鳳閣，四十三歲，晉廟鋪一大隊人，一九六八年十一月二十五日投泊池自盡。

一三七、司發春，六十二歲，晉廟鋪山尖人，一九七〇年十一月一日投泊池自盡。

一三八、張鳳亭，四十八歲，晉廟鋪石槽人，一九六九年八月三十日投泊池自盡。

一三九、張扁托，五十九歲，大興北上礦人，一九六九年八月上吊自殺。

一四〇、賀其山，五十八歲，大與小嶺人上人，一九六九年一月自殺身亡。

尚缺五個公社自殺人員名單，有待後人補齊吧。這份由王名賢、賈法印先生調研幸獲的中國一縣自殺者實名名單，證實文革運動對人的肆虐，達到了何等兇殘的地步。這是一本無言的訴狀，是當代文革學說立論的事實基礎，也是擊潰一切文革偽學者們的利器。誰要為毛統治下的文革運動唱讚歌，請看此名單。這只是發生在山西東南部一個縣的不完全統計，須知中國幾千個大小縣份，莫不如此。後人不禁要問，一場席捲中華的文化大革命，究竟在幹什麼？是人間，抑或鬼域？

從名單中分析，自殺者年齡偏高，自殺時間集中在「清隊」高峰期即一九六八年春季至一九六九年夏秋。而死期稍晚的人們，則混雜於清查「五・一六分子」和「一打三反」運動中。「清隊」鬥爭與後續打擊混做一堆，並不是孤立運行的，革命對象這一次不死，下一次也很難躲過去。

我這裡存有一份一九六九年八月一日成文的晉東南地區革命委員會文件，標題是《關於全區鬥、批、改運動進展情況的報告》，即東革發（六九）第二一三號文件，呈報省核心小組、省革委、省軍區、省支左領導小組。檔第一條，先說「清理階級隊伍取得了顯著成績」，謂「全區共挖出叛徒一〇四一名，特務一四三五名，死不改悔的走資派七九五名，沒有改造好的地、富、反、壞、右及現行反革命分子一一二二四名，計挖出暗藏的階級敵人一四四九五名；全區總計應定案的新舊對象共計二一三九五名，現已按審批許可權處理六一八六名，本單位定案待上級審批的四七七八名，兩項占應定案處理對象的百分之五十一點七，計一〇九六四名。其餘的正在充分發動群眾，進行內查外調，準備定案處理。」為此，全區一七個縣市共舉辦了「近八〇萬期（次）學習班，有二八〇多萬人次參加了學習」；在全區清理階級隊伍中，「有隱藏二〇餘年並混入黨內竊取了國、省、地、縣機關和軍隊重要職務的大叛徒，有美蔣潛伏特務，有國民黨中將、少將等反動軍官，有罪惡累累的反革命血債分子，有綱領、有計劃、有行動的現行反革命組織，有殺人放火搞破壞的現行反革命分子，有貪污盜竊、投機倒把達到萬元錢、萬斤糧以上的壞分子等等」；目前「在全區已經定案處理的上述六一八六名對象中，有三〇二四名定為嚴重政治歷史問題和嚴重錯誤，占百分之五十一，有二〇七八名定為敵我性質，占百分之四十九，其中戴上帽子交給群眾專政的一〇八四名」。

以上各項數位，是當年正式文件記載的，不由人不信。僅僅一個晉東南地區，清理對象竟達二一三九五名，全省、全國該是多少？實在觸目驚心。

在颱風肆虐中，可憐的人們無可逃遁，唯有狠心自殺，了斷此生。也許，人們只剩下這一點點最後的權利了。然而，即使你絕望地死去，仍不能逃脫苦難，鬥爭者還要給你戴上一頂「自絕於人民自絕於黨」的黑帽子，將你打入「頑固對抗革命運動」的一群，讓你的親屬們蒙受恥辱，永世不得翻身。

暗無天日，景象慘烈。而在當時，這一切卻被「鶯歌燕舞」的紅色頌歌所彌蓋。謬種流傳，乃至今日，說文革黑暗不行，書寫慘忍不行，揭示真相不行，公開批判不行，只剩下陣陣紅色旋律繼續唱響中國。而長達十多年的文革歷史是一種客觀存在，究竟為什麼不允許如實講述，不可以深入研討呢？我們得不到準確答案。

歷史真相被當局嚴重遮蔽，進而便有種種偽史學粉墨登場。再往後，文革不但不是罪孽，還將在「新左派」那裡變成功德哩。

我們對不起這些飽受迫害的犧牲者，因為我們的遺忘。

而在革命幹將們看來，這批犧牲者不過是一批批「黑五類」和革命對象而已，他們招架不住鬥爭高潮，覺得日子「比坐牢還難受」，最終自己殺掉了自己，當然不值得革命者悲憫憐惜，更不值得後人載記。再想想那句話，「對敵人的溫情，就是對革命的殘忍」，敵人想死，何不從速呢？

史籍上所說，太行之地民風悍勁，恃強尚武，不過只是社會民俗生活形態而已，民風厲害，也沒有革命颱風厲害。極左思想加個人權欲加有組織的現代武裝，則是最厲害不過了。

反擊右傾翻案風

從文革之初到一九七四年，各級老幹部吃盡了苦頭。熬至一九七五年前後，在鄧小平重新工作的背景下，不少老幹部告別了下放勞動，回到了工作崗位。說實話，他們對這場大革命深懷不滿，於公於私都是難以接受的。

確實，正是一九七五年，大批原地區老幹部返回了長治，一邊打算翻案，一邊恢復了工作。

我的父親和母親，也在這一時期從晉城巴公化肥廠而後高平縣革委，調回地委重新工作。二老一去六載，派性不多，怨言不少，回來還是很高興的。按照聯字號攻擊鄧小平否定文化大革命的說法，「調回來的老走資派多得住不下，只好把原先的東招待所改為家屬大院，盡情安頓」，這一說法屬實。我家安頓在東招待所即所謂新的部長家屬院第四排中間居住下來。請注意，如果我沒有記錯的話，這三間大屋，正是文革之初地委第一書記王尚志落井而死之後，被同情者展覽停屍的地方。

我的老夥計吳增義、劉小四、常二毛、高明憲、田糊糊等弟兄們，懷著久別重逢的喜悅，來到這三間大屋。一幫青少年相聚，被我爹譏為「狐群」，只因爾等既非派系，亦非狗黨，只能界說在狐群之列。不管說甚吧，我們都不在意，暢敘別情，舉杯共飲，儘管這裡停放過王尚志的冤屍，在狐群看來也不要緊。整個地委、行署大樓大院，停放過屍體、沾染過血腥的房間比比皆是，文革中人早已視為尋常，能活著回到地委住下，就是萬幸了。我家東鄰，是險些被沁水縣造反派暴打致殘的老幹部孔令月，其子孔生長，也曾和劉四平等大哥在武鬥中飲彈負傷；西鄰老幹部何元堂，就是前面講過的故事：何老叔病重於看守所，何家兄弟在戰火中接出老父，用平車推上，步行三天三夜回到山鄉避難，歸來後家中糧衣丟盡，一無所有。

難怪北京的毛遠新，要向毛澤東反映鄧小平搞「復辟」傾向：走資派都回來了，官復原職了，造反派卻受壓或者被排擠，這不是「右傾翻案風」是什麼？而毛澤東重新起用鄧小平以及老幹部，搞經濟可以，搞翻案復辟則絕不允許……

一九七六年夏，晉東南造反派針對復職老幹部整理出多份「翻案」材料，向中央告狀，表明晉東南地區猛刮「右傾翻案風」，太典型了，太嚴重了，非中央表態打擊不可了。今天看來，這些材料的內容可能有些誇張，有些加油添醋，但仍然具有第一手材料的研究意義，可以反過來證實一九七五年鄧小平整頓對於各省市老幹部所產生的一系列影響。其中一份綜合材料，寫給了「敬愛的江青同志」，觀點比較集中，佐證了年輕的造反派之所以奮起反擊和「造反有理」的必然性。

這份材料成於一九七六年五月，此時周恩來辭世，毛澤東病重，權力究竟如何轉移？此後數月間，有更多造反派的同類材料寄發北京。告狀內容要點如此：

省委王謙和地委李維彬、王景生等人，於一九七五年八月份在太原集中學習鄧小平講話一個月，然後產生了解決晉東南問題的《八一號文件》，這是一本典型的「復辟經」；李、王據此在全區瘋狂推行鄧小平關於要「選好人」的指示，改組地委常委和各縣領導班子，全區一六個縣，已有一四個縣的班子被他們摧垮。三個月內，全區各級「三結合」領導幹部被撤換近三〇〇〇人，其中百分之八十為文革中崛起的青年幹部。

山西大搞「請隱士、舉逸民」，把大批走資派調回領導崗位，組織「還鄉團」。不少老幹部公開否定文化大革命，散佈右傾翻案言論。王景生在地委擴大會議上講話，說「我們以前手軟，就是鬥爭不力。學習了鄧副總理的指示，我們的腰杆子就硬了，就不怕了。要敢摸老虎屁股，突出一個敢字。」

原行署專員張行夫說：「搞運動搞了八年，我就不信毛澤東思想在晉東南不靈，有了這個八十一號文件就靈了嘛。」

地區計委主任馬槐成公開說：「一提文化大革命我就肚子疼，文化大革命鬧了個屁！」

地委常委組織部長王仲青說：「文革造反派，沒有一個好人，他們才是牛鬼蛇神。」

組織部副部長張俊德說：「說什麼九次、十次路線鬥爭，我看兩次都是搞了派性鬥爭！」

地委副秘書長王金保說：「文化大革命搞什麼幹部下放插隊，實際搞的是殘酷迫害。」

地區商業局副局長張耀忠說：「文化大革命八年，我沒有見過太陽，八年不給人說話的機會。哪怕就是回來三天，我也要重新當一次商業局局長！」

更嚴重的是，王景生說：「不管文化大革命揭了多少問題，晉東南的問題集中起來，就是搞了法西斯專政。在二十世紀六十年代末和七十年代初，這裡發生了一段法西斯專政，就連一點資產階級的人性論都沒有。比法西斯還法西斯，比日本人還日本人！」

李維彬說：「什麼教育革命的新生事物，辦學校一天到晚勞動、勞動、勞動，現在的中學生還不如過去的高小生。」

李維彬還說：「整頓要在黨委領導下進行，領導要帶頭揭批，組織揭批，支援揭批，不要顧慮重重、搖搖擺擺、等等待待。現在權還在咱們手裡，我還在這裡，你們怕什麼！過去圍剿派性，不是過了頭，而是不夠。」

地委常委、晉城縣委書記楊俊峰說：「晉城縣這幾年搞的是資產階級專政，不承認有資產階級專政，就不是馬克思主義。有人顧慮不敢明說，怕扣上否定文化大革命成績的帽子，怕什麼呢？」

一名女紅衛兵闖將當了縣常委、團縣委書記，她名叫衛翠英，高平縣委書記賈培雲，諷刺說：「這個小翠英，才幹了一年多工人，就上縣委做了大官，是坐直升飛機上來的吧！」逼得衛翠英同志在縣常委會上檢討不過關，被逼成了神經病，現離職住院治療；晉城縣委二二歲的女常委張霞，也被批判離職。

地委機關舉行批鄧大會，五個地委書記四個不參加，十五名常委只有兩位年輕的到場。王景生、李維彬等人經常說：「哪裡有造反派，哪裡就幹不成」，「勞動模範水準太低，沒有作用，反被利用了」，「紅衛兵這樣的團幹部當地常委，那不是常委，而是派委」；還說，對於各級領導班子，「不能光搬神，必須拆廟。改組班子翻燒餅，燒糊了也不怕，可以扔掉重燒」……更嚴重的是，長治自行車廠等單位的走資派，還公開舉行了控拆文化大革命的訴苦大會，叫嚷「不翻案就工作不下去，這叫否定之否定」等等……

從以上告狀材料中可見，這些老幹部果真要翻案。其立場觀點、行為話語，與文革中上來的年輕幹部是完全對立的，這些話說得相當有分量了。老幹部雖然沒有直接參加兩大派群眾組織，理論上哪一派也不是，但在風雷激蕩的文革中，自身利益倍受損害，乃至於深受迫害，他們不服，進而形成一種強大合力，達成一種正統立場的共識，也就是從實際出發反對聯字號造反派，有形無形地歸屬在了紅字號一邊。

與文革之初不同的是，這時節起而鬥爭的造反派，都已經有過一些從政經歷，鬥爭主力以中上層較為顯著，有了官方色彩。因而參加鬥爭的人數並不多，跟上幹的人相對稀少了。

廣大民眾渴望安定，繼續革命理論難以深入人心。

人數較少也得鬥啊。一九七六年夏季，有晉城太行印刷機械廠駐外職工楊忠義，積極參與了聯字號「反擊」鬥爭，熱忱地將該廠駐長治西街三七號採購辦事處，轉變為一個聯字號集會、議事的中心聯絡站，由長運公司連喜紅負責，各單位確定聯絡員，統一調度社會行動。這年夏秋兩季，西街三七號成了長治與各縣聯字號盟友向「走資派」開火的戰鬥策源地。

六月，晉東南聯字號骨幹徐志有和苗福俊等，在太原同盟戰友引薦下，前往北京清華大學串連。

前頭寫過，這位徐志有老兄，傳說他「打響了太行山上第一槍」。武鬥勝利，老徐浴血奮戰有功，軍分區力主他入了黨，先做地革委保衛工作，後來當過歌舞團領導，再後來到了體委。公平地說，他敢於放寬政審標準，把一些從北京、天津插隊到晉東南的知青文藝人才，搶救到地區專業團體，是做過不少好事的。文革中，晉東南「二劇組」可以成功地上演芭蕾舞《紅色娘子軍》，轟動省內外，很不簡單。一九七一年，老徐轉為正式幹部，擔任體委副主任，成了年輕的「縣團級幹部」。當時我們運動隊整年在體委大院訓練，卻不常見到他。他並不關心體委業務，而是腳踏黑亮「三接頭」小皮鞋，身穿軍隊幹部服，喜歡投身於北京、太原等地火熱的鬥爭生活。一張白胖臉龐吃得油光明亮，挺著胸脯子，還隨身帶著一把小手槍，十分精幹英豪。

徐志有性格外向，能說會道，腦子轉得快，在造反派當中確有帶動能力。這時節，老徐和戰友們頻頻往來於長治、省城之間，串連籌措大的行動，集中力量打擊王謙。到太原後，他們拜會頻繁的老領導，有從晉東南調往省軍區的李英奎，調到太原市委的賈茂亭，調到省農工委的常三毛等；聯繫較多的同盟軍戰友，有省直機關的黃銳庵，原「紅聯站」的段立生，太原鐵路局的張安邦、陳岳秋，老「兵團」的劉灝，省運的葛普，省工會楊國河、高鳳玲，太運的宮瑞，水文站的張履生，義井區的楊晉生等人。可以說，一九七六年十月前一年間，是造反派重新活躍、最亢奮的一個時段。有研究者把這一時段稱為「小文革」運動。

六月十八日，徐志有、苗福俊和太原的宮瑞、楊晉生等人結伴前往北京，與先到京城的山西盟友張安邦、王弼現等人會合，然後前往清華大學「取經」。眾所周知，「批鄧、反擊右傾翻案風」運動，首先從清華大學發端。那是一九七五年秋，清華黨委副書記劉冰兩次給毛澤東寫信，反映黨委書記遲群、副書記謝靜宜的一些問題，由鄧小平將劉信轉給毛澤東。未料，毛於十一月初批示說：「清華大學劉冰等人來信，告遲群和小謝。我看信的動機不純，想打倒遲群和小謝。他們信中的矛頭是對著我的。」而鄧小平偏袒和支持劉冰。很快，北京市委第一書記吳德向清華黨委傳達毛澤東指示，「批鄧、反擊右傾翻案風」運動便從清華大學推向全國。十一月下旬，中共中央向一三〇多名黨政軍負責人召開「打招呼」會議，不許否定文革，亦據此而來。

山西造反派前往清華大學「取經」學習，當然是找對了地方。

真誠接待山西來客的清華領導幹部，名叫王志革，時任該校黨委常委、校務部黨委書記。從當時的談話記錄看，這位王志革先生很有些左派戰鬥性。志革，顧名思義，應是立志於革命吧。徐志有等山西來客彙報說：老走資派壓得我們抬不起頭來，而他們躲在大院裡頭，門上有崗哨站崗，造反派根本進不去，反擊鬥爭困難重重。王志革接過話茬兒，居高臨下：走資派壓你們，你們是幹什麼的？不鬥爭還叫造反派嗎？去年，我們鬥爭，也沒見到鄧小平的面。走資派安排好幾道崗哨保護他自己。好嘛，站崗的執行他的任務不讓進，你執行你的任務，就要進！衝突起來，讓走資派在裡面樓上看一看嘛！我們清華革命派去年七、八、九三個月，也不掌權，而我們就是要鬥，直到迎來毛主席批示，給了我們極大鼓舞。主席的批示也是寫給全國造反派的。有個縣委書記說什麼，我們這裡可不是清華大學，而毛主席說資產階級就在共產黨內，難道他們縣裡就沒有走資派嗎？看看我這裡，光你們山西送來的材料就有二尺高！

晉東南造反派聞言，士氣大振。他們再一次向王志革先生鄭重遞交王謙和晉東南「走資派還在走」的揭發材料，請他向上遞傳，又虔誠地抄錄《永遠進擊，繼續革命》等最新大字報底稿，滿懷信心急向家中彙報。

七月八月，山西各地造反派與老幹部的激烈衝突急劇升級。這裡先看一下長治市。七月十九日，長治市原聯字號頭頭多人，在長治鋼鐵廠招待所開會，討論如何反擊「老走資派」的翻案風。決議在挑選一線上陣人選時，一定要能言善辯，立場堅定，每次不少於二十人出陣，爭奪辯論會、擴大會上的絕對優勢。紅星廠一位頭頭的說法很有代表性：「當前的主要矛盾，就是全國造反派同走資派之間的矛盾。我們這輩子，都將圍繞鞏固還是否定文化大革命的成果而鬥爭，而文革能否鞏固，就在於造反派打天下之後，能不能坐天下。」邵等表態：我已經給老婆家屬做通了工作，豁上坐監獄也要幹。

讀者應該記得，武鬥戰場上頻頻轟炸的喀秋莎火箭炮，就是從紅星兵工廠里拉出來的。

七月二十二日，聯字號眾頭頭召集三十四名骨幹開會，分工部署，組織隊伍。

八月七日，聯字號骨幹多人，前往市郊公路

口，組織攔截從太原開會回來的長治市委書記、副書記等三位主要領導，強行要求「座談」，解決造反派提出的各項問題。實施中，給領導駕駛汽車的市委司機，經驗豐富，膽量十足，在關鍵時刻，猛轟油門，駕駛小汽車衝了過去，致使造反派攔截行動未成。

八月中旬，長治市造反派回應晉東南地區戰友共同行動，組織上百人馬，輪番到市委機關糾纏辯論，要求市委召開擴大會議解決問題。直至選派八名代表，強行參加市委常委會議，圍批主要領導。同時籌畫「地市聯合行動」，準備進一步公開揪鬥多名地市委重點領導幹部。

這便是令人窒息的文革最後一年。長治市委已經無法正常工作。清華廠、軸承廠、防爆電機廠等一批廠礦企業再度陷入停產、半停產狀態。

再看晉東南地委，局勢一天比一天嚴峻。

新任地委書記王繡錦，不久前接替了前任書記李順達的職位。很快，這位新書記和兩位副書記一道，陷入了無休無止的批判、糾纏、辯論之中。晉城、高平等縣的造反派鬧得很凶，反擊態勢比長治市有過之而無不及。全區十七個縣市人心惶惶，秩序漸亂。聯字號頭頭們齊心協力，拼死也要回到班子裡頭重新掌握實權。

八月四日晚，交通系統造反派衝擊地委常委院，眾人對老幹部住所高叫：趕快滾出來，外邊打死人啦！見沒有動靜，便有人撲上前去，飛起一腳將書記家房門踢壞，並入室搜人。

十八日，鬥爭升溫，聯字號徐志有、張登魁等多名骨幹，研究決定，次日在地專禮堂舉行大型批鬥會，公開揪批地市領導。

說起來，從抗日早期就參加了中共山西黨組織的老革命。他們對於毛澤東發動的這場文革運動，從一開始就難以接受。一九六六年五月中央發佈《五・一六通知》，八月五日毛澤東寫出《炮打司令部》大字報，八月八日中央發佈推動文革的《十六條》。此間中共華北局在北京前門飯店召開縣委書記以上幹部大會，由李雪峰主持傳達、學習、貫徹中央各項決定，全面發動運動。可是，長治市委書記王景生回來後，卻在八月十四日的幹部大會上公開講：「我仔細研究了十六條，對其中很多地方不理解。我們對主席的指示，學一次，一次感到不理解，學兩次，兩次感到不理解。我從北京開會回來，還是感到不理解。我們工作中有許多地方難以符合中央精神，學習了十六條決定，還是不理解。」

王景生講話前後一周之內，長治市已經連續發生了六起一七人次戴高帽游鬥「黑幫」事件，王景生不僅不支持，反而明確表態「不經過組織手續，不得隨意抓人」。這已經近乎於抵制運動了。而紅衛兵不管這一套，進一步大破「四舊」，搗毀了天主教堂多處，並將希臘式尖頂削平，砸毀文物不計其數，王景生即於八月二十八日指示市委，大量印發老掉牙的國務院《文物保護管理暫行條例》，限制紅衛兵運動。到十一月七日，市委常委、市長王一浩跳樓自殺。王景生在悲憤中貫徹省委指示，祕密組建二線、三線工作班子，與造反派相對抗。不久，王景生被徹底奪權、打倒，創下了連續遭受批鬥二五〇次並在獄中連續關押兩年半的人生記錄。真是殘酷至極。

這批橫遭迫害的老幹部，他們到死也不會同造反派一條心。王景生後來回憶說：「鄧小平複出主持整頓，老幹部們都非常高興，認為早就該整頓了。但是地委形成了兩派勢力，爭論很大，公開站出來支持鄧小平路線的並不占多數。我不管那麼多，為了避免糾纏，有很多事情我就不上常委會，先幹起來再說。無非是再次打倒。一九七五年五月，鄧小平在各省主管工業的書記會議上講：不要怕抓辮子，我這個人就像維吾爾族姑娘，辮子多，一抓一大把，不要怕，整頓出了問題，我負責！小平講話傳達下來，我非常振奮，受到巨大鼓舞。鐵道部長萬里同志，親自來到晉東南，和我們一起組織整頓，我和李維彬同志一起陪同萬里同志到各處視察，連明徹夜地工作。我主持起草了新的地委檔，夜以繼日，開始了從地委到公社的三級領導班子大調整，果斷地調離了一批在三級班子裡興風作浪的造反骨幹分子。晉東南開始向好的方向發展。但是，到了一九七五年末，中央又下達『打招呼會議』精神，要求對造反派手下留情，很快演變成一場造反派反擊運動，說我們刮了右派翻案風，這就給全區帶出一連串的問題。造反派跳出來，批鬥我和李維彬。王繡錦書記剛來不到半年，想盡辦法調解勸說，造反派根本不聽。情況越來越糟，兩大派重新摩拳擦掌，幾乎又要發展成武鬥了。為了不致於激化矛盾，穩住局面，避其鋒芒，我們和王繡錦書記商量，以向省委彙報名義，讓我和李維彬躲出去一段時間，王繡錦也同意這樣做。回想起來，當時如果不走，就會特別麻煩。晉東南的鬥爭非常複雜特殊。我們經歷了多次運動，逐漸學會了在處理一些難題時，避其鋒芒。八月十八日，我們晚上走，到太原向王謙書記彙報後，王謙安排我們先住到昔陽去。後來害怕造反派追來，給陳永貴添麻煩，又改住壽陽縣。昔陽和壽陽，都是陳永貴的地盤。想不到，造反派在太原又把王謙書記綁架、游鬥了，中央這才制止了山西的嚴重事件。」

還說八月十九日下午，造反派如期舉行大會，卻發現李、王兩位副書記竟已斗膽離去，萬分惱火，遂將王繡錦和另一位副書記李振華推到大禮堂辯論。後來有王守信先生撰文記述當時情景：

「因兩位主要反擊對象不能到場，造反派頭頭就氣狠狠地大喊大叫，說地委把兩個刮翻案風的走資派放跑了，問題完全由地委負責。這時王繡錦書記毅然站了起來，明確表態說：地委本來就不同意開這樣的會，所以出了問題地委概不負責，今天的會議我們不同意，也不參加！說完，王繡錦按下話筒，端起茶杯，轉身退場而去，引起台下紅字號一片鼓掌叫好聲。十來個聯字號頭頭先是倉促宣佈散會。然後尾隨王書記到了地委大樓，繼續糾纏，並要王書記帶他們上太原去找王謙，告李維彬和王景生大搞翻案的狀。王書記堅決表示拒絕，說從來沒有地委書記帶人找省委書記告狀的先例，沒有這個道理。一名造反派頭頭急了，瘋狂叫喊：我們抬也要把你抬去！王書記一聽也火了，他毫不示弱地說：那就由你們了，反正我就這一百多斤！這位曾被七鬥八鬥，受盡折磨的老幹部，面對這些毫不講理的造反派，仍然大義凜然，敢於堅守立場，令人肅然起敬。」

王守信先生的記述是真實的，王繡錦不吃造反派這一套。此時的老幹部，也不是文革初期的模樣。

劃線切瓜獄滿為患

聯字號等造反派堅定地「反擊右傾翻案」，鬥爭了不到半年。一九七六年十月，以華國鋒為首的中央務實派，突然間抓捕了江青集團，歷史出現了巨大的轉折。中國大地迅猛地掀起了一場「揭發、批判、清理『四人幫』幫派體系」的巨浪。萬萬千千的文革造反派，立即倒了大黴。

文革兩派，其中一方首先舉旗造反，另一方先是保守派，後來爭當造反派，也要拿到一個大時代的身價牌子；還有從雙方陣營裡分裂出來並與對立派結合參戰的人群，都成了造反派。可以說，造反派這個稱謂，難分彼此，大家都有份兒，伯仲間實在不好剝離。如今天翻地覆「揭批清」，造反派的「桂冠」卻戴在了一方對立派骨幹頭上。老幹部掌權執政，將其斥為「頭上長角，身上長刺」的壞人。昔日響噹噹紅哇哇一個造反派名頭，從今往後，躲尤不及。

山西省委緊急召開地市委書記會議，老幹部一下子挺直了腰杆，意氣風發，要真正當家作主了。十月十七日，各地市書記大步流星趕回本區，立即組織召開大規模的各級幹部大會，全面發動部署「揭批清」第一戰役。十一月初拉開戰幕，頭一個消息就是全省通報：省直機關幹部李瑞芳、李文亮、劉志英、楊國和等人，已被公開逮捕。

頓時，各地市聯字號骨幹人人自危。

老幹部佔據了絕對優勢。太原黃志剛，臨汾趙雨亭，晉東南王繡錦、王景生，還有陽泉地區、運城地區、欣縣地區、呂梁地區、晉中地區、雁北地區加上長治市、大同市的主要領導幹部，齊聲宣告：我區我市就是四人幫禍國殃民的重災區，對他們在我區我市的代理人，要新帳老帳一起算，不可心有餘悸，必須澈底清查。

各地聯字號頭頭情知形勢嚴峻，卻又束手無

策。晉東南聯字號骨幹匆忙進行數次聚會，分析研究時局對策。幾近絕望中，有人提出拉起隊伍到沁源深山裡打游擊，要破釜沉舟，戰鬥到底。這不過是說些大話壯膽，響應者寥寥，終難成事。

這派頭頭議論最多，也最不服氣之處，一是說「毛主席屍骨未寒，就有人抓了他老婆，上街遊行，醜化的不像樣子，走資派搞了全面復辟」；二是說：如果清查與四人幫有牽連的人和事，絕不該查我們這些人，陳永貴和王謙與四人幫的牽連還少嗎？一九六八年，江青多次下令釋放紅字號頭頭；一九七四年，江青炮轟謝振華，陳、王積極發動批謝曹；一九七五年，王洪文牽頭，給謝曹定罪十一條，還保護王謙，批我們犯了「共產黨員不選共產黨」的嚴重錯誤；一九七六年，江等批鄧，王謙即召開省直、省軍區和太原市三大系統全體黨員聯合批鄧大會，親自帶領八萬名黨員上街遊行回應，其規模在全國要排第一；江青兩次去大寨，陳永貴等人「把江青當祖奶奶供奉」；同年，他們接待「白卷先生」張鐵生來晉，在大寨和太原公開做報告批鄧。現在，憑什麼偏偏把江青的「幫」與我們的「派」捆在一起呢？憑什麼單拿我們當做「幫派體系」的清查對象呢？照此推論，我們才是長期和四人幫對著幹的革命派，山西的清查不是「倒清查」嗎？

戰士自有戰士的思維方式。文革十年，就這般混亂。

更多的幹部群眾，從直觀上認為：四人幫當朝造孽，奪權造反派是主力軍，這批人助紂為孽，給他們治罪絕不冤枉……

省委部署「揭批清」第一戰役，明確指出，「我省一部分黨政機關的權力，還掌握在造反派甚至反革命幫派分子手中，一些地方的幫派勢力盤根錯節，還有一定市場，這些人仍在暗中活動，設置重重障礙……以保住他們依靠打、砸、搶而篡奪到手的權力」，對於這些人，「必須除惡務盡，不留尾巴」。因此，王謙提出一個形象化的清查方針，叫做「劃大線，切西瓜」，對幫派體系的核心人物、骨幹分子，新帳老帳一起算，重點打擊。

振臂劃線，揮刀切瓜，無疑是各地黨政說了算，派戰勝利者說了算，由不得就會擴大化。當初武鬥戰後，軍分區和聯字號整治紅字號，就是這樣幹法，現在還是這樣。

遙想中共自延安整風乃至更早的蘇區肅反，尤其是一九四九年以來歷次政治運動，哪一回沒有嚴重地擴大化呢？在階級鬥爭思想理論指導下，文革十載，造反革命，派戰殘酷，事件頻發，血債疊加，如今一說澈底清查，要整治的仇人何其多也！派戰剿殺的慣性，人治辦案的幹法，清查擴大化，幾乎無可避免。「劃大線，切西瓜」，來勢猛，力度大，曾經他整我，輪到我整他，惡性循環，沒有廢話。

而在殘酷漫長的文革動亂中，確有不少壞人把人往死裡整，犯下了不可饒恕的罪行。文革引發了人間之惡，這些罪惡，在任何一個國度、任何歷史時代，都是不允許的。但是，這種懲治，理應在法制軌道上進行，理應改變運動式的極左方法，防止人間悲劇繼續擴大。可歎「揭批清」之初，並沒有多少人對此保持清醒認識。人民出於對「四害」橫行的普遍憤懣，嚴懲壞人的呼聲震天動地，山西各地迅速掀起了一場揭批風暴。而凡以運動代替法治，就必有一大批人吃虧倒楣，繼續受害犧牲。

以運動形式大搞「揭批清」，弊端嚴重。

在山西各地，在工廠農村，果然出現了打擊面過寬、清查面過大的情況。出於派性仇恨，不少地方搞了逼、供、信，死人、傷人事件累有發生。各類矛盾之間失去分辨界限。造反派、聯字號劫難臨頭，株連者多達好幾萬人。

一九七七年和一九七八年，是山西省抓捕「幫派體系」極盡繁忙的兩年，對立派大小頭頭基本上一網打盡。

太原市清查對象達到一〇〇〇〇人。

太原鐵路系統清查對象達到一〇〇〇〇人。

晉東南地區清查對象達到一〇〇〇〇人。

我們再重複一遍：兩派鬥爭有延續性，文革運動有慣性。不到一定時候，中國「革命」剎不住車。

山西省一舉抓捕了好幾萬名對立派。這裡不包括「被株連」的人，被株連被打擊的同派「爪牙」更是多得數不清，簡直無法統計，凡是遭到隔離審查的數萬名清查對象，一律被抄家，此乃當時查案辦案不可缺少之一環，要查找藏在家中的證據。

至於那些廣富名聲並已擔任了不同領導職務的頭頭，或者案情明顯的骨幹，還有判案常用詞所指「民憤極大」的人，更要倒楣遭殃。對他們不僅要關押批鬥，還必須正式逮捕判刑。我這裡整理出一份極不完全的判刑人員名單，清一色聯字號，可當作歷史文本載記予後人：

一、魏來根（地直），判刑二〇年。
二、張登魁（地直），判刑十年。
三、班萬紅（地直），判刑五年。
四、馬長根（長治市），判刑十七年。
五、暴二乖（長治市），判刑五年。
六、王金水（長治市），判刑七年。
七、任紅宇（長治市），判刑十年。
八、楊龍華（長治市），判刑十三年。
九、何松林（長治市），判刑十年。
十、劉鎖柱（長治市），判處死緩。
十一、王懷有（長治市），判刑十二年。
十二、呼長鎖（長治市），判刑死緩。
十三、馮會保（長治市），判刑二〇年。
十四、張榮光（長治市），判刑二〇年。
十五、陳小根（長治市），判刑十五年。
十六、譚潤華（長治縣），判刑八年。
十七、李秉壁（長治縣），判刑六年。
十八、邵有國（紅星廠），判刑十年。
十九、常玉發（長鋼廠），判刑十五年。
二〇、丁茂陽（淮海廠），判刑十三年。
二一、李東生（潞城縣），判刑十五年。
二二、侯占林（潞城縣），判刑十五年。
二三、韓保娥（屯留縣），判刑二〇年。
二四、李進奎（屯留縣），判刑十八年。
二五、郭永福（平順縣），判刑十五年。
二六、王保貴（晉城縣），判刑十年。
二七、董乾太（晉礦局），判刑二〇年。
二八、王學科（高平縣），判刑十五年。
二九、劉衛民（高平縣），判刑二〇年。
三〇、張來生（高平縣），判刑十年。
三一、張天恒（高平縣），判刑十年。
三二、車民根（高平縣），判刑二〇年。
三三、楊桓（高平縣），判刑四年。

三四、王喜元（高平縣），判刑十年。
三五、朱力勝（高平縣），判刑五年。
三六、楊金庫（高平縣），判刑五年。
三七、畢世英（高平縣），判刑二〇年。
三八、常俊（高平縣），判刑三年。
三九、王月生（高平縣），判刑二〇年。
四〇、郜六孩（高平縣），判刑十五年。
四一、李宏昌（高平縣），判刑二〇年。
四二、車元根（高平縣），判刑五年。
四三、劉東生（高平縣），判刑五年。
四四、劉又生（高平縣），判刑四年。
四五、李秀峰（高平縣），判刑十二年。
四六、李金鐘（高平縣），判刑十五年。
四七、魏丙旺（黎城縣），判刑十三年。
四八、武炳周（黎城縣），判刑十年。
四九、秦福來（陵川縣），判刑二〇年。
五〇、郎啟發（陵川縣），判刑二〇年。
五一、翟淩生（陵川縣），判刑二〇年。
五二、張五魁（陵川縣），判刑二〇年。
五三、楊紅（陵川縣），判刑二〇年。

……

如果我的查找耐心一些，這份名單足可以延續十倍之長亦不足為奇。當時，被判徒刑或被長期關押審訊的頭頭骨幹眾多，一時間很難完全引證寫清。

尤其令人心驚的是：一九七九年十二月，晉東南公檢法清查辦案人員，得知最高人民法院和檢察院將於一九八〇年一月一日起實行新的「兩法」，即對舊的刑事審判程序和檢察抗訴制度實施大的改革，這就極不利於簡單化的刑事判決。於是，地委領導立即組織班底，以清理積案名義，對全區關押中的未決人案實行突擊判處。地區中級法院將審判工作人員分為四路，分兵下到縣裡，合署加班辦公，直接定案判決。到了最後時限也就是十二月三十一日這一天，晉東南各縣突擊判決六六案，判刑一二一人，連夜宣判，以示合法，一直搞到深夜零點才告結束。至此，晉東南地區自清查以來，共判決「運動案」三一二件，有五四〇人被處以徒刑。

這五四〇名人犯，都是晉東南聯字號組織的領導者或骨幹成員；那麼，回頭去看，一九六八年武鬥結束，聯字號掌權時，又判決過多少紅字號人員呢？我有幸得到省高院一件總結材料，內中明確寫道：原先紅字號被判決之案為四九五件，計八七二人，比清查中被判刑者更要多些。

兩派中任何一人被捕，對於每一個家庭都是大禍臨頭。雙方都有父母妻兒，家家歷經悲慘故事，太行文革之戰，實乃兩敗俱傷。一個晉東南地區，前後相加，早已獄滿為患，紅字號、聯字號兩大派共被判刑八〇七件，綁赴深牢服刑者高達一四一二人。還有上百條鮮活的生命，被槍決於刑場上，血染黃沙。

在晉東南地委後院兒，我親眼看到，大批幹警抓捕了一個英俊的年輕人，名叫張守忠。他給行署副專員賈茂亭做過通訊員。繼程首創失敗後，賈茂亭被軍分區結合到地革委班子任職，紅字號便認為賈有聯字號傾向。一九六八年那次一·一六事件，賈茂亭曾和李順達一齊被抓，關押到紅字號大本營吃了苦頭。我想，即使他有些觀點傾向，也很自然。後來，賈茂亭調往運城地區又調到太原市，擔任領導職務，配合謝振華工作，當然不是陳永貴和王謙線上的人。

賈茂亭調走，張守忠留在地區公安處工作，娶了一位北京女知青為妻。他沒有擔任過聯字號派頭頭，也沒有參加多少派組織活動。而一到「揭批清」，賈在省城被整，連帶這位幾年前的通訊員也成了審查重點。抓捕張守忠，另一個目的在於掏取賈茂亭的相關材料。這天，張守忠被押上大卡車，幹警們當眾施威，敞開大馬槽「表演」於車廂平臺上，開始給這位通訊員捆綁上刑。但見兩臂後勒，勒緊，再勒緊，一直勒到張守忠幾無呼吸，整個臉龐仰面蒼天，由慘白色轉為黑青色，我心震顫時，大喇叭響起，拉走遊街，這一關就是好幾年……

「揭批清」第一戰役，抓捕到聯字號對象，少不得如上程序，捆綁遊街，酷刑審訊，判決勞改，讓旁觀者足以心驚膽戰，自我窒息。

你想，哪一位頭頭的案情，不比一個通訊員嚴重呢？

更有三千多人，在武鬥中，在抓打中，在揪批中，在酷審中，以各種各樣的死法，葬身於太行太岳。他們都是文革運動的犧牲者，他們冤魂不散，日日夜夜都在陰風呼號中控訴著那場大革命的恐怖時代。

徐志有的逃亡生涯

我又要提起晉東南聯字號頭頭徐志有先生了。當時我們在晉東南體委訓練籃球，忽然就不見了這位老徐。

其時，老徐已經積累了豐富的鬥爭經驗並且善於運用經驗。「揭批清」運動拉開戰幕，老徐預感到大勢不妙，深知覆巢之下無完卵，很難逃避殘酷打擊。一九七六年十一月二十三日白天，老徐以地區體委副主任身分，硬著頭皮參加了地委領導主持的「揭批清」動員大會。當晚，他潛回體委取得了一些細軟，連夜從長治古城奔逃外出。他沒有跟任何人聯絡，也沒有跟最親密戰友告別，一下子直奔東北通化老山林而去。那裡是他久別的故鄉，自會得到親友老鄉包藏掩護。

老徐像一頭受驚猛獸，蹲在荒山老林極窮僻處，靜靜地窺測著人間激戰。一有風吹草動，立即潛入更加偏遠的溝壑縱深，不見了蹤影……

老徐蝸陷逃亡生活，持續了三年之久。

「揭批清」轉到「善終」，形勢緩解，確實是三年以後的事情了。所謂「善終」，實際上是陳永貴倒臺，省委書記王謙調離，山西局勢又翻了一次「烙餅」。在這種情況下，聯字號頭頭徐志有先生，總算終止了漫漫逃亡生活。他告別東北諸位親友，回到了晉東南。

他躲過了疾風驟雨的清查高峰期，成了一名被免去職務的普通幹部。我們在地區體委見到他，隨口贓嘰他說：大名鼎鼎，打響了太行山上第一槍！現在沒事兒啦？

老徐感慨道：三十六計，走為上計，當時我老徐如果留下，不死也得斷條腿！最後給咱判一大刑，後半輩子就在牢裡喝糊糊吧，今天還能和你們坐到麻將桌上？

種種案例，證明老徐的說法是有依據的：

自打老徐失蹤後，晉東南地區公檢法和大批辦案人員，曾經兵分六路，多次到河南和東北等地展開追捕，均未將其抓獲。其中一次，體委武術家侯存孝先生和我的自行車教練胡庚秉老師，參與辦案，到吉林省通化縣追覓老徐行蹤，結果大吃苦頭而歸。

我向老徐探問此事，老徐便得意相告：就那幾顆笨腦瓜，還能抓到咱這個好獵手？他們幾次到咱老家，全是白跑瞎竄。當時，公社大隊在前頭接待他們，背後早就向我通風報信了，說山西人又來抓你啦，我立即抄起獵槍，出村上山，躲躲唄。

我說：我們胡教練可不是個笨腦瓜。

不笨？老徐大笑道：東北有多冷？大冬天把鼻子凍下來！老胡老侯住在村裡，出出進進，我老徐就蹲在村邊小樹林，看得清清楚楚。到天黑，村幹部先給他們燒炕，劈柴棒子一通猛燒，老胡就喊，燙死人啦！好，留下一條薄被子，撤火。到了後半夜，老侯又喊，凍死人啦！不出兩天，兩人鼻涕哈啦一對兒重感冒。吃東西半生不熟，兩人一塊兒拉稀，我蹲在小樹林裡，看他倆竄稀竄得兜不上褲子，笑死個人！沒幾天，老胡老侯受不了，走人。好幾次員警來，我們都這樣對付他，夏天蚊子臭蟲，冬天冷飯涼炕，誰能待得住啊？

我說：可不，誰都受不了。

老徐說：我打獵逛山，反而把身體整好啦。

我說：你槍法好，紅字號說你打響了太行山上第一槍。

老徐說：不管那一槍是不是我打的，反正都得給咱判大刑啊，老徐向我拍著大腿，我要不跑，這腿肯定會打斷！

的確，老徐不跑，性命難保，僥倖留得性命，也得終生拄拐。一個群眾組織頭頭，一名普通鐵路工人，剛剛浴血奮戰當了幹部，轉眼間淒風苦雨，倉皇奔逃山林深處，三年不敢見人，足夠悲慘了。

上千個日日夜夜，老徐貓在吉林省通化縣六道溝那片老山林裡，沒敢動窩。一場文革，快把他革成野人了。通化地區歷史上多被少數民族所割據，清朝初年，康熙皇帝將這裡當做祖居發祥地禁封起來。一封就是二百多年，人跡罕至，森林茂密，自然生態得以蓬勃發育。直到光緒三年才開放了部分禁區，向稱「東邊」荒蠻之地。老徐所在的六道溝先鋒村，距離縣城還有一百多裡地，野獸要比人多。

三年來，老徐不敢往外寫信，只能通過廣播和少量報紙，分析窺測山外風雲變幻。他對我訴苦道：東一家住住，西一家躲躲，親友們收留咱也不容易，你以為是來了客人，吃頓飯抬腿就走了？我只好上山提槍打獵，回報親友，勉強混口飯吃吧。我用土槍打一種大松鼠，當地叫灰鼠，剝下皮子一張三塊錢，前後打了八〇多張，當時才賣了二〇〇多塊錢，很不划算。有幾次打著了八〇多斤的大麅子，那傢伙帶勁兒，趕緊給親友家分肉，人家才高興接待咱。上次跟你說過，體委老侯、老胡來抓我，一對兒睜眼瞎子，鄉親們可把兩位老兄整慘了。地區公安處來了員警，想抓我沒門兒。就這樣，咱啥都幹過，還下山麻衣相面，看過風水，混了一年算一年吧。到了一九八〇年春天，看全國形勢平穩了不少，我急於要把晉東南的情況弄清楚，就下決心寫了一封信。老趙你說，這信寄給誰才安全呢，思來想去，我繞個大彎兒，把信寄給了河南鐵路上的老朋友來福。讓來福的媳婦金花，她在博愛當售貨員，悄悄把信轉給了月山車站我老婆。我老婆再把信縫到衣服裡，讓大兒子穿好，上長治去找同一派的叔叔伯伯。最後是和平醫院的董文忠大夫給我回了信，告訴我晉東南卜虹雲上任，正在釋放造反派，說清查我們查錯了，擴大化了，要善終平反，我這才決定回來。從一九七七年十一月二十三日，到一九八〇年二月二日，我跑了整整三年兩個月零八天！」

我說：這下保住腿了，你老兄躲了一劫。

老徐便說：腿是腿。還怨我心裡太急回來早了，要是再晚點回來，更好。

我說：此話怎講？

老徐相告：咱回來，又想不到，地委領導還是兩派，我一回到體委，馬上給咱隔離了，就關在你們籃球場後邊運動員宿舍，讓我交待問題。上邊來人宣佈，竟然給我雙開了，開除黨籍，公職除名，啥身分都沒了，又成光杆司令了。我當場就跟他們大吵起來，說毛主席號召我們造反，我有啥錯？我一沒有傷過人，二沒有人命案，憑什麼開除我？要說紅字號的幹將，我可沒少放，少說也放過二百多！當然，你吵也沒用，老走資派復辟，沒判咱大刑就不錯啦。沒辦法，體委也住球不成了，民政局有個專門接待上訪的小旅館，我就當了一名告狀專業戶，有什麼辦法？不過，畢竟形勢變化了，大部分聯字號頭頭都放出來了。通過戰友們的幫助，忽然打聽到羅貴波省長到了長治，住在太行賓館北樓，繼續解決全區清查擴大化問題。我就去賓館找羅省長，送申訴材料。

我說：你誰都敢找，但是材料你可寫不了。

老徐說：是老吳、老苗幫我寫的，我寫球不成。

我說：老苗和你一塊兒去過清華大學，告狀，取經，批鄧，反擊右傾翻案風，你們是老戰友啦。

老徐大笑：你連這也知道？

我玩笑道：批鄧老手，人家雙開你也不冤。

老徐說：革命一場，出生入死，黨籍肯定丟啦，體委副主任也當球不成了，但我得吃飯啊，公職萬萬不能丟嘛！

就這樣，徐志有見了省長羅貴波，申訴自己冤枉，不該雙開。總算給老徐留下了這份公職。

徐志有和王法書，兩位聯字號大頭頭，文革中提著腦袋幹革命，換來了入黨，轉幹，提拔；一位當過地區體委副主任，一位當過地區工會主席；還有長治縣的李東生、晉城的王保貴、高平的王學科都當過縣委副書記、縣革委副主任。陵川縣的秦福來，也當過縣革委副主任。說起來還是縣團級幹部，都曾經風光過。王天池做過地委常委、團地委書記，級別更高一些。大家槍林彈雨留下一條命，造反兩三年，風光兩三年，又挨整入獄兩三年，最後回歸了普通人身分。部分頭頭成了「犯有嚴重錯誤的人」乃至確定為「三種人」，不再安排職務，苦熬後半輩子，犧牲了全部人生。

時光荏苒，流水不回。從文革爆發到今天，轉眼之間，半個世紀過去了。曾經叱吒風雲的人物們，都已經老矣！老徐這番悲慘實在不算什麼，聯字號頭頭們鋃鐺入獄乃死於深牢者，比比皆是。怪不得山西造反派常說：我敬仰毛主席，感謝胡耀邦，反對鄧小平。

說不清這是什麼邏輯。

對皇權專制迷信崇拜，加上從自身利益思謀行事，合二為一，正是文革運動一大邏輯……

一九八一年夏秋，胡耀邦赴晉，宣導解疙瘩，終結山西文革，化解社會矛盾，消彌了動亂隱患，推動了改革開放，功德無量。還有一點應該說清，在處理文革遺留問題上，「宜粗不宜細」這一條，胡耀邦和鄧小平是一致的。人們一定不要忘記，華國鋒在領導「揭批清」過程中，也持以相同觀點。一九七八年十一月，中央召開工作會議，華國鋒談到處理文革遺留問題，公開指出「總的責任由中央承擔，不追究個人責任」。這是有據可查的。胡耀邦的做法，並非一時之念，而是多數領導人共同的願望。他們都不主張過多地追究個人責任，更不同意用別人整自己的辦法去整別人，而是從大的方面著眼，處理重重危機，從而否定文革。

也許，仍會有極少數人對暴虐大革命持以贊同態度。面對後來全域性的黨政腐敗，願意革命進而嚮往造反的躁動人物，從來不缺。甚至有新的高層人物，為凸顯自身，企圖利用這種盲動傾向和激情，換來一些廉價的虛榮與尊崇。但是，中國現實缺失了最重要一個條件，那就是毛澤東再也不會醒來，偉人揮手我前進的紅色恐怖時代，一去不復返了。

後記：省思與懺悔

回想一九六九年底，我的父母攜全家下放晉城巴公鎮。寒風霜雪，我們乘敞篷卡車，在太行山上一路攀行，走向未知。告別古城之際，吳增義、劉小四、高明憲三弟兄冒雪相送，我心苦痛，無語凝重，淚濕衣襟。一場文化大革命，給我們留下了畢生難忘的沉沉幻象，重重魔影……

是體育運動，拯救了我那荒誕而又蕪雜的少年劫難。

一九七〇年以來，我本是晉城巴公化肥廠一名青年徒工，卻因為地區體委上調體育骨幹，常常外出受訓。成年累月在多個青少年集訓隊打籃球，練自行車。文革亂世，國省第三級體委解散了職業運動隊，我只能混了一天算一天。與夥伴們不同的是，我每月還有青年工人一份工資，日子比別人寬鬆些。就這樣過了一天又一年，擔憂前途，心有不甘，又非常無奈。

一九七五年落實幹部政策，我父母從巴公化肥廠和高平縣革委會調回地委，重新工作。全家又搬回了晉東南地委大院。我仍在自行車隊苦練。

一九七六年九月中旬，地直單位和長治市十萬人集會，在八一廣場悼念毛澤東逝世。陰雨連綿不止，人心複雜難測。

晉東南，是僅次於陝北延安的中共第二大根據地，但人們的思想情感，卻與延安民眾有著很大不同：抗戰中，是國民黨川軍李家鈺所部，浴血長治誓不降敵，百姓盡知。薄一波、戎子和領導犧盟會，在太行太岳各縣建政，名義上仍然以第二戰區閻錫山為統帥。老八路一二九師到來後，人們心中普遍認為，是晉東南小米和城鄉老百姓養育了中共大軍，保全了各級幹部，最後勝利靠的是太行太岳人民支持。毛澤東始終沒有來過晉東南。民間交口稱讚最多者，集中在朱德、彭德懷、劉伯承、鄧小平、陳賡、黃克誠以及犧牲的左權、李家鈺、武士敏等國共將領身上，沁水縣曾經改稱士敏縣，遼縣改稱左權縣。從歷史上看，明清兩朝和民國建政，上黨地區潞商縱橫，物產豐盛，經濟繁榮，城鄉少災，毛澤東也說這裡是個有魚有肉的腳盆。人民生活相對穩定。所以，陝北民眾唱出了「東方紅、大救星」，此曲卻不會在晉東南產生……

記得追悼大會那天，我走在體育界的隊伍中，沿英雄街向著城市北部新廣場緩慢行進。淫雨漸漸濕透了運動衣，周身發冷。隊友們悄悄議論著：聽說，省市各級體育比賽都取消了。這消息傳播開來，使人極不快活。這意味著，我們自行車隊，打去冬以來苦苦訓練，一桶桶汗水就算白流。取消比賽，意味著運動隊行將解散。這時，主教練胡庚秉先生鬱悶地行走在我的身邊，突然發出一聲浩歎，低沉地抱怨道：這年頭，甚事也幹球不成！

的確鬱悶。我們的前程在哪裡？還將這樣混下去嗎？

那年我二十一歲，常常手捧一本破書，「為賦新詞強說愁」，我們向何處去？

我的懺悔故事，便要從這裡說起。

忽一日，從地委到體委，到處傳播著一條消息，撼動人心。人們說：北京華國鋒、葉劍英和汪東興，聯手抓捕了王、張、江、姚，形勢即刻發生劇變。很快，消息被全部證實。當時叫做黨中央英明果斷一舉粉碎了「四人幫」。頓時，人心大振，眾情鼎沸。我記得地委書記王繡綿，親自帶領幾位副書記，帶領全體地市幹部，走上街頭，走在了遊行慶賀最前列，昂首挺胸，發自內心地高呼口號：堅決擁護黨中央的英明決策！堅決打倒「四人幫」！那真叫痛快。地委書記親自率眾遊行，這情景十年來從未有過。

人們看到了生活希望，我眼前呈現一片光明。這時，我父母奉調省城，搬家到太原定居。我則從晉城調回長治，在地區交通系統從事職工體育活動，準備著人生大轉型。

人們早已對文革抱有強烈不滿。此刻，種種不滿對準了曾經造反奪權、曾經主導社會潮流的那一派，具體說就是晉東南全區的聯字號頭頭們，他們成了「四人幫」伸向晉東南的黑手。這頂帽子用起來非常順當，不由分說，一傢伙就戴在了這群人頭上。好像長達十年兩派鬥爭，一下子等來了最後結局：老幹部和紅字號奪取了全面勝利，鐵板釘釘。

當年，一個地區的交通系統，體制龐大，轄屬甚廣，職工上萬。晉東南行署交通局管轄長治、晉城兩大汽車運輸公司和十六個縣運公司，包括全區客運。還有地縣兩級公路段和運管站、監理所，全區最大的汽車修配中心長治大修廠。行政業務統管各縣交通局。文革中，交通系統是個重災區，亂到不可收拾。

而今，晉東南「揪出了『四人幫』伸向我區的黑手」，各行各業揪出了眾多「幫派體系代理人」。交通系統重點清查對象更是一大串，本系統舉行批鬥大會，把清查對象連綁帶銬好大一群，常常人滿為患，而且批鬥手段極狠。我曾看到批鬥大會一例：長運公司將某頭頭捆綁後，用吊車吊至半空示眾。

本系統批鬥對象太多，導致登臺發言批判的積極分子緊俏，人手竟不夠用。儘管這些對象同屬於「反革命大案」，但各人案情還有區別，因此，除去總體性的批判大稿外，每會仍需要積極分子針對不同對象，做出具體批判，從而加大批鬥力度。

如此鬥人整人，都是文革做法，都是無視法制那一套。

我調來交通系統，主要是搞好職工體育，起先並不熱衷於政工活動。但政治就在我們身邊，政治生活無孔不入，無處不在，早已深入到我們的骨頭縫裡，要爭當一名進步青年就更難躲開。我，就是在政工幹將人手緊俏之際，被看中、被動員、被考驗、被提升到批鬥講壇，予以「重用」的。

我登臺批判他人，平生僅此一次，卻在心靈上留下了長久波動。那是一種無端參與整人之後，良知顫抖導致的不安。過一陣子，參與者往往找出各種理由寬恕自己，自我原諒，然後麻木，直至忘卻。在那個時代裡，這樣的人和事，豈止千千萬萬？

我們與批判對象素不相識，無怨無仇，憑什麼也要登臺助陣、竭力吶喊呢？這正是值得智者們深切反思的地方。

是啊，我們需要反省和檢討，找一找不同程度參與整人的原因，做一個心理剖析，「挖一挖思想根源」。

領導分配我登臺批判，對象是長治汽車大修廠韓田勝。這位中年漢子，在聯字號陣營裡不算顯要頭目，在交通系統清查對象中排排隊，也比較靠後，頂多在本廠圈內當一名造反骨幹。老韓是哪裡人，都幹過哪些事，我也搞不清楚。搞不清就登臺批判人家？問題就在這裡：

一九七六年底，我從晉城巴公化肥廠調回長治，實際上久在地區籃球隊訓練，或赴省參賽。最初調動手續，落在交通系統轄屬的長治汽車大修廠工會。繼續加盟地直職工或交通系統男籃，還當過領隊和教練。這時，行署交通局決定，從本系統上調一名文體骨幹，穩定地經營管理交通男籃。局領導如果把我從大修廠上調機關，以工代幹，手續十分簡單。而我在體壇廝混經年，本是亂世權宜之計，現在年齡不小了，也願意穩定下來，讀書學習，謀一個好工作。當時有句流行話語，叫做「把文革失去的時間補回來」。眾多同伴正在複習功課，迎戰高考。體育飯碗不能端一輩子，我亦有自己的私心攪動。此時此刻，交通系統的中心工作，正是強勢揭批與「四人幫」有牽連的人和事，唯此為大，把對立派統統打翻在地，再踏上一隻腳。這是一個背景。

地區交通局郭四元局長，文革前做過壺關縣委書記，文革中受盡磨難。一九七六年夏秋造反派批鄧反擊，又把他當成「走資派復辟」典型，多次圍攻罵鬧，日夜不寧。他當然地憎恨「四人幫」幫派體系及其「伸向我區的黑手」。這位老幹部對我極好，我與其子憲平一塊兒長大，是同學也是弟兄。老局長常對我說：「都不小了，可不敢再耽擱下去，要關心全域工作，多讀多寫多鍛鍊，從政治上要求進步。」我心感動；批鬥對象韓田勝，恰恰正面糾纏過郭四元局長。我雖未參加任何群眾組織，更沒有入派，卻很自然地將韓當成了對立派成員：整郭伯伯的人，會是好人嗎？我登臺發言批判，這又是一個原因。

還有，汽車大修廠郭有山老廠長，是一位高級技工，抗戰時期就給八路軍造槍。對立派鬧事，奪走他上下班的自行車，他每天步行二〇里，堅持上班不遲到，令我敬佩。時逢批鬥大會人手不足，這位老廠長出面動員我：「年輕人不能光打球。局領導對你很器重，你要敢於同壞人壞事進行批判鬥爭，就把批判韓田勝的任務交給你吧！」我猶豫說，自己不瞭解情況怎辦？老廠長當即指導：讓工組幫你看材料嘛，一看材料，甚都有啦！老一輩委以重任，年輕人增添信心。這又是一個原因。

局、廠兩位郭老，對我支持信賴，起著外部推進作用，而更深層原因，還在於自己內心世界有一種欲望，呈現半明半暗狀態。前些年，我常常「為賦新詞強說愁」，不甘心混跡體壇，這時，我似乎覺得時來運轉，祥光大現，要抓住機遇，改變命運，積極表現才藝，爭取發展上進，儘快實現自我。我沒有想過，這種機遇，實是延用文革暴虐做法的繼續，這種上進，乃是建立在他人苦痛基礎上的。批鬥他人，我的命運可能轉好，他的命運可能轉壞，甚至很糟。

另一重虛榮和私心在於：讓別人看看，誰不會寫寫文章？誠然，極端粗鄙的大批判稿件，滿紙套話大話空話，算不上什麼文章，但是，文革以來看個遍，鋪天蓋地滿人間，批判稿又怎能不算文章呢？這文章別人會寫，吃香喝辣，我用些心思，會比別人寫得更好。

後來我才明白，心底欲望太強，便會喪失理性。很可能，文革中萬千青年造反，起初都抱有好的理想欲望，或崇拜領袖投身革命，或追求主流挺身而出，或年輕虛榮表現自我，或隨波逐流亦步亦趨，結果，助推革命風潮，投身社會洪流，追求人生進步，卻被歷史環境無情地推入了殘酷鬥爭漩渦，直至形成壞事，參與族群分裂而不自知，反而越鬥爭越頑強，離原先目標越來越遠。理想被扭曲被異化，革命變成整人，從而又被人整，眼看就會勝利，忽然墜入失敗，惡性循環；歷史環境惡劣不堪，好理想總是帶來壞結果。部隊記者劉景林先生講過一個故事：北京東安市場附近一所小學，有個女孩要求加入紅小兵組織，頭頭說她革命不夠堅決。她隨手找了一把尖刀，來到關押老師的教室，當場把一位老師捅死。回頭說：我可以當紅小兵了吧！可見革命人，隨時可能變成殺人兇手。

更多人隨波逐流，內心麻木，參與了整人鬥爭，從不知不覺開始，到不知不覺結束，不當回事了。

在種種人生欲望驅使下，我也不知不覺進入了角色。也可以說，從一名運動員轉向政治大批判，我比許多同伴轉得都快。

我根本不認識，誰是韓田勝？一開始，先由汽車大修廠政工組清查辦提供素材，多是對韓粗淺片面的揭發材料，內容比較雜亂，還有簡短的批判小稿。我並未核實事例，似乎也不需要核實，便將其中一些內容重新排列組合，歸納成廠內、廠外，不同活動範圍之兩大方面，廠內破壞生產秩序，廠外衝擊各級黨委，然後上綱上線，把韓等參加派性活動，與文革中央幫派集團篡黨奪權罪證上掛下聯，且結合本省本區同派揪鬥老幹部等實際，呼應對照，從邏輯上，從時間上，從相似性上，推導出一種共同的陰謀性質，居高臨下，從而坐實基調，使其無可辯駁。然後在表述上大舉加工潤色，採用北京高端主流提法，模擬受害群眾悲情控訴話語，一會兒肯定句，一會兒反問句，大而無當，不一而足。最後警示一番：清查任重道遠，戰鬥未有窮期，樹欲靜而風不止，嚴防黑手末日反撲。全文以緊跟華主席奔四化壓軸，高呼口號甩出豹尾。

無非就是這一套罷。文革青年，無師自通，上臺批判，不學也會。這比打贏一場球賽容易得多。

我交給大會組織者審看稿子，表揚有加。只是提出批鬥人多，要掌握好時間，注意精練一些，未必都用排比句。

終於，交通系統批鬥「四人幫」黑手大會，在地區大禮堂如期舉行。現場總指揮——現在叫司儀，高喊：把現行反革命分子拉上來！只聽舞臺地板好一陣嗵嗵巨響，如戰鼓擂動，一大溜昔日聯字號造反戰士，有老有小盡成囚犯。他們被武裝人員猛烈地拉上臺來，面色灰白，衣衫襤褸，深度垂首彎腰，以腦袋頂部朝向大眾，沒有半些奈何。臺上高呼口號，聲震全堂，山呼海嘯。

這些人曾經批鬥「走資派」，也是這般模樣，形式幾無變化。

依次發言批判，我排列偏後。他人發言中，我留意觀察韓田勝本人。看他長相特徵，穿著工裝，不過一位普通技工，很難促發我生長仇恨情緒。我倒是注意到了自己有變，今日的我，居然在運動衣外面，套了一件藍布制服外套，這樣是不是就像一個機關幹部了？

在一名體育運動員來說，這是一個具有象徵意義的變化。唉，一個人學好很難，學壞則非常容易。

我完全忽略了韓田勝其人之存在，更無視於他今後的人生命運。我只是坐在那裡進一步溫習批判搞，考慮如何取得批判效果。就像運動員臨上賽場之前，進行自我心理調整那樣。彷彿我所面對的韓田勝不是一個活生生的人，而是一個戰術對象，一個衣衫符號，一個進攻籃框。我這才明白，每到嚴酷批判之際，從來沒人把對手當成人。

但是，場上一個細節卻讓我難忘，好像還激發了我的不滿。當我批判發言到半中間時，久久彎腰未動的韓田勝，他位於我的右側，竟然倒過頭來，用一種古怪的眼神，盯著我觀看數秒鐘，好像在聽，又好像不同意我的發言。喲，我正在批判你，你看什麼？你必須更深地低頭認罪才對。你居然使用目光還擊批判者，肯定是不老實嘛。而日後想來，強勢群體剝奪了人家的話語權，封了人家的嘴，韓田勝先生轉頭看我兩眼，實是情理之中，正常反應。也許他很奇怪：從哪裡冒出這麼一個傢伙？素不相識，甚情況也不瞭解，公然在此振振有詞，胡亂批我許多事情，這小子是幹球甚的？想一想，人家韓田勝不過一名本派副手，而在批判稿中，快要把他批成一個十惡不赦大首犯了。這不是欲加之罪，何患無詞嗎？還不是莫須有的那一套嗎？

在那樣的時代裡，由一隻狼孩轉變為一匹兇狠的大狼，竟是十分自然的事情。

實話說，我登臺批判發言，效果不好也不壞，並沒有引起我所預期的轟動效應。儘管如此，領導上還是鼓勵了我，稱讚我初出茅廬，已經幹得不錯，批中了黑手反動要害。成者為王敗者賊，古今如此。強權對待賊人，不講道理。我可以胡批一氣，你必須忍氣吞聲，除非你某日翻身，再來批我。於是，世間敵人越來越多，文革對立不可調和。西方的人權觀念從來沒有，東方的孔孟中庸盡遭拋棄，「和」文化，善良心，早已蕩然不存，這就是不仁。

文化大革命正是這樣，這場批鬥會如果放在運動前期，我與韓田勝必然分裂成兩大對立派，不鬥個十年八年，不鬥個百多回合，不鬥個你死我活，雙方不會甘休。正如以暴力對待暴力，只能導發更多暴力那樣。

嗚呼！北大教授洪子誠先生反思和懺悔往事，說出一個沉痛道理：我們都當過打手啊！斯言振聾發聵。洪子誠先生文革挨批，當他匆匆焚毀工作筆記本時，猛然發現自己於一九五八年和一九五九年之間，也曾扮演了一名「批判者」角色，批判對象是王力、王瑤、吳組緗、林庚、高名凱、游國恩等知名教授。到了文革，下面的學生們正在向昔日的批判者學習，開批洪老師。洪子誠先生指出：一次次角色輪動轉換，罪孽種子早已播種下來，到文革輪著了自己……

那次交通系統批鬥會之後，我正式調入地區交通局。而倒楣的韓田勝先生哪裡去了？我不得而知。他何以安身立命度過晚年？我不得而知。他的家庭遭到了怎樣的劫難？我不得而知。

他難免遭到當時清查擴大化的嚴重打擊。

我不是主辦韓田勝一案的責任人，似乎就可以安心了？不，我在這裡向韓田勝先生致以深切歉意，請他原諒我的盲目批判，原諒一個所謂要求進步的青年，做了不該做的糊塗事；我留在地區行署交通局機關工作，似乎應該高興，但是三十年過去，我心依然沉重。一想到韓田勝先生和無數文革犧牲者墜向深淵，我還高興什麼？不論佔據怎樣堂而皇之的理由，我們都負有責任在身。烏合之眾，劣跡斑斑，我們不同程度地參與了文革，我們不該保持安心平靜。我們曾是構建荒誕歷史的離亂人，大小角色都是角色啊。

然而，民眾參與了文革歷史的構建，仍是一種社會基礎和政治土壤而已。導致文革浩劫的主要責任者，不是老百姓，也不是運動積極分子。正如秦王朝因暴政而亡，只能由推行專制君主統治的始皇大帝負責那樣；文革端倪實際上從一九四九年以來歷次極「左」運動中就已經開始，甚至可以追溯到延安整風運動那裡去。國家政治制度不民主，國際環境又非常惡劣，文革成了革命鬥爭連環套的最後死結；一方面，有遠古時代的生態環境，恐龍才能生存下去，同理，有億萬當代革命戰士，巨人才能站立起來。另一方面，雖說任何個體人物都不能改變整個社會歷史潮流的總趨勢，但是，巨人一旦擁有高度權力且不受限制，則可能加速或者遲滯歷史發展進程乃至在某一歷史事變中起到決定作用。於是，這個人物就負有不可推諉的責任。毛澤東認為自己一生幹了兩件事，第二件就是發動和領導了這場浩大文革，此責任何其重也。

歷史有驚人的相似之處。剛才提到秦王朝之敗亡，使人想起毛澤東說過自己是「馬克思加秦始皇」等語。最近，我看到學者高旭先生對於秦王朝有一番政治省思，頗多深意，願與讀者共用：

秦王朝結束了諸侯割據與分裂局面，建立起一統國家，具有劃時代意義。《史記》說秦「兵滅六國，並中國，外攘四夷，死人亂如麻」。《淮南子》據此對秦政展開反思與批判，總結秦政之失有四：一是窮兵以殘民，「攘天下，害百姓，肆一人之邪，而長海內之禍」；二是濫法以傷民，「爭於錐刀之末，斬艾百姓，殫盡大半，而欣欣然常以為治」；三是爭利以虐民，「欲以侵地廣壤……縱耳目之欲，窮侈靡之變，不顧百姓之饑寒窮匱……估屍流血，相支以日」；四是苛政以害民，由「苛削傷德」導致「事逾煩天下逾亂，法逾滋而天下逾熾，兵馬益設而敵人逾多」。請看，窮兵殘民，濫法傷民，爭利虐民，苛政害民，有這樣四條不仁不義且創劇深痛的暴政國策，民眾必反，秦必自絕，漢必取而代之。歷史規律，不以巨人的意志為轉移。

文革失敗乃歷史必然，無須深奧理論準備，依據上述道理一說就明。毛澤東晚年就是這樣一位悲劇人物，最遠大的空想與最殘酷的現實之間，充滿了悖論，充滿了矛盾。而最激進的革命口號與最腐朽的奸黨陰謀之間，倒是結合的嚴絲合縫，鐵桶一般。

從辯證法角度看問題，文化大革命也有兩條好處。一是全域性的沉痛教訓極多極深，一旦經過系統反思，可以為中華民族的進步尤其為中國政治體制改革提供巨量的思想財富。我們敢不敢利用這筆財富呢？二是物極必反，壞事轉變，文革走到死胡同之後，促使中國很快轉向，走向了改變開放新時期。否則，人民很難覺醒，時代轉換不能這麼順當。

這兩條好處，是以千百萬犧牲者的鮮血和億萬人民悲苦的濁淚為代價換來的。

我算一個幸運者。是體育生活拯救了我那血色迷蒙的少年時代，使我不至於墜入那場大革命的深層；是文學生活拯救了我的青年時代，使我不至於混跡腐政太久。感謝生活，催動我們走向了另一條人生道路，儘管這路上滿是荊棘，讓我們飽經磨礪。

不論中國出現了多少新困難新問題，人民絕不同意回到老路上去。

不論中國實現了多少新後經濟成果，推進政治體制改革仍是最大難題。

附錄一：是誰殺了王尚志

立場不同判斷兩異

文革之初，晉東南紅字號、聯字號兩派尖銳對立一大焦點，是地委第一書記王尚志之死。一九六六年十二月底，屍體從長治市南郊一口機井中打撈上來，腰間拴著七〇多斤重的磚頭石塊。人已經泡腫，死去好幾天了。王尚志之死，引發了山西上層和各地市幹部們深切同情，好端端一名地委書記，怎麼就這樣死了？疑為造反派所害的怨聲罵聲呼聲，連成一片。而失蹤當晚，最後一批糾纏鬥爭王尚志的造反派，正是潞安中學聯字號「毛澤東主義紅衛兵」。聯字號在此後很長一段時間，極力洗刷自己。此時，地委第二書記仝雲、專員張行夫、長治市委王景生書記等，出於對同仁慘死的強烈哀怨，出於對這場瘋狂無序大運動的深深反感，也寧願認為，這位好書記就是被造反派乃至軍分區害死的。

當時，王尚志失蹤，仝雲書記和張行夫專員還有王景生書記，在奪權前所行使的最後權力，就是組織整個地委、市委直屬機關幹部們，動員全社會力量，在長治城鄉展開大查尋。城壕、溝坎、廁所、水塘；小巷、高樓、校園、廠礦，遍尋失蹤不見的好書記。終在一周後，用大鏡子反光照射技術，在南關農田水井深處，發現了死者身影。

我平生第一次見到真屍體，便是這位晉東南地委第一書記王尚志。——屍體擺放在東招待所大屋中，讓人祭奠，實際上就是幹部們對造反派暴行的無聲控訴。儘管在冬天裡，還是有人搬來了河中大冰塊，置放在屋內，以防止屍身腐爛。那時北風凜冽。印象中，就這樣公開擺放了好些天，力圖讓廣大民眾看一看想一想：造反派在幹些什麼？

分裂即將形成：不出兩三個月，造反陣營聯結成為聯字號，保守群體衍生成為紅字號。這是兩大派的老底子。

王尚志從內蒙古烏蘭察布盟調到山西晉東南不足兩年，作風樸素謙和，從不搞幫派團夥。又傳說他年輕時，在塞外雁北是位著名抗日英雄，群眾對他感情很深。奪權大動盪之後，紅字號充分地順應了群眾的懷疑與不滿，很快與來自內蒙古，來自本省雁北地區「為王尚志報仇」串連人員，結成了同盟軍，憤怒聲討聯字號殘害革命好幹部滔天罪行，使他們不得人心，藉以爭取群眾，成為反擊聯字號以及軍分區的一項戰略步驟。

王尚志到底是自殺還是被害？造反派一時間也向群眾說不清楚。造反派只能呼喊，「絕不允許以死人壓活人！更不允許以死人壓運動！」顯得蒼白無力。紅字號種種跨行業結盟大組織，本來具有各種名稱，後來索性打出「為王尚志同志報仇大軍」統一旗號。而另一重意思，誓為王尚志伸冤雪恨，也可以曲折地反映出，紅字號許多成員正在為仝雲、張行夫、王景生等地市領導幹部大鳴不平，當時誰也不好公然站在保護「走資派」立場上。而高一層「當權派」行將存滅，代表著中一層「當權派」行將存滅，進而又代表著縣鄉既得利益者們的得失興敗，上上下下命運休戚相關。所以，當權者總是有人同情有人保護的。而帶頭造反者，不是一無所得惟鎖鏈在身的赤貧者，便是積怨已久受到無情壓制的失意人，再不然就是反正兩手空空，亂世一搏或有人生斬獲的賭徒們。

王尚志到底是自殺還是被害？這不僅是詮釋晉東南文革血戰不可缺失之一環，也由於筆者當年刻骨銘心吃過驚嚇，對案底好奇日久，也就成了我在調研中盡力破解的一樁要案。

王尚志之死，觸發了許許多多人對文革動亂強烈不滿，逐步發展到兩派立場觀點大爭端。半年後，七月間，紅字號聚眾圍困軍分區四天四夜，不依不饒，打的仍是為王尚志報仇旗號。傳單上說，「王尚志之死，是晉東南階級鬥爭的集中表現」。

要說王書記被害致死或是害死後移屍第二現場，在當時很容易讓人相信，人們寧願接受這類推論。總體心理前提，在於好人普遍受壓無奈，遷怒於天下大亂壞人橫行。好端端一個書記難道會自跳井中？分明是壞人乘機作亂！在當時，各地確有亂中滋事報復殺人現象。據高平縣老幹部喬高升先生回憶，他們縣裡就有這樣的事。他說：天下無政府，好人要受苦，在高平縣造反派宣佈奪權頭一天，縣政府垮了，不等過夜，就連續發生了五起殺人慘案，集中在高平城關幾個小時之內，有的被拋屍街頭，屍體上還插著刀子。喬的看法，全部是亂中作案，報復殺人。

我還聽廣東朋友們說過，中共早期農民運動領導人澎湃的母親和兒子，在文革中慘死，也與報復仇殺有密切關係。

不幸中之萬幸，王尚志書記在一九六六年十二月底死去時，造反派尚未徹底奪權，以仝雲為首的地委緊急向省委彙報，省、地、市三級舊政權仍處在慣性運行中，抓緊組織專人進行了突擊破案工作。儘管當時組織破案還是要抓出「敵人」來，是從「被害」切入的。當時，省裡派來了名牌法醫王克峰先生，主刀解剖，專案組為歷史疑案留下了第一手偵勘資料，地、市公安幹警搜集和檢驗了大量線索，甚至還抓緊了最後掌權時光，把法醫獲取的解剖樣品，急送上海做出了權威鑒定。——二〇天以後，大奪權開始，結論尚未完工，應該揭開的謎底尚未亮相，破案工作當即被奪權所衝垮，兩大派社會鬥爭全面展開，此案被迫擱置下來，省市縣公檢法被砸爛。直接負責偵破此案的地區公安處處長、刑偵專家白玉山先生，也受到運動衝擊。全家被下放到壺關縣大山深處；又是不幸中之萬幸，這批破案材料經過多人保護，神奇般地保存了下來。為十幾年之後地委重新組織破案，留下了證據。換句話說，此案發生如果稍稍晚一點兒，趕上大奪權前後，一切偵勘與證據將不存在，也就無法做出正確結論。歎文革運動，全國各地發生數不清的死亡慘案，給歷史給後世留下了千千萬萬悲涼謎團，不明不白，至今欲破不能，正是因為沒有了第一手依據。

地委書記王尚志，一位抗日老英雄，到底怎樣死的？人們站在各自立場，做出順乎各自利益的主觀推斷：善良百姓們認為，是喪盡天良的壞人害死的；老幹部認為是造反派害死的；未能掌權的晉東南紅字號，認為是搶班奪權的聯字號乃至軍人們害死的；而造反成功者們，認為是「老走資派」為保自身給害死的。

各敲各的鑼，各吹各的號。在王尚志死後八個月，山西省以劉格平為首的新政權，召集晉東南核心小組程首創、武天明、劉鳳翔、李順達、崔修德等人在太原迎澤賓館開會，解決晉東南派性對立問題。與會省核心小組成員有劉格平、袁振、陳永貴、六九軍政委曹中南、昔陽幹部張懷英等。開會開到半夜，眾人口乾舌燥，面對程首創與武天明一對矛盾，難題還是難題。正當晉東南軍分區司令員武天明發言，談到兩派鬥爭難以調和時，陳永貴突然打斷他，發了話：

「武司令啊，你不要這個那個的，王尚志到底怎麼死的？你們當時把王尚志突然從襄垣會上叫回長治，說有事嘛，回去連個人也找不見，跟隨他的人也突然換掉了，明明是敵人害死的嘛，偏要說成自殺！」他使用了「敵人」一詞，轉而問詢李順達，「老李，依你說哩？」

李順達出於善良直覺，毫不含糊地回答：「明明就是被害嘛！」他雖然站在聯字號立場，卻始終同情王尚志，出事前，他剛剛和王尚志在襄垣縣學毛著講用會上分了手，老李說：「在襄垣會上人活得好好的嘛！」王尚志當時還對李順達說過：我願意接受群眾批判，就是不要先扣那麼多帽子，咱們革命了一輩子，咋會反黨？咋會反毛主席！二人依依話別。不料想，王尚志前腳返長治，造反派後腳就來到襄垣批判王尚志，大字報大標語貼到了李順達眼皮子跟前，還讓他揭批王尚志最新反動言行。李順達為王尚志打抱不平，他憤怒地說：人家說甚來？人家號召學毛著，哪句話是反動話！——幾天後，驚聞王尚志死訊，李順達曾經當著人面，悲憤落淚。所以此刻陳永貴一表態，他馬上表示贊同：明明就是被害嘛。對王尚志之死，陳李二人結論一致，而立場觀點以及兩者出發點卻很不相同。

接下來，武天明開始彙報，說有可能屬於自殺吧，陳永貴那位昔陽老搭當張懷英便打斷他，提醒武天明：「你階級陣線清楚不清楚？階級鬥爭的蓋子揭開了沒有？薄一波在晉東南時間很長，衛恒是在晉東南起家的，王謙是在晉東南起家的，王大任也是晉東南的，仝雲是衛恒派到晉東南的！」

陳永貴當即點題：「仝雲去了不幾天，王尚志同志就被害了嘛！」

你看看，不同立場得出不同判斷，新貴們認為，王尚志無疑是「老走資派」這夥敵人給害死的。

李順達愕然，他怎麼也想不到「老幹部害死老幹部」這一層上。同是全國著名勞模，在大風大浪中，老李比老陳，階級鬥爭觀念顯然差多了。

再來看看老幹部們是何立場。劉開基，一位讀者已經熟悉的山西省副省長。周恩來堅定地保他，幾次敦促劉格平等人釋放劉開基。一九六八年六月，劉開基帶病獲釋。其他老幹部仍在關押中。剛出獄，這位失去指揮權的劉開基不顧病痛，冒著風險打發兒子劉繼英，去尋找給王尚志做法醫解剖的專家王克峰，請王來家談話。而王克峰處境同樣艱難，在他分別給地委第一書記王尚志和省委第一書記衛恒——兩位特殊身分的死者做了法醫解剖後，對立派和陰謀家們就開始恫嚇威脅他，並多次揪鬥他，甚至在夜間向王克峰家中投下了炸彈，王倖免於難。各派力量都要從王克峰口中得到各自需要的結論，鬥爭真是太殘酷了。這不，劉開基一出獄，即找王克峰。

王克峰永遠不會忘記這件事。他沉痛地回憶說，劉開基帶病獲釋，全家被趕到省委後邊兩間小破屋中棲身。「在一個傍晚掌燈時分，他孩子繼英找到我家，告知他爸出來了，要見我。我去時巧遇兩件事。一是遇到一位已經站出來的省級『領導同志』，正在勸勉劉開基要認清時勢，堅決站在本省造反奪權領導者劉格平一邊，由此引發了劉開基勃然大怒，他毫不客氣地追問說：你把你剛才說的話重說一遍！什麼站在誰誰的名下？這算何種道理？如果我明天也無組織無紀律，樹起劉開基造反兵團大旗，是不是也能聚眾推波？共產黨員能這樣幹嗎？我知道你，你這個人不但自己會投機，還要唆使別人也去投機。你們如果不讓我幹工作，我寧願再回看守所！——當時劉開基的顏面和手腳都浮腫得厲害。

「這是一件事。這一幕還沒過去，想不到衛恒同志的妻妹張坤萍進來了。有外人在，家人擔心引出新麻煩，急示意坤萍快躲走。坤萍轉身剛剛邁出門檻，病中的劉開基猛然從床上起來，站在地上，大喝一聲：坤萍回來不要走！他衝著那位『領導』生氣，便說：怕什麼！回去告訴你姐姐，保重身體，把娃兒們照護好，衛恒不是反革命，咱們不要懼怕他們！老衛雖然死了，要相信事情總會水落石出！坤萍聞言，揮淚而去，劉開基兩眼也湧出了老淚，他支持不住，一屁股坐在椅子上。我深受感動。真是疾風識勁草，板蕩識誠臣。

「劉開基找我，包括住院病中幾次約我談話，是要我堅強，要我頂住壓力，不要做違心的事。因為衛恒和王尚志慘死，死亡原因不明，都是由我主刀完成的病理解剖，他得知我各方面壓力很大，人家不僅批鬥我，還往家裡扔炸彈。他深恐我經不起風險和壓力，做出不切實際的診斷和證據。他再三叮囑我，不要彎腰，不要懼怕，要無私無畏，要尊重客觀事實。一定要把病理解剖的證據保存好，將來向人民如實做出報告。劉開基同志在極端危難時刻，對我的點撥、關懷和教誨，是我從逆境奔向坦途的路標和燈火！」——這是主刀法醫王克峰的回憶。

劉開基真是一條山西好漢。劉開基的立場代表當時絕大多數老幹部立場：衛恒和王尚志，都是在殘酷鬥爭無情打擊中，被陰謀家和造反派害死的。

這位法醫專家王克峰，後來在北京公安大學做教授。他不負重托，終於在十幾年後協助組織和政府，通過多方面努力，對這兩起死亡事件，做出了科學結論：衛恒，在連綿不斷的批鬥摧殘中，因「急性出血性胰壞死，引起嚴重休克而死亡」。死亡地點在太原迎新街，楊承效旗下造反「決死縱隊」囚牢中。

王尚志之死，同樣有了如實結論。

失蹤當晚被揪鬥

王尚志一家，住在晉東南地委天主教堂大院。不在縱深裡頭，而在大門口頭一排，是大院出入必經之路，往來者最多，造反派來大院提人，須從這裡過。我們找同學王權玩狗，亦常在王家門前。王權就是王尚志的小兒子。文革前，地委幹部們多好打獵，當他們無暇遠足時，就提著口徑步槍在天主教堂附近打鳥，也算過過槍癮。坐汽車去太原開會，便走一路打一路，聽說打得最好的選手是第二書記仝雲和著名勞模李順達。他倆坐車上省裡開會多，對地形熟悉，所以野雞、兔子蹲在路上等人哩！他們打野味，認為是保護糧食除山害，到了太原住賓館，交給廚房一收拾，還可以改善伙食。文革前有一次，仝雲從太原開會回來，卸下東西，吉普車開走了，他提著一杆雙筒獵槍在大院前歇腳，地上放著一隻碩大貓頭鷹，居然是雪白雪白的。我和王權一夥兒上去圍觀，驚訝這鷹還沒有完全死去，彈粒打入了體內，渾身無血跡，鷹頭如狗頭，巨目炯炯閃電。印象深刻。記得王權還說，我們家在內蒙時，打的全是黃羊和狼，用卡車拉。我就說太行山裡也能打到狼，狼肉不好吃呀。

就是這麼一個地理位置，王尚志失蹤那天傍晚，許多人都看到，潞安中學紅衛兵，連推帶搡，把這位大個頭書記從家裡抓走了。這排平房頭一家，住著中年作家韓文洲，被譽為趙樹理的好學生。二〇〇四年春季我在山西作協採訪他，韓老記憶猶新，說那天他親眼看到一夥人來院裡揪人：天傍黑時，惡洶洶地帶走了王書記。韓老說，我為什麼記憶深呢？是因為文革初，最早在專區禮堂批鬥作家趙樹理，捎帶有我，我們想不通。迫於北京的壓力，當時省裡批判王中青，還有李束為，地區批判趙樹理，王尚志按照統一部署，還寫出了批判老趙的大字報。這也是山西省委沒辦法的辦法吧！群眾瞎批，我們依照慣例，只好找黨。因為和王書記家住在同一排，我就引著老趙上王書記家傾訴苦惱，尋求安慰和保護。我和趙樹理並沒有意識到更大災難還在後頭，地委書記也難逃劫禍。所以我和老趙找到他家時，他也毫無辦法，甚至痛苦地打斷我們，說你們啥也不用多講啦，現在只有多檢查多交待自己的問題，我也沒有救你們的辦法！當時我和老趙還覺得，咱和這位內蒙來的書記不熟悉，甚也說不通。不幾天，我們明白了，這場運動太邪門太可怕，黨的各級幹部人人自身難保。這不是，紅衛兵、造反派鬧到他家來了，又推又罵，比對待我們更要凶，所以我記得深。那天揪他走，說是連夜要他回答問題，拼刺刀。想不到，這是人們最後一次看到他，傍黑把人弄走了，再也沒有回來。再往後，老趙被揪回太原，也被鬥死了……

韓文洲老師所述這一天，是一九六六年十二月二十日。抓走——當時叫揪鬥王尚志這一幕，還有一個少年見到了，他就是韓文洲的兒子，友誼小學同學韓征天，二〇〇三年任《長治晚報》總編輯。韓征天對我回憶說：王尚志書記被揪走那天傍晚，我們家正要吃「和子飯」，院子裡亂哄哄的，我跑出門外，看見王尚志書記被人連推帶拉，無奈地往院外走，忽然，他站住不動了，我和我爸一看，從院門外，迎面走過來一個年輕紅衛兵，打著背包，步伐堅定的樣子。他正是王書記家的二兒子，就是王權他二哥，叫啥來著？他剛從外頭走革命長征，大串連回來了。父子倆突然相見，站在那裡碰了個照面，誰也不知該說啥好，王尚志書記想說啥又沒說出來，潞中造反派催走聲聲急，父子二人默默地相望，擦肩而過，就一輩子分手了。

大家都知道，王權和他妹，是王尚志與新民夫婦親生的，王權算老三，往上老大老二，都是王尚志收養的烈士孤兒，方才碰到串連歸來風塵僕僕的老二，就是他老戰友的遺孤。

當時父子倆難中相見，能說什麼呢？年少者要革命要造反，年邁者在挨批在受罪，這真是革命人生慘烈一幕。

大奪權前夕，造反派們急惶惶鬥爭專區王尚志、仝雲、張行夫和長治市王景生等領導幹部，相當頻繁。有時候，造反派自家在場上吵得一塌糊塗，下不來台，竟然還要「走資派」們站出來說：好啦好啦，不要吵啦，都是革命小將嘛，聽毛主席的話，咱趕明兒接著來，誰有什麼要報銷的條子，我現在抽空給你們批一下！

王尚志和仝雲這批「走資派」，這些天就處在壓力重重卻體制猶在的狀態中。紅衛兵是毛主席的天兵天將，只能正確對待。你讓去哪裡，咱便去哪裡。最常去的揪鬥地點是專區大禮堂、西招紅衛兵接待站、地委大樓一樓東頭會議室、地委五樓總會議室、地委大樓門前臺階上等處。這一回，又把王尚志揪到大禮堂去，連晚飯也沒吃。

據長治老牌紅衛兵周軍等人回憶，最早面對面鬥爭地市委領導的造反組織，常常是醫專文革、潞中紅衛兵、太行反到底、一中北京公社，然後是二中井岡山，加上師範、農校、火星中學紅衛兵，範圍離不開地委、市委這一片兒，上街還不太多。奪權以後，進一步把殘酷鬥爭擴大到遊街、擴大到英雄廣場，擴大到社會各界，擴大到工礦企業，擴大到全區十七個縣市。把老幹部們關在看守所，隨鬥隨揪。

這一晚，周軍等人從家裡揪走了王尚志，照例沒有走遠。先在大禮堂，批到半夜，又轉至地委一樓東頭會議室，主攻以潞中紅衛兵為首，讓王尚志、仝雲回答問題。反過來調過去，是要否定文革前期工作組，給革命造反師生平反。上邊提到的幾所學校幾個組織，曾被地委派出的工作組壓制過，一轉眼變成了執行「資產階級反動路線」。

讓王尚志回答各種問題，除了直接吆喝直接問，凡擠不上去的人，還有一種方式，就是把疑問寫在紙條上，遞上去令其回答。此類條子，每一次批鬥，王尚志等人都能收到一大把，末了，王尚志等人自己收走。這一晚也同樣，各類字條一大堆，上面寫啥的都有，其中少不了懷疑王尚志是叛徒，是暗藏的反革命，懷疑歷史不清等內容。這是當時的「覺悟」與時髦，因為北京紅衛兵說了，「劉少奇一幫人都在歷史上叛黨，然後竊取黨的大權」，如「六十一個叛徒案」等等。

王尚志死後，在他辦公桌抽屜裡，留有這類胡亂置疑的紙條多多，他留下來，說明他重視。而潞中紅衛兵周軍等人，是太行山上最早一批學生領袖，根紅苗正，一心一意要鬧革命，第三次和第七次毛澤東檢閱紅衛兵，他衝破阻力到達北京，在二裡地以外遙望天安門城樓上毛澤東的身影，算是被領袖接見了兩回。很不容易呢。

周軍等人認為：我們受壓，我們不服，我們千里迢迢好不容易才見到偉大領袖，我們命運唯一支撐點，就是有毛主席的支持和愛護。惟有毛主席才理解我們曾經受屈的心。許許多多的戰友，是強扒火車或者跋山涉水一步一步走到北京，才見到毛主席的，處境不一樣，心情特激動……

周軍生一副娃娃臉，卻是個發育良好的大個子，特像當年標準的紅衛兵形象。黃軍裝一穿，宣傳畫似的革命小將。

這班革命小將，四處尋覓敵人何在，懷疑任何一個老幹部曾是叛徒，或是特務，毫不奇怪。

黑暗的歷史怪圈

王尚志等山西老幹部，當年參加革命，歷史背景的確複雜。特別是在抗日戰爭爆發前後，山西地面屬閻錫山統領，推翻帝制，開辦新學，組建新軍，保晉保國，是代表全省人民利益的新政府，代表著新生的進步的歷史方向，高君宇、石評梅、彭真、李雪峰、薄一波、高長虹、衛恒、趙樹理、安子文，甚至中共元帥徐向前，數不勝數，哪個不是從閻錫山的新學走出來的？抗戰中，閻錫山身為中國政府第二戰區司令長官，在國共合作前提下指揮抗日，連林彪平型關大捷和晉東南八路軍總部建立，包括「犧盟會」和抗日決死縱隊崛起，都是在二戰區麾下名正言順合理合法的事情。是整個山西抗敵前線對日作戰的組成部分。賀龍一二〇師，聶榮臻一一五師，劉伯承一二九師，都是二戰區正規序列。山西青年用軀體築成了血肉長城，八年抗戰，誓不退過黃河，人民不靠政府靠什麼？脫離歷史條件大談誰誰參加過「國民黨閻匪軍」大談「叛徒特務」，脫離歷史常識，又是多麼無知。正如著有長篇小說《太行風雲》的老作家劉江先生所說，在山西抗戰前後，閻我之間，往往犬牙交錯，縱橫馳騁，你中有我，我中有你，既聯合又鬥爭，既相互矛盾又相互依存，如今文革，「檔案被搶，幹部個人歷史完全公開。從舊中國過來的志士仁人，哪個黨員的道路不坎坷？哪個革命者的命運不乖蹇？一剎時，山西境內抓叛徒的到處衝，歷史反革命何其多！這一手幹得夠促狹。好多領導人，曾出生入死於敵人監牢，史實朗朗，早已結論在案，文革中誰管這些？只要你沾個邊，特務、叛徒、變節分子的大帽子那算戴定了」。

劉江先生說得不錯。這些天來，王尚志就陷入了這種黑暗的怪圈。山西抗戰之初，日寇首先佔領了王尚志的家鄉，太原以北長城腳下雁北地區廣大土地。敵寇力量相對強大，抗戰力量相對薄弱。他的故鄉在平魯，周邊朔縣、寧武、原平、陽高、天鎮、大同，到處是焦土瓦礫，血流成河。「不到一萬人的寧武城，被日軍殺了四八〇〇人，朔縣屠城三日，數千屍體填滿了護城壕；日軍施行了滅絕人性的毒氣戰、細菌戰，還在晉東北地區，製造了寬近四〇里，長達一〇〇〇多里的無人區」，雁北地區的抗日鬥爭至為殘酷。

王尚志是雁北地區有名的抗日英雄，在文革前多有記載。造反派一家《風雷》戰鬥隊，貼出大字報汙他是叛徒特務，當然不可信，而真相又是怎樣的呢？此次寫作，我曾留意查找雁北當地抗戰史料，未獲。後來查得山西古籍出版社一九九五年版《山西抗日群英譜》，由山西史志研究院彙集多年文章選編而成，王尚志作為山西第一流健兒入選其中。細察文尾，寫到王任「綏遠集寧軍分區副政委兼集寧地委書記，後任內蒙古烏蘭察布盟盟委第一書記」為止，便知此文成於文革以前。作者尹建勳。文中談到王尚志英雄虎膽，列舉多項抗敵故事，講到「敵人對他恨得要死，幾次捉拿，他憑著果斷頑強和各地群眾的掩護，都一次次脫險」，「敵偽軍一說起王尚志，都說他有日行千里、夜走八百的本領，當地老百姓親切地稱他為『大王』，王尚志成為山陰朔縣一帶傳奇式的抗敵人物」。但是文中正面提到另外兩件事，卻成了造反派整他使他難以解釋的根由，也最終奪走了他的性命。第一件事，請看書中原文：

「一九四〇年冬，中共雁北地委根據對敵鬥爭需要，決定派王尚志和陳華二同志到朔縣城，打入敵人內部工作……王尚志在杏園敵據點，為我方收集敵人一些情況。不久，八路軍攻打了杏園據點，引起敵人懷疑，隨之把王尚志帶回朔縣，進行了審訊。但王尚志非常鎮定，敵人雖懷疑他，但得不到真憑實據。當敵人又要下令逮捕他時，他已悄悄地出城回到平魯西山抗日根據地」。

這件事，組織上備案有據，清清楚楚，卻很容易被造反派糾纏，上綱上線。所以王尚志在去世前不久，曾擔心地向他的同事、第二書記仝雲諮詢：「為了革命任務，隱蔽在敵人憲兵隊工作算不算問題？」仝雲不在意地說：「做敵工工作可以，做黨政工作不行」。仝雲轉而問他指誰，他支應道：我母親曾在敵方做過地下工作。這是王失蹤四天前的對話。

第二件事更麻煩了。一九四四年冬，「大漢奸吳貴被我騎兵隊捉住，帶回西山根據地。吳貴見到王尚志急忙磕頭哀求：「老同學，快救救我吧，我當漢奸是沒辦法，是被逼得，今後我一定重新做人……」王尚志看看這個高小同學，心裡很不是滋味。本該懲辦，但根據當時的形勢，還是要爭取他們早日反正。……王尚志義正辭嚴一番話，使吳貴好久抬不起頭來，當聽說要放他時，頓足捶胸發了誓言，表示一定悔改，回去為八路軍做工作，並要求聯繫方法。王尚志考慮了一會兒，交待他：「你真正回心轉意，要做好事，可以和北嶺上的李通聯繫，他會替你想辦法的。」

我想到電影《小兵張嘎》裡，金保叔不是把胖翻譯放回去了嗎？還動員嘎子把那支「真正的擼子」手槍還給這漢奸，讓嘎子生了氣，堵胖墩家煙筒又關了他禁閉……捉放漢奸，為我所用，此類事兒在抗戰中亦屬普遍。

卻不料，王尚志輕信了同學吳貴，漢奸吳貴也不是可以改造好的藝術形象胖翻譯。這個漢奸返回楊樹坡據點後，把王尚志告訴他的地下黨員連絡人李通，密報了日軍，李通因此被捕遇害。

當時，憤怒的王尚志要為戰友報仇。「王尚志聽到這個悲痛消息，心裡非常難過，後悔自己看錯了人。從此，王尚志決計要除掉這個可恥的漢奸」。原文接下來寫道：

「一九四五年八月九日，王尚志得到可靠情報，漢奸吳貴要到朔縣去，第二天將在磚井村親戚家吃午飯。王尚志即帶領一名警衛潛入磚井一帶。……（先處理了吳的隨從）吳貴正在炕上抽大煙，槍扔在一邊，王尚志以迅雷不及掩耳之勢衝入房中，繳了吳貴的槍。……王尚志大手一伸，像老鷹捉小雞一樣，把吳貴從炕上抓起來，一直拖到大門外的照壁跟前，只聽叭的一聲槍響，一股汙血從吳貴的腦袋裡噴出。這個民族的敗類，終於得到了應有的下場。王尚志從容地騎上吳的大白馬，出了磚井村，和警衛回到了西山根據地」。這一時期，王尚志先後擔任朔縣、山懷縣縣委書記、游擊大隊和支隊政委。

以上兩件在民眾中傳為佳話的抗日鬥爭故事，多年前就有過正面記載，現在到了造反派嘴裡，卻變成了相反的性質，完完全全走了樣，讓人有口莫辯。請看第一件事，在文革批判材料上被寫成這樣：

「在戰火紛飛的一九四〇年間，我雁北地區抗日鬥爭處在存亡危急的緊要關頭。隱瞞歷史混入我抗日陣營的政治奸商王尚志早已嚇破了膽。因此趁組織上派他以百姓身分打入朔縣特務機關長期做偽『興亞團』工作的機會，公開叛黨投敵……墮落為一個地地道道的漢奸賣國賊」。

第二件事變異得更加離譜：

「就是這樣一個大叛徒，……專門接受了日本主子的訓練，作為一顆定時炸彈，再次混入我革命陣營，進行間諜活動。……有意將知道他投敵歷史的我方地下交通員李通同志，暴露給日本憲兵隊隊長和鐵杆漢奸吳貴，使李通同志慘遭殺害！當時上級黨組織就此事查得很緊，王為了滅口，又將吳貴私自用槍打死。」

造反派的材料還煞有介事地注明此事「見證明材料附八、附九」，待翻開附八、附九一看，證明人只是極客觀很正面地寫到記得有過這麼兩件事。並沒有任何評價和自我判斷。附八任佐成、附九王萬順的證明材料均十分簡略，如附八寫到：「吳貴帶隊伍到西山，出發時被王尚志捉住，還有曹四。當時把吳貴放回，王尚志叫吳貴回去好好工作，和李通商量好通訊辦法。但是吳貴放回後，把李通扣去槍斃了。後來王尚志在磚井把吳貴捉住打死了」。——總共就這麼幾句話，按手印，完了。附九更簡單，「上述情況全是事實，我絕對負責」，按手印，完了。人家根本沒寫別的，不帶任何傾向性，更沒有說王是叛徒。而造反派「改編」的材料，黑白顛倒，血口吃人：「大叛徒」先是「公開投敵」，然後「專門接受了日本主子訓練，作為一顆定時炸彈，再次混入我革命陣營」，「有意暴露」我方同志「為了滅口」，王「私自」打死漢奸——整個邏輯都不通。一位縣游擊大隊指揮員，打死漢奸叫「私自」嗎？定時炸彈要到啥時候才爆炸呢？

文化大革命，全國自殺者千百萬人，令後一代人難以理解，多看看此類材料，就不難理解了。當年出生入死喋血建功的英雄故事，現在成了這般模樣。

歎威震敵膽一代豪雄，日本人殺他殺不了，卻慘死在和平年代革命「運動」中。

文革運動，替日本鬼子殺了王尚志。

文革運動，滅殺了無數民族精英。這裡不妨再次剖看另一個例子：人民作家趙樹理同樣死於山西文革，冤深似海。最早批鬥他，就在晉東南。除了許多強加於他頭上的「罪惡」外，還有一個內情，更令人心痛。

一九五八年，趙樹理在晉城、陽城掛職深入生活，任縣委副書記。出於對黨的忠誠老實，老趙毫無隱瞞地填具了一份《幹部簡歷表》，在《個人認為歷史上需要說明的問題》一欄中，趙樹理誠意地寫道：

> 一九二八年（注：趙樹理二〇歲出頭），山西省立第四師範（設長治）黨組織被破壞，有兩位同志被捕，四五位同志逃亡。有一天，同學王春同志（陽城人）要我同他逃跑。……我父親是中醫，自己在沒有醫生時候也能治些平常小病，所以他要我和他去裝野大夫。臨行時候，他給閻錫山上書說是「誤入歧途」，並說「今後要當好國民」等語。書後並具有我的名字。他說這樣做了，萬一被捕也無大礙。他比我高兩年級，有才名。我對他是一切聽命的。一九四二年在太行整風時候，我和他同在新華書店。我向黨詳細

談出這段過程，並和他當面訂正。他承認說當時他回到陽城後，有人告他說在閻的秘書處發現這封信，認為對他不利，就把信扣下了，未向上轉。整風小組認為無論此信起作用否，都是反黨行為，但應由他負責。一九五六年（中國）作協審幹辦公室認為即使是被人拖下水，自己也有一定的責任。實際上連我前次入黨也是被他用拉夫式作法替我決定的，入黨後，離校前的思想水準始終沒有超過他，以為他的一切都是正確的。但他本人已故，沒有留下足以說明這事的材料，作協尚按常理判斷，應該說我也有責任。

——趙樹理，一九五八年七月

凡趙樹理研究界盡知，王春是山西上黨地區一名早期共產黨員，立場堅定，是趙樹理從多年彷徨中走向革命的引路人。戰亂之中，上書省府掩護自己，何況還是個學生，無非是為了「萬一被捕也無大礙」，此信亦無任何作用與後果，閻錫山根本沒有見到。但從一九四二年太行整風到一九五六年審幹，黨組織均認定此事為反黨行為，趙樹理本人也有責任。到了文革，這種事情更了不得！這位深受人民愛戴的作家，終被無情地整死了。他背了二〇多年黑鍋，到底沒有躲過這場劫難，儘管他樂觀豁達從未選擇自殺……

王尚志「案情」比王春寫信自要嚴重許多：一名我黨地下交通員，由於王尚志的「有意暴露」，被殺害了……

回到前面的紀事中來。

一九六六年十二月二日下午，王尚志在巨大壓力下，代表地委，向造反派作了一個關於地委在文化大革命運動初期「執行了資產階級反動路線」的萬言檢討。應該說，這次檢討是依據省委第一書記衛恒被迫所作檢討，套用的一個「翻版」。老幹部們是不甘心真正向造反派們低頭認罪的，專員張行夫把王尚志這次公開檢討，仍然稱做「王尚志同志作報告」，因而也遭到了紅衛兵造反派的強烈批判。地委和行署機關「文化革命小組全體革命群眾」加上「第三支部」造反派們，針對王尚志《檢討》，寫出了一份長達幾千字的討伐式大字報，到處傳播，煽風點火。從十二月七日以後，這張《評王尚志代表地委的檢討》大字報和印刷品，成為當時打擊地委的炮彈和鬥爭焦點。

應該說，這份大字報文告，對於王尚志的精神打擊相當大。

大字報稱：王尚志的檢討，是「欺騙群眾，糊弄群眾的一個陰謀」，是「為了掩蓋自己的更大錯誤」。稱王尚志的檢討，是「一鍋煮，不敢把自己擺進去、亮出來，不敢真正觸及靈魂」，「一個人每做一件事情，都有他自己的思想活動過程，都有一定的動機和目的，地委領導也不會例外」。大字報要求王尚志揭發仝雲等其他領導者，同時，「要做進一步的深刻檢查，要敢於觸及靈魂，敢於談具體事實，敢於交待真實的思想活動過程和原來的動機目的」，特別嚴重的是，在大字報的最後，造反派們強烈要求「成立一個專案組，根據《中共中央關於處理無產階級文化大革命中檔案材料問題的補充規定》，把前段運動的簡報文件仔細地審查一遍，把問題全部公佈於眾，讓群眾徹底批判和清算」，要追查王尚志、仝雲等地委領導的「根子」問題，「清算罪行」。

這張大字報被印成鉛字佈告，讓幹部群眾廣為覽閱。

王尚志、仝雲和張行夫等老革命，陷入了他們自走上革命道路和擔任領導職務以來最大困境。他們一向有著緊緊依靠上級黨組織而工作的傳統，可現在，舉目北望，省委組織遇到了比他們更大的難題，省委領導、華北局領導，一個個自身歷史坎坷複雜，自顧不暇。眼下屢被衝擊批鬥，東躲西藏，人人自危。得不到指示，見不到光明。從省委到地委，悉數都在打倒之列。王尚志的精神支柱正在崩塌。

紅衛兵精力旺盛，全社會如火如荼，滿目狂暴。

造反派步步緊逼，大批判顛倒是非，勢如敵我。

歷史誤區甚多，真情有口難辯。

這不，一九六六年十二月二十日傍晚，王尚志在家中晚飯都沒有吃成，又被「醫專文革」和「潞中紅衛兵」等造反派們揪出了家門。幾十年階級鬥爭，內外整肅，無休無止，這將是他呼嘯人生的最後一個夜晚。

前半夜，王尚志已是疲憊不堪。又是一個爭吵不休的辯論會。據潞中周軍、醫專郭天聰，還有一中、二中等多位老紅衛兵回憶，那時候造反，本來是讓地市委領導回答問題，批著批著，紅衛兵兩派之間，就吵了起來，忽兒，年輕人又眾口一詞奮起圍攻老幹部，場面讓人尷尬。

這一晚，在十一時前後，王尚志曾經暫離會場，回到地委大樓，接了一個來自省委的電話，斬斷了老幹部們最後的希望。電話告知形勢將更加嚴峻，省委困境重重，各地市有可能與省委失去聯繫，在獨立堅持條件下，地委仍要繼續檢討下去。然後，王尚志重新回到會場接受批判。半夜，全體從地區大禮堂轉到地委大樓一樓東頭會議室繼續批判質問。而王尚志自己的辦公室則在地委三樓，有簡單床鋪，忙時可以在此過夜。

夜深散場，已是二十一日凌晨三點多了。王尚志在質問會上心灰意懶，直打瞌睡，即由潞中周軍等人送王尚志上樓。仝雲則留在會場繼續回答質問。到二樓口，王說不用送我了。周軍等人也沒多想，掉頭出得樓來，七嘴八舌間，過了馬路，百十米不到，回到西招待所紅衛兵接待站睡覺。他們這些日子常住這兒。

王尚志精疲力竭，萬念俱滅，再不願奉陪這場運動。

此後一兩日，誰也未見王書記。仝雲、張行夫等首腦很自然地認為是被造反派揪走了。派出下屬們正常尋找，仍未見王，問誰誰都不知道，這才急了。領導們直接跟造反派打過交道，只好親自去問去找。周軍回憶說：大概是第三天早晨，專員張行夫來到我的床前，擰著我的耳朵叫我起床，我迷迷瞪瞪醒來，張行夫匆匆相問：小鬼，把王書記搞到哪裡去了？——我哪裡知道？那天晚上他回到三樓去了呀。

醫專郭天聰回憶：地委來了一位秘書長，找我問，王書記在這裡嗎？找另一派頭頭梁權也問了，雙方都說肯定沒有來過。秘書長急了，他說已經問了太行中學和潞中紅衛兵，誰都說沒見。秘書長沉思了一下，當場在我這裡動筆寫了一份《尋人啟事，十萬火急》就近跑到地區印刷廠安排大量印行。並讓我們各個組織都出動尋找。

尋找範圍擴大，尋找人員增加。再擴大，再增加。

地委第一書記失蹤，驚動了全市百姓，驚動了省委衛恒、王謙。

地區公安處和長治市公安局，聯合行動，晝夜不停。地、市兩級名探全體上陣，搜集查證線索，分片包乾排查。

一星期過去，還是沒有找到。

名探出馬

長治市公安局有兩位名探，一叫關雙鎖，一叫王雙鎖，脾氣性格相仿。飽經滄桑，雙具慧眼，做事穩當。不但名字相似，而且閱歷相同，一個當刑警隊長，一個當治安科長，文革一來，觀點也相同，你不參加聯字號，我也不參加紅字號，咱倆就是「雙鎖號」。看透了世道可怕，二人拒不參加兩派組織，生怕受傷。談戀愛時候往一家走，你談姐姐，我談妹妹，要結婚咱倆相跟上，果真成為「一條杠」。倆人心裡明鏡兒似的，兩顆心合成一本賬。一般壞人你別惹我們倆，特殊壞人我倆也不惹你。及至到了文革後，死的死，傷的傷，二鎖雙雙都無恙。二人沒討便宜，卻也沒吃虧。年齡大些，二人雙雙提拔，又雙雙退休，二人雙雙鎖到一塊兒了。本市半個世紀以來的案子，全在倆人肚裡裝著。

為了王尚志等幾道長治文革案子，我特地採訪了長治兩位名探。他倆的人生故事真是奇而又奇，我紀實採訪這麼多年，還從未聽說有如此奇特的一對鎖子。這不，我先是採訪關雙鎖老人，他馬上提議：叫王雙鎖也參加，俺倆在一塊兒才能想起事兒來，說話兒才能準確。我聞言自然高興。人說你找到一個鎖，就等於找到倆鎖，真是經驗之談。此時，七〇多歲的關雙鎖給七〇多歲的王雙鎖撥通電話，但聽沒有任何廢話，只輕聲嘟囔了兩個字「來唄」。刨掉語氣助詞，其實只說了一個「來」字，就把電話放下了。兩位高級捕快默契到這般程度。不足十分鐘，王雙鎖到。

關王雙鎖——往後凡提到他倆就這麼寫，同時出面協助了我的工作。

當時，地市兩級公安機關，尋找王尚志行動全面鋪開，關王雙鎖包片的重點地段正是南關。南關村幹部王正其帶一小組積極配合。到十二月二十七日上午，王正其小組成員張繼國、常小文首先發現重大線索：用鏡子反射機耕深井，發現一具屍體泡在井下，頭朝東北，腳朝西南，平躺在水底。這一發現距王尚志失蹤之日已經一周。

地市公安局緊急制定並實施打撈方案。先接電用泵抽水，往農田排泄。

地市主要領導親臨現場，仝雲，張行夫含淚無語。幾大紅衛兵組織負責人也到現場。

很容易確認，井下屍體真是王尚志。

別人鬧哄哄大忙大亂，往往容易忽略了破案。而老員警關王雙鎖一絲不亂，只顧一心一意在南關上下查找線索。二人說，我們埋頭偵破此案，要專門找黑夜不想睡覺的人，一大早偏要起身的人，在他們當中尋找目擊者。道理很簡單，這案子不可能發生在大白天，你找一萬個人問，他說自己逛街，便不會有任何發現。

抽水、排水，水落屍出。十二月二十七日下午八時井水排完後，地委常委、組織部長林矗親自下井打撈。在強光照射下，人們看到：王尚志身上用床單捆負著大堆磚頭石塊，重量驚人，竟達七十四斤三兩。案情轟動省地市。

第一手偵勘紀錄是破案的根本。地市公安局指揮關王雙鎖等幹警，查驗、紀錄，完全做到了周密、細緻、準確。丟失的唯一指標，是沒有採集到現場足印。四面八方的群眾蜂擁而來，在第一時間就踩踏了田野現場，其他紀錄則按照刑偵程序，一一做到。

關王雙鎖和幹警們默默地尋找各種線索，終於有了一大收穫，他們果然在一個最平常最不起眼的人身上，找到了一條極重要的證據：長治市製棉社普通職工李計則，愛好絕早起來跑步鍛鍊，他證實：十二月二十一日晨五時三五分，他跑步經過大南關，看見馬路西側土堆前，面朝東站著一個人，高個子，穿黑衣，戴火車頭棉帽，正在往地面上鋪撐大塊白色包單。引起他注意，但未停留。當他跑返程回來時，見同一人在同一地點正在把包單收起來，「圪瘩累贅的」很沉。李計則心存疑慮，但仍未停留，還是跑走了。

這條線索，單一無憑時，並不顯珍貴。一經對照衣帽及床單顏色形狀，便重要起來。死者入井的床單就是白色，屬王尚志辦公室床鋪上自用床單。衣帽無誤。時間五點三十五分。其重要的意義還在於——

另一批員警查到了另一條證據：地區招待所民兵雷洛祥，同一天被安排在廣播電臺門口站崗值班。這是地委向東唯一出口。凌晨四時左右，忽見一個大高個子，黑衣，火車頭帽，左腋下夾著什麼東西，由西向東而去。疑為王尚志本人。這裡距南門外好幾公里路。前後兩線索合併，幹警們遂親自棄車步行驗證，一路掐表走去，到上一條線索撿石塊地段，正是那個時間長度。穿戴及身高與兩位目擊者所述吻合。這兩條線索結合對照，就極珍貴了。這一切，與王尚志本人失蹤時間、穿戴身高、事發地點，身負物品完全對上了號。

屍體出水時，床單捆在腰間，挽成死圪瘩，偵探們用雙手試驗自挽，與死者身上床單圪瘩的走向、扭結相同，可認作自挽。而非他人強行挽成。

現場勘察結果：死者衣帽鞋襪穿戴整齊；左腕上手錶完好，錶殼錶帶與皮膚壓痕未錯位；全身衣服除外衣第五鈕扣缺損外，餘皆完好，未見任何撕損毀壞之處。井內打撈，無其他兇器。

地市公安幹警在專家指導下，把以上勘察諸項做得很細緻，記錄詳實，程序嚴謹。四十年逝去，關王雙鎖至今講訴得很有條理。據他們從經驗上分析，此案接近自殺而非他殺。

但僅僅這樣仍不敢貿然結論，還要掌握更科學的「硬體」。以下工作就不是關王雙鎖他倆的職責了。

省級法驗專家，如王克峰等，率地市高級法醫包括長治外科專家馬永泰先生，分三次進行屍體體表檢驗，認定：死者皮膚完好，「除發現數處『羊皮紙樣化』屍體正常變化外，未發現任何異常現象和他殺跡象」。

經省級防疫專門機構化驗，死者胃內物、尿液及腎臟等未發現異常，「氰化物、生物鹼、巴比土、砷、汞、銻、鋅等毒物均未檢出，證明非中毒死亡。」此項化驗隨即送往上海檢察院法醫檢驗所進行再次查驗，結果相同無分歧。進一步交給上海驗察的內容還有井水，其他多項組織切片等，結果是「未見各項毒物中毒現象；全身無生前外來暴力性損傷；死者患有輕度慢性炎症。有窒息、皮膚接觸冷水、肺增大及浸水現象」，因而「認定死者系淹死，排除暴力性損傷、毒物中毒和急性病變等」。——自殺證據充分，他殺難以成立。

除案發初期地市公安機關組織了上述偵破外，到一九七六年落實政策期間，地委對王尚志死因再次進行了調研落實。補充查證到：王尚志死前確有一些反常表現，一是他曾向地委第二書記仝雲諮詢隱蔽在敵人內部工作算不算問題，前頭已經提到過；二是王和愛人新民在與仝雲談話時，曾擔憂地問：聽說有人到北京串連，還到內蒙和雁北調查我的歷史材料」等，這個情況發生在死前兩個月；三是到了一九六六年十二月八日，此時造反派越鬧越凶，王尚志曾在深夜給省委趙雨亭打電話請求：「告訴省委，我頂不住了，再派個人來吧！」這情況發生在王死前十來天；四是王的愛人新民因身體有病，很少外出，但在王失蹤之夜的凌晨四時二〇分左右，起身到家屬院內外尋找王尚志。「以往王常在辦公室休息過夜，她沒有找過，說明她心裡擔憂，恐與王那幾天表現異常有關」；王曾於死前數天，在家中吃飯時，煩惱間摔過幾只碗。五是在王死後，新民閉口不提供王失蹤前的任何情況，不提供王的筆記本，也不同意解剖驗屍，後從快將王屍裝棺運走。——那時，通常會把自殺定為叛黨，定為抗拒運動，會長期累及家屬子女，她是無奈的；六是在王失蹤前半夜，十一點鐘時，王曾經從地區禮堂辯論會上臨時離開，回辦公室接省委長途電話，被告知「還要繼續批判資產階級反動路線，地委還要繼續檢查執行了資產階級反動路線」，在北京高層的強壓之下，省委也將垮掉，王尚志在暗夜中實在看不到一點兒希望了。

十五年後的結論

中共晉東南地委根據以上全部情況，於一九七七年間向省委作出一次正式調查報告，山西省委一九七八年十一月二十一日作了批覆，指出：王尚志同志是一位好同志，雖係自殺，卻屬於受迫害致死。並指示對其遺屬生活等問題給予妥善處理。地委根據省委批覆精神，為王尚志同志舉行了追悼會，明確了「因受四人幫迫害而致死」。追悼會上未向社會公佈自殺情節。

到一九八一年九月，中共晉東南地委根據指示再次向省委作出《關於王尚志同志死因等問題的複查報告》，最終結論如下：

根據省委辦公廳來函精神，我們組織了有地區公、檢、法和組織部門參加的調查組，在省公安廳吉振安、省高級人民法院李金元等同志配合下，對王尚志同志的死因等問題再次進行了複查。……這次複查中，調查組詳細翻閱了原來的全部案卷和調查材料，查驗了當時的出事地點和路線，對有關證明材料進行了複核，並同有關證人舉行了座談。一致認為，原來地委和公安機關對王尚志案件的調查工作是下了功夫的，勘測、核對總和偵破、取證工作都是做的比較細緻的，認定王尚志同志不屬於他殺的理由和證據也是比較充分的，對王尚志同志死後的善後工作也做了妥善安排。因此，我們的意見是，仍維持原來的結論：王尚志同志是受「四人幫」迫害致死的，但不屬於他殺，按正常死亡對待。

寫到這裡，讀者已經很清楚了，是殘酷的文革運動，逼死了王尚志，逼死了這位深受人民熱愛的雁北抗日英雄，但不屬於他殺遇害。為了消除人們的派性疑慮，我還要補充告訴讀者，當年參與做出以上結論的晉東南、長治市主要政法領導，如老公安處領導白玉山、趙龍吉等人，當初都沒有直接參加派性組織，也是受迫害的「走資派」，甚至在當年還傾向於紅字號觀點。歷史上，紅字號堅持認為王尚志被對立面所殺，要為王尚志同志報仇，應視為運動初期客觀存在的民眾情感大波瀾。二〇〇四年我多次採訪白玉山、趙龍吉、關王雙鎖這批老公安得知，他們在辦案中並沒有受到派性觀點影響，而是盡職盡責，堅持以科學客觀態度據實推演結論，終致水落石出。他們一致認為，王尚志確系在深度絕望中自殺了。這批老公安對我講述的最感慨的心裡話有兩句，一句是：文化大革命太可怕，無法無天；另一句是：要實事求是，太難太難了。

從王尚志犧牲於文革亂世，到地委最後結論，整整十五年，到今天，竟已四〇年了。

對於王尚志的憤然辭世，上述言之鑿鑿，脈絡也算清晰，似乎已經把話說完。但是，在研究了文革前夕大量史料之後，我還想向讀者補充一點特殊因素。王尚志最終選擇自殺，與黨內長期以來不正常的政治生活，給個人帶來了巨大的精神孤獨，是相關連的。在內蒙古烏蘭察布盟，王尚志處在本土蒙系幹部體系包圍之中，各種矛盾差異以及所謂階級鬥爭長年不斷，中共華北局重點解決自治區蒙漢幹部間矛盾衝突好幾次，到一九六四年冬，華北局對內蒙古主持實行了一套省際幹部大換班辦法。晉東南地委書記趙軍，很不情願地帶一批山西幹部到內蒙去，與王尚志對調。一九六四年十二月，王尚志來晉東南做第一書記，卻沒有帶來任何幹部。而晉東南黨政兩體系中，太行派與太岳派同樣是經年累月明爭暗鬥，王尚志當年在雁北打天下，如今來到這裡，人事竟無一熟悉。大體上說，太行派在中央有李雪峰、陶魯笳，省以下有王謙、賈俊、王中青、史紀言、張行夫等；太岳派在中央有薄一波、安子文，省以下有衛恒、胡曉琴、劉文山等，到了劉少奇、鄧小平特別是彭真那裡，合流為一回事。建國以來，「兩山」幹部在晉東南乃至山西省輪流坐莊，當仁不讓，平分秋色，他人不要想插手。王尚志來此擔任第一書記，衛恒隨即派來仝雲為第二書記。仝雲本來就極能幹，是省委委員，多年的團省委書記，調來時從省裡同時帶了幾十名貼身幹部，很快打開了局面，執掌晉東南實權。王尚志根本動不了幹部。王來時正搞四清，便下到縣裡以至大隊，以普通隊員身分加入工作隊，「連個寫簡報搞材料的幹部都配不齊」。在長子縣搞四清結束，又轉到長治縣蘇店蹲點。「王尚志講話，講稿要經仝雲審查，結束要由仝雲收場。」第一書記，實為空中樓閣。舉目晉東南十七個縣市，新幹部都在尋找粗腿，而太岳派時為掌門人，太行派亦是實力幫，你看該跟誰？反正無人來抱王尚志的腿。地常委開會，決議幹部安排或事項，太岳仝雲不說話定不了，太行張行夫不點頭行不通。對外時，又聯合一致看不出分裂來。王尚志從茫茫草原初來乍到，這裡峰巒疊嶂，溝壑縱橫，處勢險要，他遠離戰友與鄉親，有職無權工作展不開，心情自當悲苦，還要維護團結。公平地說，太行派、太岳派都是土生土長老革命，江山是人家捨命流血打下來的，本鄉本土，首長部下，親切一點兒關照一點兒也不足怪。從實際情況看，並沒有發現明顯排擠王尚志的過分事例，只是親熱不成，幫派亦不成，免不了生出孤單淒涼無助來。

本地區如此，在上層如何？王尚志從內蒙草原轉戰幾十年剛剛歸省，對省委上層同樣不夠熟悉。與他曾經共過事的晉綏幹部包括晉察冀幹部，在山西黨政很難坐莊主事。虎落平陽呢。

偏偏，王尚志回山西，迎頭趕上了四清，趕上了文革，趕上了最不講人性、最兇狠倒楣的年代。千頭萬緒，千言萬語，又向誰人說？

萬念俱滅了，人才會漠然走向死亡。自殺，也可以看做是對革命時局的一種抗議。撿那麼多石頭捆紮在自己腰間，表示他永遠也不想浮出水面，只求永遠平靜地躺在大地幽深處，不願讓人驚擾。

他當然不會想到，他的慘死，攪動了太行山巔一場兩派大風暴，多年不可平息。

我們深切地悼念他。

附錄二：血火四新礦

這裡只生產仇恨的烈焰

鏖戰中的晉城縣。縣城北距長治一〇〇公里，古稱澤州府，是山西省一個富庶的大去處。

二〇〇六年六月，我在寫作此書的中途，專程到晉城去，用十幾天時間，做了一次補充採訪。晉城四新礦之戰，是晉東南兩派大規模武鬥南線戰役重要組成部分，而我往日的採訪尚不透徹。

晉城縣在文革時期即達四十五萬人。此地人稠物穰，南接豫省焦作、洛陽，東靠陵川，北連高平，西鄰陽城、沁水。晉、高、陽、陵、沁，合稱南五縣。一九八五年晉城升格為地級市，統轄以上諸縣成為中心。

一九六八年二月四日，就是長治淮海廠發生慘絕人寰大爆炸的同一天，晉城城內的資訊中樞——南北郵電大樓，也發生了巨大爆炸。兩座大樓及所有通訊設備盡遭摧毀，引發滯留城區的百姓極大恐慌。從這天起，來自北京、太原和全國各地的電訊電話、往復電報、公私信函全部中斷，包括「兩報一刊」在內，所有報紙雜誌一律停絕。這一來，晉城成為繼長治、高平之後，晉東南又一座風雨孤城。

炸毀郵電大樓，同樣是兩派攻守作戰造成的。當時，聯字號武裝進攻紅字號最大據點四新礦，封鎖四新礦南部正面通道，因而在該礦最前沿陣地——郵電大樓展開激戰。這裡本是四新礦紅字號南部防禦重點，失去大樓就失去了第一道屏障。而聯字號奪取大樓，正是要以此為前沿陣地，亦步亦趨，為總攻四新礦創造條件。

戰鬥發生在縣城北大街十字路口，聯字號炮火猛烈，郵電局支部書記宋志中被炮彈炸死。紅字號實在守不住了，準備沿交通戰壕向礦區退卻，同時堅守附近第二道防線——晉城農職學校樓區。二月四日，紅字號首腦方茂田、王慶芳、方榮三等人，決定在撤退之前炸毀郵電兩樓。意圖很明顯，我方守不住這道屏障，也絕不能讓對方進佔利用，乃至構成火力制高點。遂命張興亞、侯先太等戰士立即實施爆破。爆炸物品仍是長治淮海廠特製炸藥箱，外加四〇公斤黃色烈性炸藥。這種一尺見方的炸藥箱，係反坦克雷改造強化而成，箱體一側露出一個手榴彈螺旋蓋，打開後露出拉線，延長接繩，一拉即響，威力巨大。頭年年根兒，晉城紅字號頭頭孫家潤，約上高平紅字號頭頭王培民，到長治紅字號總部求援軍火，長治方面援助給晉城八〇〇顆手榴彈，一〇〇〇枚拉火雷管，再就是此種炸藥箱二〇個。現在派上用場了。二月四日上午，紅字號首先炸毀郵電南樓，中午對北樓實施爆破。在操作當中，爆破手侯先太一時隱蔽不善，被巨大衝擊波瞬間削斷了一條腿，北大樓也隨即傾倒為廢墟。

這是晉城聯字號大部隊發動對四新礦總攻前，兩派戰鬥的一個場景。——晉城兩派戰事與長治、高平一樣，兵戈擾攘，越打越烈。特別是在劉格平無奈地離去之後，兩個多月以來，雙方互為攻守，日夜不能停歇。

一九六七年夏初，晉城縣工農商學兵，完全分裂為兩派陣營。一派簡稱「地二八」，依從全區聯字號，一派簡稱「紅二八」，是為紅字號。之所以都用了「二八」這個數字，則因為一九六七年二月八日晉城縣造反奪權成功，雙方都不打算放棄奪權後的主權。紅字號樹起了「紅色二八公社」大旗，聯字號針鋒相對成立了「晉城地區二八公社」組織。聯字號使用「晉城地區」概念而不叫做「晉城縣」，又是因為晉城地面上許多大單位，如煤炭、鐵路、鋼鐵、軍工等，或隸屬省地，或直屬中央，還有一些部門屬於河南省，叫做晉城縣很狹窄，叫做「晉城地區」則符合實際，且聲勢浩大，有利於聯合行動。

晉城縣武裝部田元峰、朱興邦等首腦，在軍分區指揮下，毫不含糊地支持了「地二八」聯字號，而劉格平派來了海字〇一一五部隊及空字〇二五部隊，堅決支持了「紅二八」紅字號。

與全區各縣市一樣，從一九六七年秋季始，兩派很快由長矛大刀的砍殺發展到現代化真槍真炮的攻擊。

詳細演變過程自是一言難盡。簡單說，最早一名犧牲者，是晉城師範紅字號學生郎鈺，在晉城鋼廠聯字號武裝進攻師範時被打死。紅字號曾經抬屍遊行，致武鬥升級。一九六七年十月十七日，六九軍謝振華軍長曾經路過晉城，在縣武裝部後院住了一晚，兩派勢如水火，謝振華無奈而去。總之，經過半年多反覆血火較量，雙方傷亡日重，到一九六八年初，全縣紅字號各路骨幹，逐步聚攏在四新礦屬地內，武裝據守礦區，堅持抗擊「地二八」。

奪取或者保衛四新礦，成為整個晉城地區兩派大戰最後焦點。

四新礦是國家煤炭部統配大局——晉城礦務局屬下一個礦，當時日產六〇〇〇噸優質原煤，炭塊明亮如鏡，摸上去光滑不黑手，欲稱「香煤淨炭」或「鏡炭」。早年曾用棉紙包好後出口，英國女王拿它燒壁爐。而且燃燒性能極好，不必燒成焦炭就能煉鐵。

四新礦原本叫做古書院礦，極是文雅。說得是北宋年間，滿腹經綸的大學問家程顥，在晉城做縣令。程顥正是「程朱理學」的那個「程」，祖籍河南洛陽。程顥於宋治平四年即一〇六七年來到晉城後，把推崇理學、大辦教育當成政要來抓，提出「鄉必有校」，建立鄉校七二所，社學數十處，古書院即因規模較大而得名。數年後，程顥調任監察禦史赴京，古澤州從此文風盛蔚，人才輩出。可歎九〇〇年後，這裡復又倒退到蠻荒年代，刀光劍影，戰火頻仍。文革初大破「四舊」，「古書院」三字當屬必破之列。破立相應，礦名被改為「四新礦」，頓時書香不再，血腥彌天。

四新礦職工家屬加一塊，超過萬人。及至仗越打越大，人越逃越稀。一九六八年初，全礦在戰火中澈底停產，能逃的職工家屬都逃了。本礦聯字號少數派也被打了出去。到一九六八年春節前後，危急之中，礦上僅剩二〇〇〇人左右，加上南五縣集中過來數百名同派戰友，多是堅定不移的紅字號骨幹。其作戰武裝近五〇〇人。其餘戰士從事宣傳、後勤、醫療救援工作。

四新礦紅字號首領，是該礦機電科技術員方榮三，山西介休人。此人很不簡單，群眾關係甚好，有組織能力，身先士卒，不怕吃苦；而整個晉城「紅二八」的指揮首領，也是四新礦一位技術員，名叫王慶芳，原是山西礦院高材生。王在礦上紅字號當中是個副職，城裡紅字號開大會，礦上派王慶芳去了，紅字號各個群體一致推舉大單位的產業工人王慶芳，擔任了全縣「紅二八」總指揮。

這樣一來，四新礦方榮三和王慶芳，成為晉城紅字號組織的兩大首領，四新礦就成了全縣紅字號各路人馬信賴和依靠的實力集團。同樣情況，——長治淮海廠紅字號正職郝振祥，而該廠紅字號副職趙震元，擔任了長治紅字號指揮部總指揮。

礦上紅字號頭目中還有一條漢子，也姓方，叫方茂田，安徽人。一九四五年參加新四軍，後在二一軍某機炮連帶兵。一九六四年轉業到古書院礦，在採煤隊當指導員，兼任礦上武裝部工作。

自二月四日縣郵電大樓被炸毀後，晉城聯字號武裝力量，團團包圍了四新礦。聯軍主力單位晉城鋼鐵廠，是全縣舉足輕重一個大企業，其首領王保貴，一位大高個子，平日在廠部汽車隊當隊長，也是復轉軍人。當年隨三九軍三四七團開赴朝鮮戰場，做一名英勇的汽車班班長。

而整個晉城聯字號的總指揮叫董乾太，是晉城礦務局王台礦的技術員。王保貴實為副總指揮。但是在社會上，人們總是提起王保貴的大名，董乾太的名氣反比王小。此前，王保貴的武裝在鋼廠趕製了兩門射程可觀的一六〇大炮，發射一種大炮彈。大炮製造出來，王保貴親自督檢，在南大庫東南面一片野地裡，開炮試驗。結果：炸點威力大，啞火現象少，早已投入作戰。另外幾個聯字號廠家如太行印刷機械廠，也製造了五門鋼炮，但威力稍小一些。

全縣聯字號之聯軍，在武裝部統一指揮下，編為四個主力戰團，由二十多個公社基幹民兵加大中企業原有武裝組建而成。擁有多門大炮的第四戰團，歸王保貴指揮。晉鋼營長張永山，也是一位復轉軍人。

軍分區副司令員李英奎，正是在晉城聯字號各戰團與紅字號四新礦嚴重對峙的緊要關頭，親臨前線的。他於二月八日晨從陵川驅車趕來，給這座戰火古城的戰友們部下們，帶來了最重要的資訊，那就是：晉東南紅字號所支持的程首創，現在從政治上把他解決掉了，中央派遣更多的野戰軍前來支援我們，讓我們以更猛烈的戰鬥迎接最後勝利！——程首創成了國民黨，支持他的那一派便是國民黨性質。聯字號群情振奮，師出有名，全縣民兵緊急動員起來了。

鄉村基幹民兵是農村公社化的派生物，公社化程度越高，基幹民兵的組織化程度也越高。晉城民兵在全國全軍非常有名。其中一支隊伍——浪井女民兵，就是毛澤東七絕詩《為女民兵題照》的最好注腳，「颯爽英姿五尺槍，曙光初照演兵場，中華兒女多奇志，不愛紅裝愛武裝」。毛澤東還說過，「時代不同了，男女都一樣，」於是，西溝申紀蘭，大寨郭鳳蓮，帶動山鄉姐妹，能生產，愛武裝，告別「鍋臺、灶台、碾台」，登上了歷史舞臺。她們再也不是昔日小媳婦，只知「做飯洗傢伙，調煤圪戳火」，而是能征善戰的神槍手。……是的，整個晉東南老區民兵都很厲害，常年艱苦訓練，隊伍建制整齊，現代化程度高，組織紀律性強，真槍實彈大比武，繼承和發揚了戰爭年代軍民英勇作戰的光榮傳統，平時能生產，戰時能打仗，召之即來，來之能戰，戰之能勝。各公社民兵幹部、民兵主力，本來就是地道的復轉軍人，大部分在部隊打過仗。

李英奎到來之前，晉城民兵早已屢屢參戰。全縣二十多個公社，其總兵力究竟有多少？說四千人以上，當是可以肯定的。現在，全縣民兵要統一號令，集中攻打四新礦，務求必勝。

再看一下紅字號四新礦防禦情況。許多讀者對於一座國統大煤礦的占地面積，可能缺乏概念。簡單地說，四新礦的面積，差不多有北大、清華兩所大學加一塊兒那麼大，比一座普通縣城也要大些。這座全縣紅字號堅守不懈的最後據點，經歷半年戰火打造，其防衛體系相當堅固。

在一九六七年秋季之後，兩派大小戰鬥頻發，四新礦紅字號已經開始了攻防作戰。劉格平支持程首創，派往晉城的海軍馬團長及隋教導員等官兵，與軍分區屬下晉城武裝部田、朱等聯字號系統勢成對立。十月三十一日，劉格平從長治、高平等地隆重抵達晉城，下午即召集兩派頭頭座談。當晚八時二五分，四新礦紅字號指揮部突然發生巨大爆炸，大樓坍塌了一多半，當場炸死一三人，傷殘者數十人。衝天火光和巨大爆炸聲，給劉格平的到來做出萬般痛苦的歡迎詞。

當時，四新礦紅字號指揮部和縣「紅二八」總部，共同駐守在這座樓內，人稱西大樓。樓區內外戒備森嚴，由採煤一隊武裝小分隊三個班負責警衛，每兩小時換一次崗，口令時常變化。大樓底層各個出口多用磚石壘死，唯餘南側一個出入口，沒有指揮部發放的特別出入證，外人不得入內。全礦電話指揮台、辦公室、後勤處、彈藥庫等重要部門皆設在樓中。不幸的是，二樓北側三五號房間，正是一個裝填自製手榴彈的臨時工房——裡頭堆放著黃色烈性炸藥和黑色炸藥數百公斤，由工人劉子謙還有朱師傅、老張等人專門在這裡配裝手榴彈，晝夜加班不停。劉子謙並不是頭頭，那天他正在幹活兒。據倖存者稱，劉子謙於爆炸前約二〇分鐘時，在一個磁缽子裡使用鐵杆研磨黃磷引火藥，分析有可能不慎將此藥引爆，而劉已被炸死。可歎這間臨時工房內，堆有黃色炸藥幾十公斤，有裝滿了黑色炸藥的幾個麻袋，加上酒精、榴彈殼和導火栓。這些火藥有的來自張嶺火藥廠或城關公社化工廠，有的是攔截聯字號運輸車所得。而煤礦井下生產所用的那種炸藥，能製作大批地雷，卻不能製作手榴彈。手榴彈的裝填藥應是黃黑混合型的。晉城產鐵，小工業發達，其手榴彈的彈殼，工藝不複雜，則是「工農聯盟」的產品。這裡有一個西巷農機廠，廠內有翻砂鑄造車間，鑄造此物易如反掌。爆炸前兩天即十月二十七日，礦上武裝隊員從這里拉回彈殼一〇〇枚，爆炸當天，還拉回來二〇〇枚，全部運上了這座大樓。

爆炸前一天夜八時，聯字號曾用機槍向這座大樓掃射一五分鐘。對觀看海軍宣傳隊演出的紅字號實行震懾。

爆炸當晚，海軍宣傳隊仍在礦內第二食堂進行文藝演出，宣傳「紅七條」。樓內不少人前往喝彩，減少了爆炸引起的傷亡。

大樓爆炸，劉子謙及樓內十三人被炸死。其中一具屍體被炸碎，上無頭腦，下無四肢，只剩下了中間一團子肉，目擊者說大概不足十斤重。

巨大爆炸中，周邊樓室的門窗全部被衝擊波摧毀，隨後，遠遠近近，爆炸殘片破磚爛瓦從半空裡「像下雨一樣劈裡叭啦往下落」。

更可怕的是大樓裡頭還有第二個彈藥庫。北部樓區坍塌時，衝擊波衝壞了南部的門窗，卻沒有引爆南部彈藥，實乃萬幸，令人後怕不已。紅字號頭頭王慶芳等，立即命人突擊將庫中彈藥轉移。據史料記載，庫中計有從長治拉回來的軍用拉火管五〇〇個、正規手榴彈三〇〇枚，軍用手雷一整箱；自己裝配而成的手榴彈五箱；礦用炸藥一〇多箱，黑色炸藥六麻袋；整箱的七六二機槍子彈和六五步槍子彈二〇〇〇餘發等等。天啊，一旦這間彈藥庫也被引爆，毫無疑問要死更多的人。

次日晨，劉格平緊皺著眉頭，在海軍嚴密護衛下視察爆炸現場。斷壁殘垣，屍血遍地，這令人震驚的場面，讓他一時間說不出話來。人人都在置疑：劉格平能夠解決晉東南問題嗎？晉城能和平嗎？

爆炸發生，晉城兩派立即就此事展開相互攻擊，聯字號說：紅字號蓄意製造大規模流血慘案，必須嚴懲；紅字號說：聯字號襲擊我礦引發嚴重慘案，並陰謀製造爆炸謀害劉格平同志，為此發出《告全國人民書》。

劉格平主持兩派開會，連軟帶硬支持紅字號，作用有限，聯字號根本不吃「劉末老」這一套。待劉格平一走，晉城戰火急劇升級。

在採訪中，我想起了長期堵在晉城武裝部大門裡頭的兩具棺材。此事曾經引起謝振華將軍的強烈不滿。我向文革倖存者、紅字號頭頭王慶芳問及這件事。王慶芳年事已高，住了十年大牢，但記性蠻好，他立即回答說，死人棺材送到那裡是要聲討聯字號的罪行，但時間要比爆炸事件早兩月。棺材裡的死者是用長矛大刀殺死的。其中一個是礦工金玉信，另一個是本礦工程師韋常福。當時四新礦與同一礦務局所屬王台礦聯字號發生衝突，此二人被殺死在宣傳車旁……。我說那麼熱的天，屍體在棺材裡早該爛了，腐氣一定極大。王慶芳便說，不很要緊，在抬往武裝部之前，我們往棺材裡頭灌滿了工業石臘，把棺材用臘封了。去的時候，抬都抬不動！我愕然無語。棺材裡封滿工業石臘？這種做法在晉東南武鬥中並非孤例，高平聯字號也曾這麼做。該縣於一九六七年八月二十六日發生冷兵器廝殺慘案後，有屍體腐爛於田野。事後送屍回去，擔心親屬見屍受不了，也曾以石臘封灌棺材，送回老家埋葬……

劉格平來晉城，別的問題未能解決，倒是動員紅字號，把堵在軍人門前的這兩具棺材撤走了。

戰火升級，仇恨加溫。時光進入一九六八年，整個晉城礦務局三大直屬煤礦，算下來已經死去不少人。僅四新礦的死亡人數已經超過了二〇人。聯字號從週邊切斷了四新礦主要水源，還給這座龐大堡壘斷了電，並且把通電的高壓線路炸毀，出入該礦的鐵路專用線也被破壞，許多大型機電設備銹蝕在風雪裡，礦井多處被淹。

四新礦處在聯字號軍民團團圍困之中。兩大派一年來的仇恨，全部集中到這裡了。這裡不再生產優質煤炭，只生產復仇的烈火日夜熊熊燃燒。

忽然，又傳來令人深受刺激的壞消息：礦上一名紅字號職工，叫宋全才，被聯字號抓捕後遭受無情毒打。關在一個窯洞裡，三天三夜沒吃沒喝，但是人還有一口氣，並沒有死，只是失去了反抗能力，完全可以救過來。他還是一個活人，但是對立派頭頭竟讓部下拉出去給活埋了……。對於這件慘案，我未能做出最後調研，描述也許不盡準確。但是其結果——人活著就埋了，則是可以肯定的。礦上的老人們都知道有這件事。聯字號頭頭董乾太後來在一次公開交待中，也談到有過這個慘案，但不是他經手處理的。原始紀錄比較簡單。——我在這裡提及此事，寄希望有人能把這個「文革活埋案」講述清楚。

聯字號殺紅字號的人，紅字號也殺聯字號的人。慘案頻頻發生在晉城城鄉。四新礦的紅字號武裝兼有伺機出擊、為紅字號復仇打殺洩憤出氣之義務。當陽城戰友呼救時，他們曾經派遣精悍武裝分隊，乘卡車到陽城去戰鬥，去增援，去復仇。

赴陽城等地那幾次，幸未造成大慘案。而這一次，四新礦武裝奔襲本縣鋪頭公社長畛窪村，圍剿村中聯字號，卻殺人不少：

一九六八年元旦前兩夜，四新礦武裝小分隊在方、孫二指揮帶領下，由張礦工做嚮導，驅車奔襲長畛窪。這次出擊任務很明確，就是報復和懲治村中聯字號幹部，為紅字號張礦工同鄉出氣。可怕的是，四新礦武裝分隊在這天夜裡，一口氣槍殺了長畛窪村五名農民漢子，造成一次異常恐怖的山鄉慘案。據聯字號的宣傳材料稱，其中一位死者的生殖器也被人割掉。

農村中的兩派酷鬥，與宗族之間的歷史宿仇緊密相連，因文革亂世而一再觸發。人與人之間的仇恨，到底有多麼深啊。

坦克車與地雷陣

前頭提到，四新礦紅字號頭頭方榮三和王慶芳，加上孫家潤等人，文革前多是山西礦校畢業的技術員或是礦上的機電工。戴眼鏡的不少。後來，方榮三擔任過科技科長，王慶芳擔任過礦井資訊科長。也就是說，這批人有著相應的工業技術素質。所以，礦區的防衛體系也包含了相應的技術含量。依託工礦機械加工所製造出的防衛武器裝備，威力更大，所造成的後果也更加嚴重。晉城和長治兩地區，都充分具備了這種機械製造能力。

四新礦紅字號不僅造槍造炮，而且將「東方紅」履帶式推煤機進行改造，四周加焊雙層鋼板，增設火力發射點，造出一台裝甲坦克投入戰鬥。這一點，與長治淮海廠、紅星廠把推土機、拖炮車改製成坦克是相似的。說不清兩地戰友是否共同研討過這類工藝和技術。長治紅字號在進攻聯字號醫專據點時，曾經使用了這種巨大裝備，並且沒有發生故障，經受了聯字號輕重機槍和手榴彈的考驗而毫髮未損。

四新礦紅字號卻因為這項產品，吃了大虧。

當時，四新礦在南部正面依託郵電局、紅專學校和農職學校部署防禦，修築地堡等工事，挖掘交通戰壕，抵抗來自老街區的聯字號進攻；東南，依託晉城一中及周邊建築物，控制制高點，致聯字號多次攻而未克；北面，有高坡溝塹等複雜地形可供利用，並有人多勢廣的紅字號村莊做緩衝地帶，其防衛也能讓人放心。四周地雷密佈，工事堅固，戰壕縱橫，火力點交叉，加上一道道鐵絲網和路障，完全可以擊敗聯字號的一般進攻。問題出在西南部——這裡有一段老城牆，紅字號在城牆上修築火力點，增崗布哨，防範甚嚴。然而在城牆外面，一所晉城黨校，成為雙方爭奪焦點。如聯字號佔領黨校，則可直接威脅至城牆腳下，紅字號佔領黨校，亦可以做為前沿屏障，延伸防禦，緩衝城牆工事直接受到攻擊。

元月中旬，聯字號第四戰團對晉城黨校發動進攻，雙方展開爭奪戰。至十七日晨，聯字號攻入黨校，在此紮牢陣地，直逼城牆。紅字號多人被黨校方向的聯字號狙擊手打傷。地堡也被聯軍炮火擊損。四新礦守軍當即發動自製坦克，掩護戰鬥隊員反攻黨校，以期奪回失去的陣地。身先士卒者，就是前面談到的紅字號頭頭王慶芳。那年他不到三〇歲，血氣熱旺，尚且沒有老婆孩子的牽掛。一幅瘦高挑身板，挺拔有力，腰間紮皮帶，手中提衝鋒槍。王縱身躍上坦克，扶一下眼鏡，大喊：「弟兄們跟我上！」然後，親自駕駛大坦克吼動起來，當即有張乃華、楊慶選、熊長青、徐成安、趙秋命、甘賀雨等七八個隊員，或爬上坦克、或小跑前行，端著步槍，颳風般向黨校陣地衝去。單從軍事戰術上講，此時似應使用精準的炮擊，然後隱蔽發動反攻，奪回陣地。但是四新礦守軍只憑藉這台吼聲巨大的鋼鐵坦克，便十分勇敢地衝入敵陣了。

黨校四周建築群落間，到處是聯軍的隱蔽火力點，礦工們從坦克上攻擊對方目標不確切，對方卻可以從四面八方向坦克充分噴泄火力優勢。這坦克也不是一個鋼鐵悶罐子，坦克上的人很容易成為活靶子被動挨打。文革戰士往往勇大於謀。

當王慶芳駕駛坦克衝入黨校陣地時，果然陷入一片彈雨之中。坦克上紅字號戰士拼死攻擊前進，聯字號戰士躲在建築物內猛烈開火。這時，最倒楣的情況發生了，有鐵絲網和鋼筋鐵條纏入了坦克履帶，柴油發動機在怒吼之中動動停停，不聽使喚，短暫停車之間，他們不知挨了多少子彈。再次炮火時，王慶芳急了，他猛地跳下坦克，撩動長胳膊長腿，冒死用拉繩發動機車，復又跳上去繼續開動前進。這時，坦克上的戰士熊長青胸部中彈，坦克再度滅火無法動彈。王慶芳等人只好棄車步戰。熊長青滾下坦克當即陣亡，另一名戰士徐成安也不幸中彈身亡。王慶芳緊急命令突圍撤退，話剛說完，便有密集槍彈將他打倒在血泊中。所幸礦上的增援隊伍趕到，迅即對黨校聯字號實行火力壓制，掩護王慶芳等人撤退。這時王慶芳整個成了血人，戰友們連拖帶拽，把他從戰場上拖至安全地帶，緊急送往本礦醫院搶救。從陣地上拼死搶回兩具屍體，再攻不下，又傷三人，只好受挫撤出陣地。再看那輛不爭氣的「東方紅」牌坦克，早已被打得百孔千瘡，橫在陣地上冒著藍煙。聯字號戰士看著它就來氣，當即發射四〇火箭彈將其擊毀，最後堆起油污棉紗，一把火就將這輛龐大戰車燒成了一堆廢鐵。

現代化戰車，不僅進攻失效，反而造成了製造者的傷亡。由於它，四新礦紅字號犧牲二人，多人負傷，差點兒奪去全縣「紅二八」總頭目王慶芳的命。王被送到醫院搶救，剪開血衣血褲一看，沿著他身體左面一側，上下一溜中了四槍，從胳膊到腿上，盡是槍眼兒。偏一點兒就打中要害了。不，還有第五槍呢，而且就打在王慶芳的胸前，恰巧這粒子彈射在了他手持衝鋒槍的鋼體上，打在彈倉平面最寬部位，槍體鋼板被打了一個坑，像個小盾牌似的阻擋了子彈，保住主人的心臟和胸膛沒有被瞬間擊穿。一人身負五彈，可見火力之密集，戰鬥之猛烈。二〇〇六年夏天，我去王慶芳家中看望他。這位年近七〇的昔日指揮，扶了扶眼鏡，捲起衣袖褲腿讓我看，但見那累累傷疤，是文革歲月的痛切創痕。

他沉重地展開回憶：「負了重傷也算好事吧，因為一直躺在擔架上，不能動，後來突圍時，被聯字號圍堵抓住，人家集中力氣先去毒打沒有負傷的頭頭們，一時顧不上打我了，咱礦上的武裝部長方茂田，就是這樣被活活打死的，勞資科長張榮，也是這樣給折磨死的。如果不負傷，我肯定會繼續參加戰鬥，即使沒被一槍打死或者一炮炸死，也極有可能被毒打致死的。」

我突然想起有材料說，方茂田被抓住後，是在農村批鬥中被亂棍打死的，這時便問及王慶芳。王慶芳拍了拍自己的傷腿：「那天往農村拉去批鬥，說四新礦的隊伍在長畛窪有血債嘛，本來人家要把我和方茂田拉去一塊批，走時候誰都不願意費力氣用擔架抬我，嫌麻煩，結果押著方茂田一個人去了，去讓農民報仇出氣，結果老方再沒回來。倆人去了，必死一雙，我因為受重傷，僥倖留下了這條命。」

我無言以答。

關於這一戰，還有更加激烈具體的新細節。二〇〇八年九月，四新礦武鬥中倖存的紅字號戰士甘賀雨，寫了自己的親身經歷，轉寄給我。甘先生已是七〇多歲的老人，他能夠拿起筆來，回憶文革戰事，令人感佩。甘賀雨先生當時在四新礦紅字號指揮部值班，他寫道：

一九六七年十月三十一日，我和熊長青自製出一台二〇門電話磁力塞孔交換機。這台機器體積小，易搬動，很適合指揮部戰時使用。這天傍晚，我們把交換機安裝在西大樓二樓指揮部，與各個防守據點連線成功。有一位聰明好學的工友叫楊中良，便在交換機前接聽前方各據點的戰情，抓緊熟悉交換機的使用方法。這一晚，本來輪到我在指揮部值班，見楊中良學得很認真，我便替他去二食堂，為海軍〇一一五部隊宣傳隊安裝音響器材，保障海軍高水準的演出。八點二五分，指揮部西大樓突然發生爆炸，慘死一三人，楊中良也被炸死，實際是替我上了西天。如果我留在指揮部，必死無疑。

西大樓搶險救人，非常淒慘，增加了我們與聯字號「不共戴天」的仇恨。

到了一九六八年元月十七日，我和好友熊長青堅持在戰火紛飛中檢查礦區電話線路，忽然遇到頭頭王慶芳他們趕赴西區戰鬥。王慶芳交給我一支海軍戰士使用的鐵把衝鋒槍，說：聯字號打過來了，趕快上坦克。而坦克駕駛員方振華偏偏不在。戰況緊急，王慶芳迫不得已，便自己開動坦克前進。我和熊長青等人跳上坦克參戰。我側臥在坦克左側，在前方瞭望孔監視敵情。推煤機改造的坦克，沒有專業瞭望鏡，開孔不足一〇〇毫米，眼睛只能看到前方兩三米的地方。而王慶芳戴眼鏡，又不是熟練的司機，致使坦克履帶裡攪進了成卷的鐵絲網，走走停停，最後熄火不動了。更糟的是，我們停滯的地點，距離敵陣地那道圍牆只有三米遠，招致對方猛烈襲擊。我按照軍事要求，始終監視前方，生怕聯軍往坦克上扔炸藥包。一回頭，熊長青中槍後趴在坦克裡，徐成安已經死在坦克門下，趙秋命也負傷靠在坦克旁邊，坦克發動機開始起火，王慶芳和我只好先後跳車撤退。王慶芳跳車下去，即被密集的彈雨打成重傷，躺在敵我陣地中間淌血。我從坦克門口飛快地落地，幸未中彈，和負傷的趙秋命靠在一起。我迅速撕破自己的衣服，為趙秋命的胳膊包紮止血。然後我們沿著東西被炸殘的平房，撤回我方戰壕。而王慶芳則是被徐文魁從槍林彈雨中救回的。這位老徐原先曾是國民黨軍的一位連長，後在解放軍中仍是連長，轉業後來到礦上，加入了紅字號組織。老徐的軍事功夫過硬，戰術動作令人叫絕。只見他躍出戰壕後，匍匐前進，迅速靠近了陣地中央的傷患王慶芳，一翻身便將王慶芳馱在自己身上，又匍匐著爬回了戰壕，他速度快，動作標準，膽大冷靜，挽救了王慶芳的生命。

我決定沿著撤回來的路線，衝回去救出坦克上中彈的好友熊長青。這時，雙方都在不斷地增援兵力，火力越打越猛。正北，是我方戰壕，呈東西方向一溜捷克機槍和蘇式轉盤機槍，陣地上還有自製的槍榴彈。與敵對陣，中間原是小學操場，西面與南面都是聯軍的圍牆，上下到處是射擊孔，而坦克就停在聯軍的火力網之下，手榴彈不停地爆炸。我衝回去以後，根本無法接近坦克，只能趴在一處半尺深的窪陷裡，對方的子彈不停地打在我的四周，雙方火力都發揮到最高點。這時熊長青已經犧牲了。過了一陣，我看準了身後五米處有一個半米高的磚堆，決定逐步撤退回去。我摘下身上的軍用手雷，拉環，投向敵陣地槍眼下，趁著爆炸煙塵猛竄回磚堆後，從竄起到臥倒只在一瞬間，子彈馬上跟了過來。就這樣，緩口氣，投彈，後撤，我先後投出了一顆手雷，四顆手榴彈，利用五次爆炸的煙塵掩護，五次回竄，逐步撤回了我方陣地。後來發現，自己的腦袋險些被打爆，帽子上中了兩個槍眼，一個圓形的，一個長形的。我手中衝鋒槍的鋼鐵把子，在猛竄之下竟被掛彎了，這要用多大勁兒才能做到呢？還有，當我跑回我方陣地時，竟然忘記了我們埋設的大量地雷，臨到地雷拉線跟前，來不及躲避，我居然做出了一個空翻動作，才沒有引爆，這也是平時難以想像的。最後一次回竄，是利用了敵方轟炸坦克的煙塵，當時一聲巨響，坦克上紅色的發動機鐵皮蓋子衝上了高空，嘩啦嘩啦地飄落下來。據說，這是對方一個叫做趙小道的戰士，和另一名戰士，用兩支火箭筒發射炮彈，將坦克擊毀的。

當我撲回戰壕時，一下子愣住了。一看，我的老母親正蹲在戰壕裡痛哭。原來，老母親在家屬區聽說我去西面參戰，就不顧一切地追到了戰場。坦克裡的人死的死，傷的傷，我第二次衝回去救人，很長時間回不來，戰火越打越激烈，戰友們和我母親都以為我死在前面了，所以痛哭不止。此刻，母子相見，那種感情至今無法言說。真是戰友沒救成，自己也差點兒犧牲，連累老母親這樣痛苦。後來老母親總是說：鬧文革，你們豁出命打來打去，到底為了什麼啊！

以上是當年四新礦紅字號戰士甘賀雨，寫於二〇〇八年的回憶片斷，十分珍貴。

說過了自製戰車，我們再看看四新礦自製地雷的作用。一說地雷，讀者們便會想起國產電影《地雷戰》，石頭雷，圓圓的，誰都知道。而軍用地雷是鐵殼雷，扁扁的。地雷在戰爭中的特殊作用不言而喻，許多國家和地區，戰後最頭痛的問題也是它。國際組織在戰後排雷往往很多年。晉東南文革武鬥，各縣市都大量使用了自製地雷和前頭多次提到的淮海廠反坦克雷。在高平戰場上，紅字號被自家埋設的地雷一夜之間炸死六人，聯字號戰士也被自家地雷炸的一死一重傷，十分悲慘。然而最值得記述的，卻是四新礦防禦戰中的自製地雷。這種大型地雷完全超出了人們的想像，其威力也遠遠超出了各國軍隊裝備的地雷。建立文革博物館，不妨複製一個當做館藏展覽。說是山西煤礦工人在文革中的畸形創舉也不為過。

這種地雷不但殺傷力巨大，而且製造起來出奇的簡單：礦山到處都有一種排水鑄鐵管子，碗口粗，大約兩米長。採煤所用炸藥和雷管有的是，整個晉城礦務局的炸藥總庫就在四新礦後邊，用之不盡。往排水鑄鐵管中填入炸藥，插上拉火雷管，兩頭用水泥一堵就成。管口露出一根拉火繩，讓接線用。這種鑄鐵管子型號齊全，從細到粗，從短到長，以便於搬運為准。城市裡許多舊樓，下水管道裸露著，即是這種鑄鐵管子，居民們都很熟悉。而這種鑄鐵管皮，很符合軍用炸彈皮原理，引爆後一崩即碎，增大了殺傷力。然而它裝填炸藥的重量，一裝就是十幾斤以上，比通常地雷不知要大出多少倍。一根巨雷比一根軍用爆破筒粗壯許多，威力大的不得了。長治淮海兵工廠給予各縣市最多的軍火，一是手榴彈，二是優質拉火管，動不動就是五〇〇個乃至一〇〇〇個。拉火管正是用來造地雷，造炸藥包的。

紅字號戰鬥人員通過戰壕地道進入陣地，集中在出入口和火力點上，因而在大範圍防禦中，對這種地雷依賴程度很高。礦山四周戰壕以外的溝溝坎坎、開闊地帶、對峙地帶、緩衝地帶、陣地前沿以及無人區乃至舊日小路上，到處佈滿了這種可怕的巨型地雷。又因多人多次重複佈雷，雷圖示點越來越不確切，雷網密佈，拉線縱橫，連自己人都弄不清炸點了。

應該說，全礦周邊佈滿絆線式地雷陣，相當有效地阻止了聯字號進攻，致使聯軍四個戰團，對四新礦發起總攻的日期一再拖延。五縣聯軍圍剿高平，於那年二月十一日打響，而晉城戰團主力，卻沒有赴高平參戰，主要原因就是要調動全縣二六個公社的兵力，集中攻打四新礦，解決本縣自身難題。高平那邊早已打響十多天了，晉城卻直到二月二十四日凌晨，在長治方面增援的「喀秋莎」重炮隊伍到達後，才正式發起總攻。比打長治和打高平的時間晚至兩周左右。四新礦佈防嚴密，聯軍對礦山周邊龐大地雷陣深感頭疼。最後的作戰方案，選擇用炮火轟開前進通道而後進攻的戰法，最重要因素還是要避開地雷陣，減少傷亡。聯軍因而只能從中路實施突破。

在我看來，公有制條件下的產業工人，一旦組織起來打仗，煤礦工人一向被譽為「特別能戰鬥」，實非虛誇之語。四新礦的礦工們在防衛中，真正持槍能戰者，不過四〇〇人吧，卻在數千民兵和軍人指揮的重重圍困中，堅守了如此之久，如此之頑強，既令人驚歎，又讓人無比沉痛。有多少最優秀的中華兒女，犧牲在這樣一場國人自殘的大戰中了。

這批「特種巨雷」到底製造出多少來，已經無從統計。在採訪中，我向當年的四新礦人——現在恢復了老礦名，應叫古書院人，多次瞭解這個問題。眾多年邁的倖存者們，也說不清楚。他們總是這樣回答：哪裡有什麼具體數字？天天有專人輪班幹就是了，反正材料供得上，工藝簡單，那一兩個月基本上沒有停過，要說產出了上千個，總該有吧……

地雷防禦，固然有效，但必有一弊。在巨雷給予聯字號重創，有效地阻止了數千聯軍進攻的同時，也炸死炸傷了紅字號守軍不願意炸到的人。史載聯字號發動總攻前夕，開赴晉城的解放軍四七三三部隊試圖通過兩派談判，和平解決問題。紅字號方面從四新礦派出五名代表，前往指定地點參加談判。結果，雙方大吵一場，聯字號悍然扣押了紅字號主要代表，談判破裂。在這種情況下，二月二十三日，即總攻四新礦的前一天下午，四七三三部隊首長包括排長劉栓錄，帶兵進入該礦與紅字號守軍頭頭方榮三等人接觸、商談。部隊官兵哪裡熟悉可怕的地雷陣呢？在他們匆匆返回途中，還沒有走出礦區，不幸事件即在暮色中發生了，劉栓錄排長趨前開道，被地雷炸翻，生命垂危。紅字號頭頭方榮三等人萬般懊惱，緊急組織搶救。他們實在不願意炸死解放軍，更不願意讓聯字號抓住任何進攻藉口。在搶救中，血源不足，方榮三帶頭，第一個給劉排長輸血，頭頭們要極力挽救解放軍的生命。但是，劉排長終因後腦被鑄鐵彈片炸開，傷勢過重犧牲。當地雷爆炸時，有兩位部隊首長走在稍後，與方榮三說話，應聲猛然臥倒，幸未造成更高級別的傷亡。此事的連鎖惡果是，戰後，聯字號在掌權中判定，該礦紅字號骨幹，採煤三隊的馬可世，故意弄響地雷，製造慘案，炸死了解放軍排長，並以此定罪，把馬可世給槍斃了。執行槍決之前，馬可世痛呼冤枉：我們自己的頭頭也在相送解放軍，他們走在一起，難道我要把方榮三等戰友也炸死嗎？不合邏輯嘛……。這裡順便相告讀者，聯字號在掌權後，對四新礦，一氣槍斃了紅字號五名骨幹，他們是：孫振亞、馬可世、張忙孩、原學義、王文連；另有方茂田、張榮等人被殘酷打死，並將方榮三、王慶芳等十六人判處重刑，投入監獄……

地雷慘案，以上是為一例，以下還有更多。

一九六七年十二月二十二日，四新礦守軍戰士蕭振珠，隨同武裝分隊十餘人，在礦區東部架設防衛鐵絲網。中午收工，蕭戰士惦記著前來探親的妻子，她臨時住在附近農村的民房裡。蕭抄近路急急奔走，要與妻相聚。他忘記了自家埋設的地雷，一心趕路，行至鐵路附近，不幸踏雷犧牲。

一九六八年元月下旬，一位中年流浪婦女，不知礦山附近佈雷險境，誤入雷區被炸身亡。幾天後，紅字號三名隊員前去挖坑埋屍，因地凍三尺，埋葬困難，故暫時把女屍放置在一個幹坑內。到三月上旬，戰火將熄，礦上收斂各處屍體，同時準備把這具幹坑內的女屍裝棺埋葬。有礦上職工的老父親韓福熬等群眾，不知危險，前往觀看。不料，女屍尚未收起，群眾又踏餘雷，韓福熬當場被炸死，另有兩名群眾被炸傷。礦上只好多做一口棺材。

同年二月十三日，戰事已極緊張。礦區紅字號戰士焦小旦持槍站崗巡邊，中午十二時左右，發現後河村山坡上有一隊人馬襲來，焦立即返回崗樓報信兒，崗樓內戰友小徐接替焦小旦監視動態，焦疾去打電話向指揮部報告。忙中疏忽，焦絆響自家地雷身亡。就是說，連日夜值勤的戰鬥隊員，也會忘記佈雷情況。

更不幸的是，聯字號於二月二十四日凌晨發起總攻，雙方戰至二十六日凌晨，紅字號隊員陳小煥、魯來田、王培堂、賀建國等人，隨隊於凌晨二時從東北方向突圍，迎頭遭到聯字號伏兵阻擊，火力異常猛烈。夜色茫茫，槍炮陣陣，子彈橫飛，慌不擇路，上述陳、魯、王三人盡皆觸雷犧牲，賀建國等多人被炸傷。這三位死者都是礦上不到三〇歲的棒小夥兒。

再看：戰火停息後，到三月二十一日那天，礦上一夥半大孩子，七八人相約到礦山邊沿玩耍。東部水坑邊上，有解放軍戰士排除的許多地雷，一根接一根臨時散放於地面，尚待引爆或排險。將近四〇根大型地雷在此停放，相當可怕，卻沒有專人站崗警戒。孩子們看了好奇，說是掏出雷管來可以炸魚。有膽子大的小孫、小佟等人，上前動手拆卸雷管，孩子們遠遠近近在一旁觀看。「轟隆」一聲巨響，地雷衝天爆炸，小孫、小佟近距離被炸死，多人受傷，一位少年叫樊樹平，從此失去了右腿，一生依靠假肢生活。這一慘案，與長治戰後在健健幼稚園地段，一次炸死四名少年的悲劇，十分相似。這些頑皮的孩子娃，在瞬間碎屍萬段了。

地雷兇險無比。不僅造成多人踏雷致死，即便在埋設過程中，戰鬥隊員稍有不慎，也會被其吞噬生命。元月二十八日晨，也就是坦克戰慘敗十天後，紅字號守軍馬可世、陳發安、景建山、田紅專等十幾名戰士，肩扛人抬一批鐵管巨雷，前往本礦子弟學校西面佈雷。到達現場後，各人散開埋設，有的往來運雷，有的挖坑埋雷，有的拉鉤牽線。這時，三十二歲的田紅專，身背步槍和子彈袋，還扛著抱著兩個大雷，非常吃力。當他走到一處空地，從身上往下卸雷的一瞬間，或步槍或衣扣或子彈帶，掛住了地雷外部的拉線，當場拉響雷管，田粉身碎骨而死。

另一位比田紅專更年輕的死者周裕民，是晉城一中高三四班學生，其死亡情況與田非常相似，只是地段有別，動作不同。一中學生趙魁元、翟寶珠、馬寶川、張春濤、吳文華等年輕武裝，是一個傾向於紅字號的老紅衛兵組織，他們堅定地守衛著晉城一中。這裡地處四新礦東部高地，成為礦區防禦組成部分，也是礦區東線防衛的前沿屏障。「特種大型地雷」，同樣是學生武裝埋設在陣地之前或學校周邊的有效裝備，藉以抵禦聯字號發動的屢次進攻。因了「程朱理學」古代書院的傳承，晉城一中文革前高考升學率出奇的高，青少年考上了這所名校，全是奔著大學去的。學生領袖趙魁元，各門功課成績優異，乃至在那烽火連天的日子裡，他也常常鼓勵同學們不要放棄追求，準備在戰後勝利的凱歌聲中，繼續苦學，報答父母。沒有想到，這場殘酷戰爭，相繼奪去了該校王瑞珍、許長命、馬保川、常銅林、王國興、吳文華、張培晉、周裕民、田守智、高江池、魏金東等十一位同學的年輕生命，戰後更有被判刑者，被打殘者，盡失青春……。而其中周裕民之死，卻只在一瞬之間，來不及讓人有任何思索，更沒有任何為理想而犧牲的思想活動。——周裕民同學蹲在那裡，認真埋設好一枚巨雷，他往起一站，地雷被拉響了。硝煙之中飄散了他那年輕的軀體，連同一代青年的崇高理想，一切都灰飛煙滅了。致爆原因同樣簡單，也是他身上的什麼零件，或者紐扣，或者帶鉤，掛住了鬼魂般的雷線。是啊，他往起一站，地雷就響了……

聯字號方面，不幸犧牲於這種巨雷者，一個個名字不可勝數。他們都是含辛茹苦的太行父老在無限期待中哺育成人的鮮麗生命，同樣嬌豔活潑，美麗動人。

在晉城，我約上作家柴然，先後走訪了多位文化老人，如柏扶疏、王名賢、王恩惠等，見到了當年的兩派頭頭，如今的鋼廠老人王保貴、礦山老人王慶芳，還有不少文革倖存者。他們不約而同地談到以下的話，說一場文革，真正受害者，還是最普通的學生、工人和農民，是千千萬萬的普通家庭，是一片赤誠的百姓們。說觀點對立，為什麼要對立？憑什麼要對立？幹什麼才對立？是誰讓我們對立？你想吧，看待全世界時，愣要劃分出三個世界決戰的理論；看待全人類時，必是兩大階級陣營對壘；看待歷史文明，則說成一部階級鬥爭史；分析國內問題，無外乎兩條路線鬥爭，歎我中華兒女，能不對立、能不大戰、能不死人嗎？

既然文革是兩個階級長期鬥爭的繼續，是國共兩黨長期鬥爭的繼續，則萬眾犧牲豈有不繼續之理？而倖存者甘賀雨先生的老母親想不明白，她還在問：鬧文革，你們豁出命打來打去，到底為了什麼啊？

重炮轟開文革路

總攻開始了，更大的流血犧牲開始了。

一九六八年二月二十三日，晉城縣武裝部召集聯字號董乾太、王保貴等四個戰團指揮者及二十餘個公社民兵的領軍人物，舉行戰前會議，告知大家長治援軍已到，大型「喀秋莎」火炮已到，決定從次日凌晨起，全力總攻四新礦。會議部署：東部第一戰團，包括省運縣運、南村公社、衙道公社諸武裝力量，首先攻克晉城一中，繼而從後河村向四新礦發起攻擊；西部第二戰團，包括工程十一處、東溝公社、滿江紅、晉礦等兵馬，從黨校突擊，攻克農職校等四新礦週邊據點，繼續向礦內進擊；南部正面第四戰團，力量最強，包括晉鋼廠、八一廠、周村公社等精強主力隊伍，待重炮轟炸之後，從城區大十字、郵電局廢墟起，向四新礦發動強攻；第三戰團同樣兵強馬壯，由王台煤礦、北岩煤礦等武裝力量組合而成，從馬道巷等特殊地段，全力向四新礦攻打。

武裝部首腦們提醒大家：晉城戰況與長治、高平各有不同。目前，曹中南、蕭選進所指揮的野戰軍方面對我們以決戰方式解放全晉城，總攻四新礦，尚未參加指揮與配合，因此，要減輕他們對於後果的責任，各戰團在作戰準備和進攻開始後，應回避四七三三等解放軍人員，不與之交底。如果其詢問時，可請他們前來找武裝部，找我們談。——在晉城，新的支左部隊做了後盾，未如長治那樣直接參戰。

再看對方，四新礦內部駐有海字〇一一五部隊官兵，在戰鬥打響之際，該礦陷入絕地，海軍方面亦沒有直接參戰，為避免傷亡，官兵們也就緊急撤出了。

二月二十四日凌晨二時，總攻打響。

這是一個寒冷無情的暗夜。聯字號無數炮彈從四面八方向四新礦飛去，爆炸的火光映紅了夜空，幾十里地以外都能聽到連續不斷的重炮爆炸聲。晉城聯字號一名李隊長，配合長治來援的喀秋莎火箭炮重炮隊，佔據四新礦東南部兩公里外高莊制高點，建立炮陣地，緊急調測各項開炮資料，精確選擇炮擊目標。要炸開中路一條通道，毀滅地雷陣，以利主攻。長治紅星兵工廠優秀工程師劉指揮（略名），擔任炮隊首腦。此刻，他高舉望遠鏡，仔細觀察著炮戰進程，對阻擋聯軍進攻的關鍵地段進行分析與選擇，以利於節省炮彈，精準轟擊。這位劉工程師，在晉東南武鬥大戰中，曾經留下一句有名的話語，他說：這炮彈可是貴了，要看準了再打，一發炮彈能買一萬斤小米呢！——他曾經據此批評長治前線炮隊，說他們往往有些浪費。

又要說到學生們了。攻打四新礦，就東部而言，必先克晉城一中。聯字號第一戰團軍民使用輕重機槍及各種火炮，把趙魁元、翟保珠、張春濤等學生守軍陣地打得稀爛。一個個同學中彈，鮮血噴濺在校園裡和戰壕中。看看全國，在英勇的紅衛兵倒下以後，仍有同學高呼領袖語錄。——我應當再次提醒讀者們：奪權以來，工農兵分裂成兩大派投身戰火，普遍存在著為權益為現實為生存的成人化功利目的，而以老牌紅衛兵為底色的學生組織，在血火征戰中卻幾乎沒有什麼私利性，他們是特別理想化、特別純潔無私的一類群體。長治、高平中學裡的頭頭們骨幹們，也和晉城趙魁元、翟保珠、張春濤等人一樣，為革命而打，為忠誠而戰，為實現當時盛行的紅色革命人生價值觀而披肝瀝膽而走火入魔。紅字號同學是這樣，聯字號同學也是這樣。即使運動初期的造反狂亂與肆虐，其背後也無不躲藏著成年人特別是黨政軍幹部操縱的黑手，紅衛兵那無限激情被種種陰謀所利用，進而對他人對自身，轉化為另一種殘酷，對全社會釀造出無數苦果，乃至長期被歷史所誤解所批判……

我不想煽情，只想說事兒，說說歷史的冷酷面目。

回到學生戰場上。聯字號李鋼小分隊，用四〇公斤烈性炸藥，一舉炸毀了晉城一中羅馬式建築大門，彼時炮火猛烈，晉城一中紅字號學生陣地陷入一片火海。眼看著實在守不下去了，為避免全軍覆沒，趙魁元、翟保珠、張春濤等同學們，眼含熱淚，紛紛跳出工事，兵分兩路，向礦區緊急撤退。聯字號設在一中附近牛奶廠的伏兵毫不留情地對他們展開截擊。子彈從他們身後竄上來，不斷有馬保川等同學栽倒。翟保珠同學被打成重傷，險落敵手，是其他戰友拚命將他背進了礦內防區，脫離險境。到四新礦一檢查，好傢伙，翟保珠兩腿竟中了四發子彈，多發子彈一個進口一個出口，加起來七個血口子，剩下一發子彈在腿內爆炸，慘不忍睹。

年輕人體格好，生命力頑強。撤退中，高中學生張春濤，腿部膝關節處挨炮彈一炸，彈皮崩入腿內碎裂成三片。他居然在槍林彈雨中沒有倒下，帶著腿傷，爬溝越坎，一路淌血疾奔三公里，硬是靠著年輕力盛保住了性命。這位小張強忍到戰後，才動手術往外取彈皮，取出兩片，剩下一片，直到今天還留在膝部的骨肉中。

戰場上也有僥倖者，頭頭趙魁元，在堅守中打到最後撤退。他跳躍著躲避聯軍槍彈，疾風一般奔跑了三公里並且安全越過了雷區。戰後詳查周身完好，未損毫髮，令人驚歎。

此戰，晉城一中學生在守衛陣地的激戰時刻和撤向礦區途中，共有五名同學犧牲，或擊斃或被炸死，有眾多年輕的肢體被子彈洞穿而負傷。

至此，晉城一中高地被聯字號軍民攻克佔領，進攻鋒芒直指四新礦。礦區東部暴露在聯字號的機槍和炮口之下。儘管中間隔著大片地雷陣。

總攻打響後，聯字號各戰團照例受阻於各個地雷區之外。他們用什麼方法排雷推進呢？這也是今人想不出來的奇招，值得一提。當進攻者看準了進攻路線時，先是全體隊員臥倒。在槍炮掩護下，由臨時工兵彎腰趨前緩進。只見兩三人取出一種器械來，前頭是多爪鐵鉤子，後頭是幾十米軟繩子，工兵把鉤子用力甩向前方，然後往回拉繩。紅字號巨型地雷的拉火線，常是一股細細的鋼絲，距離地面不足一尺高。多爪鉤子向回拉動，必然鉤住鋼絲，從而引爆地雷。我不知道在各國軍隊實戰中，是否曾用如此方法對付絆線式地雷陣，反正晉城聯字號戰士，採用的正是這種方法，並且行之有效。在一聲接一聲爆炸巨響中，進攻者打開了一條條衝鋒通道。

二月二十四日，總攻首日，雙方從凌晨打到黑夜，互有傷亡。聯字號武裝未能攻入礦區。在一夜對峙和炮火互射中，晉城兩派戰士們迎來了更加殘酷的一天。

二月二十五日晨，聯字號各種重炮再次發威。礦區之內的爆炸聲驚天動地。長治炮隊工程師劉指揮，在高莊高地通過頭一天的仔細觀察，又經過精確計算，全然知曉了他所督戰的「喀秋莎」重型火箭炮，應該打向哪裡。眼下，聯字號各炮組最重要的目標，還是要轟開一條中路通道，有利於南部主攻第四戰團向礦內突擊；減少大約五〇〇米進攻地段地雷爆炸和火力殺傷，使守軍放棄阻擊立足點。這一段道路曲折狹窄，房屋較多，紅字號平時是通過交通壕趨前防守的。於是，聯字號的重炮集中轟擊這一路段。劉指揮的「喀秋莎」火箭炮更是威力極大，一炸就是好大一片。原先，從城區向北通往四新礦，並沒有一條寬闊大道，而是曲曲折折一片雜亂民居。戰後，奇蹟出現了，晉城中心大街向北延伸了五〇〇米，猛烈炮火居然炸出來一條主路，通向了四新礦，後來就叫做北大街。對這段路，晉城人都知道，最早便是那場炮火轟出來的，它應該叫做文革路，名副其實的文革大道。按照劉工程師的說法，這要打光多少萬斤小米呢？

爆炸之中，瓦礫四射，血肉橫飛，晉東南地區兩派武鬥，在長治、黎城、晉城三地，多次發射了這種「喀秋莎」重型火箭炮。它的正規名稱叫做「國防三號彈」或「國防四號彈」，發射時不用炮筒而用特製軌道，可以擇數排列在卡車上，也可以拆卸開來隨機貼地發射。它靠電擊發射，噴火助推，摧毀力巨大。從目前史料來看，它是全國文革武鬥戰場上，最高級別的現代化重型武器。發射之後，它呼嘯前進，白天也可以看到天空中有一條烈焰火龍，晚間更加明顯，對敵方心理上的震懾力足以想見。

四新礦守軍所經歷的，正是如此猛烈的炮火。說瓦礫四射，血肉橫飛，並不是什麼誇張的形容詞，而是極真實的戰地寫照。我不忍敘述：其中一炮，打入紅字號防空洞內，一炮就炸死了一一人，對紅字號守軍造成極大驚恐，軍心浮動，淚飛如雨。

客觀地講，這一炮還不是「喀秋莎」火箭炮所為。據記載，火箭炮擊中過礦內紅大樓和該礦家屬院東南區等地，卻沒有擊中過防空洞。

造成極大慘案這一炮，竟然是聯字號特製的大型自製炮造成的。而此炮的發射，並無太多章法，全憑炮手經驗操作。你第一炮打準了，第二炮原封不動，未見得仍能打準，炮彈打入防空洞顯然不是瞄準後所為。二月二十五日，在前所未有的激烈炮火中，礦區內除守軍第一線戰鬥人員以外，其餘後勤人員及家屬，全部採取了防彈躲炮措施，躲炮方式自是多種多樣，或躲入地下室，或躲在戰壕中，或躲入大樓底層。甚至有躲入廢礦洞者。然而在四新礦家屬平房東側，有一段古舊城牆，為了躲炮，守軍在厚厚的城牆根兒挖掘了一個深達十幾米的防空洞。洞內可容數十人。近午，聯軍炮火出奇地猛烈，即有將近四〇人連滾帶爬鑽入了這個洞中，裡頭大人小孩，滿當當全是人，遲到者便擁集在洞口不深處。城牆內外不時落彈，洞內紅字號人員幸無傷亡。未料，打到中午一時許，災難從天而降，一發巨大炮彈從西面飛來，打在城牆上，但它並未即刻爆炸，而是滾落下來，一直滾落到地洞口來，讓躲在附近戰壕內的李密柱和蹲在洞口的白成林二人同時看到，驚駭中二人大喊，白成林迅速撲向洞內並高叫：「快趴下！」說不清這種炮彈為何要延緩少許時間才炸，總之，它在洞口不可阻止地爆炸開來，且威力巨大，一下子就奪去了一一條鮮活的生命……

死者包括：礦上財務科會計程寶連、機電工人張德祥；白成林當時撲倒在地躲過一死，他的妻子武炳娥卻未能逃過此劫；職工常庭瑞一家三口，老常受了重傷，妻子焦蘭英懷著大肚子，馬上就要臨盆，她懷裡還緊緊地抱著三歲的女兒小梅花，母女倆連同腹中子同時被炸死；職工王國喜一家死的更慘，妻子龐素英年僅二五歲，抱著一對三歲的雙胞胎兒子，還在吃奶，母子三人一瞬間死在炮火中；老礦工王雨的愛人身受重傷，三個兒子傾刻慘死在母親身旁，大的十三歲，老二八歲，小的五歲！我從史料名單上做了一個統計，得知這次慘案所炸死的十一人，平均年齡不到十八歲。

生靈塗炭，觸目驚心。二十一天前，長治淮海廠一炮炸死四十二人；半年前，四新礦大樓一炸死去十三人；這一炸，又有十一位無辜百姓死於炮火。僅此三炮，奪去了六十六條鮮活生命。

老兵張永富和小鬼王訓

我有幸採訪到一位當年四新礦守軍倖存者，他就是老兵張永富。

總攻兩天來，炮火不停。四新礦南部正面陣地上，戰鬥異常激烈。聯軍依託城區大十字街壘和附近民居院落，迭次向紅字號陣地進攻。紅字號依託紅專學校和農職學校的工事、地堡，在這位老兵張永富帶領下，兩天兩夜頑強抵抗，沒有退出陣地半步。張永富是個山東人，年輕時在朝鮮戰場上，當一名六五軍一九三師的副連長，曾在冰天雪地中一直打到漢城。眼下聯軍選擇了他的陣地做為主攻方向，算是碰到了硬茬兒。張永富很有戰鬥經驗，手下紅字號戰士不足兩個排，卻充分地利用了工事掩體，精確地發揮機槍、步槍和手榴彈的作用，屢退聯軍攻勢。張永富身段不高，鬍子拉茬，提著一支衝鋒槍，還貼身帶著一名周村中學的紅字號學生，名叫王訓。只見老張一邊跳躍著打擊來敵，一邊向王訓小鬼傳授戰場知識。他喋喋不休，滿口軍事術語。這一老一小在戰壕裡跑來跑去，子彈還真沒打住他倆。陣地上先後落了七〇多發炮彈，致多人傷亡，也沒有炸住他們。老張直對小王喊：這仗打得不過癮嘛！小王說，還不算過癮？老張便說：過啥癮？前頭盡是中國人，打他的頭老子不忍心，換成美國大鼻子，換成小日本，我操，都不夠老子一個人收拾，那才叫過癮，懂嗎小鬼。

儘管張永富說不忍心射擊中國人，而子彈狂舞，畢竟不長眼，搞文革打派仗就會有犧牲。這天上午一〇時，聯軍跨過街道再次向紅字號守軍陣地發起衝鋒，眼看著已經衝到了紅字號的地堡跟前。聯軍為首一人很勇敢，叫陳小堆，他帶領李臘寶、劉法堆、郭記堂等一個班十餘名戰士，在彈雨中一直打到了距離紅字號守軍僅僅幾米的地方。而這位陳小堆，卻也是四新礦一名礦工，一九六一年就在礦上工作。文革中他站到了聯字號一邊，長期漂零在外，起而參加戰鬥。現在他就要殺回自己夢魂牽繞的礦山，那裡有他全部的愛情和青春，勝利就在明天。突然，守軍地堡內呼嘯的子彈擊中了陳小堆的胸膛，他應聲倒地，鮮血噴湧。聯軍當即集中火力，連續朝地堡開火，掩護戰友拼死拖回了小堆屍體。就這樣，陳小堆在勝利前夕，永遠告別了他日夜思歸的煤礦。他犧牲在距離礦山只有五〇〇米的戰場上，竟沒有走完這段夢幻之路。而阻止他前進者，正是礦山上昔日的工友們。

聯軍調集炮火，堅決而又準確地向紅字號前沿陣地開炮，一個又一個工事掩體，一座又一座地堡民房，被炸成廢墟。

入夜，戰場上一時沉寂下來。雙方戰士都累壞了。老兵張永富和小鬼王訓，又一次看著夜空，蹲在戰壕裡裹緊了大衣，抽吸著劣質煙捲，一遍遍數著剩餘的子彈。老兵說起了朝鮮戰場的故事，等待著晚冬的黎明。兩發冷炮炸響在離他們稍遠的地方，有殘碎瓦礫落入戰壕，似在提醒他們不要跌入夢鄉。

忽然，小王發現有黑影悄然遁去，轉眼不見了。他驚異地問詢老張：這是什麼情況？老兵輕歎一口氣，慢吞吞告訴小鬼：能有啥情況？我早看見了，是咱們的人開小差啦。唉，你就像早年學兵隊的孩子，啥球也不懂。咱們畢竟不是正規軍，誰想走就讓人家走吧。鬼才知道明天守住守不住？打成啥樣算啥樣吧，你小子是不是害怕啦？

小王立即回答：我絕不當逃兵，絕不投降！他的臉一片髒黑，只有一雙純粹的眼睛閃閃發亮。

老兵張永富沒有接話茬兒，半晌沉吟道：這仗打得邪門，飛機撒傳單，來他媽好幾趟，白天打炮陣勢也不對勁兒呀，除了榴彈炮迫擊炮自製土炮，咋還會有「喀秋莎」呢？在朝鮮打仗，老子見過這種蘇式火箭炮，他聯字號哪來的這傢伙？咱晉城根本沒有這種國防大炮嘛！

小王不解：打這種炮就咋啦？

暗夜裡老兵歎道：小鬼，形勢不好啊，誰用了這種炮，說明上頭有人支持，誰就腰杆子硬，要不咋能用上它？跟你小子說，明天還要大打，你要跟好，跟緊老子別亂跑，保你一條小命……

不遠處，聯字號在黑乎乎的陣地上與紅字號守軍對峙著。口令頻繁，有人過往。一部分戰士不知危險，在斷壁殘垣裡抱槍坐著、靠著，竟然睡著了，人們困乏得厲害。

夜半，不斷有爆炸聲和各種槍彈的零星射擊聲傳來。你以為它會繼續響，它卻停止了，你以為不響了，它又突然響起來。這時斷時續的槍炮聲，把各個方向的包圍圈連接起來了。

許多年之後，我採訪老兵張永富，他無疑更蒼老了。朋友們把他從麻將桌上請了出來。這位八〇多歲老翁，腦子並未失靈。他言語簡煉，談吐俐落，回憶時空不亂，他說：仗打到一半時候，我就知道我們要輸了。孤軍作戰，失去了所有支援。打勝仗，要靠各部隊配合，靠後勤。可是我們全打光了，彈藥打光了，人也打光了！聯字號那邊，情況完全不一樣……

總攻第二天。從拂曉開始，空中炮彈不停地落，地面輕重機槍不停地掃。聯軍再度從東、西、南三個方向發動攻勢。正如老兵張永富所說，他的南部陣地上剩下不到一半人。弟兄們死的死，傷的傷，逃的逃，戰鬥力明顯下降。雖然他們打退了聯軍數次衝鋒，但是整個防線完全處於危急之中。

從南部通向四新礦的進攻道路上，計有五〇〇餘間房屋毀於炮火。礦區前沿，多數地堡和防衛工事被摧垮被奪取被佔領。守軍一退再退。南部正面即將無險可守，礦區即將完全暴露在聯軍火力範圍之內。

最可怕的是，前沿守軍不斷報急：手榴彈快打光了，機槍子彈快打光了，步槍子彈快打光了，要求總部火速後援彈藥。

四新礦紅字號諸位正副指揮，王慶芳受重傷躺在礦區醫院裡，其餘方榮三、方茂田、孫家潤、段林書他們，心急如焚，卻束手無策，手榴彈還有一些，各種子彈卻嚴重缺乏。方榮三平日裡是一位比較鎮定的頭領，眼下，面對困境，面對人們期待的目光，他萬般焦慮，打，拿什麼打？守，靠什麼守？撤，往哪裡撤？

打到下午，又有一位分隊長從前沿疾奔回來，帶著一股血腥氣，他搖動著手中衝鋒槍，大喘著氣，對指揮們高喊：有子彈趕緊拿出來！弟兄們頂不住啦……

回答他的是一片沉默。

「啪啦」一聲，分隊長沮喪地把衝鋒槍扔到地上：

這東西還有球甚用？

指揮們正要發怒，竟又止住。總部樓裡打光了子彈，能說些什麼？

分隊長突然發問：把弟兄們撤下來吧？

方榮三一時無語。

分隊長轉身跑走了，很明顯，他要到前沿去撤下隊伍，減少弟兄們的無效傷亡。

傍晚，炮火稍歇，聯字號在陣地前沿多個方向，用集束式高音喇叭向礦區展開廣播。女播音員凌厲的聲音在礦區上空迴盪。她在反覆播出聯軍指揮部最新號令：「兩天以來，聯字號各戰團浴血奮戰，不怕犧牲，英勇戰鬥，摧枯拉朽，已經奪取了一個又一個勝利，反革命的最後堡壘風雨飄搖，即將崩潰，各戰團務必提高警惕，緊握手中槍，堅決打退階級敵人的瘋狂反撲，為解放四新礦，活捉方榮三、方茂田、王慶芳等壞頭頭，為奪取最後勝利而戰鬥！……正告方榮三（以下一一點名）等反革命分子，你們雙手沾滿了人民的鮮血，血債要用血來還！國民黨大特務程首創已經澈底垮臺，你們的末日就要到來，敵人不投降，就讓他滅亡！正告紅字號廣大受蒙蔽群眾，不要再上一小撮壞頭頭的當，負隅頑抗，只有死路一條，受蒙蔽無罪，反戈一擊有功！強大的人民解放軍和「地二八」革命戰友，期待著你們投誠起義，回到人民的懷抱，回到毛主席的革命路線上來，不要再當國民黨反革命的炮灰！首惡必辦，脅從不問，歡迎投誠，立功受獎！……血染戰旗旗更紅！革命戰友們，為了解放四新礦，紅旗插遍全晉城，為了最後的勝利，前進吧！」——這份當年的戰地廣播稿，居然留存下來，又傳到我手裡了。

軍事戰團炮火凌厲，政治宣傳攻勢高強。

正如聯字號所反覆廣播的，紅字號四新礦大據點，確實到了風雨飄搖的最後關頭。

天黑下來。紅字號總部樓裡，一片肅殺敗落氣氛。方榮三、方茂田、孫家潤、段林書等十幾個頭頭們，完全陷入困境之中。彈盡糧絕，援兵全無。礦山內親愛的海軍官兵們，早已揮淚撤出了。據可靠情報，長治將被野戰軍全面佔領；北鄰高平陷入五縣民兵重重圍困之中，正在被分割剿殺，不用說企盼他們前來解救礦山，連突圍也不能選擇北部方向。南面陵川縣，西面陽城縣，同盟軍俱被摧垮。

頭頭們抓緊磋商對策，戰局萬分危急。到明天，即聯軍總攻第三天，礦山必將全面失守。據礦抵抗，只會坐以待斃，造成更大傷亡。此刻他們誰也不覺得饑渴，只是拚命抽煙。顯而易見，放棄礦山，突圍撤退，不做俘虜，保全殘軍，是最後出路。

曾經擔任礦山救護隊長的段林書指揮，首先打破沉悶，提出向河南省焦作地區突圍的主張。一者，在晉東南範圍內再也找不到穩固的落腳點，礦內骨幹數百人，加上其他紅字號人馬，已近千人，到哪裡都不能立足生存；二者，焦作礦務局與四新礦有著長期友好合作關係，文革以來是相互支持的。那裡礦大人稠，具備容納數百人隊伍的條件。至於突圍路線，則要先從東北部衝出去，再轉而向南出省。途經晉城境內鋪頭、柳口等公社，在太行山南麓行軍一百多里地，最後衝下山去，到達河南境內。而戰士中也有當地人，可做嚮導帶路。——另無良策了。眾頭頭面對此議無法否決，誰也拿不出其他切實可行的更好方案。去秋以來，大戰頻仍，他們對全礦防禦做出過種種預案並付諸實施，卻從來沒有想過垮掉乃至失守，沒有想過告別礦山，背井離鄉，突圍到外地去——在所有作戰預案中，偏偏沒有撤退長征的任何準備，更談不到敗退出省，甚至他們從未討論過這個話題。我們這一派，才是礦山的主人，我們會讓人擊垮，會讓人打跑嗎？

戰爭是殘酷的。

樓外炮聲又響，喇叭又在喧囂。戰局萬分緊急，礦山危如累卵，全軍即將覆沒，時間刻不容緩。

二十五日夜九時許，方榮三代表眾首領拍板定奪：全體撤出前沿陣地，集中骨幹，從東北方向衝出礦區，然後轉向河南焦作突圍，保存實力，再圖後起。

眾頭頭緊急決定幾項事宜：

立即確定熟悉鄉村道路的可靠嚮導，準備出發。

立即通知後勤人員，盡可能多帶一些資金糧票。

立即派專人速往礦醫院，通知身負重傷的王慶芳及醫護人員，用擔架抬王隨隊突圍，絕不能讓他落入敵手。

立即傳令前沿各戰鬥隊，逐次撤回總部。

突圍時間定於午夜十二點，準備時間只有數小時。

分工倉促，立即行動。把苦痛壓在心底吧，告別礦山，敗走中原，連犧牲戰士和昨日防空洞炸死的那一具具屍體都來不及處理了。

誰也不會想到，突圍撤退，卻是一條全軍覆沒之路，是一個更加可怕的抉擇。

南部最前沿。老兵張永富沒有接到撤退命令。小鬼王訓一步不落，緊跟在老兵近旁。這個白天，他們總算硬著頭皮扛下來了。陣地上，氣味焦糊難聞，硝煙沒有散盡。天黑後，對方機槍朝陣地上又掃射了一陣子，卻沒有發起進攻。老兵對小王說：人家並不想夜間打到礦區裡頭，他們不摸地形，害怕地雷，擔心吃大虧。如果現在人家打衝鋒，咱們就真垮了。小鬼懂嗎？

小王說：張叔，我餓了。

老兵說：堅持一會兒，准有好飯送來，大肉包子管你飽！

這一次，老兵判斷失誤了。

二人抗住饑渴，堅守陣地，等待肉包子到來。

快到半夜，小王發現陣地上戰友更加稀少。

寒風陣陣，襲人骨肉。老兵實在忍耐不住。這時他連半支香煙都沒了。他惱怒地叫一聲：搞的什麼後勤！小鬼跟好，咱們回礦，看狗日們吃啥咱吃啥。

二人貓腰提槍，沿著交通壕溜向礦區，離開了堅守多日的陣地。他們想不到，從交通壕裡一上來，卻見戰鬥隊員們亂紛紛正在集合，劈頭碰上管後勤的朱鴻林，朱急急招呼爺倆說：老張快些跟上走！——什麼叫跟上走？這是咋啦？這是什麼行動？

老兵張永富並不知曉全隊突圍轉移的決定。他快步奔向指揮部，去見方榮三。當方榮三匆匆告知他這項決定時，老兵聞言大怒：老子帶人在前沿頂著，要撤退你們也不通知一聲？方榮三說剛剛派人去了，老兵大喊：我咋沒見著？方榮三急勸：好我的老張，現在不是埋怨的時候，快，趕緊叫前頭的弟兄們撤下來，隨大隊向焦作突圍。

老兵洩氣地說：陣地上也沒啥人啦。

方榮三：那也好，咱們這就走！

老兵即將離去，他悽悽惶惶地看著那位學生兵，沉痛地說：遲早會有這麼一天，小鬼，跟叔一塊走吧，走到哪兒也保你有飯吃。

小鬼王訓此刻神情恍惚。他一下子難以接受大潰退的現實。無比神聖的事業，無比正義的鬥爭，竟會慘遭失敗，多日來他枕戈寢甲，還以為革命就快成功了。想不到，不久前尚在堅守著陣地，不，是堅守著革命信念，這一陣兒功夫，就被瓦解顛覆了。

老兵：小鬼，老子跟你說話哩，哭什麼，咱們好歹留下兩條命嘛。

王訓驚醒過來，他不知道淚水為什麼淌出眼眶。默默地，他把長槍棄在一旁，伸出多日未洗而染盡血污的一雙小黑手，鬆鬆垮垮地與老兵握別：張叔，我不想再打下去，我想回老家了，我早該回周村，去看看老娘。

老兵：小鬼別犯傻！回去你小子就沒命啦，咱得一塊撤。

小王揮淚：我不想去河南，再幹下去有甚意思？

老兵：孩子，可不敢小資產階級軟弱性，哭頂個屁用嘛。

小王哽咽著說不成話：還不如，還不如死在前頭……

老兵：屁話，現在顧不上多說，咱叔侄倆可要活著見。

戰火連天，生離死別，一老一少就此分手。

許多年後，八○歲的老翁張永富，對我講述了以上段落。他早已看淡世事，古井無波，卻仍然記得當年爺倆別離這一幕。此後多年，他再也沒有見過這位小鬼，亦不知小鬼是死是活。他向我多次提及這位學生，牢牢地記著他的名字叫做王訓，可見二人很對緣份，有一份深切的戰地感情。歎老張「常恨此生知己少，何堪老來哭人多」，又哪裡去尋找這位學生娃兒的蹤跡呢？他在勝利者殘酷的報復虐殺中，活得下來嗎？

數百人的大突圍開始了。

幾個小時後，天濛濛亮，聯軍一邊掃射，一邊高舉著「地二八」戰旗，潮水般湧過了老兵們的陣地，在一片震天動地吶喊聲中，聯軍的大旗插上了農職學校樓頂。標緻著四新礦正面防線被完全突破。據人們說，第一個高舉戰旗插上樓頂的聯字號戰將，名叫李恩堂，也是礦務局所屬鳳凰山礦的一位武裝幹部。

殘冬的太陽升起來，晨光照耀著紅色戰旗。寒風把旗子吹舞不停，發出嘩啦嘩啦的響聲。旗下，聯軍隊員貓著腰，端著槍，沿著敵方的交通壕向礦區一步步推進。漸漸地，隊員們的腰杆子挺直起來，因為再也沒有槍聲。舉目四望，是廣闊無邊的廢墟，這裡寂靜的嚇人。烈火之後的硝煙四處騰漫，把高聳的選煤樓籠罩。

礦工遠去，屍骨橫陳。

奪命突圍全軍覆沒

二十六日凌晨零點，突圍口選擇在礦山東北方向。紅字號方榮三等人將從這裡首先向東，衝出幾十里地後，再右轉彎折向南方，直下太行，跨出省界。其餘方向以及城區嚴如鐵桶，是無論如何衝不出去的。

這是一支疲累之師。突圍之初，計有六○○餘人。他們將要抬著擔架，翻越太行南麓的崇山峻嶺，在一天一夜之內急行軍百里山路，才能衝出虎口，奔向平原。

然而，突圍之戰黑暗殘酷。各分隊殘兵剛剛突到礦區邊緣，雙方即在多處地點交火。聯軍在長達數公里範圍內築成嚴密阻擊圈，以打敵外逃，堵截「紅匪」。各個重要村莊路口，早有強勁兵力佈防。四新礦突圍人馬分成三支隊伍，選擇三條路線，同時向外衝擊。聯軍的機槍嚴密封鎖，在距礦區最近的閻莊土溝地帶，打得礦工們不能抬頭，難以衝到大路上去。這是生死線，這是鬼門關，闖過去或可求生。正如前頭提到，一部分隊員冒死衝了出去，留下一路鮮血，一部分隊員被迫退了回來，有陳小煥、魯來田、王培堂等多人在慌亂中踏響了鐵管巨雷，被炸身亡；另一路人馬，隊員近百人，趁夜色衝到礦區以外，狂奔了十來里地，尚未喘過氣來，竟在曉莊附近又遭重兵堵截。他們多次衝擊不能脫險，很快陷入更大包圍，盡被俘獲。這批人當中有一名傷患，是從一中火線上被同學們冒死背到礦內的那位學生，叫翟保珠，他逃過了昨日彈雨，竟沒有躲過這回刺刀。

突圍之初，戰友們從醫院裡扶起一個個受傷的同伴，一起走。晉城紅字號大頭兒兼四新礦副頭兒王慶芳，用擔架抬走。其他傷患，被戰友們抬著扶著架著背著，也奮力參加突圍，翟保珠即是其中一個。他身上多處受傷，半步不能行走。突圍開始後，同學們輪流背著他跑，身前身後留下一片彈雨和無盡的喘息聲。他們與礦區漸離漸遠。而長時間背著一名傷患奔跑，戰友們的腳步越來越沉重，突圍速度慢了下來。這時候，礦上搞後勤的朱鴻林等一批將士，也突出了重圍，逐漸追上了這撥兒傷兵。看到他們在夜色中步履沉重，朱鴻林等人立即輪渡背起翟保珠，隊伍合成一股，繼續加速東奔。眾人跨溝登坡穿涵洞，好路不敢走，專找小道行，肩背一個傷號，嗓子眼兒很快竄出一股子血腥氣，最能把人累壞。翟保珠爬在朱鴻林脊背上，一路對大家說：不要再管我了，這樣太拖累隊伍！眾人顧不上答話，一直奔至曉莊附近，到達一個小村旁亂墳崗。在濃濃的夜色中，有位同學告大夥兒說，他要回村去看望父母，同時可以設法救護傷患小翟。隊伍停下來緊急商議。這位同學提出的辦法是，先把小翟隱蔽在村外，他迅即回村告知父母，然後在天亮前，用小平車把小翟拉至安全地點，躲難養傷。朱鴻林師傅回憶說，軍情緊迫，也只有這樣辦了，隨即朱把小翟背到一處墳崗，用一堆莊稼秸杆，鋪了一下封凍的土地，放下小翟。小翟艱難道謝一聲：朱師傅！朱師傅動情地脫下自己的棉大衣，蓋在小翟身上。大夥兒七手八腳搶過一些玉米杆，把小翟蓋好，匆匆叮囑數句，隊伍疾行向東，追趕大隊而去。不可預料的是，朱鴻林等人剛走，後續突圍者又經此地，聯軍重兵趕到，前堵後截，恰恰把近百殘兵團團包圍在這一狹小區域，天一亮，連同小翟在內，盡被搜俘回城。不消說，翟保珠被俘，自是舊傷痕上又添新傷痕，九死一生。

朱鴻林這批人從亂墳崗那裡繼續東進，摸黑走出三里地，便聽見身後傳來陣陣槍聲，情知大事不好，由不得加快了腳步。在他們前頭，是突圍人數最多的一路人馬，包括眾頭頭在內。他們抬著王慶芳，在先頭分隊拼死衝殺掩護下，頑強地衝破了一個口子。方榮三等人率全隊趁夜疾進，翻山越嶺，暫時跳出險境。他們沒有車輛，沒有馬匹，只有各自兩條腿，一夜間忽高忽低，說不清跑出了多少路。越過了孟匠，又拐向郭壁，天放亮時，可見太行青峰疊嶂，氣度深凜。方等又緊趕緊走了一陣子，確認脫險後，已是日頭近午。全隊在鋪頭公社一個偏遠山莊停下來，一邊抓緊弄些吃食，一邊等待後續人員跟進。這一帶山區，鄉村中紅字號百姓甚眾。不久前，四新礦武裝曾經奔襲附近的長畛窪村，為紅字號鄉村同盟出氣，報復過聯字號骨幹，造成五人被殺血案。眼下，他們途經這一帶，便有當地紅字號鄉親出來，給隊伍弄粥送糧，幾大堆窩頭菜團子，數百人也算吃個半飽。

朱鴻林這批人，正在此時此地趕上了隊伍。

又有一些零散人員陸續趕到，與大隊會合。方榮三命清點人數，帶槍的沒帶槍的，受傷的沒受傷的，加一塊兒，四百有餘。

在寂靜的大山裡，頭頭們抓緊研究下一步行動，他們一致認為，此地不可久留，應迅即開拔南下，沿郭壁至白洋泉、柳口一線老公路西側，抄小路走直線，直抵兩省交界張路口，務必在聯字號大軍封堵張路口之前，突進河南去。毋庸置疑，聯字號方面必在緊急圍追堵截之中。

當下，殘軍集中宣佈，由方茂田率幾十名武裝隊員，趨前開道，外單位人員和非武裝人員跟在中間，方榮三率武裝小分隊殿後，壓陣掩護。同時強調，全體人員必須服從命令聽指揮，保證不掉隊，務必在明日天亮前衝出山西。

宣佈完畢，立即出發。

從這一帶到晉豫邊境張路口，尚有近四〇公里之遙，處處需要翻山越嶺，半個白天再加一個夜晚，他們能夠走得出去嗎？

放著平坦的老公路，他們不敢走，也有些繞遠。只因這條大道上有沒有聯軍重兵，誰也不知道。

山風勁吹，吹在太行山的高崗上，吹在溝坡底。這支特殊的隊伍拉成一線，艱難地行進著。文革戰士們腳下，是亂石荒草，是荊棘和冰凍著的河流。

果然，聯軍正在大舉圍堵剿殺之中。

先說二月二十六日天亮時，大批聯軍在戰旗下進入四新礦，亦步亦趨對礦區實行佔領。半年多了，四新礦的聯字號將士在外面流浪、戰鬥，大都沒有重返這一舟中敵國，他們對紅字號各個防衛工事和地雷陣十分生疏，所以在佔領時仍需小心謹慎。礦區處處斷壁殘垣，人獸盡散，舉目蒼涼。他們終於以勝利者的姿態，浴血打了回來。——這批人不再擔負向南追敵任務。

聯軍另一批強有力人馬，向南實施堵截圍殲。

晉城邊境與河南接壤，長達上百公里山地，由西而東排開三個出省口子。昨晚，「紅匪」突圍方向既是東部，則柳口公社張路口必是堵截重點。其餘晉廟鋪公社和徜道公社兩出口，可以忽略不計。根據以上情況，縣武裝部首腦和聯字號董乾太、王保貴等頭頭，於二十六日清晨，依照軍用詳圖做出部署，命幾路聯軍火速奔赴張路口，執行追堵圍殲任務。兵貴神速，刻不容緩，多路齊下，志在必奪。

紅字號方榮三等四〇〇餘眾，憑的是兩條腿，負累傷患，還要翻山越嶺，行動無法快捷，給聯軍追堵一戰功成留下了機會。一九七八年元月二十一日，聯字號頭頭董乾太先生在一次談話中披露：

聯軍方面，第一路由王保貴率第四戰團所部，從晉城北火車站調動一列火車，趕到河南境內首站——柏山站地段堵截。車行至晉城南，王保貴急命停車，派晉鋼吳承祺、王士俊等人下火車，改乘汽車到城區拉上火炮，速從公路出境，到柏山會合。要用炮火給紅字號外逃將士以迎頭痛擊。

第二路人馬由董乾太親自帶領，乘汽車沿東部老公路向柳口追擊。與西側第三路政法兵團齊頭並進，共同完成前堵後截合擊戰。

火車汽車，追風逐電，聯軍多路兵馬大舉南下。這一天，參加追殲戰鬥的隊伍有：董乾太所部，乘汽車沿老路追擊；晉鋼武裝王保貴所部，實施邊境堵截，帶自製炮；八一廠武裝，政法兵團和長治來援劉雨亭所部，乘汽車從晉廟鋪南下參戰，帶輕重機槍、四〇火箭筒、七五迫擊炮；武裝部郭副政委率王台礦武裝，乘火車到柏山車站增援。總兵力超過千人。攻堅大戰方休，忽又轉為山地追殲戰。而紅字號南逃隊伍雖有四〇〇餘眾，但帶槍的戰鬥隊員不及一半，眾多奔逃者多數傷痕累累，雙方實力懸殊。

漫漫山路上，冬雪尚未化盡。四新礦紅字號殘軍仍在逶迤南進。他們只希望能在聯字號堵住省界之前，下山脫險。方榮三、方茂田、孫家潤、孫振亞、段林書、朱鴻林、還有擔架上的王慶芳，更有許多像老兵張永富這樣的人，他們歷經多日激戰，早已困倦饑渴，疲憊至極，卻不敢有片刻停頓。這支隊伍幾乎包括了整個晉城地區所有紅字號大小頭目和骨幹分子，除了四新礦的將士，還有不少其他單位的同盟。他們從二十六日凌晨突圍後，跋涉不止，一路走到黑。

春節後正月天，萬物還沒有復甦，沿途農村景象凋敝。河南會好一些嗎？焦作會好一些嗎？誰知道呢。

晉城聯字號大批兵馬，乘火車駕汽車，追往河南柏山堵截紅字號，還帶著炮隊，可知即使在他省地面，山西兩派也敢拉開架勢決一死戰。

一天一夜了，紅字號殘軍仍在頑強挺進。暗夜裡，他們終於踏入柳口公社範圍，眾人肌腸漉漉。這時已是二十六日夜半一〇點左右。在南宋大隊靠近豫省的邊界小村裡，需要更換嚮導，隊伍稍作停留。兩個相依的小村子，一個叫圪套村，一個叫東石甕村，尚不曾受到戰火襲擾。這晚，野戲臺上正在演出革命樣板戲，阿慶嫂兀自在與忠義救國軍鬥智。上黨梆子那鏗鏘有力的鼓樂聲，在黝黑的山凹裡傳出很遠。也許，是人間煙火氣痲痹了驚恐中的奔逃之旅，也許，是飢餓焦渴促使他們停下了血肉淋漓的雙腳，也許，是臨近邊界他們放鬆了警惕，也許，是他們乾脆不瞭解前面路在何方，總之，這次停留，弄飯吃找水喝，還是延誤了一些時間，以致身後董乾太率領的強勁追兵更加逼近，最後的覆滅就要臨頭。

事實上，從這裡攀登山岡再下陡坡，不過半小時路程，就可以跨出省界，踏上豫北大平原的土地。儘管有王保貴率兵堵截，卻因地面開闊，包圍不密，易於四散奔逃，紅字號尚不至於全軍覆沒。而殘軍四〇〇餘人，竟在小村裡流失了將近一個小時的生死光陰。

方榮三催令眾人儘快開拔，無奈身後追兵已近。當他們攀上山嶺，俯首看到了邊界公路時，同時看見聯字號滿載重兵的卡車，開著車燈，呼嘯前去封堵，無數的槍口將在前頭等待著他們。

二十七日凌晨，紅字號殘軍的尖兵與聯軍接火。槍聲響處，聯字號很快確認，紅字號指揮部包括數百名骨幹，沒有跑脫，他們一團團聚集在這片無名高地上，仍處在山西境內。黑壓壓的夜色中，他們不辨方向，他們無可逃遁。好幾處地方，竟是懸崖絕壁。聯字號大批追兵到達山腳，立即投入了合圍戰鬥。四外裡到處是重兵包抄的槍聲，子彈打到岩石上，火星迸濺。紅字號隊伍逐漸被壓縮在山嶺上一片狹長區域。

東方漸白。人們可以看到遠處山巒起伏，群巒依舊，也可以看到山峰之南，那霧氣籠罩的廣闊平原。一半是山西，一半是河南，中間是火星迸濺的圍殲戰場。

平原就在腳下，山地彈飛如雨。

聯軍董乾太佔領山西一側荒涼古廟，建立指揮部。

天放亮，聯軍從四面八方發起了攻殲。交槍不殺的吶喊聲響徹漫山遍野。

冒青煙的槍口下，亮閃閃的刺刀前，紅字號潰軍被迫放下槍支，舉起了雙手。一些人並沒有槍支，只有雙手。

兵敗如山倒。分管後勤的朱鴻林師傅回憶說：「當時，再沒有地方可跑了，到處都是聯字號戰士。我縱身跳入山口一座殘破的老碉堡裡，那是國民黨部隊在抗日時期修築的，緊急之中，我用雙手快速刨了一個坑，要把很重要的東西埋藏起來。甚東西？一個小提包，裡頭裝著大大小小一堆公章，都是晉城紅字號組織辦公用章、後勤用章。原先只顧革命呢，現在只顧保命呢，誰敢把這堆東西帶在身上？我埋下公章，胡亂用石頭土塊把坑填住，剛剛把腰直起，聯字號就衝到了碉堡口上，喊聲一片，刺刀逼人，我再也沒有退路啦！」

朱鴻林舉起雙手投降，讓勝利者猛踢猛打，押到廟上去了。

晨光中，身負重傷的王慶芳仍然躺在擔架上。紅字號弟兄們抬著擔架，把他藏在一道石楞岸下頭。搜捕中，聯軍很快發現了他，一槍托砸在王慶芳頭部，血流滿面。聯軍厲聲命令紅字號俘虜們抬起擔架，向古廟集中。

一隊隊俘虜，高舉著雙手，陸陸續續被押到大廟院來。他們傷痕累累，早已精疲力竭，再也沒有了反抗的能量。而仇人相見，分外眼紅，聯軍戰士體力充沛，當即開打洩憤。俘虜們在地上或蹲或坐，叫誰站起來，誰就倒楣。廟堂裡鮮血四濺。一名叫做毋毛孩的紅字號，被數人暴打不足十分鐘，便從滿地打滾，到紋絲不動了。

痛打殘俘，一為洩憤，二為震懾。

剛剛打完毋毛孩，老兵張永富便被聯軍從廟院門口拖了進來。剛才激戰，他兩腿中彈負傷，已經不能走路。老兵被俘到此，突然，一名聯字號戰士大叫著衝上前去，猛拉槍栓，要當場槍斃張永富。說他的哥哥就死在張永富守衛的陣地上。這戰士把老兵從地上拉起成半跪狀，舉槍對準了張的頭部，老兵麻木地閉上了眼睛，等待著近在咫尺的死亡。緊急關頭，只聽聯字號頭頭董乾太大喊一聲；住手！——董乾太的頭腦，還沒有熱脹到高平聯軍用機槍掃射俘虜的地步。董乾太大聲命令命手下人把這位復仇戰士的槍下掉。老兵張永富總算留下一命。我們不知道，緊隨老兵的小鬼王訓，如果跟來，又將如何。

董乾太、王保貴這些大頭頭，他們和一般群眾經歷不同，想法不同，並不願意承擔虐俘殺人的直接責任，尚且存有一份冷靜。而手下將士仇焰燃胸，怒不可遏，情仇各異，慘劇就不可避免，惡跡就屢屢發生。人性當中最可怕的妖魔一面就衝出了樊籬。

紅字號被俘者當中，有一名昔日晉城檢察院的辦案者。冷不防，一名聯字號復仇者，衝上前去，猛地抱住這位俘虜的頭，一口就把他的耳朵咬了下來。滿面鮮血的傷者疼的大叫，那個武裝隊員從血口裡吐出耳朵，展示於掌中對傷者說：「叫喚甚？耳朵在這兒呢！」人與人之間，究竟為什麼，能夠仇恨到這般地步？

至此，晉城紅字號方榮三、方茂田、王慶芳、孫家潤以下四百殘軍組織骨幹，全軍被俘。大廟裡，長治來援的戰鬥隊員查點俘虜，一條大漢拿著名單問：誰是方榮三？誰是方茂田？二方聞聲從地上站起來，讓人一一捆了，當即押上汽車。其餘俘虜近四〇〇人，每兩人捆在一起，全部登車。在機槍和刺刀押解下，幾十輛卡車浩浩蕩蕩，騰起滾滾煙塵，駛返晉城而去。

這時，已是一九六八年二月二十七日的傍晚。車隊掠過之處，伴有鳴槍示威。那時，蒼山如海，殘陽如血。

河南柏山。王保貴率領的第四戰團尚未投入戰鬥，便得知戰鬥已在山西境內勝利結束，於是也撤兵返晉。這當中的許多人，正要急急歸去，去「修理」俘虜，報復久未相見的紅字號仇敵。

聯軍此役，圍追堵截，是完勝的。後知在這場山地圍剿中，僅有七名紅字號人員僥倖脫逃，他們捨命縱身跳崖，跌跌撞撞，向著大平原遁去。

白森森的人骨架子

四新礦內。高大的選煤樓沒有半些生氣。它黑乎乎地豎立在礦山上，把巨大的陰影投向地面。聯字號武裝全面佔領了礦區，各處遍佈崗哨。解放軍四七三三部隊的戰士們開進礦來，組織人員收拾殘屍，開始大面積排除地雷。

一具具殘屍爛骨被集中堆放到一處，在早已停學的礦區子弟小學——也叫書院，佔據了兩間教室。血肉成堆的屍骨，給往來觀看的人們留下了畢生難忘的印象。即使在許多堅定的聯字號戰士心中，也產生了極其慘烈的震盪。

我在晉城採訪期間，人們不止一次地提起這一堆堆的屍體。如今的古書院礦，礦辦主任崔先生，當年也看到了此情此景。據崔先生講，文革時，自己也是晉城一中的高中生，卻是聯字號，做一些戰地內外的宣傳鼓動工作。戰後，他跟隨大隊人馬進了礦區。到小學校一看，兩間教室裡的幾十具屍體赫然入目，一個高中生的心靈猛然間深受刺激。他對我回憶說：「真真太可怕了，那個場景不像是發生在人世間。實實在在講，就是這個場景，讓我一下子就懷疑起這場運動來。那裡頭還有我相識的人。文化大革命到底要幹什麼？最可怕的是，靠近茶爐房一邊，有兩具屍體，讓成群的老鼠圍著，被啃成了白森森的骨頭架子，老鼠亂竄，吱吱亂咬。我一輩子都不敢去想。今天說起來，誰會相信呢？這是我親眼所見的事實。白森森的人骨架子！特別古怪的是，我們上不了大學，找工作時，陰差陽錯就被招到了四新礦，並且把我分配到這所子弟小學當起了老師！這個地方在我心中有陰影，卻只能幹下去。白天還好，有一天晚上，我一個人在學校加班，也是趕什麼材料，不知不覺比較晚了，學校裡非常安靜。突然，有些響動使我一驚，我猛一下想起了那一堆一堆的屍體，想起了人骨架子，我猛一下意識到自己正坐在一間停放過屍體的教室裡！我覺得腦瓜上的頭髮刷地一下就豎了起來，渾身止不住發抖，我一傢伙跳了起來，頭皮發炸，甚也顧不得了，站起來就跑，一口氣跑到大街上，好久好久平靜不下來，一晚上翻過來調過去，沒有睡成。那種害怕真讓人毛骨聳然，心臟不好肯定讓嚇死啦。」——崔老師在對我講述時，至今驚魂難定。

這是多麼恐怖的一幕。

大戰以後，晉東南聯字號堅定有序地組織群眾「參觀紅字號武鬥罪行」，長治一個重點，是展覽徐公達殘破屍體，晉城一個重點，就是四新礦。兩教室的屍體，橫七豎八，還有那白森森的人骨架子，許多人都曾嘔吐。

我得到一份聯字號掌權時整理的四新礦經濟損失材料，明顯存有派性傾向。巨大的損失本是兩派共同造成的。數字未見得準確，但不妨引用在這裡，從一個側面填充歷史。材料說：「紅字號頭頭煽動和蒙蔽不明真相的群眾，挑起武鬥，使國家大型煤礦長期停產，設備嚴重損壞，礦山損失巨大，無法統計。可統計的是，他們先後搶劫了國家戰備糧庫、糖庫、菜庫，僅糧食揮霍掉了三〇一二〇五斤，其中包括本礦食堂糧食八九九七四斤；借款及吃掉糧菜票六五三九九元。為此，我們組織了專門班子，跑遍了陽城、晉城兩縣三十八個公社六十二個生產隊和八十四個機關單位、企業學校，尋找接觸了紅字號殘餘四七九〇人，催收回糧票二九五九九五斤，現金六一五一四元」。

我據此向那位在碉堡裡緊急埋藏公章的紅字號倖存者朱鴻林師傅問及此事，朱師傅憶道：唉，有這回事，因為咱在紅字號總部搞過後勤，可沒有少挨了打，少受了罪。武鬥緊張時候，外單位的、陽城縣的，跑到咱礦上求救，他們讓聯字號打出來，回不去了。當時指揮部便讓我們幾個人分管，安排他們住下，沒有錢，只能打上借條兒，領菜票，先吃開飯再說。同一派戰友，總不能叫他餓死。這就有不少借條兒存在賬上。我們如果勝利掌權，肯定一風吹了。結果失敗了，我們幾個搞後勤的人就倒了黴。那天在邊界戰鬥中，我埋了公章，被抓住痛打一頓，押回城裡，關入土牢一段時間。人家在礦上掌了權，命令我必須去討債，就是到處去找人，要回打仗時候的債。聯字號主管的頭頭是東溝公社武裝部長，正好當過我的老師，這就算對我不錯了，沒打死，沒判刑，留下一條命，咱還不趕快蹬上自行車，去往回要債？我只好取上一堆借條兒，騎上車子，每天幾十里地，跑遍了全縣，到處找人要錢。找到了紅字號戰友家裡，當家的大部分不在，有的逃亡到外地了，有的死了，有的讓抓了，有的還在養傷，哪裡有錢？咱還得求人家，說可憐可憐吧，我要不回錢去，聯字號又要把我往死裡打！有時候，一天跑出上百里地，能要回多少算多少吧。唉，我們失敗了，紅字號家家都慘啊……

難怪人們要為政權而拼死作戰——基層政權才是群眾眼裡真正的政權呢。

至此，晉東南聯字號在全區發動的南北兩線大戰役，以聯軍大勝「紅匪」而告終。有了野戰軍做後盾，全區三大重鎮——長治、高平、晉城，盡被聯軍踏平。

但是，巨大的悲劇遠遠沒有結束。傾巢之下，安有完卵？太行山上紅字號一派，從此陷入了無邊的地獄之中。晉東南文革運動最黑暗的時期，這才剛剛到來。

附錄三：五路進剿看屍橫

長治戰役勝利後，聯字號軍民即對晉東南南部晉城、高平兩縣紅字號展開大規模圍剿。請讀者看一下高平戰況。

陵川縣，聯字號軍民攻克吉祥寺，即按照李英奎等「前指」首長部署，不做任何休整，當即向高平縣東部方向攻擊前進，與此同時，盟軍——沁水縣聯字號「剿匪」兵團，進軍高平西部，陽城兵團及晉城一個公社，進攻高平南部，長子獨立營同時從北部發起攻擊。陷高平紅字號武裝於重圍。

先說沁水戰團，這是一個特例。縣武裝部長張林祥等聯字號首腦，在二月八日疾赴陽城見過李英奎之後，迅速部署對敵作戰，落實東進高平「剿紅」任務。而武裝部政委王成水，是一位山東老兵，卻對出兵高平顧慮多多，很不積極。一番爭吵之後，王成水無奈，該縣還是按照部隊作戰慣例，成立司、政、後，任命指揮員。從各公社抽調基幹民兵五〇〇餘人，編成三個連，九個排，調集了七輛卡車。除各公社原有槍支彈藥外，縣武裝部另配備一門六〇迫擊炮，一挺重機槍，每個排配備兩挺輕機槍，合計補充輕重機關槍七挺。每人加發手榴彈兩枚，補充子彈數十發。還發給每位戰士一雙軍鞋、一只水壺、一個子彈袋、一條毛毯、一副裹腿。本縣原有聯字號武裝隊員，與三個連民兵統一東進。其具體攻擊目標是：從高平西部老馬嶺入境，攻打高平唐安煤礦、唐安絲織廠、馬村鐵廠。把這三個紅字號據點打垮後，進駐高平城內，與當地聯字號會師，接受新任務。繼續協同陽城、高平、陵川、長子四縣盟軍，集優勢兵力，合圍紅字號陳區大本營。

戰後，沁水縣被「前指」認作完成任務欠佳的一個縣。原因是，沁水兵團對前三個紅字號據點，並未實施強攻，而是游擊襲擾，避重就輕，或圍而不打，或打而不殲，從老馬嶺進入高平後，竟然未打攻堅大仗。他們繞來繞去開進高平城，吃得飽，穿得暖，照例參加作戰會議，未見立功心切的表現。眼看著兄弟兵團日夜戰鬥在第一線，沁水團卻只想打配合。對此，聯字號指揮部裡頭有人提了意見。在部署總攻陳區時，指揮部便把沁水戰團逼上了攻擊第一線，說是該縣弟兄休整得不錯，也該打打主攻了。當沁水戰團看了陳區地形、研究了作戰方案之後，卻在總攻前夕擅自退縮——沁水人認為「任務太重，我們是來援助高平盟軍解決戰鬥的，對敵情並不熟悉，對地形亦不瞭解，而高平戰友兵強馬壯，最熟悉情況，為什麼不把他們調往第一線，而要我們外縣人擔任主攻」？你看，聯字號內部並不是鐵板一塊，面對死神緊要關頭，必有矛盾意見，有冒死拼殺者，更有退身自保者。沁水戰士們士氣不高，意見不小，該縣指揮員發完牢騷，即連夜向本縣武裝部王成水政委請示彙報。王政委本來就不願出兵參戰，更不願擔任重點主攻，此刻迅即派出武裝部徐姓軍官連夜東赴高平，對前線總指揮部托稱：本縣紅字號近日連連肇事，地盤吃緊，不宜繼續參加高平作戰。請求撤出。到此，沁水民兵在高平戰場上主要起到了西部堵截形成合圍、大造聲勢的作用，實際沒有打過一場硬仗，亦不曾喋血衝鋒在前。

文革戰事古怪非常，人心深不可測。聯字號沁水民兵發得東西不少，卻不想流血打仗，正是一個耐人尋味的獨特側面。在風雲激蕩的聯合戰線面前，有時候，地域不同，利益不同，認識便不同，士氣更不同。古老的割據傳統，濃重的鄉土觀念，首長的功利色彩，戰後的利害憂思，包括指揮官的性格因素，縣級軍官與軍分區首長的關係如何，都會在戰爭中發生連鎖作用，最終導致流血程度的差異。——沁水民兵進軍高平，只有負傷者，卻沒有陣亡一人，也算黎民有幸吧。

再看長子縣兵團，任務畸重。一者，從十個公社抽調千餘人攻打長治；二者，組建六〇〇餘民兵獨立營南進，從高平北部發起攻擊，收復該縣紅字號長期盤距的兩大據點——趙莊和寺莊。紅字號武裝「搶奪解放軍多個連隊武器裝備，圍攻六九軍蕭選進副軍長」等一系列事件，即發生在這裡。據長子縣一九七四年有關材料稱，「李英奎副司令員於一九六八年二月親自到我縣部署，由縣武裝部指揮，縣革委大力支持，集結赴高平獨立營，組建司、政、後，配備通訊組和擔架隊，逐次出擊。在高平被打死二人，打傷三〇餘人，經濟損失近十萬元。戰後由聯字號掌權的地區革委會補給我縣十萬元」。

長子民兵營從北部向高平紅字號發起進攻，等於切斷了高平紅字號與長治方面的南北聯繫，聯字號完成了包圍圈。二〇〇四年，高平紅字號首領喬高升，給我寫來一份材料：「一九六八年元月，我住在陳區糧站。到二月十日夜間，突然有人來報信，這是一位從高平去長子搞四清又留在長子工作的幹部。他騎著自行車，在寒冬裡跑得滿頭大汗，趕到臨近的高平雲泉鄉，告知我們，長子縣集中了大批民兵，要來攻打高平，軍情確切，你們要抓緊準備一下，人家可是全副武裝。說罷，他扭頭就走，不吃不喝還要趕回幾十里地以外的長子縣去，怕暴露目標。到二月十二日上午，長子縣民兵舉著五縣剿匪的旗幟，果真打進了高平。這一天，是高平千人萬人挨打的一天，當天被打死的紅字號戰士計有十一人……」

長子民兵營一路向南攻打前進，掃蕩了不少紅字號據點，直至打到縣城，全力配合高平聯字號，日夜出擊作戰。半個多月之後，聯字號勝局已定，長子民兵營奉命撤回。

再看高平南部。二月十二日，強悍的陽城縣民兵團，由司令陳國勝指揮，同樣打著「剿匪」大軍的旗幟，沿著與晉城交界的公路打進了高平境內，氣勢如虹。有當年的陽城科技辦公室柴主任及陽城東冶公社的張書記，在一份《簡報》上回憶說：「陽城兵團的任務是，首先攻打高平紅字號南部重點河西公社和新莊煤礦兩大據點，然後進駐高平城與指揮部匯合。我縣民兵團建立了司、政、後等組織機構，槍支彈藥由縣武裝部補充配備，發給每人挎包一個，軍用膠鞋和手套各一雙，毛巾一條。出發後首先行軍至晉城，由『地二八』招待吃了一頓飽飯，繼續北上，向高平進發，於天黑前到達高平河西公社週邊準備戰鬥，沒想到，民兵們剛剛跳下汽車，準備野炊，還沒有來得及設崗，更沒有宿營，我縣芹池公社主任王秀榮同志，時任營長，即被高平紅字號一槍打死了。」

陣前折將，出師不利。陽城民兵當下對紅字號河西重鎮展開攻擊。天黑以後，陽城民兵首先切斷電話線，用炸藥包把公社後院炸毀，包圍了紅字號據點。同時迅速佔領河西村大隊部四周房頂，控制制高點，開槍打死了河西村黨支部書記丁羊則；另一路民兵連夜突襲紅字號附近據點新莊煤礦，以防該礦增援河西公社。進攻中打死紅字號宋科長，俘獲守軍十二人，把他們關入一口礦井中；繼而攻入新莊村，擊潰了由該村六〇多歲王老漢帶領的紅字號武裝，俘獲該村守軍數十人，至此，陽城聯軍掃清了紅字號河西公社週邊，於次日凌晨四時，對河西公社紅字號據點發起總攻。先用炮火連續轟擊，院內三四間房屋及院外五十二處民居被炸毀。同時在大院週邊建立兩處機槍陣地，對紅字號守軍猛烈掃射。天亮時分，河西公社內外槍炮聲、手榴彈聲、喊殺聲響成一片，據點裡牆倒屋塌，磚石飛揚，直打得紅字號守軍抬不起頭來，紅字號又有二人陣亡。

發射毒氣彈

就在這時，發生了一件文革武鬥之戰中必須載記的史實：高平紅字號守軍使用了一種可怕的毒氣彈，以期自衛。毒氣彈的主要成分是糧食儲備大庫配存的劇毒殺蟲藥劑「氯化苦」，極端危險。這種毒氣彈的製造和使用，在目前發佈的文革史料中，從未見到。氯化苦的正式名稱，叫做硝基三氯甲烷，靜止時，呈無色或微黃色油狀液體。在國際《禁止化學武器公約》中，被明確列為A類禁用品。人吸入其氣體後，輕者眼睛與咽喉難以忍受，重者發生肺水腫窒息而死。而在保糧除害及土壤防蟲等薰蒸藥劑中，又有著不可替代的奇效，因而許多地方離不開它，至今仍是緊俏物品。近年一部電視連續劇《重案六組》，其中一個單元，就是緊急偵破農民工利用氯化苦報復城市老闆大案。

就是這樣一種極危毒彈，在晉東南兩派戰火中被當做武器拿了出來。我這裡採信的事實依據，源自高平馮辰生先生收集整理的文革文獻，一是該縣《關於孫國山的調查材料》，二是當事者李貴寶等人的口述實錄。馮辰生先生做過中學校長，是那種具有責任心的傳統文化人。他所整編的高平文革史料，內容豐富，獨具價值。其中關於毒氣彈部分，綜合起來，情況如下：

一九六八年元月下旬，五縣進剿大軍即將兵臨高平，時局對紅字號已經明顯不利。城內聯字號武裝不斷奔襲紅字號鄉村據點。河西重鎮夾在晉城與高平之間，地位重要，紅字號武裝防衛壓力巨大。

紅字號河西指揮部的司令是閻多文，這位閻司令當年曾在名將黃克誠麾下當兵作戰，後在高平縣南陳鋪公社做副書記，一度帶領人馬去圍困城關聯字號。這時，閻與孫國山、牛新亭等人多次研究河西防守方案。他們瞭解到，不遠處的南陳鋪糧站存在一批劇毒藥劑氯化苦，便決定冒險試用毒氣彈，以抵禦聯字號進攻。是夜，閻多文用電話把糧站負責人老郝招來河西指揮部，讓老郝拿出氯化苦來，隨即派人將密封的藥桶抬出糧庫，運到了河西。因不懂操作規程，誰也不敢開藥桶，孫國山即用電話將河西糧站懂行的老焦叫來，讓焦協助製造瓶裝毒彈。焦來後，深感責任重大，對此項決策提出異議乃至反對，引起孫國山等人的不滿。於是責備焦：你不必多話了，就說你敢不敢倒吧！

焦問：往哪裡倒啊？

孫說：從大桶往瓶子裡面倒嘛。

焦說：沒有防毒面具，我一個人可不敢灌裝。

孫說：給你派一個醫生，讓老牛協助你一起倒。

很快，有人送來了防毒面具，救護醫生也隨即到達。又讓收購站的會計送去二〇多個玻璃瓶子。這樣，由焦、牛二人從大桶中灌制出毒氣彈十九瓶，隨時準備在戰鬥中使用。

這位孫國山，是個東北籍轉業軍人，一九四五年就入了黨。一直隨軍打到海南島，又赴蘇聯學習喀秋莎火箭炮，而後轉戰朝鮮六年。轉業後，當過米山公社副書記，三十六歲就在高平城關做了武裝部長，一身豪氣，作風硬朗。他對毒氣彈的危害性也不是不懂，但在無比嚴酷的文革派戰中，為了保衛據點，打擊敵人，奪取最後勝利，卻根本顧不得那麼多了。

二月十二日凌晨，聯字號陽城剿匪兵團大舉進攻河西，炮火猛烈。紅字號將領閻多文、孫國山迅速組織抵抗，指揮部分兵力登上房坡，佔領制高點。聯軍的二〇二炮彈和迫擊炮彈不斷襲來，情況危急。更不幸的是，孫國山正在房坡上指揮戰鬥，聯字號一發炮彈恰恰打中房坡爆炸，當即把孫國山震翻，一下子從房頂上滾落下去，摔跌在房下院中。這下子把紅字號守軍逼急了，閻多文急命炮手向聯字號敵陣發射毒氣彈。這種瓶裝毒氣彈，怎樣利用小炮發射出去，具體技術要領如何，在史料中沒有詳述。只知當時戰場上有人向指揮官提出：打毒氣彈會不會讓老百姓中毒？閻多文回應說：情況萬分危急，顧不得那麼多了！隨即讓人打來冷水，給戰士們發放濕毛巾，抓緊把嘴和鼻子捂住，開始發射毒彈。最初三次試發，沒有打響，經過緊急調整，守軍終將一九枚毒氣彈全部投射到聯字號陣營中去了。

化學毒彈在聯軍陣前接連爆炸，後果理應非常慘重，卻絲毫不見阻擋聯軍攻勢，戰鬥反而愈加激烈。這是怎麼回事？時隔許久，紅字號參戰將士也搞不明白，等待他們的仍是全軍潰敗的命運。其實，原因也很簡單：劇毒氯化苦變做薰蒸毒氣的條件是：它只有在氣候溫度達到攝氏十度以上時，才能發揮作用，溫度達到攝氏二〇度時，效果最烈。而河西攻守之戰發生在一九六八年二月間，整個北方的氣溫尚在零度上下，毒氣彈也就失效，因而未能造成人員傷亡。這真是人世間造孽，大自然解危，實為不幸中之萬幸。

戰後，紅字號首領孫國山，被聯字號政權抓捕游鬥，和喬高升、程首創、毛占緒一起游鬥十六個縣市，被捆了一〇八繩，最後被判處無期徒刑……

還看這一仗。聯軍從淩晨四時發動總攻，紅字號發射毒氣彈未能奏效。雙方一直打到十三日上午十點，聯字號民兵發起多次衝鋒，終於攻入公社大院內，一舉俘獲據點守軍五十七人，連同入境以來抓捕的各村俘虜共計二一三人。悉數解往南部邊界晉城縣三家店村關押。在這裡，聯軍對新莊村六〇多歲俘虜王老漢施以酷刑，直到將他活活打死。又將河西大隊主任張毛旦的胳膊用瓦刀剁斷，把一雙腳也生生給剁爛了……。

陽城民兵攻打河西前後，擊斃紅字號十一人，擊傷五〇〇餘人，高平紅字號南部大門遂被突破。應該說，陽城兵團是聯字號在「剿匪」作戰中，表現最為突出的一支勁旅。

高平中學生的戰地日記

看過了陵川、沁水、長子、陽城諸兵團的戰況，回頭再看戰場中心高平城。高平聯字號王學科、張登魁等人，指揮戰士們從城裡向外打，中心開花，他們的戰果如何？我收集到一位高平中學生的日記。是的，這位紅衛兵的日記前後銜接相當完整，儘管有些聯字號傾向，也不要緊，關鍵是他從一個單純的青少年視角，描寫了戰爭的高潮期，與我們當前的敘述匯合在一起了。請看：

> 二月十二日。早晨，聯總戰士全副武裝，肩背鋼槍，腰挎手榴彈，脖系白手巾。向河西公社出發了。一面大旗上寫著「高平聯總剿匪大軍」。據說，陽城、晉城、陵川等縣的聯字號戰士，昨夜把河西包圍了，聯總從城關趕去參戰。河西是紅字號在南半縣的大重點。他們在北半縣的重點是寺莊公社，據說也被望雲煤礦聯總戰士和長子縣民兵包圍了，西邊的馬村被沁水民兵圍住了。到下午，有人回來說，河西紅字號傷亡慘重，還逮住兩百多名俘虜。這消息很快傳遍了全城。我們應該記住這偉大的一天。
>
> 二月十三日。天黑沉沉的，冷月孤燈，寒星閃閃。聯總戰士鬥志昂揚，多路出擊。一路襲擊風和，一路去打磚窯，一路去打坡瞭村。……戰士們前進到據點前一〇〇米，就停下來爬著前進。聯總一開槍，紅字號的機槍就咕咕地叫起來。一時間，步槍聲、機槍聲、爆炸聲奏成了交響曲。暗夜裡，手榴彈到處閃光，炮彈在空

中弧線運動，一團團的火焰，加上接連不斷的爆炸聲，簡直比元宵節鬧紅火還要熱鬧得多。這一夜，聽說聯總戰士犧牲一人，打死紅字號三人。

二月十四日。聯總又接連打下了好幾處據點。戰士們今天趕著馬車開著汽車，去小北莊、風和、水泥廠等地收拾戰利品。這些勝利當然離不開各縣剿匪兵團的浴血奮戰。他們拉回了白米、豬肉、被服、喇叭、探照燈、紅字號的旗幟等等，還有地雷、手榴彈和武器。城裡膽子大的人，就跑去戰場上拾炮彈殼、手榴彈，把地雷都起回來了。他們到南大寺操場上搞試驗，紅字號一種拉雷，炸後威力確實不小。戰局發展出乎意外，在七號八號以前，紅字號搶了解放軍的槍，揚言要攻城。聯總戒備森嚴，空氣十分緊張。到十二日，各縣聯字號組成了五縣剿匪大軍，不到一周時間，就收復了河西、趙莊，聽說張莊等地的紅字號放棄村莊打起了游擊戰，不見了蹤影。

這日記寫的多麼清楚翔實。至此，聯字號聯軍四方面將士終於在高平城關會師。高平武裝部指揮官曹志忠率聯字號頭頭舉行歡迎大會，號召各路聯軍一鼓作氣，連續出擊，「面對十七萬紅字號土匪，剿匪任務仍然非常繁重，誓要活捉喬高升，解放全高平」。

有細心的讀者會問，既然軍分區和聯字號在上黨地區南部圍剿高平「紅匪」，為什麼聯軍只有沁水、陽城、陵川、長子四縣加上高平本縣武裝，卻沒有實力強勁的晉城這個大縣呢？原因很簡單：軍分區和部隊前指的作戰部署，要求晉城軍民集中優勢兵力，澈底解決該縣紅字號大本營四新煤礦。這任務足夠沉重，故而不再出兵高平。只部署晉城在與高平交界的三家店等地，堵截「紅匪」南竄並增設俘虜營，策應五縣圍剿即可。

正是在四縣包圍、中心開花、聯軍初勝情況下，軍分區副司令員李英奎於二月二十三日親往高平前線督戰。在聽取聯軍指揮部彙報後，李英奎說：「整個戰鬥和我們的意圖相一致，只是包圍圈大了一點。原計劃需要解放軍八個連隊說明打高平，現在看來，決戰陳區公社等戰鬥，由你們攻打就可以了。」同時指示，由軍分區歐陽參謀帶領一個班的軍人，對高平幾個戰場進行戰術指導。

大軍挺進，會戰高平，戰局迅速轉向更加殘忍的第二階段。聯軍頻頻出擊，在全縣範圍內，開始了逐村逐社的進剿掃蕩。大規模抓捕紅字號頭目，押往縣城「保衛科」，集中關押。

這位高中生在日記中紀錄了戰場的殘酷性——

二月十五日。我和小旦、二利跑去風和看戰場。又看見小孩兒在野地裡引爆紅字號丟棄的拉雷。我們走到豬場，見山牆上密密麻麻都是槍眼，紅字號據點的鐵絲網還在。到處是地雷、殘彈。突然，把我們嚇了一大跳，地上躺著一個死屍，腦袋上的肉不知被什麼動物啃光了，只剩下一個白森森的光腦殼！真嚇死人了。更可怕的是下午，王學科司令和機械廠的王啟同廠長也來風和看戰場，突然就被紅字號潛伏的人打了黑槍，打穿了王廠長的胳膊，差點兒沒把聯總司令打死，這真是太危險了。到傍黑時，有幾輛卡車開向城裡，車上架著機槍，說是陽城兵團又押來了兩車俘虜。

二月十六日。早晨，見一輛汽車架著機槍駛回城裡來，車上押著建寧公社紅字號核心組長。押送戰士有陽城、晉城、陵川的，都戴著同樣臂章。亮狗狗從河西回來說，陽城民兵在河西住著一千多人，他看到近二十輛汽車停在河西中學操場上，黑夜用汽車發電照明。下午，又抓回四個人來，用繩子捆著，押在汽車上，車上一路打槍，汽車喇叭尖叫著，衝向指揮部。

二月十七日。這些日子天天都有紅字俘虜送回城裡。但在南莊橋上犧牲了一名聯總戰士，還有一位拉煤的也打死在那裡，聯總千方百計搶那個屍體，也沒有搶回來。後來，紅字號的人撤走了，聯總才把凍僵的屍體弄回來，身上到處是傷痕。另一件事是，秦莊紅字號的人走投無路了，前來城裡投誠，獻出了十幾支步槍和一挺機槍。一部分紅字號還在繼續頑抗，又把店上村和李村的戰士給抓走了。

二月十八日。軍用飛機又來了，在高平上空轉圈撒傳單。傳單飄呀飄呀，飄到了我們南大寺上空，我趕緊就追，從城裡跑到田野裡，跑到龍渠，又跑到汽車路上，唉，一張傳單也沒有追上。風一陣陣地刮，野草紛飛，最後路上沒有一個人，心裡害怕。好不容易回到家，腳已經凍僵，真不合算。聽說傳單上寫的是黨中央針對晉東南發佈的《二‧一七通知》。

二月十九日。陽城戰團宣傳車開到了高平，前頭兩個大喇叭，後頭六個小喇叭，女廣播員的聲音像銀鈴一樣動聽，還有一輛戰鬥卡車架著兩挺機槍保護著。下午，杜寨公社的紅字號也來投誠，聽說他們把全公社的槍支全部交給了聯總。突然間，我的紅字號姑姑來家了，打散以後，她從三甲村跑到企家院，又跑回西關家裡，晚上被聯總搜查叫去登記，給她談了話，叫她寫檢查反省。她態度比較好，就讓她寫了保證書，把她放了，她就來了我家。

二月二十日。昨晚，汽車馬達聲響了一夜。早晨起來去看，見一完校的操場上到處都停著汽車，數了數共有十八輛，我又見到了那輛陽城的宣傳車。有一輛車在發電。這是陽城縣的革命戰友從河西轉移到城裡來了。街上到處是陽城來的聯字號戰士，他們背著槍，打著黃裹腿帶，在街上遊逛，駐紮一中吃飯睡覺，其他縣也來了很多民兵，什麼樣的槍都有。

二月二十一日。嘹亮的軍號聲從南大寺傳來，只見廣場上喊聲震天，口令清脆，原來是陽城兵團的戰士在集合。他們一連一連地排成方塊隊，俯首看一片黃色，因為他們都打著綁腿，仰面看槍如林海，因為他們都把槍扛在肩上。隊伍邁著整齊的步伐，走過大街，去大禮堂開會。每個連都有三挺機槍，一個連接一個連，總有一千多人一個團，還有司號員和醫療隊。沁水縣的劉匪大軍也來了好多汽車。晚上，大禮堂有陽城兵團的文藝演出。表演技術還可以，不比高平聯總差。

二月二十二日。劉匪大軍占了韓王山，打到紅字號的老窩陳區、雲泉。打進去以後卻不見紅字號戰鬥人員，真是敵進我退，也不知他們跑向何方了。陽城有一個營留在河西，其他各縣都集結在城裡。城關公社讓各大隊出動上百人的擔架隊，看來還有大激戰在後邊。讓暴風雨來的更猛烈些吧！

二月二十三日。又送回來一批紅字號俘虜。街上，好幾個縣的民兵操著不同的口音，在交流戰鬥經驗，他們日夜都在戰鬥。

二月二十四日。大禮堂召開紅字號「受蒙蔽群眾反戈一擊立功大會」。我們趕去看。懸南公社拉來受蒙蔽的群眾，垂頭喪氣坐了幾卡車，大約有二〇〇多個投降兵特地在大會上交出武器。聯總負責人和投降代表分別講了話，然後發給每人一個毛主席語錄本。

二月二十五日。沁水縣隊伍於昨日撤回本縣。說是他們縣的紅字號又亂起來了；現在河北派部隊來到晉東南，我縣的紅字號撤到暗處，很難打。聯總戰士已經出去圍打岔口三四天了，仍攻不進去，那兒的土窯、地道特別多，密密麻麻，白天不見人，黑夜紅字號不知從哪裡就鑽了出來。

二月二十六日。早晨，能聽見陽城的隊伍在南大寺廣場出操，喊聲雄壯有力。晚上，能聽見汽車馬達喇叭亂響，人聲嘈雜，也不知道是出去打，還是打回來了。從晉城傳來重大消息，說晉城紅字號的最後堡壘四新煤礦，激戰了幾天幾夜，終於讓聯字號給澈底打垮了！還活捉了壞頭頭，俘虜了幾百人，但是聽說有八〇〇人逃竄出來，據說跑到高平一部分。

二月二十七日。早晨，我出去一看，一完校停放的十八輛汽車全都沒了，陽城在一中駐紮的人馬也撤走了。聽說是晉城紅字號敗軍逃竄到了陽城，他們要緊急撤回去。但是想不到，我縣紅字號的殘兵尾隨陽城撤退又重新佔領河西，和駐紮河西的聯總戰士打了一夜，還打傷聯總一人，聯總急派隊伍前去增援。

二月二十八日。聯總圍攻岔口的隊伍也撤了回來。他們在那裡打了五六天，最後打進去，紅字號又跑的無影無蹤，真怪也。煮熟的鴨子飛了；上午，聯總來一中拉棉大衣，可能是原來借給陽城戰友穿過；縣社大門口有解放軍站崗，部隊首長和聯總大小負責人在裡頭開重要會議。由曹志忠部長、夏漢興政委主持，說支持我們的六九軍已經進駐了寺莊，各部隊強行收繳紅字號的槍支，長治那邊舉行了兩派談判。可能怕中央認為五縣聯合剿匪不大合適，所以各縣還是撤退好。這一次，部隊站崗的戰士很陌生，穿戴完全不一樣，他們上身交叉打著兩條皮帶，一個皮帶是手槍，黃閃閃的子彈露在皮套外邊，一條皮帶挎著四五顆軍用手榴彈。腰間並排圍著五個衝鋒槍梭子。腰帶側面掛著刺刀和軍用手電筒，端著一把衝鋒槍，打著綁腿，是真正全副武裝的解放軍戰士，非常威武，以前沒有見過。

三月一日。聯字號打著「聯總剿匪大軍」的紅旗集合。今晚要出動二十多輛汽車，再一次到陳區去打仗。

三月六日。有些人認為，五縣剿匪如泰山壓頂，紅字號只能束手就擒。殊不知他們仍在頑固抵抗，在陳區和石末公社，他們的武裝小分隊，用火箭筒和轉盤機槍，伏擊了聯總的汽車，打死聯總戰士一人，打傷多人。

三月七日。戰鬥仍在推進。聯總攻克了一個個堡壘，解放了一個個公社。現在戰火硝煙又飄到了石末公社的上空。戰鬥十分激烈，每天都有汽車架著機槍，拉著彈藥和糧食，去往前線。聽說紅字號逃離寺莊時，埋藏了四〇〇斤烈性炸藥，二〇〇〇多個雷管，妄圖摧毀寺莊，炸解放軍，幸虧被河南上來的野戰部隊發現，全部挖出。

三月十一日。正在吃早飯，小旦跑來叫我去一完校看死人。我們到那兒一看，果然見校內有一具渾身是傷的男屍，一絲不掛，聯總的人正在給屍體拍照，準備控訴紅字號的新罪行。死者名叫韋鈺，紅字號在南陳鋪車站攔截三一七次列車後抓住他，把他毒打死了。這幾天聯總接連犧牲了四名戰士，有一名是打上莊時受了重傷，得了破傷風死的；聯總宣傳車說，長治紅字號還在瘋狂反撲，說三月六日，長治二中發生爆炸，造成七名解放軍戰士嚴重傷亡事件。

三月十二日。昨天拂曉時分，寺莊戰鬥打響了，打到中午結束戰鬥，聯總先是佔領了寺莊周圍制高點，殲敵二〇餘名，俘虜多人。聯總也有傷亡，但總算把紅字號的一大堡壘打垮了。我認識的法兒也負了傷，年輕人都去看望，說是打在胳膊上，沒有傷住骨頭。

三月十三日。晚上，早就停業的電影院內部放映《南征北戰》，是專門慰勞聯總戰士的。看到半截，聯總戰士突然集合，要再次去打陳區。電影院裡一下走了一半人。攻打陳區已經好幾次了，很不好打，這次不知怎麼樣。

三月十四日。昨晚去打陳區的戰士們都回來了，個個風塵僕僕，從汽車上跳下來。抓回來一大批俘虜，這一次，終於把紅字號的老巢報銷了！據說把姬鎮魁的秘書也抓住了，紅字號頭頭司振華、王來生等人化妝成討飯的，逃出了高平，也被長治聯字號捕獲，送回了高平。這一仗，打得很艱苦，聽說到最後，紅字號鑽進地道裡頑抗，聯總一邊把守住出口，一邊用炸藥把地道進口炸塌了，人還在裡面，非常可怕。

這部中學生日記錄至這裡，接下來，我有必要做出若干補充。上述這幾仗是聯軍「五縣剿匪」之戰對高平紅字號武裝的最後絞殺。紅字號殘餘部隊，就是在這幾仗之後覆滅的。我依據史料綜合分析下來，可知喬高升等主要首腦正在外逃中：而來自長治的紅字號「鬼見愁」武工隊和來自陵川的王喜文、靳運法殘部，也已經在太原同盟戰友王志安帶領下，從高平西北部經長子縣境，向臨汾地區安澤縣突圍；真正堅持在高平地面與聯軍游擊周旋的紅字號武裝，主要有孫勝魁、孫國山和劉、李兩位副指揮，大約五六位頭頭，帶領著將近二百名復轉軍人的隊伍，輾轉山林，苦掙苦戰。他們失去了完整的根據地，糧草彈藥難以補給。春寒中沒有青紗帳，他們晝夜不敢脫衣睡覺，時打時走，饑渴困頓。這股悲壯的哀兵，不僅在實力上不抵豐衣足食、槍彈充盈的聯軍，更不幸的是，政治壓力太大，精神上極度苦痛。

孫國山當時的警衛員常保旦先生沉痛回憶：我們警衛排跟隨孫國山從絲廠撤退到韓王山，又撤到赤祥我方兵工廠補充武器彈藥。形勢對我們極為不利。聯字號「剿匪」部隊從四面八方攻擊我們各個據點。這時，得知對方圍剿團池，我們便兵分三路去團池救援。孫國山帶領我們為其中一路，在水庫上埋伏下來，打聯軍的車隊。當聯軍四輛卡車從團池返回時，戰鬥打響，先把兩輛卡車的輪胎打破，聯軍猛烈回擊。我們把對方汽車上的機槍手打掉後，正要炸掉汽車，又一批聯軍從慈林山方向衝下來攻擊我們，火力很猛，打得我們抬不起頭來。可能是長子縣的「剿匪」獨立營。緊要關頭，我們的機槍卡殼了！原因是為了節省子彈，機槍手事先從每四發子彈中抽出一發，子彈帶上面每三格後出現了一格空檔，所以很容易卡殼。沒辦法，我們退守到陳區的蓮花山上，這是三月上旬吧。孫國山極度疲勞，盲腸炎也發作了。這時，聯字號又帶了三挺機槍來攻打蓮花山，被我們擊退。孫國山帶人一直追擊到徘北村。老孫認為聯字號就藏在村裡，便派人往幾個院子裡扔手榴彈。後來抓住他批鬥時，人家說我們投擲了六〇多顆手榴彈，炸了十二戶貧下中農；為了阻止聯字號「剿匪」車隊合圍陳區，我方曾在黑夜去炸毀公路上的橋樑。孫國山認為炸橋以後，聯字號只能棄車步行而來，延緩行動，便於我方阻擊。結果，派出十幾個人去店上橋頭實施爆破，都沒有成功，反而讓解放軍發現後，拆除了炸藥箱。

局勢急轉直下，仗打了二〇多天，五縣聯軍連續攻佔我方多個鄉鎮據點，紅字號主力剩下不到二〇〇人，幾無立足之地。頭頭們只好決定化整為零，分散突圍。幾個頭頭各自帶少數骨幹，設法逃出高平。劉副指揮勸孫國山快走，他擔心孫的部下有人叛變。孫國山堅持要帶上自己的人馬，他相信部下跟隨他打了半年多苦仗，不會出賣自己。頭頭們對上百人做出了安排，要去太原告狀的，發給路費十元，要去長治的發給五元，回本縣家裡的不發錢，等待形勢好轉再集中作戰。剩下幾十名不回家的骨幹分作兩路，一路跟上劉副指揮從晁山突圍，我們警衛排十幾個人跟上孫國山，往東面過陵川突出高平。大夥兒基本上都是復員軍人，紀律性很強。沒想到，劉副指揮帶人走晁山不久，就和聯軍接上火了，打得很激烈。孫國山帶我們沒走多遠，即轉向晁山去解救劉副指揮。結果，劉副指揮的警衛員小李他們，衝上山奪了一挺機槍，小李在機槍附近尋找子彈，反被聯軍打死在戰場上。

我們匆匆埋葬了小李，和劉副指揮再次分手，最後一次返回陳區。景象淒涼，慘不忍睹。安排撤退的戰士們都走光了，老百姓也躲起來了，無人管事，飯也吃不上。總部內外到處扔的是槍，我們默默地把槍攏在一起，放在窗戶下苫住，一發子彈也沒有找到。天黑以後，我們只好轉向不遠處的雲泉煤礦找吃的，暫時與滯留那裡的三〇多名戰友會合。其中一位老中，告訴我們敵情萬分緊張，聯總天天有重兵來這一帶圍捕清剿，不好堅持。這時，來人報告說，灶上有些冷麵湯可以充饑，孫國山擔心麵湯裡有聯字號投毒，一口也不敢讓我們喝。深夜，我們一共四〇多人，合衣而臥，又餓又冷，怎麼也睡不著，心想明天突圍，可能是最後機會了。

天剛亮，就聽到了很近的槍聲。一看，南面和東面的山上都是敵軍，我們被團團包圍了。孫國山剛從外面偵察回來，一進屋，來不及喘口氣，六九軍的炮彈就打了過來，當下把我們的房頂打了個窟窿。孫國山緊急命令我們棄守，指揮幾十個人迅速跑向最近的一座小煤窯，不計後果鑽了進去。這是一座步窯，僅有幾盞礦燈，要節約使用。孫國山趕緊指揮防禦，與窯外大批聯軍形成對峙。聯軍擁到了窯口，但也不敢貿然進犯，就在外面喊話，讓我們出去繳槍。大夥兒誰都害怕當俘虜，人人堅守在窯內，槍口對外。想不到，聯軍一看無人投降，就先扔手榴彈，然後集中了大量柴草，還撒上了六六粉，點火向窯內放煙。濃煙滾滾直向裡面竄，嗆得人上不來氣，一位馬村的工人戰士，被熏得口吐白沫，幾乎要了命。大夥兒就往裡面鑽，逃避毒煙。這時，孫國山要帶人衝出去拚命，我攔住他，堅絕不同意，孫就說，燻死在這裡，保旦你不革命啦？我也說氣話，說不革命啦！大家都清楚，窯裡總共三十多人，子彈只剩下三十多發，就算衝出去，漫山遍野都是「剿匪」大軍，還有六九軍，打起來還不是個死？孫國山和隊員們一猶豫，我急忙用石頭炭塊堵塞窯口，扯下衣服塞縫，毒煙總算小了一點兒。大約上午八九點鐘，有一位老崔師傅帶頭找配風出口，我們一直等到下午三點多，也沒有消息。聯總動不動就往裡面扔一顆手榴彈，輕重機槍一直封鎖在窯口，估計我們在裡面不燻死也得餓死。窯內漆黑一團，我靠在煤幫上，黑暗中，最後悔一件事，就是不該把弟弟帶在身邊，兄弟倆都死了，老人們靠誰去？為什麼我沒讓兄弟早些逃出高平呢？一場文化大革命，這是幹球甚哩？咱怎麼糊裡糊塗就成了土匪啦？又急又氣，卻毫無辦法。正昏昏沉沉時候，老崔他們探路回來，說找到一個廢棄的配風口，雖然很遠，但可以爬出去。於是三十多人點著三盞礦燈，開始逃生，天無絕人之路啊。

常保旦先生的回憶，真實地反映了高平紅字號殘部最後的悲慘情景。頭頭孫國山九死一生。且看孫先生回憶：五縣「剿匪」從一九六八年二月十日開始，戰局一天天惡化，打到三月十四日早晨，我帶著將近四〇個戰士，被逼進了雲泉一座小煤礦裡，再也沒了退路。幸虧有當地一名老戰士，姓崔，從小下坑挖煤，他找到配風口以後，帶著我們向外摸。走著走著，坑道越來越低，很長一段只有二尺來高，大家就爬著前進。三盞礦燈滅了兩盞，我們在坑道裡摸黑爬行，一個跟一個，大約爬了四〇〇〇米，因為出口就在柏山村邊上，從雲泉到柏山就是八里路嘛。這個廢棄的風口很隱蔽，井壁上長滿了酸棗荊棘，手抓緊了這些小樹往上爬，紮得血乎淋拉，誰也顧不上疼。幾十個人都爬出來，已是次日凌晨三點多。我抓緊又分散了一次隊伍，派人把北溝的馬支書送到北詩糧站。最後，帶了晚旦、年旦弟兄倆和晚根等戰士總共七個人吧，抓緊趁夜往東逃，走小路躲崗哨，四天來沒吃沒喝，要逃出高平，往陵川縣奪火村趕路。一路上渴得要命，碰到羊群走過，撒下來熱尿，就趕緊用手捧著羊尿喝。趕到陵川奪火一個戰士舅舅家，幾個人吃了一小把掛麵。村裡也有聯字號在捉人打人，喝湯都不敢出聲。我們在這裡藏了一晚，大夥兒心裡跟熬油一樣難過。

保旦接住話茬說：第二天，這位戰士的舅舅把我們送出奪火，往河南修武走。到處是聯字號的哨卡，邊境上布有重兵。這位舅舅謊稱我們是二一一地質隊的，才混過去。聽說陵川紅字號頭頭柴小牛，就是在邊境上被哨卡對立派抓住的。我們一路走大青溝下太行山，人說大青溝七十二道拐，萬丈深淵，走不好一頭栽到崖底摔死。我們只好連槍也不要了，身上只揣了一顆「攻四二」手雷，準備和聯字號同歸於盡。下大青溝走得我兩腳都打了泡，總算逃出了山西晉東南，到了河南修武。我們找到戰友的親戚家，借了點兒錢。我堅持要把兄弟年旦送到許昌我姨家避難，這才陪孫國山到北京上訪……

到這時，高平紅字號武裝力量被澈底打垮，成建制的隊伍不復存在。孫國山和常保旦等紅字號殘兵，歷盡艱辛，成為文革戰爭的倖存者。而後面的故事還遠遠沒完，不久後，即一九六八年四月三日，北京西單商場發生重大爆炸，首都治安查得極嚴。由於高平紅字號帶去的這顆四二式手雷的發現，上訪者孫國山受到懷疑而被捕。幸有太原公安局等同一派戰友赴京營救，孫遂被釋放。而這位年輕的常保旦先生，自高平一九六七年兩派冷兵器廝殺即「八・二六慘案」前後離家入派，長期在高平、晉南、北京、太原、晉中等地，與對立派打仗，一直到一九六九年八月底，才輾轉回到高平家中。屈指一算，保旦先生在大風大浪裡有家不歸幹革命，整整兩年零三天。

晉東南戰火還在繼續，讓我們回到高平戰場上來，看看那位中學紅衛兵的日記裡，還記載了哪些場景：

> 三月十五日。街上貼出了《特大消息》，上面寫著「全縣三十萬人民的公敵，紅字號多名壞頭頭，殘殺革命群眾的劊子手，在長治被聯字號戰友捕獲，即將押回高平」等等。
>
> 三月二十二日。聯總舉行追悼韋鈺、崔晚娥等烈士大會。戰士們都戴著白色的臂章，或系著白布條，手拿白色紙花。會場上架著機槍。送葬隊伍一路打槍，特別刺眼的是，聯總戰士押著一大隊紅字號俘虜，垂頭喪氣，遍體傷痕，一瘸一拐，破破爛爛的，逼迫他們給烈士送葬，足有三〇〇人吧。我看見河西中學李明珠老師也在裡面。
>
> 三月二十三日。在紅字號老巢陳區公社，進駐了許多解放軍。紅字號竟敢用手榴彈把兩名解放軍炸傷了。
>
> 三月二十四日。吃早飯時聽人們說，又有

紅字號殘兵帶著槍支彈藥去包圍解放軍，被打退以後，連槍帶車一同收繳；下午，我看見公路上部隊的軍車一輛接一輛，大約有五六十輛吧，拉著一千多名荷槍實彈的戰士開往團池、三甲、寺莊等公社，全部進駐那裡，鎮壓紅字號殘餘勢力。解放軍端著槍，在街上張貼大標語。

三月二十五日。人們紛紛湧上街頭，觀看游鬥紅字號頭頭何志立等人。頭一輛汽車上押著一個穿灰衣服的年輕人，第二輛車上就是何志立。聯總戰士讓他在板凳上站著，反綁著大繩，幾個人扭住他，胸前大牌子上寫著「高平人民的公敵、大匪首何志立」。他蓬頭垢面，滿臉大鬍子，好像幾個月沒理髮了。第三輛車上押著個禿子，說是糧食局的楊義福，後頭還有三輛押人車。據說何志立從寺莊突圍後，逃到了平順縣，他穿過山區要去河南林縣，戴著河南二七公社的臂章，讓平順聯字號哨卡抓獲了。

三月二十六日。我們校園裡簡直不成個樣兒了，玻璃全碎，桌椅板凳都是破殘的。老師們幾乎全是紅字號，現在都跑沒影兒了。絕大多數學生也是紅字號觀點，很不好召集。照這個樣子，開學最少還得三個月。

三月二十七日。聯總大喇叭廣播「特大喜訊」，我們心中最紅最紅的紅太陽毛主席，於本月二十五日凌晨一時三〇分，在人民大會堂，接見了晉東南支左部隊的全體代表及北京軍區幹部，這是對晉東南革命造反派的最大關懷，最大支持！高平聯總大遊行，一個連接一個連，共九個連，達千餘人，全副武裝，他們抬著九門鋼炮，八挺重機槍，三〇挺輕機槍，威風極了。宣傳隊高唱歌曲《高平聯總就是好》。人們歡慶著勝利……過兩天就要舉行公審大會，聯總已經陸續抓獲了紅字號主要頭目王培民、何志立、韋聚安、張旭旺、吳天才、孫秀林、楊義福等等。但是喬高升、孫國山、孫勝魁等幾人不知逃向了哪裡。高平聯總經過半年多浴血奮戰，終於勝利了，掌權了。槍桿子裡面出政權！

五縣合圍，高平大激戰，實在出乎今人的想像。從一個青少年率真直觀的目光裡，我們看到了文革年代那充滿血腥的世界。一縣文革大戰，打到如此地步。這本日記的歷史價值，不可低估。

高平兩派戰死名單

晉東南南部紅字號大縣，終於讓聯字號五縣聯軍的戰車踏平。高平聯字號、紅字號雙方均有慘重犧牲。我暫時沒有找到聯字號方面的陣亡者名單，但從那位中學生的日記裡，我們仍然看到了追悼會的頻頻舉行。這裡存有一份很不完全的高平紅字號近八〇位死亡人員統計表，立場一致，死法不同，現錄在這裡，為一縣文革戰火存記——

一、張鎖勇，縣一中學生，俘獲後被槍殺。

二、王樹仁，石末公社社員，跑到晉城後抓打致死。

三、崔國斌，縣革委常委，俘獲後被拷打致死。

四、張志宏，酒務大隊支書，俘獲後被毒打致死。

五、閆志林，陳莊大隊支書，俘獲後被槍殺。

六、朱醜民，徘南大隊社員，被殺死在菜窖洞內。

七、韓生貴，趙莊公社傘蓋大隊社員，炮彈炸死。

八、李長根，趙莊公社掘山大隊社員，炮彈炸死。

九、宋長太，新莊煤礦職工，在襲擊中被殺死。

十、宋旦兒，馬村鐵廠工人，被炮彈炸死。

十一、王寶珠，趙莊煤礦工人，在俘獲後被殺。

十二、張蘭亭，古寨大隊老紅軍，俘獲後被殺。

十三、李來生，龍泉大隊社員，被俘後用機槍打活靶致死。

十四、姬小紅，龍泉大隊社員，被俘後用機槍打活靶致死。

十五、李財旺，龍泉大隊社員，被俘後用機槍打活靶致死。

十六、吳保旺，吳莊大隊社員，負傷後流血過多而死。

十七、趙滿水，新莊煤礦工人，俘獲後毒打致死。

十八、秦小虎，山秦大隊民兵連長，俘獲後毒打致死。

十九、吉廣勝，懸南大隊民兵連長，被炮彈炸死。

二〇、王滿則，張壁大隊社員，俘獲後被拷打致死。

二一、劉春全，縣印刷廠工人，在襲擊中被槍殺。

二二、杜何富，縣縫紉社工人，在縣城大街上亂打致死。

二三、焦滿女，縣絲織廠工人，俘獲後被拷打致死。

二四、王殿珍，西溝大隊社員，被槍擊及刺刀殺死。
二五、朱民全，城關公社赤腳醫生，俘獲後被拷打致死。
二六、李雙狗，原村大隊社員，沁水民兵在進軍中打死。
二七、姬石孩，龍尾大隊社員，被機槍掃射致死。
二八、趙連枝，龍尾大隊社員，被機槍掃射致死。
二九、李小迷，龍尾大隊社員，被機槍掃射致死。
三〇、劉五全，義莊大隊社員，俘獲後被拷打致死。
三一、劉永勝，北詩大隊社員，在追擊中被打死。
三二、史煥煥，義莊大隊社員，俘獲後被拷打致死。
三三、田財順，南河大隊支書，俘獲後被槍殺。
三四、田瑞則，三甲公社社員，俘獲後被槍殺。
三五、鄭來順，韓莊貧協主任，槍殺致死。
三六、李新榮，李家大隊社員，俘獲後毒打致死。
三七、王貴生，縣五金廠工人，在追擊中被槍殺。
三八、吳老肥，馮莊煤礦工人，俘獲後被槍殺。
三九、畢炳文，畢家院大隊民兵連長，俘獲後被槍殺。
四〇、李小毛，永錄供銷社採購員，俘獲後被拷打致死。
四一、段文善，三甲大隊社員，在西陽車站被抓打致死。
四二、段五則，三甲大隊社員，其子段文善被打死後，驚嚇而死。
四三、楊長平，杜寨公社社員，俘獲途中被殺死。
四四、郃守義，縣交電公司職工，被手榴彈炸死。
四五、常志國，吳莊大隊社員，在襲擊中被槍擊致死。
四六、李更旺，米山公社社員，抓回縣城拷打致死。
四七、李華孝，牛莊公社社員，在縣城抓住拷打致死。
四八、張土山，夏莊大隊社員，炸彈炸死。
四九、司海昌，米山公社社員，抓回縣城刺刀捅死。
五〇、李宏兒，南圪塔大隊會計，俘獲後被槍殺。
五一、申良花，石嘴頭大隊社員，毒打三天後投廁所自盡。

五二、張貴德，寺莊供銷社主任，毒打後被槍殺。
五三、謝迷狗，管寨大隊社員，俘獲後毒打致死。
五四、明積善，草芳大隊民兵連長，俘獲後用火柱打死。
五五、李貴雲，河西中學教工，俘獲後被拷打致死。
五六、丁羊則，河西大隊支書，在進攻河西時被槍殺。
五七、劉宏順，河西大隊社員，抓住以後被毒打致死。
五八、李能秀，河西大隊婦女主任，抓打後自殺在井中找到屍體。
五九、焦來驢，新莊大隊主任，機槍掃射中彈而死。
六〇、蘇辰保，蘇莊大隊會計，被地雷炸死。
六一、秦主德，仙井大隊支書，被地雷炸死。
六二、王富州，河西大隊幹部，被地雷炸死。
六三、王狗孩，朱家莊大隊社員，被地雷炸死。
六四、趙二禿，新村革委會主任，被地雷炸死。
六五、袁志安，陳莊大隊支書，被包圍在家中槍擊而死。
六六、李滿則，張壁大隊社員，俘獲後當場槍殺。
六七、申玉峰，三甲公社民兵營長，俘獲後被槍殺。
六八、郜保枝，三甲供銷社職工，嚴刑逼供致死。
六九、李鴻雁，鞏村大村社員，批鬥大會前後毒打致死。
七〇、任中富，擁萬公社武裝部長，獄中酷刑致死。
七一、暴更新，祁寨民兵、機槍手、在橋北戰鬥中陣亡。
七二、秦力生。
七三、丁老肉。
七四、焦群屯。
七五、王續爐。
七六、李小花。
七七、李雙狗。
七八、宋貴勝……

尚有許多未知姓名的犧牲者和身分卑微的冤魂，是無從統計的。高平紅字號曾有材料公佈說，該縣計有一三〇餘名本派人員被打死或整死，傷殘者高達三六五〇餘人，遭到捆綁吊打者達一三六七〇餘人，此外，失敗後被判處死刑者，又有近十人。

如上紅字號死者名單，看上去冷酷乾巴巴，沒有細節可感。而每個姓名背後，都藏著一個個鮮明驚駭的故事，恐怖情節各有不同，例如名單序號第一位的死者叫張鎖勇，稱「俘獲後被槍殺」，記載很簡單。細節是，一九六八年元月二十二日晚，聯字號武裝從城裡奔襲上莊，聯字號陣亡一人。同時在交火中打死了名單中第四五號常志國，然後抓住一中學生張鎖勇等多人，把張捆在樹幹上。四周架起機槍，對準俘虜隊伍。這時張鎖勇怒而大罵，當即挨了一槍，頓時胸部鮮血四濺。但張還沒有死。聯字號一頭頭提著手槍上前逼問：「你小子怕死不怕死？」

張鎖勇厲聲回答：「革命不怕死，怕死不革命！」頭頭大怒，舉槍對準張的頭部：「去你媽的！」手起槍響，張鎖勇腦血噴湧，當場死亡。

這時俘虜群中出現騷動，他們有的罵街，有的呼救，聯字號機槍手開始掃射，隨著槍聲震響，俘虜們倒下一大片，傷者眾多，致殘二人。

天快亮時，聯字號用炸藥摧毀了紅字號上莊據點——村前古廟，押著一串俘虜返城。俘虜中多有負傷而行走不便者，其中名單第四三號楊長平傷勢較重，實在走不動了。勝利者當中有人罵道：「帶這樣多的累贅幹球甚！」結果，如名單中所載，楊長平在「俘獲途中被殺死」。

你看，名單中第一號、第四五號、第四三號，是這樣先後死去的。

再如名單第六五號的死者袁志安，記載中稱「被包圍在家中槍擊而死」，也很簡單。事實是，陳莊多數人參加了紅字號，村支書袁志安自然是個首腦。元月二十九日，聯字號武裝襲擊陳莊，包圍了袁家，把袁和家人逼到二樓上。晉東南民居比較高大，二樓平時不住人，讓堆藏東西用。袁家人躲上去以後，聯字號戰士持槍破門而入，頭頭喊話：「袁志安滾下來！你要再不下來，就把你的房子用炸藥炸平，把你全家老小炸死！」

袁志安萬般無奈，為了保全家人性命，只好求饒下樓。他揭開樓板，剛剛露頭，即被一槍打死。

名單序號第二七、第二八、第二九，死了姬、趙、李三人，死因均為「被機槍掃射致死」。情況是：三月二十一日，聯軍武裝攻擊擁萬公社龍尾大隊。這裡也是一個紅字號村莊。來襲者首先抓獲了該村大隊會計等七人，關押到大隊部院中嚴刑拷打。院門前架起機槍，重兵把守。反過來，全村紅字號群眾團團包圍了大隊部，裡三層外三層，黑壓壓全是農民，聯字號轉而處於危急中。農民們在外頭持械高聲叫罵，大有進攻態勢，他們要奮勇搶救被抓捕在院中的本村親友，惡戰一觸即發。緊要關頭，聯字號頭頭高聲厲喝：「不准向前！再往前走，就要開槍了！」農民的憤怒是天底下最可怕的憤怒，他們絕不會輕易被嚇退。龍尾村內外口號震天。

慘劇終於發生。來襲者頭頭下令機槍手掃射——子彈向人群噴泄而去，大片農民被擊倒在地。天昏地暗，血濺山鄉。受傷的農民們倒在血泊中哀嚎呻吟。就這樣被「機槍掃射致死」打死上述三人，打傷打殘者十多人。

再如，名單序號第十六人吳保旺，本來可以免掉一死。三月十一日吳莊戰鬥中，吳被擊傷，倒地呻吟。聯字號隨隊戰地醫生姓郭，心存惻隱，正要上前為吳包紮止血，遭到頭頭阻止。頭頭說：「包甚哩？綳帶還不夠咱自家用哩！」郭即棄吳。吳保旺因而未能得到救治，流血過多死亡。

名單序號第六人朱醜民，記載「被殺死在菜窖洞內」十分簡略，實際故事相當複雜淒厲。三月二十五日，紅字號三甲公社徘南大隊遭到聯軍襲擊。聯字號為首一名頭頭，任聯總副總指揮，名叫買來法，在高平聲名顯赫，慣於衝鋒陷陣，性格魯莽無羈。戰鬥中使用一支長槍，一支短槍，平日裡也是武裝披掛，槍不離身。買來法在文革中涉案好幾條人命，有的並非在戰鬥中射殺。如說他在韓莊村懲罰紅字號，偽裝紅字號頭頭孫國山的聲音，把貧協主任鄭來順的家門叫開，騙鄭出門，當即開槍把鄭打死。這樣一名指揮官，在聯字號總部及武裝部首腦那裡，自是一位拚命英雄殺敵功臣，後來查案時受到包庇。買來法自己也動不動對人言，「老子為他們賣命，給他們打下了江山，他們敢把老子咋樣？」這次攻擊三甲公社徘南大隊，買來法仍打頭陣。名單所載死者朱醜民，並不曾參加派戰。那天買來法率眾進攻，小朱跳入自家一個菜窖洞中躲藏，被聯軍發現。買來法帶人在洞口命令小朱出來，並有人向洞中投擲手榴彈。當小朱探頭出洞時，買來法對準小朱頭部開槍，小朱複跌入洞中而死。到了文革後期及文革結束後，買來法屢被死者家屬上告，要他償命。而晉東南地區已在數年前批准對買來法實行逮捕。但仍見他肩背長短槍，常在街頭公然行走，卻無人來抓。原因是武裝部長曹志忠把逮捕買來法的批件鎖在抽屜裡，長期不予執行，這一鎖就是三年。文革後紅字號翻身，上頭一追再追，曹始將原先的批件拿出。在審理買來法多起人命案時，必然涉及到朱醜民之子在洞中的死亡。買來法拒不認帳，堅稱現場有另外二人投擲過手榴彈，小朱不是因開槍用子彈打死的，而是手榴彈炸死的，因而自己無罪。此時小朱已經死亡埋葬多年。為查驗真相，法院決定開棺驗屍。開棺後，小朱的腦袋已成骷髏。但見這骷髏上有一槍洞，一枚子彈頭兀自在空腦殼內嘩啦啦作響，彷彿在控訴開槍人之罪。這樣，買來法因多起文革殺人案，在高平被公審，判決死刑，緩期一年執行。人們至今記得在宣判時，買寧死不屈，仍在大喊：「你媽的臭逼！老子為你們打下了江山，現在要了老子的命啊！」也有人說，這喊聲不是出自買來法之口，而是同時被執行槍決的另一位聯字號頭頭田喜天喊的，好像說田曾經開槍打死了山坡上一名無辜的放羊漢……

在後來的調研中得知，買來法最終的死法相當悲烈。他在判處死緩後服刑期間，趁在外就醫之機，用剃頭刀子自殺而亡。

是啊，每一個死亡者背後，都有一個不堪回顧的故事。我們還記得一九六七年高平「八•二六」一戰中，死傷在長矛大刀之下的許多生靈。那一戰，聯字號被殺死七人之多。他們都是那個大時代裡悲憤的犧牲者。

從刀光劍影到槍林彈雨，高平一縣兩派，雙方打死打殘加上被逼自殺者、報復暗害者，到底有多少人遭殃？有多少幹群受害？實在計說不清了。人們在肉體上心靈上經受了無比深重的殘害。

寫出以上章節的時間，是二〇〇六年底。我列印少許，送晉東南部分知情人徵求意見，以便修改。到二〇一二年秋，收回不少好的意見。其中，有高平教育界馮辰生先生提供了他收集編撰的高平文革《風雲錄》一冊。馮先生在書中展示出「半份」該縣聯字號戰士武鬥死亡名單，即《高平聯總部分犧牲烈士簡介之一》，正可以作為前面該縣紅字號戰士死亡名單的一個補充：

一、郭高雲，中村「紅軍兵團」戰士，被打致死。

二、張黑旦，一九四三年參加八路軍，一九六八年一月二十四日在上莊戰鬥中犧牲。

三、吳永昌，米西農中教師，一九六八年一月二十四日在上莊戰鬥中犧牲，年二十一歲。

四、郭青山，唐安絲廠車間主任，一九六七年十一月二十五日在談判中被打死。

五、郝壁明，城關信用社主任，在陳區被抓打致死，年三十九歲。

六、李全義，雲泉信用社職工，一九六八年八月二十三日被打死，年二十五歲。

七、程榮慶，石末公社王莊人，在「八・二六」慘案中被長矛刺死。

八、申國平，一中「烽火戰團」負責人，一九六八年一月五日中彈犧牲，年十九歲。

九、段學書，永錄農中教師，一九六八年一月二十一日被抓打致死。

十、郭紅根，王報大隊文革副主任，一九六八年一月十九日被綁架打死。

十一、韋鈺，城北大隊人，一九六八年一月二十九日在南陳鋪車站被綁架，酷刑致死。

十二、王進江，城北大隊人，一九六八年一月二十四日被槍擊致死，年二十三歲。

十三、郭寅生，琚莊人，教師，在「八・二六」慘案中被打死，年二十九歲。

十四、段孝臣，晉城人，教師，在「八・二六」慘案中被打，年二十九歲。

十五、崔曉娥，三甲公社人，被「總司」炸死，年二十二歲。

十六、逯燦貴，斗莊公社人，一九六七年十月二十三日在義莊被大刀砍死。

十七、張良臣，望雲煤礦工人，一九六八年二月二十四日在「五縣剿匪」中犧牲。

十八、牛平宇，望雲煤礦工人，一九六八年二月二十四日在「五縣剿匪」中犧牲。

十九、劉克志，榮軍療養院「紅八」戰士，一九六八年一月二十四日被抓打致死。

二〇、陳勝只，陳區公社人，被「總司」暴徒毒打致死。

二一、朱瑞生，三甲南人，在「八・二六」慘案中被打死。

二二、緱秋堆，城關戰士，在「八・二六」慘案中被打死。

二三、李三魁，鳳和社員，在「八・二六」慘案中被打死。

二四、楊中央，城南人，一九六七年十二月十二日在豬場戰鬥中犧牲。

二五、吳民昌，城南人，一九六七年十二月十二日在豬場戰鬥中犧牲。

二六、劉義，聯總戰士，在攻打鳳和絲廠戰鬥中犧牲。

二七、王金山，退伍炮兵，在試驗自造迫擊炮彈時被炸死。

二八、宋良成，望雲煤礦工，在攻打韓王山戰鬥中犧牲。

二九、邢金生，城東人，在「五縣剿匪」中被槍擊犧牲。

三〇、楊鐵孩，聯總戰士，被抓毒打致死。

三一、楊遇春，釜山小學校長，被抓打致死。

三二、秦天旺，高平中學戰士，在負責收雷時被地雷炸死。

三三、趙天才，郭家溝人，在陳區被抓打致死。

三四、宋反成，小北莊人，被「總司」當做密探抓打致死。

三五、趙五隻，聯總戰士王月勝岳母，被「總司」抓打致死。

三六、張天恒，聯總保衛科長，在關押中受折磨致死。

三七、東升，聯總戰士，在關押中受折磨致死。

三八、趙榮升之母，在橋北戰鬥中被槍擊致死。

三九、軼名，聯總頭頭，一九六七年八月在陳區中學被打死。

四〇、軼名，聯總戰士，被「總司」抓住上壓杆酷刑致死。

四一、軼名，聯總戰士，在「八・二六」慘案中被打死。

四二、軼名，聯總戰士，在「八・二六」慘案中被打死……

請看，僅高平一縣有記載的兩派犧牲戰士已達一二〇多人。

嗚呼哀哉，軼名者眾——晉東南十七個縣市，兩派血火鏖戰經年，犧牲者多達數千，卻未必一一留知姓名。主要原因在於，參戰者由於同一派別而相聚，在武鬥據點保生存混吃喝，大家卻未必十分熟悉。眾弟兄叫一聲小名，槍口一致對外就是了。高平縣紅字號集團奉行「農村包圍城市，槍桿子裡面出政權」，對各個公社大隊聯字號頭頭窮追猛打，以致於對立派骨幹無法生存，遂紛紛逃歸城裡，不少人被打傷後滯留在城內醫院。聯字號縣總部便號令這批人集中起來，先是成立了一個組織，專門收羅鄉村進城難友。繼而在此基礎上，發放槍支彈藥，成立「〇二一一支團」，武裝起來，參加戰鬥。該團司令姓申，能打善戰，但申司令對於下屬五〇〇兵將，除少數骨幹外，大都叫不來姓名，反正能夠衝鋒陷陣就是好樣的。凡聯軍出動襲擾鄉村，總有〇二一一支團當中熟悉故鄉卻長期有家難歸的戰士，趨前偵察帶路，戰鬥打響，這批戰士往往出奇地勇敢。死人的事情經常發生，長期弄不清死者姓名；聯字號隊伍如此，紅字號武裝也差不多。我在馮辰生先生搜集的高平文革史料中，發現這樣一個戰例：

紅字號成員李貴寶，在「文攻分團」搞宣傳，戰時和孫國山、牛新亭、閻多文等頭頭共同駐守在河西重鎮。李貴寶先生回憶，「五縣剿匪」前夕，即一九六八年元月一個夜晚，「先是晚上突然聽到爆炸聲，起來後得知，是喬村的晚旦等三人卻佈設地雷，不小心被炸身亡。頭頭們當晚把河西大隊的團支書叫起來，讓他帶領另外兩名戰士，連夜去農機廠弄上三口棺材，準備裝殮死者。沒想到，這位團支書等三人出發後，竟然又踏上了地雷，三人均被炸死。一夜之間，連續犧牲了六名戰士。我趕緊向牛新亭建議，分別舉行追悼會，以穩定軍心。追悼會上，死者的父親哭得不行，堅持要打開棺材看看孩子。我只好同意打開驗看。這名死者只有十八九歲，白淨臉，頭上留有包紮，顯係頭部被炸而死。我們安撫老人一番，以縣革委會名義發放一筆撫恤金，又讓大隊給孩子另記一年工分。我親自動筆寫了悼詞，匆匆舉行了這個追悼會。」

一夜之間死去六個人。接下來李先生繼續回憶：陽城兵團來高平「剿匪」，打新莊煤礦時，紅字號武鬥隊還在睡覺，等他們發現喊叫，陽城兵團一槍就打死一個姓宋的；陽城兵團打河西大隊時，切斷電話線實施進攻，河西大隊支書劉明理，在逃跑過程中，汽車上一顆手榴彈爆炸，劉被炸身亡；聯字號方面，記得有一位河西中學教師被打死……

你看，李貴寶先生提到一〇人死亡，只記清了劉明理這個村支書的名字，其餘死者，李先生僅記得一個「晚旦」，一個「團支書」，一個「姓宋的」，大都不知曉姓名。事後，如果家屬們沒有堅持告狀申訴，或者失去官方記載，那麼，所有這些文革犧牲者，便輕易地被歷史風沙掩埋了……

聯字號發動五縣民兵，從一九六八年二月十一日到三月下旬，對高平城鄉紅字號實行大規模圍剿，在軍事上奪取了勝利，歷時一個半月。

長平古戰場推演文革大戰，至慘至酷，廝殺創痛至深至久。到了一九八三年，中共中央總書記胡耀邦，親赴高平化解兩派尖銳矛盾，療治兩派創傷。胡耀邦把晉東南以及高平縣，看做全國派戰的一個突出典型，藉以探究具有普遍性的文革生死矛盾，力倡「解疙瘩，向前看」，此待後敘。

血歷史68　PC0608

新銳文創
INDEPENDENT & UNIQUE

少年劫：我的山西文革實錄

作　　者	趙　瑜
責任編輯	洪仕翰
圖文排版	杜心怡
封面設計	王嵩賀

出版策劃	新銳文創
發 行 人	宋政坤
法律顧問	毛國樑　律師
製作發行	秀威資訊科技股份有限公司 114 台北市內湖區瑞光路76巷65號1樓 電話：+886-2-2796-3638　傳真：+886-2-2796-1377 服務信箱：service@showwe.com.tw http://www.showwe.com.tw
郵政劃撥	19563868　戶名：秀威資訊科技股份有限公司
展售門市	國家書店【松江門市】 104 台北市中山區松江路209號1樓 電話：+886-2-2518-0207　傳真：+886-2-2518-0778
網路訂購	秀威網路書店：http://www.bodbooks.com.tw 國家網路書店：http://www.govbooks.com.tw

出版日期	2016年6月　BOD一版
定　　價	650元

Printed in Taiwan

國家圖書館出版品預行編目

少年劫：我的山西文革實錄 / 趙瑜著. -- 一版.
-- 臺北市：新銳文創, 2016.06
面； 公分. -- (血歷史；68)
BOD版
ISBN 978-986-5716-79-0(平裝)

1.趙瑜 2.回憶錄 3.文化大革命

628.75 105007632

讀者回函卡

感謝您購買本書，為提升服務品質，請填妥以下資料，將讀者回函卡直接寄回或傳真本公司，收到您的寶貴意見後，我們會收藏記錄及檢討，謝謝！

如您需要了解本公司最新出版書目、購書優惠或企劃活動，歡迎您上網查詢或下載相關資料：http:// www.showwe.com.tw

您購買的書名：______________________________

出生日期：________年________月________日

學歷：□高中（含）以下　□大專　□研究所（含）以上

職業：□製造業　□金融業　□資訊業　□軍警　□傳播業　□自由業

□服務業　□公務員　□教職　□學生　□家管　□其它_____

購書地點：□網路書店　□實體書店　□書展　□郵購　□贈閱　□其他

您從何得知本書的消息？

□網路書店　□實體書店　□網路搜尋　□電子報　□書訊　□雜誌

□傳播媒體　□親友推薦　□網站推薦　□部落格　□其他__________

您對本書的評價：（請填代號　1.非常滿意　2.滿意　3.尚可　4.再改進）

封面設計____　版面編排____　內容____　文／譯筆____　價格____

讀完書後您覺得：

□很有收穫　□有收穫　□收穫不多　□沒收穫

對我們的建議：______________________________

____

____

____

請貼
郵票

11466
台北市內湖區瑞光路 76 巷 65 號 1 樓
秀威資訊科技股份有限公司 收
BOD 數位出版事業部

（請沿線對折寄回，謝謝！）

姓　　名：＿＿＿＿＿＿＿＿＿　年齡：＿＿＿＿　性別：□女　□男

郵遞區號：□□□□□

地　　址：＿＿＿＿＿＿＿＿＿＿＿＿＿＿＿＿＿＿＿＿＿

聯絡電話：(日)＿＿＿＿＿＿＿＿＿＿(夜)＿＿＿＿＿＿＿＿＿＿

E-mail：＿＿＿＿＿＿＿＿＿＿＿＿＿＿＿＿＿＿＿＿＿